2026학년도 LEET 대비

메가로스쿨
파이널 실전 모의고사

언어이해 | 해설집

메가로스쿨

**성공을 위한 러닝메이트,
메가로스쿨**

메가로스쿨은 2008년부터 현재까지
로스쿨 수험생들과 함께
합격의 꿈을 이뤄가고 있습니다.

왜?
파이널 실전 모의고사 인가?

LEET를 이기는 확실한 방법,
메가로스쿨 언어논리연구소가 제안합니다.

실전 모의고사 (3회) — LEET보다 더 LEET 같은 본고사 난이도의 실전 모의고사

불LEET 모의고사 (2회) — LEET보다 더 어려운 최상 난이도의 불LEET 모의고사

상세한 해설 — 최종 점검을 위한 체계적이고 상세한 해설

OMR 카드 — 시간 안배 등 실전 연습이 가능한 본고사와 동일한 구성의 OMR 카드 5+5 구성

LEET 전문가
메가로스쿨 언어논리연구소

여러 단계의 문항 개발 및 검증 시스템을 구축하여 합격을 위한 최적의 길을 제시합니다.

1 LEET의 '본질에 접근하는' 세 가지 분석

LEET 성적 데이터 분석
- 상위권부터 하위권까지 5단계 분류 내용/유형별 응답률 분석
- 본고사 변별도, 각 문항 선택지별 정답률 분석
- 상위권과 하위권을 가른 유형 추출 심층 분석

문항 심층 분석
- 문항별 난이도, 정오답 출제 원리
- 선택지의 구조, 제시된 정보량
- 정답 도출에 필요한 정보의 수 등

LEET 외 적성시험까지 분석
- 사고력을 측정하는 적성시험 분석
  - PSAT 문항 변화 추이, 대학수학능력시험 국어과목, M/DEET 언어추론 등

2 LEET에 '가장 가까운 문항' 개발

- 기출문제 해설집, 잘고른 300제 등 LEET 기출문항 및 LEET 유사 적성시험을 분석한 교재 출간
- 1년간 3,960건 논문 분석
  (2024년 기준, 논문 다운로드, 검색, 초록이용 수)
- 2010~2025학년도 전국모의고사 누적 80회차 진행의 문항 개발
- 2025학년도 전국모의고사 응시생 수 23,225명(회차당 약 3,318명)의 검증된 모의고사 개발

LEET 등 적성시험 콘텐츠 개발 누적 비용 약 50억 원

LEET 문항 개발 및 검증 누적 문항 약 20,000개

3 10개 중 1개만 살아남는 '7단계 문항 검증 시스템'

연구소 출제와 2단계 검증
문항 50% 제거

- 언어논리연구소 연구원의 문항 출제
  (이전 LEET 분석 + 관련 논문들 분석 + 1회 모의고사 출제에 6,608 시간 소요)
- 1차 검증 - 석박사급 검토자의 문항 검토
- 2차 검증 - 법학전문대학원협의회 기준에 따른 적합성 점검

수험생 출신의 외주 검수
문항 20% 제거

- 전공별, 성적별, n수생과 초시생 등의 기준으로 선발된 수험생 평가
- 수험생 평가에 따른 심층 인터뷰
- 연구소만의 노하우를 바탕으로 한 검수 시스템으로 문항 교체, 선택지 변별도 조정, 정보량 증감 등의 수정 작업

교수진/로스쿨 합격자의 수험 적합성 검토
문항 5% 제거

- 메가로스쿨 교수진의 LEET 적합성 검토 및 결과 반영
- 최상위권 로스쿨 합격자 외부 검토

연구소장 최종 승인 후 LEET 수험생에게 제공

더 많은 정보가 궁금하다면?
메가로스쿨 '로스쿨정보실'을 확인하세요!

LEET 제도 안내부터 합격수기까지
가장 빠르고 정확한 최신 입시 정보 제공

메가로스쿨
'로스쿨정보실'

로스쿨 합격의 핵심
LEET 제대로 알기

점점 높아지는 LEET 반영비율
법학전문대학원 합격의 당락은 LEET로 결정된다!

▶ 구성

언어이해는 다양한 분야의 학문적 또는 학제적 소재를 활용하여 법학전문대학원 교육에 필요한 언어이해 능력, 의사소통 능력 및 종합적인 사고 능력을 측정한다.

내용 영역	규범	인문		사회	과학기술
	법학, 윤리에 대한 탐구	사학·철학 철학, 역사 등 인간의 본질과 문화에 대한 탐구	문학비평·예술 소설, 음악, 미술, 영화 등 문학 및 예술에 대한 탐구	정치, 경제 등 사회 현상에 대한 탐구	자연 현상, 기술 공학에 대한 탐구

문항 유형	주제, 구조, 관점 파악	정보의 확인과 재구성	정보의 추론과 해석	정보의 평가와 적용
	제시문의 주제, 구조, 전개 방식을 파악하거나 인물 혹은 이론이 가진 관점을 파악하는 유형	제시문에 나타난 정보의 재구성 및 추출된 정보를 확인하는 유형	제시된 정보를 바탕으로 새로운 정보를 추론하거나 제시문에 포함된 논증의 결론, 전제 등을 찾는 유형	제시문에 주어진 논증의 타당성을 평가하거나 새로운 사례에 적용하는 유형

▶ 출제 경향

2019학년도부터 문항 유형 중에서 '주제·요지·구조 파악'과 '의도·관점·입장 파악'이 '주제, 구조, 관점 파악'으로 통합되었다. 이에 따라 언어이해는 총 4개의 문항 유형이 전반적으로 비슷한 비율로 출제되었지만, 최근에는 '주제, 구조, 관점 파악'의 비중이 낮아지고 나머지 세 유형의 비중이 높아지고 있는 추세이다. 내용 영역의 경우 2019학년도부터는 그 비중이 규범 3, 인문 3, 사회 2, 과학기술 2로 출제되는 경향이 유지되고 있으며, 독해 난도는 점점 높아지는 추세이다.

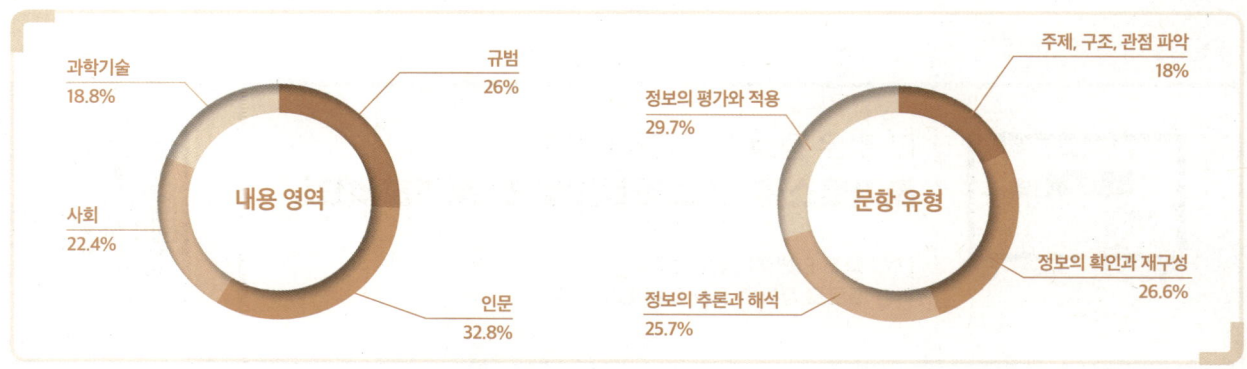

LEET 본고사의 바로미터가 되는
메가로스쿨 모의고사

▶ 난이도 유사성

가장 최근에 치러진 2025학년도 대비 메가로스쿨 전국모의고사의 경우, LEET 본고사 4개년 평균과 매우 높은 일치율을 보이고 있다. 메가로스쿨 전국모의고사는 LEET 수험생이 자신의 실력을 점검하고 평가하기 위해 가장 적합한 실전 대비용 콘텐츠라고 할 수 있다.

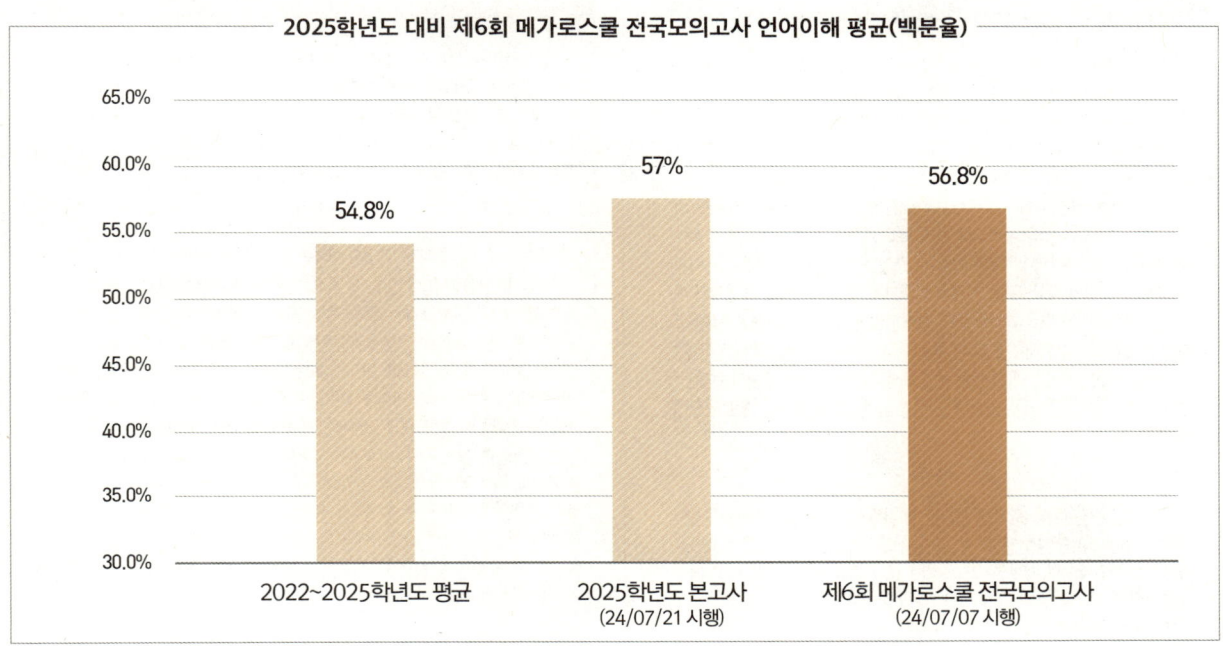

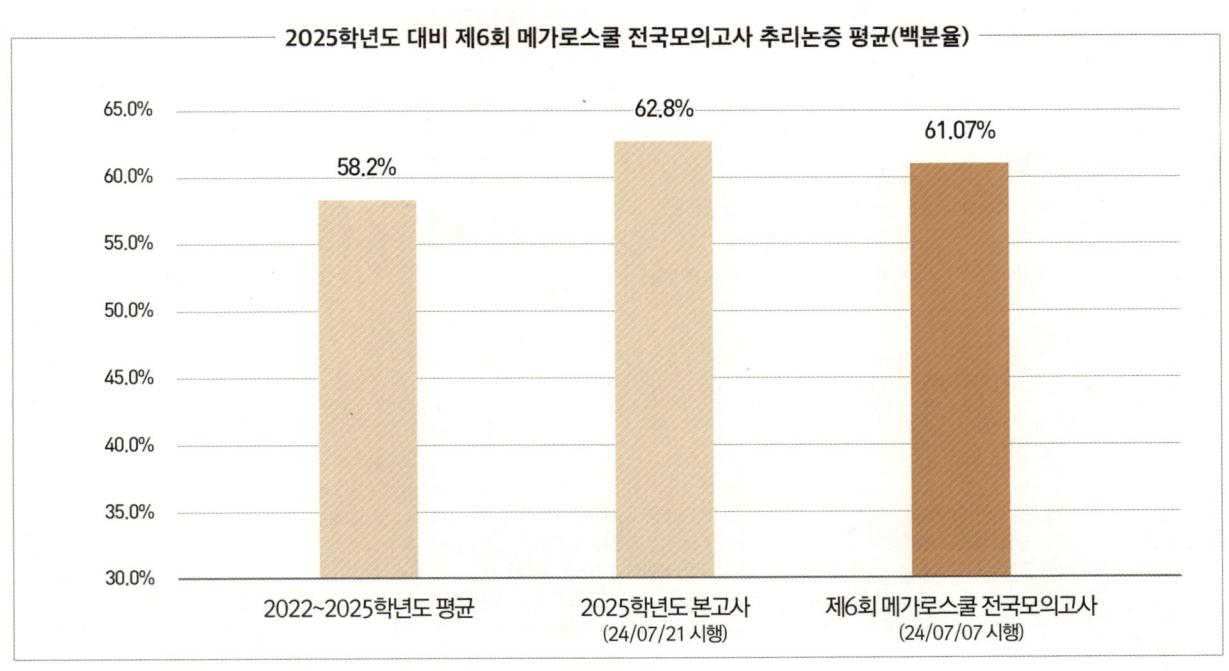

메가로스쿨 모의고사와 2025학년도 LEET 문항의 높은 유사성

LEET 본고사 제시문 및 선택지 구성 원리와 높은 유사성

메가로스쿨 전국모의고사와 LEET 본고사 문항을 내용과 구성면에서 상세 비교했을 때에도 높은 유사성을 보이고 있다.

적중 문항 분석 — 언어이해

[LEET 본고사] 2025학년도 언어이해 (24/07/21 시행)

보조생식술의 발전에 따라 난임 부부도 자기 생식세포를 이용한 체외수정으로 배아를 생성한 뒤 이를 모체에 이식하여 임신할 수 있게 되었다. 이 발전은 시술 뒤에 남은 배아를 어떻게 처리할 것인지에 대한 윤리적 논란도 유발하였다. 잔여 배아를 예외 없이 폐기해야 한다는 견해와, 난치병 연구를 위해 사용할 수 있게 해야 한다는 견해가 맞서고 있는 것이다.

이와 관련하여 독일에서는 배아보호법을 제정하였다. 이 법은 대다수 국가의 법률들처럼 임신을 목적으로 하지 않는 배아의 생성을 애초에 불허하고 있지만 다른 나라의 입법례와는 달리 가급적 잔여 배아 자체가 만들어지지 않게 하는 것이 최선이라는 시각을 반영한 ㉠ 엄격한 기준을 규정하여 배아 생성자의 자기결정권을 제한한다. 이에 따르면 1회의 시술 주기 내에 난자를 3개까지만 수정시킬 수 있고, 같은 시술 주기 내에 배아를 3개까지만 이식할 수 있다. 게다가 1회의 시술 주기 내에 이식할 배아의 수보다 많이 난자를 수정시켜서는 안 되고, 이식 후 배아의 온전한 착상 전에 그것을 채취해도 안 된다.

<중략>

그 결과 모든 배아를 일단 착상시킨 후 가장 건강한 하나만을 남기고 나머지 한두 개는 모체에서 제거하는 일이 종종 일어난다. 그래서 법제 개선을 촉구하는 독일학술원의 성명에서는 잔여 배아 보존이 가능하게 하고 배아 생성자가 그 기간을 결정하도록 하자고 제안하였다.

한국 법에서도 출산을 목적으로 할 때만 생식세포를 제공하여 배아를 생성할 수 있다. 일단 배아가 생성되면, 이식 횟수의 결정, 배아의 보존 여부, 난치병 연구를 위한 사용 여부 등에 대해 배아 생성자에게 의사 결정을 맡긴다. 다만 배아의 보존 기간은 5년 이내로만 정할 수 있고, 이 기간이 지나면 잔여 배아는 배아 생성자의 의사와 무관하게 원칙적으로 폐기해야 한다.

<후략>

㉠에 대한 해석으로 가장 적절한 것은?

① 1회의 시술 주기 내에는 3개의 한도 내에서 이식할 배아의 수만큼만 난자를 수정시킬 수 있다.

② 배아 생성자의 요청이 있어도 이미 착상된 배아를 모체에서 분리하는 것이 엄격히 금지된다.

...

[메가로스쿨 전국모의고사] 2025학년도 언어이해 (24/06/09 시행)

인간 유전자가 특허 대상이 될 수 있는지는 특허권에 관한 주된 논쟁거리이다. 인간 유전자를 연구하는 방법은 두 가지가 있는데, 첫째는 DNA를 세포로부터 분리하는 것이고, 둘째는 DNA 염기 서열이 단백질 합성에 사용되는 엑손과 그렇지 않은 인트론으로 구분된다는 점을 이용하여 인트론을 포함하지 않는 cDNA를 합성하는 방법이다.

<중략>

판결의 관건은 분리된 DNA와 cDNA가 자연의 산물인지 그렇지 않은지였다. ㉠ 뉴욕남부지방법원의 1심 판결은 7개의 특허 모두 자연에 존재하는 DNA와 상당한 차이가 없는 것을 특허 대상으로 삼는다는 점에서 특허적격을 부정하였다. 반면 ㉡ 연방순회항소법원은 자연으로부터 분리된 BRCA 1, 2는 체내의 유전자와 상당한 차이가 있고, 인간의 개입으로 유전자를 분리·정제한 것은 자연의 유전자와는 구별되어야 하고, 분리된 DNA에 대한 특허는 오랜 기간 받아들여졌다는 점에서 7개 모두의 특허적격을 인정하였다.

㉢ 연방대법원은 분리된 DNA를 포함하는 특허 청구항은 무효, cDNA를 포함하는 특허 청구항은 유효로 판결하였다. 먼저 분리된 DNA에 대해서는 이것이 자연의 산물이며, 특허 대상에 속하지 않는 성공적 발견에 불과하다고 보았다. 해당 특허는 두 유전자에 관한 지식의 새로운 적용을 언급하거나, 유전 정보를 바꾸거나 새로 만들지 않았고, DNA 분리 과정은 이미 잘 알려진 과정이라는 점을 지적하였다.

<후략>

㉠~㉢에 대한 추론으로 적절하지 않은 것은?

② ㉡은 판결 근거에 있어서 DNA의 특허에 관한 관행을 고려하였다.

...

④ ㉠과 ㉢의 판결이 달랐던 것은 'DNA의 분리·정제'가 무엇인지에 대한 기준을 다르게 설정하였기 때문이다.

...

상세분석

두 제시문 모두 의학적 주제와 관련한 법적 쟁점과 견해 차이를 다루고 있다. LEET 본고사에서는 체외수정 및 배아 이식 후 남은 잔여 배아의 처리와 관련한 독일과 한국 법의 차이를, 메가로스쿨 전국모의고사에서는 인간 유전자 특허권 인정 여부에 관한 특허법 해석에서의 견해 차이를 제시하였다. 두 주제 모두 법적/도덕적 지위에 관한 논쟁으로서 시의성 있는 주제에 해당한다. LEET 본고사와 메가로스쿨 전국모의고사는 논쟁적이고 시의성 있는 주제에 관한 쟁점과 견해를 비교하면서, 제시문의 핵심 쟁점에 관한 입장을 파악하도록 요구하되, 제시문 표현을 그대로 사용하기보다 선택지의 표현이 어떤 내용을 지시하는지 추론할 것을 요구했다는 점에서 제시문 및 선택지 구성의 세부적 유사성이 상당히 높다고 할 수 있다.

추리논증

적중 문항 분석

[LEET 본고사] 2025학년도 추리논증(24/07/21 시행)

[규칙]을 <사례>에 적용한 것으로 옳은 것은?

[규칙]
(1) 내란죄 또는 살인죄를 범한 죄인은 사형에 처하고 그 배우자는 유배한다.
(2) 강도죄를 범한 죄인은 유배형에 처하고 그 배우자가 자원하면 함께 유배한다.
(3) 사형에 처한 죄인은 사면이 선포되면 유배형에 처하고 그 배우자가 자원하면 함께 유배한다. 다만, 내란죄를 범한 죄인의 배우자는 자원하지 않더라도 죄인과 함께 유배한다.
(4) 죄인과 그 배우자를 함께 유배하는 경우에는 같은 곳에 유배한다.
(5) 유배지로 이송되던 죄인이 도망하더라도 함께 이송되던 배우자는 계속 이송한다.
(6) 유배형에 처한 죄인은 사면이 선포되면 석방한다. 그 죄인이 유배지로 이송되던 중이면 함께 이송되던 배우자도 석방한다. 다만, 유배지로 이송되던 중 도망한 죄인에 대하여 선포된 사면은 죄인과 그 배우자에게 효력이 없다.
(7) 사면이 선포되기 전에 유배지로 이송되던 중 도망한 죄인이 사면이 선포된 후에 사망한 것으로 확인되는 경우 자원하여 유배된 배우자는 석방한다.

<사례>
갑은 내란죄로 사형, 을과 병은 살인죄로 사형, 정과 무는 강도죄로 유배형에 각각 처해졌다. 갑, 을, 병에게 사형이 집행되기 전에 갑, 을, 병, 정, 무 모두에 대하여 사면이 선포되었다. 이후 병이 유배지로 이송되던 중 병에 대하여 추가로 사면이 선포되었다. 정과 무는 사면이 선포되기 전에 유배지로 이송되던 중 도망하였는데, 사면이 선포된 후 정은 체포되었고 무는 사망한 것으로 확인되었다.

① 갑의 배우자는 자원하지 않으면 갑과 함께 유배되지 않는다.
② 을의 배우자는 자원하지 않더라도 을과 같은 곳에 유배된다.
③ 병의 배우자는 병과 함께 유배지로 이송되던 중이었다면 석방된다.
④ 정의 배우자는 자원하여 정과 함께 유배되었다면 석방된다.
⑤ 무의 배우자는 무와 함께 유배되었더라도 석방되지 않는다.

[메가로스쿨 전국모의고사] 2025학년도 추리논증(24/06/23 시행)

[규정]을 <사례>에 적용한 것으로 옳은 것만을 <보기>에서 있는 대로 고른 것은?

[규정]
제1조 송달은 특별한 규정이 없으면 송달받을 사람에게 한다. 우편에 의한 송달은 우편집배원이 한다.
제2조 송달은 받을 사람의 주소·거소·영업소 또는 사무소(이하 "주소등"이라 한다)에서 한다. 다만, 송달받을 사람의 주소등을 알지 못하거나 그 장소에서 송달할 수 없는 때에는 송달받을 사람이 고용·위임 그 밖에 법률상 행위로 취업하고 있는 다른 사람의 주소등(이하 "근무장소"라 한다)에서 송달할 수 있다.
제3조 송달받을 사람의 주소등 또는 근무장소가 국내에 없거나 알 수 없는 때에는 그를 만나는 장소에서 송달할 수 있다. 주소등 또는 근무장소가 있는 사람의 경우에도 송달받기를 거부하지 아니하면 만나는 장소에서 송달할 수 있다.
제4조 송달받을 사람의 주소등에서 송달받을 사람을 만나지 못한 때에는 동거인에게 송달할 수 있고, 근무장소에서 송달받을 사람을 만나지 못한 때에는 함께 근무하는 피용자, 종업원 등에게 송달할 수 있다.
제5조 송달받을 사람의 주소등에서 서류를 송달받을 사람 또는 동거인이 정당한 사유 없이 송달받기를 거부하는 때에는 송달할 장소에 서류를 놓아둘 수 있다.

<사례>
갑은 국내 A시에 주소를 두고 배우자인 을과 함께 거주하고 있다. 갑은 B회사에 근무하고 있으며 정은 갑의 회사 동료인 종업원이다. 법원은 갑에게 우편에 의한 송달을 하려고 한다.

<보기>
ㄱ. X우편집배원이 갑의 주소에서 송달할 수 없어 B회사에서 송달하려는 경우 우편집배원이 B회사에서 갑을 만나지 못하였다면 정에게 송달할 수 있다.
ㄴ. 우편집배원이 갑의 주소에서 갑을 만나지 못하고 갑의 주소지를 이탈하여 돌아가던 중 갑의 근무장소에서 을을 만난 경우 그 장소에서 을이 송달받기를 거부하지 아니하면 을에게 송달할 수 있다.
ㄷ. 우편집배원이 갑의 주소에서 송달할 수 없어 B회사에서 송달하려는 경우 우편집배원이 B회사에서 갑을 만나지 못하고 정이 정당한 사유 없이 송달받기를 거부하는 때에는 B회사에 서류를 놓아둘 수 있다.

상세분석

두 문항 모두 주어진 [규정]을 <사례>에 적용할 때 무엇이 추론될 수 있는지를 판단하여야 하는 원리 적용 유형의 문항이다. 특히 두 문항 모두 [규정]과 <사례>를 제시하여 ①~⑤번 선지 또는 <보기>를 올바르게 판단할 수 있는지 묻고 있다는 점에서 문제 구성 방식이 유사하며, [규정]의 일반 조항뿐만 아니라 예외 조항까지 고려하여 답을 도출해야 한다는 점에서 문제 해결 과정이 유사하다.

이처럼 메가로스쿨 전국모의고사는 LEET 대비에 최적화된 문항임이 증명되었으며, 수험생들에게 선택이 아닌 필수라고 자부할 수 있다.

LEET 파이널 실전 모의고사
교재구성

📖 교재 구성

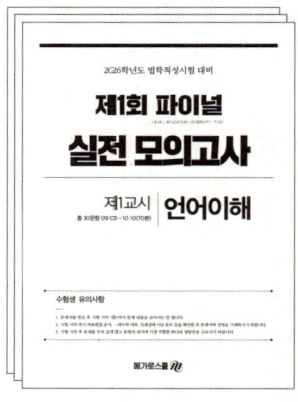 

LEET 실전 감각을 올리는 모의고사 5회분
문항 유형 및 난이도는 물론, 시험지 크기와 재질까지
'본고사를 그대로 재현한 모의고사' 5회분 구성

LEET보다 더 LEET 같은 실전 모의고사 3회
실전 대비를 위한
메가로스쿨 언어논리연구소의 본고사 난이도 문제

LEET보다 더 어려운 불LEET 모의고사 2회
합격을 결정짓는
최상의 난이도로 구성된 불LEET 문제

빈틈없는 마무리를 위한 해설집
메가로스쿨 언어논리연구소의 상세하고 꼼꼼한 해설

❶ 내용 영역
법학전문대학원협의회 분류 기준에 따라
제시문의 소재 및 내용 구분

❷ 문항 유형
법학전문대학원협의회 분류 기준에 따라
각 문항의 유형을 구분

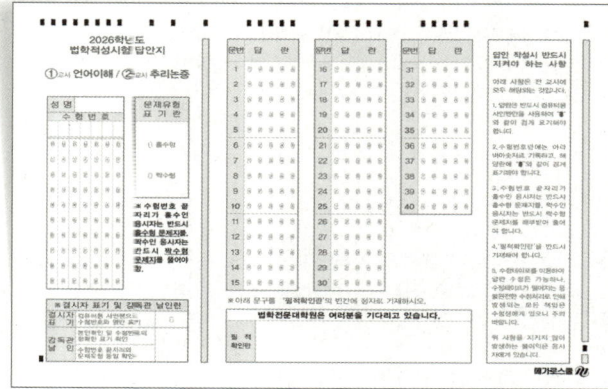

본고사와 동일한 구성의 OMR 카드
모의고사도 본고사처럼!
시간안배와 마킹연습이 가능한 OMR 카드 수록
기본 5회 + 연습용 5회 추가 증정

Quick Answers
언어이해

실전 1회

01 ③	02 ①	03 ③	04 ④	05 ④	06 ③	07 ③	08 ④	09 ③	10 ⑤	11 ③	12 ③	13 ③	14 ⑤	15 ④
16 ④	17 ②	18 ④	19 ④	20 ⑤	21 ①	22 ⑤	23 ③	24 ③	25 ⑤	26 ①	27 ③	28 ②	29 ①	30 ④

실전 2회

01 ⑤	02 ②	03 ①	04 ②	05 ③	06 ②	07 ⑤	08 ④	09 ①	10 ④	11 ④	12 ②	13 ①	14 ②	15 ③
16 ②	17 ⑤	18 ④	19 ③	20 ②	21 ①	22 ④	23 ⑤	24 ③	25 ②	26 ①	27 ②	28 ③	29 ⑤	30 ③

실전 3회

01 ④	02 ②	03 ③	04 ④	05 ③	06 ③	07 ⑤	08 ③	09 ④	10 ③	11 ②	12 ①	13 ②	14 ⑤	15 ②
16 ②	17 ③	18 ①	19 ②	20 ①	21 ①	22 ①	23 ②	24 ②	25 ②	26 ①	27 ②	28 ④	29 ⑤	30 ①

불LEET 1회

01 ⑤	02 ⑤	03 ④	04 ④	05 ①	06 ⑤	07 ①	08 ⑤	09 ①	10 ⑤	11 ⑤	12 ②	13 ④	14 ④	15 ①
16 ④	17 ②	18 ①	19 ③	20 ③	21 ④	22 ④	23 ①	24 ③	25 ②	26 ①	27 ④	28 ④	29 ③	30 ④

불LEET 2회

01 ④	02 ③	03 ④	04 ①	05 ②	06 ②	07 ①	08 ②	09 ②	10 ①	11 ④	12 ①	13 ④	14 ③	15 ⑤
16 ②	17 ①	18 ③	19 ④	20 ①	21 ③	22 ⑤	23 ③	24 ③	25 ③	26 ③	27 ⑤	28 ③	29 ⑤	30 ①

실전 1회

01. 정답 ③
내용 영역 규범 | 문항 유형 정보의 확인과 재구성

① 일치하지 않는다. 4문단에 따르면, 『정치가』에서 플라톤이 무법적 전제정을 언급한 이유는 한 사회의 통치자가 전지전능한 존재가 아닌 한 법률이 이상적인 통치자의 역할을 대신해야 함을 강조하기 위해서이다. 법률이 엄격하게 준수되지 못하면, 그 사회가 최악의 폭정으로 전락할 가능성이 크다고 보았기 때문이다. 즉, 무법적 전제정은 최악의 상황을 상정한 것이지, 이를 두고 플라톤이 『정치가』에서 사회의 기본 통치 형태를 무법적 전제정으로 간주했다고 보기는 어렵다.

② 일치하지 않는다. 1문단과 2문단에 따르면, 『국가』에서 지혜는 이데아의 인식을 의미하는데, 플라톤은 선의 이데아에 도달한 철인이 국가를 통치해야 한다고 주장하고 있으므로 이데아의 인식은 국가의 통치에 반드시 요구되는 요소일 것이다. 한편 『법률』에서 지혜는 입법자 또는 집행자의 실천적 지혜로, 법 집행에 요구된다. 『법률』이 법치국가론을 논하고 있음을 고려할 때, 입법과 법 집행은 국가의 통치에 반드시 요구되는 요소이다. 따라서 『국가』와 『법률』 모두 그 의미는 다르지만 지혜를 국가의 통치에 반드시 요구되는 것으로 보았음을 알 수 있다.

③ 일치한다. 2문단에 따르면, 플라톤의 법치국가론에서 절제는 법치국가 성립의 전제조건이다. 이때 절제를 통해 함양한 준법정신은 법치국가의 기반이 되며, 법치가 실현되면 공동선은 그로 인하여 확보된다고 보았다. 그렇다면 절제의 덕을 갖추지 못한 국가에서 법치가 실현될 수 없으므로, 공동선 역시 실현될 수 없을 것이다.

④ 일치하지 않는다. 2문단에 따르면, 『법률』은 플라톤의 법사상이 현실주의적 측면으로 옮겨갔음을 확인할 수 있는 근거로 해석된다. 즉 플라톤 법사상의 현실주의적 측면은 『법률』의 법치국가론을 의미한다고 볼 수 있는데, 법치국가론에서는 법을 신의 이성적 질서가 인간의 영역에 반영된 것이자 국가의 명령으로 표현된 것으로 본다. 즉 『법률』에서는 이성이라는 최고의 통치 원리가 철인통치자의 살아 있는 구체적인 판단과 명령 대신 법을 통해 표현되었다고 본 것이다. 따라서 이성이 최고의 통치 원리가 될 수 없다는 인식은 드러나지 않았다고 볼 수 있다.

⑤ 일치하지 않는다. 1문단에 따르면, 철인통치가 이루어지는 이상 국가에서는 철인이 어떠한 법의 구속도 받지 않고 국가를 통치한다고 여겨진다. 그런데 마지막 문단에 따르면, 이러한 플라톤 법사상에 대한 일반적 해석에 반대하는 이들은 『국가』에서 묘사하는 통치질서하에서는 법률이 유연하게 적용되며 법률에 낮은 비중이 할당된다고 본다. 즉 법률의 역할을 부정하지 않은 것이다. 따라서 플라톤의 법사상을 해석한 이들이 플라톤의 철인통치하에서 법이 어떤 역할인지에 대해 공통된 견해를 드러냈다고 보기 어렵다.

02. 정답 ①
내용 영역 규범 | 문항 유형 정보의 평가와 적용

① 적절하다. 〈보기〉에 따르면, 플라톤의 사상은 철인의 지배를 포기한 법의 지배와 현명한 전제군주, 즉 철인이 법 없이도 통치하는 지배로 대비된다. 그러나 마지막 문단에 따르면, 비판자들은 법의 지배와 철인의 지배를 대비되는 관계가 아니라 법률의 운용 방식에 따른 것으로 보면서 플라톤의 법사상이 일관성을 지닌다고 볼 근거를 제시하였다. 따라서 비판자들은 〈보기〉가 법치와 철인통치를 이율배반적 관계로 파악하는 것에 대하여 비판할 수 있을 것이다.

② 적절하지 않다. 〈보기〉에서는 플라톤이 계속해서 묘사한 것은 신민들의 동의도 법도 필요로 하지 않는 현명한 전제군주에 의한 통치였다고 주장한다. 마지막 문단에 따르면, 비판자들은 플라톤의 법사상을 스펙트럼으로 이해하면서, 철인의 지혜에 높은 비중과 역할이 주어지는 사회에서는 법률에 비교적 낮은 비중과 역할이 할당된다고 보았다. 이를 고려할 때 〈보기〉에서 법을 철인의 지배를 위한 보조 수단으로 파악한 것은 비판자들의 관점에 부합하며, 따라서 〈보기〉의 해석에 대한 비판 논거가 될 수 없다.

③ 적절하지 않다. 〈보기〉에 따르면, 플라톤은 법률 없이 통치할 수 있는 이들이 발견될 가능성이 사실상 없다고 믿었지만 그러한 통치 방식을 계속해서 묘사하였다. 그러나 제시문에 따르면, 현실적으로 성립 불가능한 이상적 상황을 논의 대상으로 삼는 것이 잘못되었다는 요지의 서술은 드러나지 않는다. 따라서 해당 근거를 바탕으로 비판자들이 〈보기〉의 해석을 비판했을 것이라고 보기는 어렵다.

④ 적절하지 않다. 마지막 문단에 따르면, 비판자들은 플라톤의 법사상이 법치국가론으로 전환 내지 수정되었다는 해석에 반대하면서 플라톤이 일관된 법사상을 견지했을 수 있다고 본다. 그리고 비판자들이 주장하는 일관된 법사상하에서는 법의 필요성이 부정되지 않는다. 따라서 법의 필요성을 부정했을 가능성을 논하는 것은 비판자들의 견해에 부합하지 않으며, 이를 근거로 〈보기〉를 비판했을 것이라고 보기는 어렵다.

⑤ 적절하지 않다. 3문단에 따르면, 『정치가』에서 플라톤은 법이나 피치자의 동의 없이 통치할 자격을 갖춘 자의 통치를 이상적이라고 보았다. 그리고 〈보기〉에 따르면, 플라톤이 묘사한 통치 기술은 신민들의 동의도 법도 필요로 하지 않는 현명한 전제군주에 의해 행사되는 것이라고 서술하고 있다. 따라서 〈보기〉와 비판자들 모두 플라톤이 철인통치에 대해서는 신민들의 동의 가능성을 배제했다고 보았을 것이며, 해당 근거를 바탕으로 비판자들이 〈보기〉의 해석을 비판했을 것이라고 보기는 어렵다.

03. 정답 ③

[내용 영역] 규범 [문항 유형] 정보의 추론과 해석

ㄱ. 적절하다. A와 D는 모두 통치자의 덕성이 낮은 상태이다. 4문단에 따르면, A는 법률 적용의 유연성이 낮지만 법률에 의한 통치가 엄격하게 이루어지고 있는 상황이므로 플라톤이 최악의 상황으로 상정하는 무법적 전제정에는 해당하지 않을 것이다. 하지만 이러한 상황에서 법률이 엄격하게 준수되지 못하면 그 사회는 최악의 폭정으로 전락할 가능성이 크다. 이를 고려할 때 D는 현명하고 덕스러운 통치자가 없으며 법률 역시 유연하게 적용되는 상황이므로, A에서 D로의 사회 변화는 무법적 전제정으로 통치 방식이 변화할 가능성을 함축하고 있을 것이다.

ㄴ. 적절하지 않다. 4문단에 따르면, 플라톤은 최선의 상황이 아닌 한 통치자에게 법률을 개정하고 폐지할 수 있는 주권적 권위가 주어지지 않으므로, 법률과 성문화된 것들을 결코 어겨서는 안 됨을 강조하였다. 그런데 B는 통치자의 덕성이 높은 사회, 즉 통치자가 법이나 피치자의 동의 없이 통치할 자격을 갖는 상황에 해당하지 않는다. 따라서 B에서는 통치자들 사이의 상호 합의에 따른 법 적용이 이루어질 수 있는 상황이더라도 법률의 유연한 적용이 정당화되지 않을 것이다.

ㄷ. 적절하다. <보기>의 그래프에 따르면, C는 법률 적용의 유연성이 중간 수준인 사회이다. 즉 일정 부분 법률에 의한 통치가 이루어지고 있다고 볼 수 있다. 그런데 3문단에 따르면, 『정치가』에서 플라톤은 이상적인 통치자는 무엇이 피치자에게 최선인지를 인지하고 있으므로, 법이나 피치자의 동의 없이 통치할 자격을 가진다고 주장한다. 그러므로 만약 C가 이상적인 통치자에 의해 통치가 이루어지고 있다면, 통치자가 법률에 구애받지 않고 통치하는 것이 문제시되지 않을 것이다. 따라서 『정치가』의 서술에 따를 때 C에서는 법률의 적용이 그래프와 같이 이루어지지 않아도 될 것이다.

04. 정답 ④

[내용 영역] 과학기술 [문항 유형] 정보의 확인과 재구성

① 일치하지 않는다. 3문단에 따르면, 강글리오시드는 당단백질이 아니라 당지질의 일종이다.

② 일치하지 않는다. 4문단에 따르면, 원형질막을 가로지르는 용질의 수송 기능을 수행하는 막단백질에는 운반 단백질과 통로 단백질 등이 있다. 통로 단백질은 단순히 물 분자나 이온이 막을 통과할 수 있도록 하는 열린 통로를 제공하며, 당과 아미노산같이 이송할 물질과 결합하는 단백질은 운반 단백질이다.

③ 일치하지 않는다. 3문단에 따르면, 당지질은 신경계의 원형질막 외층에만 존재하는데, 단당류가 결합한 세레브로시드와 올리고당이 결합한 강글리오시드가 대표적이다. 발작과 시력상실을 동반한 신경계 질환을 앓는 경우는 체내에서 강글리오시드를 합성하지 못하는 경우이다.

④ 일치한다. 4문단에 따르면, 내재 단백질은 지질이중층을 관통하는 막단백질이고, 주변부 단백질은 지질이중층을 침범하지 않은 상태에서 막 내부 또는 외부 표면에 결합한 막단백질이다. GPD는 지질이중층을 관통하지 않고 원형질막의 내부 표면에 결합되어 있으므로, 주변부 단백질에 속한다.

⑤ 일치하지 않는다. 마지막 문단에 따르면, 막탄수화물은 원형질막의 세포 외부 표면에만 존재하며, 탄수화물층은 지질이중층 바깥에 물리적인 층을 형성함으로써 세포 표면을 보호한다. 따라서 막탄수화물이 지질이중층 내부에 존재한다고 볼 수 없다.

05. 정답 ④

[내용 영역] 과학기술 [문항 유형] 정보의 확인과 재구성

① 적절하지 않다. 3문단에 따르면, 스테롤은 4개의 고리로 구성된 탄소골격이 특징인 스테로이드로, 동물세포에서만 발견되는 것은 스테롤 중 하나인 콜레스테롤이다. 따라서 모든 스테롤이 동물세포에서만 발견된다고 보기는 어렵다.

② 적절하지 않다. 2문단에 따르면, 하나의 지질 분자는 친수성을 띠는 머리 부분과 소수성을 띠는 꼬리 부분으로 구성되어 있으며, 체내 환경인 수용액 속에서 머리 부분은 물 쪽으로 노출되고 꼬리 부분이 서로 맞닿는다. 따라서 세포 내 소낭 공간은 소수성 물질로 이루어져 있다고는 보기 어렵다.

③ 적절하지 않다. 3문단에 따르면, 인지질 중 전기적으로 중성인 포스파티딜콜린은 원형질막 외층에 존재하고, 음전하를 띠는 포스파티딜세린과 포스파티딜이노시톨은 내층에 존재한다. 포스파티딜이노시톨의 가수분해 시 생성되는 IP3는 세포 내부의 신호 전달자 기능을 한다. 따라서 세포 내부의 신호 전달자 기능을 하는 IP3가 생성되는 현상은 포스파티딜콜린이 아니라 포스파티딜이노시톨의 가수분해에 따른 결과이다.

④ 적절하다. 마지막 문단에 따르면, 원형질막은 막탄수화물을 가지며, 다세포 생물에서 세포 표면의 탄수화물층은 다른 세포와의 상호인식에 필요한 중요한 표식으로 작용한다. 따라서 막탄수화물은 다른 세포를 인식하는 데 이용될 수 있다.

⑤ 적절하지 않다. 서식 환경의 기온이 낮을수록 동물세포막 인지질의 포화지방산 대비 불포화지방산의 비율이 낮다. 이를 고려하면, 서식 환경의 기온이 높을수록 동물세포막 인지질의 포화지방산 대비 불포화지방산의 비율이 높을 것임을 추론할 수 있다. 따라서 수온이 높은 바다에 서식하는 어류일수록 세포막에 포화지방산 대비 불포화지방산의 비율이 더 높을 것이다.

06. 정답 ③

내용 영역 과학기술 | 문항 유형 정보의 평가와 적용

ㄱ. 적절하다. 4문단에 따르면, 카드헤린은 인접한 세포들이 지질이중층의 경계를 넘어 서로 부착되게 함으로써, 하나의 조직으로 작용할 수 있게 해준다는 점에서 내재 단백질의 하나로 볼 수 있다. ㉠은 LP가 외부에 있을 때와 내부에 있을 때 모두 방사성으로 표지가 된다는 점에서 내재 단백질이고, 〈그림〉의 Ⅱ에 해당한다. 따라서 ㉠ 중 일부는 세포 사이의 결합 기능이 있다고 판단할 수 있다.

ㄴ. 적절하다. 마지막 문단에 따르면, 막탄수화물은 원형질막의 세포 외부 표면에만 존재하며, 90% 이상은 막단백질과 공유결합을 이루어 당단백질을 형성한다. ㉡은 LP가 외부에 있을 때만 방사성으로 표지된다는 점에서 원형질막 외부의 주변부 단백질이고, 〈그림〉의 Ⅰ에 해당한다. 따라서 ㉡ 중 일부는 막탄수화물과 공유결합을 한다고 판단할 수 있다.

ㄷ. 적절하지 않다. 4문단에 따르면, 내재 단백질 중에는 세포 외부의 호르몬 신호 등을 받는 수용체 단백질이 있다. ㉢은 LP가 내부에 있을 경우에만 방사성으로 표지된다는 점에서 원형질막 내부 표면의 주변부 단백질이고, 〈그림〉의 Ⅲ에 해당한다. 따라서 ㉢ 중 일부는 세포 외부의 신호를 수용하는 기능이 있다고 판단하기 어렵다.

07. 정답 ③

내용 영역 인문 | 문항 유형 정보의 확인과 재구성

① 일치하지 않는다. 2문단에 따르면, 안보투쟁은 미군의 지속 주둔과 일본의 친미블록 편입을 공식화한 안보조약 개정안을 두고 진보파와 보수파가 갈등을 겪은 사건이다. 따라서 이는 물질적인 풍요라는 목표를 내용으로 하는 '소문자적 이상'을 두고 벌인 대결이라 보기 어렵다.

② 일치하지 않는다. 3문단에 따르면, 고도의 경제 성장과 함께 나타난 변화는 풍요로운 도시 생활이라는 일본인의 꿈이 현실화되는 데 기여했고, 이는 일본 대중에게 행복감을 주었다.

③ 일치한다. 3문단에 따르면, 꿈의 시대는 풍요로운 도시적 삶이라는 꿈의 내용이 현실화되기 시작한 시대였고, 농업기본법 등은 대규모 이농을 유발함으로써 산업도시가 건설되는 것에 기여하였다. 도시 형태의 변화에 따라 대중들의 심리 역시 달라졌고, 대규모 가족의 해체와 핵가족이라는 새롭고 자유로운 집단의 확산이 나타났다. 따라서 1960년대의 농업기본법은 공동체 형태의 변화를 유발하여 도시적 삶이라는 꿈의 내용을 현실화시켰다고 볼 수 있다.

④ 일치하지 않는다. 5문단에 따르면, 고도 경제 성장 이후 안정적인 성장세에 돌입한 일본 정부는 스스로를 선진국이라 인식하기 시작했으며, 일본 대중 역시 이 시대를 유지하기 위한 방식으로 현실의 요소가 개입하지 않는 공간을 조성하는 모습을 보였다. 따라서 1970년대의 일본 대중은 일본 사회가 '꿈의 시대'에서 정의한 꿈을 실현시켰음을 자각하고 있었다.

⑤ 일치하지 않는다. 마지막 문단에 따르면, 1995년 이후 집단 내에서 동일한 꿈을 공유하고자 하는 노력도, 서사도 찾아볼 수 없는 불가능성의 시대가 도래하였다. 따라서 1995년 이후 일본 사회는 방향성을 확립하기 위해 새로운 이상을 만들어내는 모습을 보였다고 할 수 없다.

08. 정답 ④

내용 영역 인문 | 문항 유형 정보의 추론과 해석

① 적절하다. 2문단에 따르면, '이상의 시대'에 대중들은 미국을 통해 풍요로움을 경험하고, 현실화의 욕구를 키웠다. 이때, 물질적인 풍요로움을 목표로 하는 것은 소문자적 이상이라는 점에서 결국 소문자적 이상은 미국을 통해 일본 사회에 이식되었다고 할 수 있다.

② 적절하다. 3~4문단에 따르면, '꿈의 시대'는 '따뜻한 꿈'을 공유했던 대중과 1960년대 후반부터 '뜨거운 꿈'을 실현하고자 투쟁했던 청년들이 공존한 시기였다. 청년들은 '뜨거운 꿈'을 실현하기 위해 동맹휴학, 수업 거부 투쟁, 가두시위 등의 투쟁을 벌였다. 따라서 '꿈의 시대'의 후반기에는 꿈을 현실화하기 위해 기존 사회와 대립하는 움직임이 나타났다고 할 수 있다.

③ 적절하다. 2문단에 따르면, '이상의 시대'는 어떠한 꿈을 현실로 만들어야 할지에 관한 논쟁이 이어지고, 현실화의 욕구가 활발히 일어났던 시대이다. 즉, 미래에 실현되어야 할 사회상이 존재했던 시기라 할 수 있다. 반면, 5문단에 따르면, '허구의 시대'는 현실화해야 할 목표가 현실이 되면서 꿈이 존재하지 않는 현실 공간과 현실성이 사라지고 허구성이 강조된 꿈의 공간이 공존하는 시대이다. 따라서 '이상의 시대'는 '허구의 시대'와 달리 미래에 실현되어야 할 사회상이 존재한다고 인식되었을 것이다.

④ 적절하지 않다. 3문단에 따르면, '꿈의 시대'에서는 풍요로운 도시적 삶이 대중들 사이에 공유되는 꿈에 해당한다. 그리고 5문단에 따르면, '허구의 시대'에서는 현실의 요소가 제거된 초현실적인 공간을 구성하는 것이 대중들 사이에 공유된 꿈이라 할 수 있다. 따라서 '허구의 시대'에서 대중들 사이에 공유되는 꿈이 부재한다고 보기 어렵다.

⑤ 적절하다. 3문단과 5문단에 따르면, '꿈의 시대'에서 이루어진 고도의 경제 성장은 이전 시기에 설정된 이상이 현실화되도록 만들었고, 이후의 위기를 딛고 다시금 안정적 성장을 지속하여 이상이 현실이 된 상황은 '허구의 시대'를 살았던 대중의 현실 감각을 변화시켰다.

09. 정답 ③

내용 영역 인문 | 문항 유형 정보의 평가와 적용

① 적절하지 않다. 옴진리교가 진보파를 계승했는지는 제시문의 정보만으로는 알 수 없으며, <보기>의 전공투는 탈정파적인 조직으로서 정당과 같은 기존 정치 세력과는 분리되어 운동을 이끌어 나갔다. 따라서 두 조직이 진보파와 미래의 이상을 공유하였다고 볼 수는 없다.

② 적절하지 않다. 5문단에 따르면, 일본 대중은 꿈의 세계를 살기 위해서 현실에서 고된 노동을 담당한 구성원들을 배제하였다. 옴진리교는 초현실적인 허구를 지향한 집단이라는 점에서 허구의 시대에서 배제된 이들로 볼 수 없다. 또한 <보기>에 따르면, 전공투는 엘리트 교육을 받아온 사람들이었다는 점에서 꿈의 시대에서 배제된 이들로 볼 수 없다.

③ 적절하다. 마지막 문단에 따르면, 옴진리교는 종말론을 내세우며 초현실을 지향했으며, 도쿄 도심에 독가스를 살포하여 허구 자체를 현실로 만들고자 했다. 따라서 이들은 종말론을 통해 초현실을 구현하고자 했다고 볼 수 있다. 4문단에 따르면, <보기>의 전공투는 1960년대 후반 시대와의 불화를 내세운 청년들에 해당한다고 볼 수 있다. 이러한 청년들은 히피적 삶의 실천과 같은 형태로 해방된 시공간을 현실에서 구현하고자 하였다. 따라서 전공투는 '자기 부정'과 '대학 해체'를 통해 기성의 통념에서 벗어난 삶을 현실화하고자 하였다고 할 수 있다.

④ 적절하지 않다. 4문단에 따르면, '뜨거운 꿈'을 내세운 청년들이 자신들의 꿈이 현실화된 공간을 만들려고 했다는 점에서 전공투는 야스다 강당에서의 농성을 통해 꿈과 현실의 괴리를 해소하고자 하였다고 볼 수 있다. 그러나 마지막 문단에 따르면, 옴진리교는 허구를 현실로 만들고자 독가스 테러를 자행했다. 따라서 옴진리교가 독가스 테러를 통해 꿈과 현실의 괴리를 극대화하고자 하였다고 보기는 어렵다.

⑤ 적절하지 않다. 마지막 문단에 따르면, 옴진리교는 허구의 시대와 마찬가지로 초현실을 추구했다는 점에서 현실에 자리를 잡은 꿈을 해체할 것을 주장했다고 보기는 어렵다. 4문단에 따르면, '뜨거운 꿈'을 내세운 청년들은 기존의 꿈을 거부하였으나, 동시에 체제로부터 해방된 시공간이라는 자신들의 꿈을 현실화하려고 시도한 이들이다. 따라서 옴진리교가 현실에 자리를 잡은 꿈을 해체하고 새로운 가치의 도입을 주장했다고 할 수 없으며, 전공투가 꿈을 현실화하려고 했던 이전의 운동과는 다른 모습을 보인다고 할 수 없다.

10. 정답 ⑤

내용 영역 사회 | 문항 유형 정보의 확인과 재구성

① 일치하지 않는다. 3문단에 따르면, 상업적 보호 대행사는 상호 보호협회의 회원들이 보호 업무를 외주화함으로써 등장한다. 이에 따르면 상호 보호협회가 존재하는 상황에서 상업적 보호 대행사가 등장하며, 전자가 없는 상황에서 후자가 나타날 수 있는지는 제시문의 정보만으로는 알 수 없다.

② 일치하지 않는다. 2문단과 3문단에 따르면, 자연적 상태에서 개인들은 각자 자신의 생명과 재산을 보호할 권리를 지니며, 자연적 상태에서 자신의 권리를 충분히 관철시킬 수 없는 사람들에 의해 상호 보호협회가 구성된다. 그러므로 충분한 힘을 지녀 권리 행사에 어려움이 없는 개인들은 협회 소속에 대한 동기를 느끼지 않을 것이다. 예를 들어 5문단에 따르면, '독보적으로 큰 힘을 지닌' 독립적 개인의 경우 대행사와 계약하지 않고 홀로 활동하므로 대행사의 존재 여부와 상관없이 자연적 상태에 머무른다고 볼 수 있다. 이러한 개인은 협회에 소속되려는 동기를 지닌다고 보기 어려우므로, 자연적 상태의 합리적 개인들만으로 구성된 사회에서 누구나 자발적으로 협회에 소속되고자 한다고 보기 어렵다.

③ 일치하지 않는다. 3문단에 따르면, 상업적 보호 대행사는 특정 개인이나 집단에 대한 보호 업무만을 전문적으로 수행한다. 이 과정에서 상업적 보호 대행사는 보호 대상의 이익을 위해 대행사와 계약하지 않은 독립적 개인의 권리 행사를 제재할 것이므로, 특정 단체의 이익을 대변하지 않을 것을 요구받을 것이라고 볼 수는 없다.

④ 일치하지 않는다. 5문단과 마지막 문단에 따르면, 공적 성격을 지닌 보호 대행사는 곧 국가의 단계에 이르렀다고 할 수 있다. 이들은 비용 분담 여부와 상관없이 모든 사람에게 보호 서비스를 제공한다. 따라서 이 경우 보호 대행사의 활동은 도덕적 정당화 범위 내에서 해당 대행사와 계약한 고객들의 권리를 대행하는 것에 한정되지 않을 것이다.

⑤ 일치한다. 4문단에 따르면, 지배적 보호 대행사는 해당 구역의 보호 서비스를 행사하는 유일한 조직이며, 그 활동은 지역 사회 내 일정 구역에서 그와 계약한 개인이나 집단의 권리를 대행하는 데 한정된다. 이에 따르면 특정 구역의 지배적 보호 대행사는 다른 구역의 상업적 보호 대행사에게 발생한 문제에 관여하지 않을 것이다. 따라서 다른 구역의 상업적 보호 대행사들 간에 발생한 분쟁 해결은 지배적 보호 대행사의 활동 범위에 속하지 않을 것이다.

실전 1회

11. 정답 ③
[내용 영역] 사회 [문항 유형] 정보의 확인과 재구성

① 적절하지 않다. 1문단에 따르면, 노직은 국가 공동체가 도덕적으로 정당화 가능한 최소한의 역할만을 수행해야 한다는 국가관을 제시하고, 최소 국가(㉠)는 이를 따른다고 설명한다. 따라서 최소 국가(㉠)가 도덕적으로 정당화 가능한 역할 이상을 수행한다고 볼 수 없다.

② 적절하지 않다. 3문단과 5문단에 따르면, 최소 국가(㉠)는 권력의 독점이라는 특성을 보이는 조직이라고 볼 수 있다. 반면에 상업적 보호 대행사(㉡)는 권력 독점이 나타나기 전의 조직에 해당한다. 따라서 최소 국가(㉠)는 관할 지역의 권력을 독점한다고 볼 수 있다.

③ 적절하다. 3문단과 마지막 문단에 따르면, 상업적 보호 대행사(㉡)는 지역 내 특정 개인이나 집단에 대한 보호 업무만을 전문적으로 수행하고, 극소 국가(㉢)는 자신과 계약한 개인들만을 보호하며, 사회 내 모든 개인에게 보호 서비스를 제공하지는 않는다. 이에 따르면 두 조직 모두 해당 지역 사회의 모든 사람에게 보호 서비스를 제공하는 역할을 하지 않는다.

④ 적절하지 않다. 3문단과 마지막 문단에 따르면, 극소 국가(㉢)는 해당 지역에 속한 모든 개인들의 권리 행사를 제약할 수 있다. 하지만 상업적 보호 대행사(㉡)는 지역 내 특정 개인이나 집단에 대한 보호 업무만을 전문적으로 수행하므로 해당 지역에 속한 모든 개인들의 권리 행사를 제약할 수 있다고 보기 어렵다.

⑤ 적절하지 않다. 3문단에 따르면, 상업적 보호 대행사(㉡)는 지역 내 특정 개인이나 집단에 대한 보호 업무만을 전문적으로 수행한다. 그리고 5문단에 따르면, 극소 국가(㉢)는 아직 모든 사람에 대한 보호 서비스 제공을 선언하기 이전의 상태이다. 따라서 두 조직의 서비스 모두 재분배적 성격을 지니지 않는다.

12. 정답 ③
[내용 영역] 사회 [문항 유형] 정보의 평가와 적용

① 적절하지 않다. 노직의 이론에 따르면, 자신이 입은 손실에 대한 사적 제재는 모든 개인들이 각자 따로 떨어져 살아가는 자연적/무정부적 상태의 특징 중 하나이다. 그러나 Y구릉지대에는 이미 일종의 상호 보호협회(B)가 존재하므로, 협회의 구성원인 경우 사적 제재로 자신이 입은 손실을 되갚을 것이라고 볼 수는 없다.

② 적절하지 않다. A는 B의 통보를 듣고, 개인의 힘만으로는 B에 대항하기 어렵다고, 다시 말해 자신의 권리를 개인적으로 보호하는 데 한계가 있다고 판단하였다. 따라서 A가 B의 통보를 듣고 내린 판단은 오히려 A가 B와 같은 보호협회에 가입하고자 하는 동기로 작용할 것이다.

③ 적절하다. 3문단에 따르면, 상호 보호협회의 회원들은 자신과 직접적 이해관계가 없는 다른 회원의 권리 보장에도 직접 참여해야만 하므로, 이러한 노력을 피하고자 상업적 보호 대행사와 계약을 맺는다. 따라서 B에 가입한 주민들이 A의 권리를 제재할 때 느끼는 부담은 C와 계약하기 전보다 C와 계약한 후에 더 감소하였을 것이다.

④ 적절하지 않다. 4문단에 따르면, Y구릉지대의 주민들을 보호하는 조직은 C뿐이라면 C는 지배적 보호 대행사에 해당한다. 5문단에 따르면, 지배적 보호 대행사는 크든 작든 자신과 계약한 고객들의 권리가 침해당할 가능성이 있다면 이를 방지하고자 상대의 권리 행사에 제재를 가하려고 한다. A가 B에 가입하지 않더라도 B의 이익에 영향을 주지 않는지가 확실하지 않다면, 독립적 개인인 A의 행위가 C의 고객인 B의 권리를 침해할 가능성이 있다는 점에서 C는 A의 권리 행사를 제재하는 데 소극적이지 않을 것이다.

⑤ 적절하지 않다. 마지막 문단에 따르면, 극소 국가의 단계에 이른 보호 대행사는 사실상 해당 지역에 속한 모든 개인들의 권리 행사를 제한할 수 있고 이 단체는 자신과 계약한 사람들을 넘어서 모든 사람들에게 보호 서비스를 제공하는 방식으로 이를 보상할 도덕적 의무를 지닌다. 보호 대행사가 이와 같은 보편적 보호를 선언하는 순간 비로소 공적 성격을 지니는 독점적 권력 공동체, 즉 최소 국가가 형성된다. C가 X섬 지역에서 발생하는 모든 분쟁에 개입하여 당사자의 권리를 제한할 수 있게 되어 이에 대한 의무 또한 수행한다면, C는 최소 국가에 해당한다고 볼 수 있다. 이에 따르면 B는 계약 여부와 관계없이 보호 서비스를 받을 수 있으므로, C와의 계약을 유지하기 위해 B가 부담하는 비용은 증가할 것이라고 보기 어렵다.

13. 정답 ③
[내용 영역] 규범 [문항 유형] 정보의 확인과 재구성

① 일치하지 않는다. 2문단에 따르면, 소크라테스는 그릇된 행위의 원인이 행위의 가치에 대한 무지에 있다고 보았다. 이를 바탕으로 어떤 행위가 그릇된 줄 알면서도 그리 행하는 사람은 실은 그 행위가 그릇된 것임을 진정으로 깨닫지 못한 상태라고 하였다. 즉 어떤 행위가 그릇된 줄 알면서도 그리 행하는 사람은 실제로는 그 행위의 가치에 대해 무지하며, 소크라테스는 이를 '겉보기에 그에 대해 알고 있는 사람'이라고 칭한 것이다. 이를 고려할 때, 소크라테스는 '겉보기에 그에 대해 알고 있는 사람'을 행위의 가치에 대해 무지한 상태라고 여겼을 것이다.

② 일치하지 않는다. 3문단에 따르면, 아리스토텔레스는 소크라테스가 설정하는 '겉보기에 아는 사람'과 '진정으로 아는 사람' 사이의 구별이 지나치게 작위적이라고 비판하였다. 그리고 앎의 소유와 활용이라는 개념을 도입하면서 아크라시아가 존재하지 않는다는 소크라테스의 견해를 반박하였다. 하지만 이러한 아리스토텔레스의 반박 및 주장이 진정으로 아는 것이 무엇인지를 새롭게 정의한 것이라고 보기는 어렵다.

③ 일치한다. 4문단에 따르면, 헤어는 어떤 행위의 가치에 대해 인정하거나 또는 그에 대한 판단에 동의한다는 것은 곧 비슷한 상황에서 자기 자신 역시 그러한 행위를 하겠다고 서약함과 같은

의미를 지닌다고 보았다. 이로부터 행위의 가치를 진정으로 아는 사람이 그에 어긋나는 행위를 하는 현상이 논리적으로 성립할 수 없다고 주장하였다. 이는 행위의 가치를 알면서도 그러한 앎을 활용하지는 않는 상태와 양립 불가능하며, 따라서 헤어는 앎의 소유 및 활용에 대한 아리스토텔레스의 구분을 받아들이지 않는다고 볼 수 있다.

④ 일치하지 않는다. 마지막 문단에 따르면, 데이비슨은 완전한 판단에 따라야 함을 알면서도 불완전한 판단을 내림으로써 아크라시아의 상태에 빠져든다고 보았다. 그렇다면 아크라시아가 아닌 상태는 완전한 판단에 대한 앎이 없는 상태를 포함할 수 있을 것이다. 따라서 데이비슨이 아크라시아가 아닌 상태가 완전한 판단에 대한 앎을 의미한다고 주장했을 것이라 보기는 어렵다.

⑤ 일치하지 않는다. 마지막 문단에 따르면, 데이비슨은 아크라시아가 완전한 판단에 대한 앎이 있으면서도 그와 다른 불완전한 판단에 따라 행위하기 때문에 나타난다고 보았다. 그리고 3문단에 따르면, 앎을 활용하지 않는 것은 곧 자제력 없는 행위를 했음을 의미한다. 따라서 데이비슨은 자제력 없이 행위하는 사람이라면 행위의 가치에 대한 앎을 활용했다고 여기지 않을 것이다.

14. 정답 ⑤
내용 영역 규범 **문항 유형** 정보의 추론과 해석

① 적절하지 않다. 마지막 문단에 따르면, 완전한 판단과 불완전한 판단 사이의 차이는 가치판단에 있어 가능한 모든 관점을 고려하는지 그렇지 않은지의 차이이다. 그런데 2문단에 따르면, 소크라테스는 가치판단의 관점에 대해서는 논하고 있지 않다. 따라서 소크라테스의 관점에서 이러한 문제를 제기하리라고 추론할 수 없다.

② 적절하지 않다. 마지막 문단에 따르면, 데이비슨의 완전한 판단은 가능한 관점을 모두 고려한, 온전히 객관적인 관점에서 이루어지는 판단을 가리킨다. 이에 대하여 소크라테스는 객관적인 관점에서 정말 완전한 판단이 이루어졌다면, 자제력 없는 행위들이 존재할 수 없다고 생각할 것이다.

③ 적절하지 않다. 2문단에 따르면, 소크라테스는 아크라시아, 즉 알면서도 행하는 자제력 없는 행위의 존재 가능성 자체를 인정하지 않는다. 따라서 그가 자제력 없는 행위의 원인과 관련한 문제를 제기하리라고 추론할 수 없다.

④ 적절하지 않다. 불완전한 판단에 대한 평가는 2문단의 소크라테스의 입장과는 무관하다. 따라서 소크라테스의 입장에서 불완전한 판단에 따라 얻어진 인식을 바탕으로 문제를 제기할 것이라고 보기 어렵다.

⑤ 적절하다. 2문단에 따르면, 소크라테스는 아크라시아란 존재하지 않으며, 어떤 행위가 그릇된 줄 알면서도 그리 행하는 사람은 그 행위가 그릇된 것임을 진정으로 깨닫지 못한 상태라고 보았다. 따라서 소크라테스의 관점에서 불완전한 판단에 따른 행위는 진정한 의미에서 그 행위의 가치에 대한 앎을 지니지 못한 것으로 보아야 할 것이며, 이를 바탕으로 문제를 제기할 수 있을 것이다.

15. 정답 ④
내용 영역 규범 **문항 유형** 정보의 평가와 적용

① 적절하지 않다. 1문단에 따르면, 아크라시아란 어떤 행위의 가치에 대해 인지하면서 그와 달리 행위하는 경우를 일컫는다. 그런데 <보기>에 따르면, A는 Y국의 기준에 따를 때 H가 그릇된 행위임을 몰랐다고 하였으므로, 자신의 행위가 아크라시아의 구성 요건에 부합하지 않는다고 볼 것이다.

② 적절하지 않다. 2문단에 따르면, 소크라테스가 말했던 '겉보기에 아는 사람'은 행위가 그릇된 줄 알면서도 그렇게 행하는 사람이다. 그러나 <보기>에 따르면, A는 H가 Y국에서 위법적인 행위인지 알지 못했다고 주장하고 있으므로 '겉보기에 아는 사람'에 해당한다고 보기 어렵다.

③ 적절하지 않다. 3문단에 따르면, 아리스토텔레스의 아크라시아 옹호 논변은 앎을 소유하지만 활용하지 않는 사람의 사례에 의해 지지된다. 그러나 <보기>에 따르면, A의 사례는 이러한 경우에 해당하지 않는다.

④ 적절하다. 4문단에 따르면, 헤어는 어떤 행위의 도덕적 가치를 진정으로 알고 있는 사람이 그 판단에 상응하는 행위를 하지 않거나 그 판단에 어긋나는 행위를 하는 현상은 논리적으로 성립할 수 없다고 주장한다. 그리고 <보기>에 따르면, A의 사례는 행위의 가치에 대해 인식하지 못하여 잘못된 행위가 나타난 경우에 해당한다. 따라서 A의 사례는 헤어의 주장을 약화하지 않을 것이다.

⑤ 적절하지 않다. 마지막 문단에 따르면, 데이비슨의 완전한 판단은 가능한 모든 관점을 고려한 객관적인 관점에서의 판단이다. 그러나 <보기>에 따르면, A는 자신의 판단이 관습적 차이에 대한 무지에서 비롯한 것이라고 주장하고 있으므로, 완전한 판단을 행한 것이라고 주장하지는 않을 것이다.

16. 정답 ④
내용 영역 사회 **문항 유형** 정보의 확인과 재구성

① 적절하다. 1문단에 따르면, 국가가 금, 은, 동 등의 원료를 주조해서 발행한 국정화폐는 화폐 발행에 있어서 원료 확보라는 물리적 제약이 있었다. 이런 물리적 제약을 극복한 획기적인 화폐가 은행권이다.

② 적절하다. 4문단에 따르면, 배서 제도는 어음을 다른 사람에게 양도할 때 주는 사람과 받는 사람을 어음 뒷면에 명기하는 것이다. 그리고 6문단에 따르면, 17세기 영국 법원은 어음의 신뢰성을 높이기 위해 배서 제도를 적극적으로 도입했다.

③ 적절하다. 마지막 문단에 따르면, 은행권은 언제든지 국정화폐로 교환할 수 있었던 반면, 어음은 만기일 이후에야 환전을 청구할 수 있었다.

④ 적절하지 않다. 3문단과 4문단에 따르면, 은행권은 익명화된 증서였기에 배서가 필요 없었다. 배서 제도가 도입된 것은 어음의 경우이다.

실전 1회

⑤ 적절하다. 마지막 문단에 따르면, 은행업자는 현금을 예금으로 받고 은행권을 발행한 후 보관하고 있는 현금에 대해 추가적으로 은행권을 발행할 수 있었다. 결과적으로 예금된 현금보다 더 많은 은행권이 발행되어 유통될 수 있었다.

17. 정답 ②
내용 영역 사회 **문항 유형** 정보의 추론과 해석

ㄱ. 적절하지 않다. 6문단에 따르면, 은행권은 익명화되어 있었기 때문에 배서가 필요 없었고, 판매로 취급되었다. 이처럼 은행권이 익명화되어 있었다는 것은 잉햄을 비판하는 글쓴이도 받아들이고 있는 사실이다.

ㄴ. 적절하다. 4문단에 따르면, 글쓴이는 잉햄의 주장대로 어음이 발달해서 은행권이 된 것이라면 영국보다 어음이 더 발달한 유럽대륙에서 은행권이 먼저 나타났어야 한다고 지적한다.

ㄷ. 적절하다. 4문단에 따르면, 잉햄은 어음이 발전하여 익명화되었다고 주장하는데, 이러한 주장은 배서 제도의 등장과 네덜란드의 사례를 볼 때 옳지 않다.

ㄹ. 적절하지 않다. 2문단에 따르면, 잉햄은 은행권의 경우 익명화된 증서로서 화폐처럼 쓰였기 때문에 어음과 달리 불특정 다수의 사람들에게 자신의 권리를 요구할 수 있다고 설명하였다. 그리고 6문단에 따르면, 글쓴이 또한 은행권은 익명화된 증서였기에 변제받을 권리를 보호하기 위한 배서가 필요 없었음을 설명하며, 이는 잉햄의 설명과 상충하지 않는다. 제시문에는 은행권을 소지한다 하여 불특정 다수의 사람들에게 자신의 권리를 요구할 수 있는 것은 아니라는 점이 제시되지 않았다.

18. 정답 ④
내용 영역 사회 **문항 유형** 정보의 평가와 적용

① 적절하다. 6문단에 따르면, 17세기 영국 법원은 배서된 어음에 한해서만 어음소지자의 변제받을 권리를 보호하려고 했다. 따라서 어음소지자인 B의 권리 보호를 위해서는 배서가 있는 것이 유리하다.

② 적절하다. 6문단에 따르면, 은행권은 기본적으로 익명화가 되어 있는 신용증서이기 때문에 은행권으로 대금을 지불한 사람은 채무변제의무를 지지 않는다.

③ 적절하다. 마지막 문단에 따르면, 은행권은 언제든지 국정화폐로 교환될 수 있었다.

④ 적절하지 않다. 2문단과 3문단에 따르면, 은행권은 사(私)은행업자들이 예금을 맡긴 사람에게 발급하는 신용증서로, 예금액과 은행업자 등이 기재된 일종의 예금영수증이었다. 또한 은행권의 특징인 익명화는 돈을 받는 사람의 이름이 명시되지 않은 것을 말한다. 이를 볼 때 ⓐ가 은행권이라면 A와 B의 정보는 기재되어 있지 않지만 C의 정보는 기재되어 있을 것이다.

⑤ 적절하다. 5문단에 따르면, ⓐ가 기재된 어음이고 C가 이를 환전할 수 없는 상황이라면 A가 채무변제의무를 가진다. 따라서 이런 상황에서는 A가 B에게 1억을 다시 지급해야 한다.

19. 정답 ④
내용 영역 규범 **문항 유형** 주제, 구조, 관점 파악

① 적절하다. 1문단에 따르면, 대법원(㉠)은 당시 자궁경부가 약 3cm 정도 열렸더라도 분만의 개시라고 볼 수 있는 규칙적인 진통이 시작되지는 않았으므로 태아에 대한 업무상과실치사죄가 성립하지 않는다고 보았다. 마지막 문단에 따르면, 이는 대법원이 규칙적인 진통을 동반하면서 태아가 태반으로부터 분리되기 시작한 시점부터 태아를 사람으로 보기 때문이다. 즉 ㉠은 해당 사건에서 태아가 사망한 시점을 분만과정 중이 아닌 분만이 개시되기 전으로 본 것이다.

② 적절하다. 2문단에 따르면, 우리나라의 경우 태아를 모체의 일부로 보지 않는다. 즉 대법원(㉠)은 태아를 임산부의 신체일부로 보지 않으므로, 모체 내 태아가 사망하였다고 하여도 이것을 근거로 임산부가 상해를 입었다고 판결하지 않은 것이다.

③ 적절하다. 3문단에 따르면, 피고인의 과실과 사망한 태아의 반출을 위한 제왕절개수술 사이의 인과관계를 인정하기 위해서는 태아의 출산을 위한 수술과 사망한 태아의 반출을 위한 수술에 차이가 있다는 점이 인정되어야 한다. 위의 인과관계를 인정하지 않는 입장에서는 의학적으로는 태아의 생사상태만 다를 뿐 수술의 방법이나 절차에 특별한 차이가 없으며, 수술로 인해 피해자에게 후유증이라든지 별개의 결과가 발생하지도 않았다는 점을 들어 양자 간 인과관계를 부정한다. 해당 사건에서 대법원(㉠)이 피고인의 과실과 사망한 태아의 반출을 위한 제왕절개수술 사이의 인과관계를 인정하지 않는 입장임을 고려하면, 대법원에서 출산을 위한 수술과 사망한 태아의 반출을 위한 수술 사이에는 특별한 차이가 없다고 보았을 것이다.

④ 적절하지 않다. 1문단에 따르면, 2001년 사건에서 대법원(㉠)은 태아에 대한 업무상과실치사죄를 인정하지 않았다. 마지막 문단에 따르면, ㉠에서는 규칙적인 진통을 동반하면서 태아가 태반으로부터 분리되기 시작한 분만 개시 시점부터의 태아를 사람이라고 보아, 해당 사건의 태아를 업무상과실치사상죄의 적용 대상인 사람으로 보지 않았기 때문이다. '의학적으로 제왕절개수술이 가능하였고 규범적으로 수술이 필요하였던 시기'부터의 태아를 사람으로 보아야 한다고 주장한 것은 대법원이 아닌 검사 측의 입장이며, ㉠은 이를 받아들이기 어렵다고 하였다.

⑤ 적절하다. 1문단에 따르면, 대법원(㉠)은 피고인의 과실유무와 관계없이 모체의 안전을 위하여 제왕절개수술은 불가피하였으므로 조산사의 과실과 제왕절개수술로 인해 피해자가 입은 상해 사이에 인과관계가 없다고 보았고, 피해자에 대한 업무상과실치상죄를 인정하지 않았다. 즉 ㉠은 조산사의 과실과 제왕절개수술로 인해 피해자가 입은 상해 사이에는 인과관계가 성립하지 않는다는 입장을 취한 것이다.

20. 정답 ⑤
내용 영역 규범 | 문항 유형 정보의 평가와 적용

ㄱ. 적절하다. 마지막 문단에 따르면, 대법원에서는 분만 개시 시점을 규칙적인 진통을 동반하면서 태아가 태반으로부터 분리되기 시작한 때 및 자궁수축으로 인해 자궁경부가 개대되며 발생하는 개방진통이 있을 때로 본다. 이러한 기준에 따르게 된다면 비록 자궁의 개대가 시작되었더라도 규칙적인 진통이 없는 경우 이때의 태아를 사람으로 보지 않으므로 분만의 개시 시점은 미뤄지게 된다. 결국 법을 통한 태아의 생명과 신체의 보호 기능은 약화될 수밖에 없을 것이다.

ㄴ. 적절하다. 마지막 문단에 따르면, 대법원에서는 검진 당시 비록 자궁경부가 약 3cm 정도 열려 있었더라도 규칙적인 진통이 없는 경우를 분만 개시로 인정하지 않았다. 하지만 제시된 사건과 같이 자연분만에서 분만의 개시가 반드시 진통과 일치하여 이루어지는 것은 아니다. 또한 현실적으로도 규칙적인 진통의 판단 자체는 의료적으로든 법적으로든 그 시작 여부나 정도의 차이를 판단하기 어려운 경우가 적지 않을 것이다.

ㄷ. 적절하다. 마지막 문단에 따르면, 대법원에서는 검진 당시 비록 자궁경부가 약 3cm 정도 열려 있었더라도 규칙적인 진통이 없는 경우를 분만 개시로 인정하지 않았다. 하지만 대법원의 분만 개시 여부 판단의 기준이 된 시점은 피고인이 피해자를 검진했을 당시의 시점이다. 이후 피고인은 임산부를 3시간가량 대기실에 방치하였고 이로 인해 태아가 사망하게 된 것이므로, 태아의 사망 시점에는 충분히 분만이 개시되었을 가능성이 있다. 하지만 대법원은 이 점을 간과하고 검진 시점만을 기준으로 분만 개시 여부를 판단하였다고 비판받을 수 있다.

21. 정답 ①
내용 영역 규범 | 문항 유형 정보의 평가와 적용

① 적절하지 않다. 마지막 문단에 따르면, 개방진통은 자궁수축으로 인해 자궁경부가 개대되며 발생한다. 이를 고려하면, <보기>의 잠복기는 자궁수축으로 개방진통이 시작된 후의 시기라고 볼 수 있으며, 자연분만 시 개방진통이 시작된 시점을 사람의 시기로 볼 경우 잠복기의 태아를 사람으로 볼 것이다. 따라서 의료인의 과실로 잠복기의 태아가 사망한다면 이는 분만과정 중에 있는 태아가 의료인의 과실로 사망한 것이므로, 해당 의료인을 업무상과실치사죄로 처벌할 수 있다.

② 적절하다. 마지막 문단에 따르면, 압박진통은 완전개대 후 태아를 모체 밖으로 배출하는 과정에서 산모에게 가해진다. <보기>의 활성기는 분만 제1기에 해당하는데, 자연분만 시 압박진통이 시작된 시점을 사람의 시기로 볼 경우 완전개대 후 태아를 모체 밖으로 배출하는 분만 제2기부터의 태아를 사람으로 볼 것이다. 따라서 의료인의 과실로 활성기의 태아가 사망하더라도 해당 의료인에게 업무상과실치사죄를 물을 수 없다.

③ 적절하다. 마지막 문단에 따르면, 복부절개가 자궁절개보다 앞서 이루어진다. 인공분만 시 자궁절개시점을 사람의 시기로 볼 경우에는 자궁절개 전 단계에 있는 태아를 사람으로 보지 않을 것이다. 따라서 복부절개 과정에서 의료인의 과실로 태아가 사망하더라도 해당 의료인을 업무상과실치사죄로 처벌할 수 없다.

④ 적절하다. <보기>에 따르면, 자궁절개 후 태아분만이 이루어진다. 인공분만 시 태아의 신체일부가 노출된 시점을 사람의 시기로 볼 경우에는 자궁절개 후 태아를 꺼내는 태아분만 단계부터의 태아를 사람으로 볼 것이다. 따라서 자궁절개 중 태아의 얼굴에 상해를 입힌 의료인에게는 업무상과실치상죄를 물을 수 없다.

⑤ 적절하다. 인공분만 시 수술이 필요한 적기를 사람의 시기로 볼 경우, 그 적기 시점 이후의 태아는 사람으로 볼 것이다. 응급 제왕절개수술이 실시되었다면, 수술이 필요하다고 판단되는 즉시 수술이 진행되었을 것이다. 따라서 응급 제왕절개수술을 진행하다가 과실로 태아를 사망하게 한 의료인에게는 업무상과실치사죄를 물을 수 있다.

22. 정답 ⑤
내용 영역 인문 | 문항 유형 주제, 구조, 관점 파악

① 적절하지 않다. 2문단에 따르면, 데카르트는 "나는 생각한다, 그러므로 나는 존재한다."를 기반에 두고 일반적인 진리 기준(㉠)을 확립으로써 고대 회의주의를 논박하였다. 그는 외부 대상의 실제 모습에 대해 정확한 앎을 획득할 수 없다는 회의주의를 반박하고, ㉠을 통해 참된 앎과 진리의 획득이 가능하다고 주장한 것이다.

② 적절하지 않다. 2문단에 따르면, 집중하고 있는 정신에 현존하며 드러날 수 있는 지각(㉡)은 명석한 것이며, 그중 다른 모든 것과 확연히 구별되어 단지 명석한 것만을 담고 있는 지각이 판명한 것이다. 즉 명석한 것 중 특수한 속성을 가진 일부를 판명한 것이라 부르는 것이다. 이를 고려하면, 판명한 지각은 반드시 명석한 것이라고 말할 수 있지만, 명석한 것이라고 해서 모두 판명한 것이라고 말할 수는 없다. 따라서 ㉡이라는 것을 곧 판명하게 지각되는 것이라 말하기는 어렵다.

③ 적절하지 않다. 3문단에 따르면, 데카르트에게 있어 명석·판명한 지각(㉢)은 추론이나 논증에 의해 확보되는 것이 아니라 자명하게 직관되는 것이다. 따라서 ㉢이 논리적 추론을 통해 지각된다고 보지 않을 것이다.

④ 적절하지 않다. 4문단에 따르면, 데카르트는 명석·판명한 지각이 확실하게 참이 되는 근거로 성실한 신의 존재(㉣)를 제시한다. 하지만 마지막 문단에 따르면, 가상디는 이를 순환 논증이라고 지적하였다. 데카르트는 이러한 비판에 대해 우리가 주의를 집중하는 한에서 직관에 의해 명석·판명하게 파악되는 것은 그 진리성에 대해 어떤 의심의 여지도 없고, 그렇기 때문에 ㉣에 의존할 필요 없이 명석·판명한 지각은 진리성을 얻는다는 답변을 한다.

⑤ 적절하다. 1문단과 2문단에 따르면, 회의주의자들이 우리가 외부 대상의 실제 모습에 대해 정확한 앎을 획득할 수 없다고 주장하는 것과 달리, 데카르트는 일반적인 진리 기준, 즉 명석·판명한 지각을 통해 참된 앎의 획득이 가능하다고 주장한다. 그리고 4문단에 따르면, 그는 명석·판명한 지각이 성실한 신의 존재를 통해 주관적인 확실성을 넘어서서 객관적인 확실성(ⓒ)을 획득할 수 있다고 보았다. 다시 말해 ⓒ을 획득한 명석·판명한 지각은 외부 대상의 실제 모습과 일치하게 된다는 것이다.

23. 정답 ③

내용 영역 **인문**　문항 유형 **정보의 확인과 재구성**

① 적절하다. 3문단에 따르면, 가상디의 입장에서 모든 사람은 자신이 변호하는 진리를 명석하고 판명하게 지각한다고 생각하며, 또한 같은 사람이 동일한 사물에 대해 명석·판명하게 지각하는 것도 조건에 따라 달라질 수 있다. 이는 데카르트가 내세운 진리기준이 사람마다 다르게 적용될 수 있다는 뜻이다. 다시 말해, 그는 데카르트가 진리에 대한 '기준'이라는 것이 언제나 누구에게든 보편적이어야 함을 간과하였다고 반박한 것이다.

② 적절하다. 3문단에 따르면, 가상디는 명석·판명한 지각이 주의를 기울이는 정신에 현존하며 드러날 수 있는 것이라면, 많은 명민한 철학자들이 명석·판명한 지각에 관해 의견의 일치를 보여야 한다고 말한다. 즉 그는 데카르트의 진리 기준이 위대한 철학자들이 서로 다른 의견 대립을 보이는 현상에 대해서는 설명하지 못한다고 반박한 것이다.

③ 적절하지 않다. 2문단과 3문단에 따르면, 데카르트는 무엇이 참된 앎, 즉 진리인가에 대하여 명석·판명하게 지각되는 것은 진리를 가지고 있으며, 이러한 명석·판명한 지각은 자명하게 직관되는 것이라고 말한다. 즉 데카르트는 자명하게 직관함으로써 명석·판명한 지각, 곧 진리가 획득된다고 한 것이다. 따라서 데카르트는 어떻게 진리가 획득되는가도 제시하고 있음을 알 수 있다.

④ 적절하다. 3문단에 따르면, 가상디는 데카르트에게 어떤 것을 명석·판명하게 지각할 경우에 언제 우리가 오류를 범하는지 혹은 범하지 않는지를 안내하고 보여줄 수 있는 방법을 내놓을 것을 요구한다. 이는 명석·판명한 지각이라는 것도 거짓이 될 가능성을 내포하고 있음을 전제하고 있는 지적이다. 따라서 그는 데카르트가 거짓된 것도 참된 것으로 잘못 받아들일 수 있는 가능성을 내포한 기준을 내세우고 있다고 반박한 것이다.

⑤ 적절하다. 4문단에 따르면, 데카르트는 명석·판명하게 지각되는 것은 모두 참이라는 주장의 근거를 신의 존재에서 찾았으며, 신의 관념이 자극히 명석·판명하게 지각된다는 점을 그러한 신이 존재한다는 근거로 제시한다. 이에 대해 마지막 문단에 따르면, 가상디는 신의 존재 역시도 증명되어야 할 명제라고 말한다. 이는 신의 관념이 자명하게 직관된다는 것만으로 신의 존재를 증명하였다고 볼 수는 없다는 점을 지적한 것이며, 그렇기 때문에 신의 존재를 근거로 하는 데카르트의 주장 또한 타당성을 획득할 수 없음을 비판한 것이다.

24. 정답 ③

내용 영역 **인문**　문항 유형 **주제, 구조, 관점 파악**

① 적절하지 않다. 데카르트는 가상디와 논쟁하는 각 지점에서 가상디가 지적하는 부분에 대해 바로 반박을 함으로써 가상디의 지적을 전혀 받아들이지 않고 있다. 따라서 데카르트가 가상디의 비판을 받아들여 스스로 자신의 진리 기준을 부정하고 있다고 볼 수 없다.

② 적절하지 않다. 제시문의 논쟁에서 가상디는 명석·판명한 지각이 곧 진리라는 데카르트의 주장에 논리적 오류가 있음을 지적하지만, 자신이 새로운 진리 기준을 내세우지는 않는다.

③ 적절하다. 진리 기준의 정당화 조건을 추가해야 한다는 가상디의 비판에 대하여, 데카르트는 가상디가 자명하게 직관하는 것과 연역의 영역을 혼동하고 있음을 지적함으로써 반박한다. 또한 순환 논증이라는 가상디의 비판에 대해서는 신의 존재와 상관없이 자신의 진리 기준은 진리성을 획득하기 때문에 악순환의 문제가 해결된다고 반박한다. 따라서 데카르트는 가상디의 지적에도 불구하고 자신의 진리 기준에 문제가 없다는 입장을 고수하고 있다고 볼 수 있다.

④ 적절하지 않다. 데카르트는 신의 부재가 완전함이라는 신의 관념과 모순된다는 점에서 신은 존재해야 한다고 주장한다. 하지만 가상디는 신의 존재 여부에 관해서는 언급하지 않기 때문에, 이러한 모순을 신 존재의 근거로 받아들이고 있는지는 제시문의 내용만으로 알 수 없다.

⑤ 적절하지 않다. 제시문에서는 데카르트와 가상디의 의견 충돌을 두 지점에서 다루고 있다. 그리고 각각의 지점에서 가상디의 비판과 그에 따른 데카르트의 반박이 제시되고 있을 뿐, 데카르트의 반박 내용에 대한 가상디의 추가적인 질문은 제시되어 있지 않다. 따라서 가상디가 자신의 비판에 대한 데카르트의 답변에 추가적으로 질문함으로써 논쟁을 이어가고 있다고 보기는 어렵다.

25. 정답 ⑤

내용 영역 **과학기술**　문항 유형 **정보의 확인과 재구성**

① 적절하다. 3문단에 따르면, TLB는 자주 참조되는 페이지 번호들을 저장해서 페이지 테이블을 거치지 않게 함으로써 가상 주소로부터 물리적 주소를 얻는 데 걸리는 시간을 줄이기 위해 사용된다. 그리고 2문단에 따르면, 물리적 주소를 얻은 후 물리적 메모리에 접근하여 필요한 데이터를 출력한다. 따라서 TLB 히트가 발생한 경우에도 데이터를 출력하기 위해서는 TLB를 통해 얻은 물리적 주소가 가리키는 물리적 메모리의 공간에 접근해야 한다.

② 적절하다. 4문단에 따르면, TLB에 접근하기 전에 캐시를 사용하고, 해당 블록에 해당하는 주소가 호출될 때 캐시에서 바로 데이터를 출력할 수 있으므로, 물리적 주소를 통한 접근을 할 필요가 없다. 따라서 가상 주소가 TLB 혹은 페이지 테이블을 거쳐 물리적 주소로 변환되기 전에 캐시에서 원하는 데이터를 얻을 수 있다.

③ 적절하다. 1문단과 2문단에 따르면, 페이징 방식에서는 페이지 내에서 블록에 저장된 데이터를 출력한다. 반면 4문단에 따르면, 캐시 추가 방식의 경우 데이터 처리의 효율성 제고를 위해 캐시와 TLB라는 추가적인 저장 공간을 사용한다. TLB는 자주 참조되는 페이지 번호들을, 캐시는 물리적 메모리의 블록에 있는 데이터들을 저장하고 있다.

④ 적절하다. 3문단에 따르면, TLB 추가 방식에서는 TLB 히트가 발생하면 페이지 테이블에 접근하지 않고도 물리적 메모리에 접근할 때 필요한 물리적 주소를 얻을 수 있다. 반면 2문단에 따르면, 페이징 방식에서는 가상 주소가 페이지 테이블을 거쳐 실제의 물리적 주소로 변환되어 물리적 메모리에 접근할 수 있게 되므로, 물리적 메모리에 접근하기 위해서는 반드시 페이지 테이블을 거쳐야 한다.

⑤ 적절하지 않다. 3문단에 따르면, TLB 추가 방식에서는 TLB 미스가 발생하는 경우 페이지 테이블에서 물리적 주소를 확인하고 물리적 메모리에 접근해 필요한 데이터를 바로 출력한다. 한편 4문단에 따르면, 캐시 추가 방식에서 TLB에 접근하기 전에 캐시가 추가되므로, 해당 방식에서 TLB 미스가 발생했다는 것은 캐시 미스를 거치고 TLB 미스를 확인했다는 의미이다. 그런데 5문단에 따르면, 캐시 미스가 발생한 경우 물리적 메모리의 데이터 블록을 캐시로 복사한 후 다시 캐시에서 해당 데이터를 출력하며, 이 작업은 이어 진행되는 TLB 탐색 결과와 상관없이 진행됨을 알 수 있다. 따라서 캐시 추가 방식에서 TLB 미스가 발생한 경우 최종적으로 데이터를 출력하는 곳은 물리적 메모리가 아니라 캐시이다.

26. 정답 ①

내용 영역 과학기술　**문항 유형** 정보의 평가와 적용

페이징 방식과 세그멘테이션 방식의 메모리 할당 형태를 그림으로 나타내면 다음과 같다.

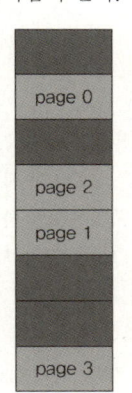 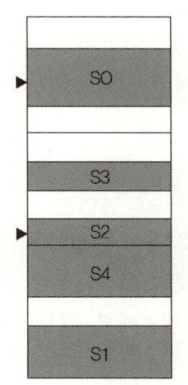

(좌) 페이징 방식에서의　(우) 세그멘테이션 방식에서의
　　메모리 할당　　　　　　　　메모리 할당

① 적절하다. 두 개의 프로그램이 순차로 세그멘테이션을 할당받은 후 처음 프로그램이 다시 세그멘테이션을 할당받는 경우를 가정하면, <보기>에 따르면, 프로그램이 데이터 저장 공간을 필요로 할 때마다 필요한 저장 공간만큼 세그멘테이션으로 할당받는다. 그리고 세그멘테이션이 반환되고, 동일한 프로그램 또는 다른 프로그램의 세그멘테이션으로 다시 할당되는 경우를 생각할 수 있다. 따라서 하나의 프로그램이 여러 개의 세그멘테이션을 할당받을 수 있다.

② 적절하지 않다. 2문단에 따르면, 페이징 방식에서는 하나의 프로그램에 필요한 만큼의 페이지를 메모리 공간으로 할당하는데, 페이지는 컴퓨터가 데이터를 저장하는 데 사용되는 기본 공간으로 그 크기가 일정하다. 따라서 하나의 프로그램에 여러 페이지가 할당될 수 있다.

③ 적절하지 않다. 제시문에서는 페이징 방식, TLB 추가 방식, 캐시 추가 방식 간의 효율성 차이를 확인할 수 있다. 하지만 제시문의 정보만으로는 페이징 방식과 세그멘테이션 방식 간의 효율성 차이는 알 수 없다.

④ 적절하지 않다. <보기>에 따르면, 해당 공간이 필요하지 않으면 세그멘테이션이 반환되고, 동일한 프로그램 또는 다른 프로그램의 세그멘테이션으로 다시 할당될 수 있다. 새로 할당되는 프로그램들의 세그멘테이션 크기가 하나의 세그멘테이션으로 할당된 공간에 비해 작을 경우, 하나의 세그멘테이션으로 할당된 공간이 여러 프로그램의 세그멘테이션으로 사용될 수 있다.

⑤ 적절하지 않다. 2문단에 따르면, 페이징 방식에서는 물리적 메모리의 페이지 번호 뒤에 가상 주소의 뒷부분에 해당하는 상대 주소를 합치면 접근해야 할 물리적 메모리 블록의 주소가 생성된다. 이 주소에 따라 컴퓨터는 물리적 메모리의 페이지로 이동하고, 해당 페이지 내에서 상대 주소에 해당하는 블록에 저장된 데이터를 출력한다. 이때 페이징 방식에서 프로그램에 할당된 공간 크기가 테이블에 기록되는지는 알 수 없다.

27. 정답 ③

내용 영역 과학기술　**문항 유형** 정보의 추론과 해석

ㄱ. 적절하다. 선입 선출 방식은 캐시에 저장된 데이터 중 가장 오랜 기간 저장되어 있던 데이터를 새로운 데이터로 교체하는 방식이다. A, B, C, D, E를 한 패턴으로 패턴을 반복하여 데이터를 요청한다면 처음 4회의 요청에서는 캐시 히트가 발생한다. 하지만 E를 요청한 때에 캐시 미스가 발생하고, A, B, C, D 중 가장 오랜 기간 저장되어 있던 A가 E로 교체된다. 바로 다음 순간에 A에 대한 요청이 들어오고, 따라서 현재 저장된 E, B, C, D 중 가장 오랜 기간 저장되어 있던 B가 A로 교체된다. 그 다음 순간에는 B에 대한 요청이 들어와 C가 B로 교체되고, 다시 C에 대한 요청이 들어오면 D가 C로, D에 대한 요청이 들어오면 E가 D로 교체된다. 데이터 접근 패턴이 A, B, C, D, E로 순환되므로, 이러한 교체 작업이 계속 반복된다. 따라서 A, B, C, D가 저장된 상태에서 처음 4번의 요청을 제외하고 매번 캐시 미스가 발생할 것임을 알 수 있다.

ㄴ. 적절하다. 선입 선출 방식에 따르면 처음 D를 요청할 때 캐시 미스가 발생하고 가장 오랜 기간 저장된 A가 D로 교체된다. 이후 D, C, B를 요청하고 다시 A를 요청할 때에는 D, C, B 중 가장 오랜 기간 저장되어 있던 B가 A로 교체된다. 같은 원리로 이어서

A, B, C, D를 요청할 때 B, C, D 요청 시 모두 캐시 미스가 발생한다. 따라서 선입 선출 방식은 A, B, C, D가 요청될 때 모두 캐시 미스가 발생할 수 있음을 알 수 있다. 반면 최소 최근 방식에 따르면 A, B, C, D, D, C, B, A의 접근 패턴에서 처음 D를 요청할 때 가장 오래전에 요청된 A가 D로 교체되고, 이후 D, C, B까지는 캐시 히트가 발생하다가 A를 다시 요청할 때 캐시 미스가 발생한다. 그런데 D, C, B 중 가장 오랜 기간 요청되지 않은 데이터는 D이므로 D가 A로 교체된다. 이와 같이 A, B, C, D, D, C, B, A의 패턴에서 가장 오랜 시간 요청되지 않은 데이터는 언제나 D 혹은 A가 되므로, 캐시 미스는 항상 A나 D가 요청될 때에만 발생한다.

ㄷ. 적절하지 않다. 빈 캐시에 B, C, A, C, B, A의 순서로 데이터가 요청되었으므로 캐시에는 B, C, A가 저장되어 있는 상황이고, 이후 D가 요청되었을 때 캐시 미스가 발생한다. 최소 최근 방식에 따르면 B, C, D의 순서로 데이터를 요청했으므로 가장 오랜 기간 요청되지 않은 데이터는 A이고, 따라서 A가 D로 교체되어 캐시에는 B, C, D가 저장된다. 이후 B, C, D의 패턴으로만 데이터를 요청하므로 캐시 히트만 발생하며 전 과정에서 캐시 미스는 총 1회만 발생함을 알 수 있다. 반면 선입 선출 방식에 따르면 교체대상이 되는 데이터의 순위는 B, C, A의 순서이고, 따라서 D를 요청해 캐시 미스가 발생했을 때 B가 D로 교체된다. 그런데 D를 요청한 후 바로 다시 B를 요청하므로 캐시 미스가 발생하고, 이 경우 C가 B로 교체된다. 그리고 다시 C를 요청하므로 이번에는 A가 C로 교체된다. 이후 B, C, D만 반복적으로 요청되므로 총 3회의 캐시 미스가 발생함을 알 수 있다. 따라서 최소 최근 방식에 따르는 것보다 선입 선출 방식에 따를 때 캐시 미스가 더 많이 발생한다.

28. 정답 ②
내용 영역 인문 **문항 유형** 정보의 확인과 재구성

① 일치하지 않는다. 2문단에 따르면, 니사르는 상상력이 모든 것을 대신하여 인식하는 것이 인간의 정신을 데카당스의 상태, 즉 비정상적인 고양 상태에 이르게 한다고 주장한다. 이에 따르면 데카당스 사조가 보이는 불안감과 무기력은 사물의 위계와 현실을 객관적으로 파악하지 못하는 상태이지, 새로운 세계의 탄생을 추동할 수 있는 상태라고 보기는 어렵다.

② 일치한다. 2문단에 따르면, 부르제의 주장에서 사회는 구성요소가 전체 유기체에 복속하는 '유기적 사회'와 사회 내 구성 요소들의 위계질서가 점차 느슨해지는 '데카당스적 사회'로 나뉜다. 그의 이론에 따르면 데카당스는 개인주의를 향한 사회적 진화를 의미하며, 개인이 상상력을 자유롭게 발휘하여 현실에 맞서는 힘이 된다. 따라서 데카당스 예술은 개인이 현실에 맞서기 위한 상상력을 발휘할 수 있는 동력에 해당하였다.

③ 일치하지 않는다. 2문단에 따르면, 니체의 사유는 형식을 파괴하고 개인의 의지를 강조한다는 점에서 데카당스를 수용하면서도, 데카당스의 발산이 대중의 신경을 마비시켜 성찰 가능성을 낮출 수 있음을 동시에 지적한다. 하지만 니체가 대중이 성찰 능력을 유지해야 한다거나, 자의식 표출을 억제해야 한다는 견해를 밝히고 있지는 않다.

④ 일치하지 않는다. 3문단에 따르면, 1910년대의 한국 문단에서 문학은 국가 혹은 민족 단위의 변화를 위한 일종의 교육적 장치로 인식되었다. 그런데 데카당스 사조는 1920년대 전후 일본 유학을 경험한 문인들로부터 소개된 것이다. 이러한 정보만으로는 1910년대 한국 문단에서 데카당스 사조를 수용하려는 시도가 무산되었는지도, 그 원인이 문학의 역할에 대한 강박인지도 확인할 수 없다.

⑤ 일치하지 않는다. 마지막 문단에 따르면, 아도르노는 데카당스 문화가 보다 나은 잠재력을 위한 '피신처'의 역할을 하며, 데카당스의 문화가 전시대의 문화 붕괴를 촉진하고 새로운 세계의 가능성을 낳는다고 평가하였다. 즉, 데카당스의 파괴적인 속성을 긍정적으로 본 것이다. 따라서 아도르노는 데카당스의 파괴적인 속성이 완화된다면 데카당스 예술이 보다 나은 잠재력을 발휘할 수 있다고 본 것은 아니다.

29. 정답 ①
내용 영역 인문 **문항 유형** 정보의 추론과 해석

① 적절하지 않다. 1문단에 따르면, 데카당스 사조는 위기의식이 실제로 존재하는지에는 관심을 두지 않고, '위기의식이 고조된 개인'을 주제로 삼아 불안감과 무기력을 표출하는 특성을 가지고 있다. 3문단과 4문단에 따르면, 1910년대 문학은 국가 혹은 민족 단위의 변화를 위한, 즉 저급하고 오락적인 문화에 몰두하는 대중을 교화하는 역할을 강조한다는 점에서 퇴폐적, 향락적 세계에 대한 위기의식이 반영되었다고 볼 여지는 있으나 1920년대 문학의 경우 실제 세계에 대한 위기의식이 반영되었다고 볼 수는 없다. 따라서 ⓒ의 경우 퇴폐적이고 향락적인 세계에 대한 위기의식이 반영되어 있다고 볼 수는 없다.

② 적절하다. 3문단에 따르면, 1910년대 계몽주의 문학은 서구 문명에 대한 경이와 충격을 담았고, 전파된 지식과 규범을 수용하여 국가 또는 민족 단위의 변화를 목적으로 삼았다. 이 시기 문학에서 묘사되는 개인은 내면에 지식과 도덕 규범을 축적하여 교양을 쌓은 사람이자, 민족 전체를 계몽으로 이끄는 이를 의미하였다. 또한 문학 등 서구 예술작품을 감상하여 축적된 미적 체험은 작품 속 개인에게 자신과 주변인의 관계, 나아가 사회와 민족 공동체 내에서 자신이 해야 할 역할을 상기시켰다. 따라서 ㉠은 서구 문명의 영향을 받아 자신이 공동체에서 해야 할 역할을 설정하였다고 볼 수 있다.

③ 적절하다. 마지막 문단에 따르면, 1920년대 한국 문인들이 예술과 꿈을 강조한 것은 만세운동의 실패에 따른 지식인들의 실의와 좌절이라기보다는 창조적이며 발전적 미래를 꿈꾼 결과라 볼 수 있을 것이다. 따라서 ⓒ은 데카당스의 수용을 과거의 실패가 불러온 결과로 여기지 않는 문인의 내면과 관련된 것으로 볼 수 있다.

④ 적절하다. 1문단에 따르면, 데카당스 사조의 영향을 받은 문학 작품에서는 현실 사회의 위계나 규범에 대한 반감이 나타난다. 데카당스 사조의 영향을 받은 1920년대 문학에서도 이러한 특성이 반영되어 있으며, 이들은 내면의 정서를 지식이나 도덕이 아닌 본능의 측면에서 일깨우고자 했다. 따라서 ㉡은 기존의 윤리적 가치에 비해 내면의 본능을 더 중시하는 문인의 인식을 드러내는 역할을 한다고 볼 수 있다.

⑤ 적절하다. 마지막 문단에 따르면, 1910년대 계몽주의 문학은 국가 또는 민족 단위의 변화를 목적으로 삼았다. 반면 1920년대의 한국 문인들은 민족적 각성을 강조하는 문학에서 탈피하여 서구 문학 사조에 바탕을 둔 문학적 성장을 모색하였고, 창조적이며 발전적인 미래를 위해 개인 내면의 정서, 예술, 꿈을 강조하였다. 따라서 ㉠에서는 미래의 발전을 위해 민족의 각성이, ㉡에서는 미래의 발전을 위해 개인의 창조성 발산이 필요함이 강조된다.

30. 정답 ④

내용 영역 인문 문항 유형 정보의 평가와 적용

① 적절하다. 1문단에 따르면, 데카당스 사조는 '위기의식이 고조된 개인'을 주제로 삼아 순수한 서정, 불안한 감성, 무기력을 표출하는 특성을 갖는다. <보기>에 따르면, 「나의 침실로」에서 마돈나가 오지 않는 상황과 그로 인한 '나'의 불안감은 꿈속의 현상에 해당한다. 따라서 마돈나가 오기를 재촉하는 화자의 모습에서, 꿈속에서의 위기의식에 따른 개인의 불안감을 찾아볼 수 있다.

② 적절하다. 마지막 문단에 따르면, 데카당스는 전시대의 문화 붕괴를 촉진하고 새로운 세계의 가능성을 낳는다. <보기>에 따르면, '나'는 '침실'을 부활의 동굴이라 부르고 있다. 그리고 시에서 표출되는 관능성은 꿈속에서 새로운 세계를 형성한다고 하였다. 이에 따르면 '침실'이 부활의 동굴이라고 밝히는 '나'의 모습에서, 예술을 새로운 세계를 향한 가능성으로 보는 개인의 내면을 엿볼 수 있다.

③ 적절하다. 4문단에 따르면, 1920년대의 한국 문인들은 내면의 정서를 지식이나 도덕이 아닌 본능의 측면에서 일깨우고자 했고, 개인주의, 본능, 예술, 연애와 같은 '미적 생활'에 탐닉하는 이들을 화자로 내세움으로써 '예술'과 '꿈'을 강조하였다. <보기>에 따르면, 「나의 침실로」에서 도덕적이고 윤리적인 가치를 넘어선 새로운 가치에 대한 희구를 느낄 수 있다. 따라서 마돈나로 대표되는 미에 탐닉하는 화자의 모습에서, 현실 사회에서 요구되는 도덕에 예속되지 않으려는 개인을 떠올릴 수 있다.

④ 적절하지 않다. 마지막 문단에 따르면, 1920년대의 한국 문인들에게 데카당스는 계몽주의로 대표되는 낡은 사회 구조를 파괴하고 문단의 수준을 끌어올리기 위한 일종의 전략으로 받아들여졌다. 민족적 각성을 강조하는 문학에서 탈피하여 서구문학 사조에 바탕을 둔 문학적 성장을 모색한 것이다. 이들이 예술과 꿈을 강조한 것은 만세운동의 실패에 따른 지식인들의 실의와 좌절이라기보다는 창조적이며 발전적 미래를 꿈꾼 결과라 볼 수 있다. 따라서 '나'가 표출하는 관능성이 현실 세계의 파멸로 이어지지 못한다 해도 '나'를 현실에서 이루어야 할 과업을 완수하지 못해 절망하는 인물이라 보기는 어렵다.

⑤ 적절하다. 4문단에 따르면, 1920년대의 한국 문인들은 1910년대의 문학이 담고 있는 개인이 계몽주의적이고 고답적 성격을 가지며, 그 내면이 계몽이라는 목표를 수행하기 위한 도구의 성격을 벗어나지 못했음을 인지하였다. 그리고 1문단에 따르면, 데카당스 사조의 영향을 받은 문학 작품에서는 현실 사회의 위계나 규범에 대한 반감이 나타난다. <보기>에 따르면, 「나의 침실로」에서 도덕적이고 윤리적인 가치를 넘어선 새로운 가치에 대한 희구를 느낄 수 있으며, 관능적 욕망을 드러냄으로써 신에 대한 불경과 금기에 대한 해체 욕구를 드러낸다. 따라서 시인은 금기에 도전하려는 개인의 내면을 강조함으로써, 사회가 요구하는 목표를 성취하는 데서 개인의 존재 의의를 찾는 태도를 거부하려 했다는 해석이 가능하다.

실전 2회

01. 정답 ⑤
내용 영역 규범   문항 유형 정보의 확인과 재구성

① 일치하지 않는다. 2문단에 따르면, 법실증주의에 따를 때 법은 규칙들의 집합이다. 그리고 3문단에 따르면, 오스틴의 법명령설은 '공동체의 주권자가 타자에게 내리는 일반 명령'으로 법적 규칙에 대한 정의를 내리고 있다. 따라서 법명령설에서 법과 규칙은 무관하다고 볼 수 없다.

② 일치하지 않는다. 3문단에 따르면, 오스틴의 법명령설은 정치공동체에는 주권자가 존재하며, 명령의 수신자들이 제재에 대한 위험을 피하고자 함으로써 법적 의무가 발생한다고 본다. 그리고 4문단에 따르면, 오스틴의 비판자들은 현대 민주사회에 오스틴이 논한 조건을 만족하는 주권자가 존재하기 어렵다고 본다. 즉 현대 민주사회 참여자들에게 오스틴이 주장하는 법적 의무의 존재를 상정하기 어렵다고 주장하는 것은 법명령설을 비판하는 견해에 따른 것이지, 법명령설에 따른 것이 아니다. 따라서 법명령설에서 현대 민주사회 참여자들에게 법적 의무를 부여하지 않을 것인지는 제시문의 내용을 통해 확인할 수 없다.

③ 일치하지 않는다. 1문단에 따르면, 법명제의 진리조건은 법에 관한 명제가 어느 경우에 참이 되는지를 결정하는 조건이다. 그리고 법에 관한 명제가 어느 경우에 참이 되는지 안다는 것은 법체계를 이해하는 핵심 요소이다. 따라서 법실증주의에서는 법명제의 진리조건을 알아야 법체계를 이해할 수 있다고 볼 것이다.

④ 일치하지 않는다. 1문단에 따르면, 실증주의는 개별 학술적 맥락에 따라 세부적인 의미는 다르지만, 경험적 증거를 통한 입증을 강조한다는 의미를 공유한다. 따라서 법실증주의는 일반적인 실증주의의 의미를 공유할 것이다.

⑤ 일치한다. 2문단에 따르면, 법으로 규정되는 규칙들의 집합, 즉 법적 규칙은 규칙의 내용이 아니라 그러한 규칙이 채택되는 방식, 법의 유래 및 계보 등에 관한 기준에 의해 다른 규칙들과 구별된다. 따라서 법실증주의에 따르면 법적 규칙은 의미나 내용에 의존하지 않고서도 다른 규칙과 구분될 수 있을 것이다.

02. 정답 ②
내용 영역 규범   문항 유형 정보의 평가와 적용

① 적절하지 않다. 4문단에 따르면, 오스틴을 옹호하는 주석가들은 오스틴은 주권자라는 표현을 통하여 추상적 존재를 지칭했다고 본다. 이에 따를 때, 한 사회에서 통치제도에 관한 헌법 조항들이 국가 기관의 권한을 제한한다고 하더라도 국민주권의 '국민'을 하나의 추상적 존재로 여긴다면 주권자가 없게 된다고 여기지는 않을 것이다.

② 적절하다. 마지막 문단에 따르면, 오스틴의 비판자들은 법적 규칙에는 강제력을 부여하는 규칙 외에 권한이나 권리를 부여하는 성격의 규칙이 존재함을 근거로 오스틴을 비판한다. 이를 바탕으로 <보기>에 따르면, 헌법의 기본권 규정들은 시민들에 관한 다양한 보장 사항들을 포함한다. 이를 고려할 때, 오스틴의 비판자들은 시민들에 관한 다양한 보장 사항을 포함하는 헌법의 기본권 규정이 법명령설의 타당성을 비판하는 논거가 될 수 있다고 볼 것이다.

③ 적절하지 않다. 3문단에 따르면, 오스틴은 법명령설의 논의 대상을 실정법으로 한정하면서 법적 규칙은 주권자가 타자에게 내리는 일반 명령이라고 하였다. 이에 따라 오스틴은 주권에 제한을 가하는 헌법 조항을 일반 명령으로 인정하지 않았다. 그런데 <보기>에 따르면, 대한민국헌법 제37조 제2항은 "국민의 모든 자유와 권리는 국가안전보장·질서유지 또는 공공복리를 위하여 필요한 경우에 한하여 법률로써 제한할 수 있으며"라고 명시하고 있다. 즉, 해당 조항은 주권에 제한을 가하는 헌법 조항이며 따라서 오스틴에 따르면 이를 국민이라는 주권자에 의해 제정된 일반 명령으로 볼 수 없을 것이다.

④ 적절하지 않다. <보기>에 따르면, 기본권 규정 등은 공동체 구성원들이 공유하는 실질적인 규범적 내용에 관한 고려를 규정한 규칙으로 해석될 수 있다. 그리고 1문단에 따르면, 연성 법실증주의는 법이 규범적, 도덕적 내용을 포함할 수 있다고 본다. 따라서 연성 법실증주의자들의 경우 헌법이 규범적 내용에 관한 고려를 규정한 규칙이라는 점에 대해 비판적인 견해를 취할 것이라고 보기 어렵다.

⑤ 적절하지 않다. 2문단에 따르면, 법실증주의자들은 법적 규칙은 규칙의 내용이 아니라 그러한 규칙이 채택되는 방식, 법의 유래 및 계보 등에 관한 기준에 의해 법적 규칙이 아닌 사회적 규칙들과 구별된다고 본다. 그런데 <보기>에서는 헌법이 채택된 방식이나 유래 등에 관해서는 알 수 없으므로, <보기>의 내용만으로 법실증주의자들이 이를 다른 규칙과 구별되는 법적 규칙으로 인정하지 않을 것이라고 보기는 어렵다.

03. 정답 ①
내용 영역 규범   문항 유형 정보의 평가와 적용

① 적절하다. <보기>에 따르면, A국은 현대민주주의 국가로 보통선거에 의해 선출된 의회, 행정부 수반의 법률안 거부권, 사법부에 의한 판결과 이 판결을 집행하는 행정부의 업무가 구분되어 있다. 이로부터 A국이 타자를 통제하는 하나의 개인이나 집단, 즉 오스틴의 정의에 따른 주권자가 통치하는 사회가 아님을 추론할 수 있다. 4문단에 따르면, 하트를 비롯한 오스틴의 비판자들은 이런 사회에서는 오스틴의 정의에 따른 주권자는 존재할 수 없다고 본다. 따라서 하트는 A국에는 오스틴이 논한 조건을 만족하는 주권자가 존재하지 않는다고 볼 것이다.

② 적절하지 않다. <보기>에 따르면, 강도는 권총으로 은행원을 위협하면서 가방에 현금을 가득 담으라고 명령하였다. 한편, A국의 형법은 의회에서 제정되었으며, 2문단에 따르면, 법실증주의에서는 법적 규칙을 그 규칙이 채택되는 방식에 의해 다른 규칙과 구별한다. 즉 형법은 의회에서 제정되었다는 방식에 의해 법적

규칙으로 인정될 수 있다. 하트는 강제되는 것인 무법자의 명령과 의무를 갖는 것인 법적 규칙을 구별하므로, 형법과 권총 강도의 요구는 구별되어야 한다고 볼 것이다.

③ 적절하지 않다. <보기>에 따르면, 권총 강도가 은행원에게 현금을 요구한 시점에서 은행원은 권총이라는 무력에 의해 위협받는 상황에 처해 있다. 그런데 마지막 문단에 따르면, 하트는 무법자의 명령은 의무와 구별되어야 한다는 입장이다. 즉 하트의 입장에서는 은행원이 그 요구를 들어줄 의무에 놓였다고 보는 것은 강제되는 것과 의무를 갖는 것을 구별하지 않는 태도라고 여길 것이다. 따라서 권총 강도가 은행원에게 한 요구에 대하여 은행원은 요구를 들어줄 의무에 놓였다고 보지 않을 것이다.

④ 적절하지 않다. 마지막 문단에 따르면, 하트는 정당한 법은 규범적이며 구속력 있는 행동 표준을 설정한다는 점에서 명령과 구별된다고 본다. 즉 하트는 법적 의무에 대한 오스틴의 분석을 두고, 불복종자에게 제재를 가한다는 점에 대해서 문제 삼은 것이 아니라 무력의 위협에 종속되는 것을 곧 법적 의무로 정의한 것을 지적한 것이다. 그리고 <보기>에 따르면, A국의 형법은 의회에서 제정된 유효한 법이므로 무법자의 명령과는 구별되는 법적 구속 및 제재에 해당한다. 따라서 하트는 A국의 형법이 법적 규칙으로 인정된다고 볼 것이다.

⑤ 적절하지 않다. 마지막 문단에 따르면, 하트는 무법자의 명령은 의무와 구별되어야 한다는 입장이므로, 권총 강도의 요구를 의무로 인정하지 않을 것이다. 따라서 하트는 제압당한 권총 강도의 요구는 처음부터 의무의 성격을 갖지 않았다고 볼 것이다.

04. 정답 ②

[내용 영역] 과학기술 [문항 유형] 정보의 확인과 재구성

① 일치하지 않는다. 1문단에 따르면, 머신러닝은 인공지능의 한 분야로, 컴퓨터가 명시적인 프로그래밍이나 지시 없이도 학습하는 능력을 부여하는 기술이다. 따라서 명시적인 프로그래밍 없이도 컴퓨터는 머신러닝을 통해 새로운 데이터를 예측할 수 있다.

② 일치한다. 2문단에 따르면, 회귀는 지도학습에서 라벨이 연속적인 값을 출력하는 경우로, 시간에 따라 변화하는 데이터와 같은 통계적 예측에 적합한 방법이다. 그리고 라벨의 경우 회귀에서는 일반적으로 실수를 가진다. 따라서 회귀는 입력된 지도학습에서 트레이닝 데이터로 예측된 데이터가 수치형으로 표현된 경우라 할 수 있다.

③ 일치하지 않는다. 3문단에 따르면, 비지도학습은 라벨 없이 특징만 있는 학습 패턴 쌍을 제공하여 컴퓨터가 데이터의 특성을 스스로 학습하는 기법이다. 그런데 2문단에 따르면, 지도학습을 하는 컴퓨터는 분류가 완료된 데이터로 각 트레이닝 데이터 세트의 특징들을 인지한 다음 분류되지 않은 데이터를 보고 라벨을 높은 정확도로 예측할 수 있을 때까지 훈련한다. 여기서 분류가 완료된 데이터는 라벨과 특징을 모두 갖춘 트레이닝 데이터 세트이며, 분류되지 않은 데이터는 라벨 없이 특징만 있는 학습 패턴 쌍을 가진 데이터라는 것을 알 수 있다. 따라서 비지도학습은 예측해야 하는 입력 데이터를 분류 완료된 데이터가 아니라 분류되지 않은 데이터를 통해 도출하는 것이다.

④ 일치하지 않는다. 2문단에 따르면, 지도학습은 입력한 트레이닝 데이터를 통해 주어진 입력 데이터에 맞는 출력 데이터, 즉 라벨을 예측하는 학습법이다. 그리고 3문단에 따르면, 비지도학습은 라벨 없이 특징만 있는 학습 패턴 쌍을 트레이닝 데이터로 제공하여 컴퓨터가 데이터의 특성을 스스로 학습하는 기법으로, 입력된 데이터보다 데이터 특징을 더 정확하게 표현하는 새로운 입력 데이터를 만드는 것이다. 즉 라벨 없이 특징만 있는 트레이닝 데이터를 제공하여 기존의 특징보다 더 정확하게 표현하는 새로운 특징을 만드는 것이다. 따라서 트레이닝 데이터는 라벨을 구하는 과정뿐만 아니라 특징을 구하는 과정에서도 제공되는 정보이다.

⑤ 일치하지 않는다. 5문단에 따르면, 군집화는 동일한 군집에 속하는 데이터 간 유사도를 그렇지 않은 데이터 간 유사도보다 평균적으로 높도록 군집을 구성하는 것으로, 유사 데이터의 분할을 통하여 데이터에서 유용한 지식을 추출하는 데 활용된다. 따라서 입력된 트레이닝 데이터를 통해 도출된 예측 데이터값을 서로 다른 특성으로 묶인 집합과 비교하여 새로운 특징을 추출하는 기법은 의사결정트리가 아니라 군집화이다.

05. 정답 ③

[내용 영역] 과학기술 [문항 유형] 정보의 추론과 해석

ㄱ. 적절하다. 2문단에 따르면, 지도학습은 입력한 트레이닝 데이터를 통해 주어진 입력 데이터에 맞는 출력 데이터를 예측하는 학습법이다. 3문단에 따르면, 비지도학습은 컴퓨터가 데이터의 특성을 스스로 학습하여 데이터에 내재하는 유용한 정보나 지식을 추출하는 데 활용된다. 4문단에 따르면, 강화학습은 행동 대신 주어진 상태에 맞춘 컴퓨터의 의사결정에 대한 보상 또는 벌칙을 주는 방식으로 훈련하는 학습법으로, 컴퓨터는 다양한 시도를 통해서 최적의 결과를 낼 수 있는 조합을 찾아낸다. 이를 종합해 볼 때, 머신러닝은 데이터로부터 유용한 지식을 추출하여 새로운 데이터에 대해 예측하는 기술이라고 추론할 수 있다.

ㄴ. 적절하지 않다. 입력 데이터와 출력 데이터를 같이 제공하는 학습법은 지도학습과 강화학습이 있다. 2문단에 따르면, 지도학습은 입력한 트레이닝 데이터를 통해 주어진 입력 데이터에 맞는 출력 데이터를 예측하는 학습법이다. 그리고 4문단에 따르면, 강화학습은 주어진 상태에서 자신이 취할 행동을 표현하는 정책을 수립하여 컴퓨터가 최대의 보상을 받을 수 있는 정책을 수립하도록 학습시키는 것이다. 그런데 5문단에 따르면, 의사결정트리는 입력 데이터와 출력 데이터를 같이 제공하여 분류가 완료된 데이터로 분류되지 않은 데이터를 보고 라벨을 높은 정확도로 예측할 수 있을 때까지 훈련하는 모델이다. 따라서 의사결정트리는 강화학습이 아니라 지도학습에 가장 적합하다고 추론할 수 있다.

ㄷ. 적절하다. 3문단에 따르면, 비지도학습은 컴퓨터가 데이터의 특성을 스스로 학습하여 데이터에 내재하는 유용한 정보나 지식을 추출하는 데 활용된다. 5문단에 따르면, 군집화는 동일한 군집에 속하는 데이터 간 유사도를 그렇지 않은 데이터 간 유사도보다 평균적으로 높도록 군집을 구성하는데, 유사 데이터의 분할을 통해 데이터에서 유용한 지식을 추출하는 데 활용되는 모델이다. ㅇ는 입력된 데이터보다 데이터 특징을 더 정확하게 표현하는 새로운 입력 데이터를 만드는 것에 가까우므로, 비지도학습에 가장 적합한 모델이다.

06. 정답 ②

내용 영역 과학기술   문항 유형 정보의 평가와 적용

① 적절하다. 5문단에 따르면, 결정 노드는 추가적인 노드로 분화되는 노드이므로, 출발점이 되는 뿌리 노드 역시 결정 노드이다. 이를 고려하면, <보기>의 의사결정트리에서 결정 노드는 뿌리 노드 1개와 깊이 1인 노드 2개, 총 3개이다.

② 적절하지 않다. <보기>의 의사결정트리 최하단에 위치한 4개의 잎 노드 중, 좌측으로부터 두 번째 잎 노드는 신용점수가 2.5 이하이며 소득이 492.0을 넘는 표본이 74개임을 나타낸다. 그런데 신용점수가 2.5를 넘으면서 소득이 215.5를 넘는 표본은 총 104개로 가장 우측의 잎 노드가 이를 나타내고 있다. 이 중에도 소득이 492.0을 넘는 표본이 존재할 수 있으므로 <보기>의 정보만으로는 소득이 492.0을 넘는 표본 수를 정확히 알 수 없다.

③ 적절하다. 2문단에 따르면, 지도학습에서 트레이닝 데이터 중 특징은 입력 데이터를 말한다. <보기>의 의사결정트리는 신용점수와 소득이라는 두 가지 특성을 기반으로 발급 승인 여부인 라벨을 예측하는 의사결정트리이다. 따라서 의사결정트리에 이용된 트레이닝 데이터 중 특징의 개수는 총 2개이다.

④ 적절하다. <보기>의 의사결정트리에서 최종적으로 '승인'으로 구분된 표본들은 가장 좌측의 잎 노드를 제외한 나머지 세 개의 잎 노드들에 속한다. 따라서 해당하는 표본 수는 74 + 75 + 104 = 253개이다. 전체 표본 690개에서 최종적으로 '비승인'으로 구분된 437개의 표본(가장 좌측의 잎 노드)을 소거하여 690 - 437 = 253개임을 알 수도 있다.

⑤ 적절하다. <보기>의 의사결정트리에서 실제로 승인을 받았지만 최종적으로 '비승인'으로 분류된 표본은 가장 좌측의 잎 노드에 기록된 328개이다.

07. 정답 ⑤

내용 영역 사회   문항 유형 정보의 확인과 재구성

① 일치한다. 1문단에 따르면, 대항폭력은 공권력이 합법성과 정당성을 가장한 폭력에 불과하다는 데서 출발한다. 따라서 대항폭력의 논리에 따를 때 공권력은 국가가 행사하는 폭력이다.

② 일치한다. 3문단에 따르면, 발리바르는 정치의 조건을 정치의 주체가 존재하는 것으로 보았는데, 극단적 폭력은 정치적 주체의 가능성을 잠식하고 파괴한다. 그리고 마지막 문단에 따르면, 극단적 폭력에 맞서는 반폭력의 정치는 극단적 폭력을 감소시킴으로써 정치적 활동 가능성의 조건을 생산하는 것을 목표로 한다. 따라서 반폭력의 정치는 정치적 주체의 가능성을 파괴하는 극단적 폭력을 감소시킴으로써, 정치적 주체로서 인간의 정치 행위 참여를 추구한다고 볼 수 있다.

③ 일치한다. 1문단에 따르면, 베버는 국가를 적법한 폭력에 기반하여 성립되는 지배관계로 규정하였는데, 이는 폭력에 직면했을 때 의지할 수 있는 수단이 공권력이라는 또 하나의 폭력일 뿐임을 의미한다. 그리고 폭력이 무기력한 문제라는 인식은 폭력에 직면했을 때 의존할 수 있는 수단이 또 하나의 폭력이라는 사실로부터 기인한다. 따라서 베버의 국가 개념은 폭력을 무기력한 문제로 간주하는 근거가 될 수 있다.

④ 일치한다. 1문단에 따르면, 비폭력은 도덕적 관점에서 그 어떤 폭력적 수단도 동원해서는 안 된다는 논리를 편다. 따라서 비폭력의 논리에 따르면 목적의 정당성과는 관계없이 폭력이라는 수단은 정당화될 수 없다.

⑤ 일치하지 않는다. 1문단에 따르면, 폭력을 자명한 문제로 취급한다는 것은 어떤 폭력적인 수단도 도덕적 관점에서 옳지 않다는 비폭력의 논리에 따른 것이다. 즉 목적이 정당한 폭력도 옳지 않다고 여길 것이다. 따라서 폭력을 자명한 문제로 여기는 논리는 목적이 정당한 폭력만이 옳다는 인식에 바탕을 둔다고 볼 수 없다.

08. 정답 ④

내용 영역 사회   문항 유형 주제, 구조, 관점 파악

① 적절하다. 2문단에 따르면, 발리바르는 폭력은 역사의 동력이며 고유한 창조성을 지닐 수 있다고 본다. 반면 4문단에 따르면, 극단적 폭력은 인과관계를 분석할 수 없는 비합리성으로 인해 역사의 동력으로 작용할 수 없다는 전환 불가능성을 가진다. 이에 대하여 발리바르는 전환 불가능성이라는 속성을 지니는 극단적 폭력의 비합리성은 폭력을 역사 진보의 밑거름으로 간주하는 생각을 신뢰할 수 없게 만든다고 하였다. 따라서 발리바르는 폭력이 역사 진보의 밑거름이자 동력으로 작용하려면 합리성을 바탕에 두어야 한다고 보았을 것이다.

② 적절하다. 1문단과 2문단에 따르면, 대항폭력은 폭력으로서의 공권력에 맞서는 폭력으로서, 부당한 착취와 지배에 맞선다는 그 목적이 정당한 한 수단도 정당하다고 본다. 그런데 발리바르는 대항폭력이 지배자들이 행사하는 폭력의 논리를 답습할 가능성

이 크다고 보았다. 즉 대항폭력이 정당한 목적을 잃고 지배자들이 행사하는 부당한 폭력의 논리를 재현하고 답습할 것을 우려한 것이다. 따라서 발리바르는 대항폭력이 목적의 정당성을 잃고 변질될 가능성을 우려한다고 볼 수 있다.

③ 적절하다. 1문단에 따르면, 비폭력은 폭력을 그 자체로 악하다고 본다. 그리고 4문단에 따르면, 극단적 폭력은 전환 불가능성을 속성으로 지닌다. 이들은 공통으로 폭력이 역사의 동력이 되고, 고유한 창조성을 지닐 가능성을 사라지게 만든다. 따라서 발리바르는 비폭력과 극단적 폭력은 모두 폭력이 실천적 동력이 되지 못하게 한다고 볼 것이다.

④ 적절하지 않다. 1문단에 따르면, 대항폭력은 폭력을 정당한 목표를 위한 수단의 문제로 다룬다. 그리고 2문단과 4문단에 따르면, 발리바르는 폭력이 역사의 동력이 될 수 있다고 본 한편 극단적 폭력은 희생자를 무기력으로 환원하는 것을 목표로 한다고 주장한다. 즉 발리바르의 입장에서도 폭력은 역사의 동력이라는 목적의 수단으로 작용할 수 있다. 따라서 발리바르의 폭력에 대한 관점이 폭력을 수단시하지 않는다고 보기는 어렵다.

⑤ 적절하다. 마지막 문단에 따르면, 제도를 폭력과 같은 것으로 취급하는 이들은 발리바르와 달리 제도 없는 정치를 추구한다. 하지만 발리바르는 제도 없는 정치를 추구하는 것은 제도를 더욱 폭력의 집적으로 만들 뿐이라고 지적한다. 따라서 발리바르의 입장에서는 제도를 곧 폭력으로 간주하는 태도가 오히려 제도의 폭력성을 심화할 것이라고 지적할 수 있다.

09. 정답 ①

내용 영역 사회 문항 유형 정보의 추론과 해석

① 적절하다. 3문단에 따르면, 극단적 폭력은 정치적 주체의 가능성을 잠식한다. 그중에서도 초주체적 폭력은 보통 사람을 초주체의 의지를 집행하는 단순한 대행자로 환원함으로써 민족이나 인종, 종교라는 이름 아래 살인, 성폭력 등의 잔혹한 일을 실행하도록 만든다. 즉 초주체적 폭력의 희생자는 그 자신이 다시금 폭력의 희생자를 양산하는 것이다. 따라서 극단적 폭력의 희생자가 또 다른 희생자를 만들어내는 자일 수 있다.

② 적절하지 않다. 3문단에 따르면, 초객체적 폭력은 사회적 안전망의 불균등한 분배로부터 유래한 사회적 보호망의 부재와 관계된다. 즉 초객체적 폭력은 제도화된 폭력으로부터 분리된다고 보기 어렵다. 그런데 초주체적 폭력 역시 그 초주체의 의지가 국가와 관계되는 경우 제도화된 폭력으로부터 분리되지 않을 수 있다. 따라서 극단적 폭력의 두 형태 모두 제도화된 폭력으로부터 분리되어 있다고 보기는 어렵다.

③ 적절하지 않다. 4문단에 따르면, 극단적 폭력이 지배하는 공간에서 저항이 불가능하다는 점은 개별적 인격성의 상실이나 타자와 구별되는 나로서의 존재 상실, 즉 주체성의 상실과 관계된다. 그런데 1문단에 따르면, 대항폭력은 피지배자들의 폭력적 저항으로서 공권력에 맞서 착취와 지배 없는 사회 건설을 목표로 한다.

즉 대항폭력과 극단적 폭력에서 논하는 저항의 성격은 서로 다르다. 따라서 저항을 불가능하게 만든다는 극단적 폭력의 속성이 대항폭력의 가능성을 상실하게 만든다고 보기는 어렵다.

④ 적절하지 않다. 4문단에 따르면, 극단적 폭력이 비합리적인 이유는 아무런 사회적 효용성이 없음에도 자기 손해와 자기 파괴를 무릅쓰면서까지 폭력적인 일을 감행하기 때문이다. 즉 극단적 폭력에는 사회적 효용성이 드러나지 않는다. 따라서 사회적 효용성이 초주체적 의지보다 커질 때 극단적 폭력의 비합리성이 드러나는 것이라고 볼 수 없다.

⑤ 적절하지 않다. 내전은 더 거대한 의지로부터 발생한 상황으로, 곧 초주체적 폭력에 의한 사건에 해당한다. 이에 대하여 3문단에 따르면, 초주체적 폭력은 인간을 무의식적으로 초주체의 의지를 집행하는 단순한 대행자로 환원한다. 따라서 극단적 폭력에 따를 때 초주체적 폭력에 의해 발생한 상황은 거대한 의지에 자발적으로 따름으로서 발생한 것이라고 할 수 없다.

10. 정답 ④

내용 영역 인문 문항 유형 정보의 추론과 해석

① 적절하지 않다. 4문단에 따르면, 알페누스는 모든 심판인이 바뀐 경우에도 소송관계는 동일하고 소송도 동일하게 존속한다고 보았다. 그의 주장은 심판인 중 일부 또는 전부가 사건을 심리한 뒤에 교체된 경우 소송관계의 동일성은 유지되는지 여부에 대해 답한 것이다. 따라서 소송관계 자체가 바뀐 경우를 설명하는 것은 알페누스의 주장으로 보기 어렵다.

② 적절하지 않다. 4문단에 따르면, 알페누스는 어떤 사물의 형상이 동일한 것으로 존속하는 한 사물 자체도 동일한 채로 있는 것으로 간주하였다. 이를 고려하면, 테세우스의 배 역시 판자 조각이 교체되는 정도가 아니라 형상이 동일한지를 따짐으로써 그 지속성이 평가될 것이다. 따라서 낡은 판자 조각을 교체하면 할수록 원래의 테세우스의 배에 가까워진다고 설명하는 것은 알페누스의 주장으로 보기 어렵다.

③ 적절하지 않다. 4문단에 따르면, 알페누스는 군인이 전몰해서 그 자리에 다른 사람들이 충원된 군단도 동일한 것으로 간주되며, 배도 자주 수선되어서 어떤 판재도 옛것과 동일한 채로 남아 있지 않은 경우에도 동일한 배로 간주된다고 설명한다. 이를 고려하면, 알페누스는 전몰한 군단의 죽은 군인들을 동일성을 판단하는 요소로 보지 않을 것이며, 배에서 새로운 판자 조각으로 대체된 기존의 판자 조각과 유사하다고 볼 것이다.

④ 적절하다. 4문단에 따르면, 알페누스는 우리 몸의 극미립자들은 매일매일 우리 몸에서 떨어져 나가고 그만큼 새로 생성된다는 점 때문에 우리 자신이 1년 전의 우리와 동일하지 않다는 주장에 동의하지 않는다. 알페누스의 주장은 부분이 바뀌어도 동일한 것으로 간주될 수 있다는 것이므로, 떨어져 나간 극미립자 대신 우리 몸에서 새로 생성된 극미립자들은 '테세우스의 배'에서 갈아 끼운 새 판자 조각과 비슷한 역할을 한다.

⑤ 적절하지 않다. 4문단에 따르면, 알페누스는 『로마법 대전』의 사례에서 심판인이 바뀌어도 소송관계는 동일하고 소송도 동일하게 존속한다고 보았다. 이 경우 변하는 것은 소송관계가 아니라 심판인이므로, 알페누스의 입장에서 모순되는 속성을 포함하는 변화는 소송관계의 변화를 의미하는 것이라 할 수 없다.

11. 정답 ④

내용 영역 인문 문항 유형 정보의 평가와 적용

①, ②, ③, ⑤는 공통적으로 특정 대상의 기존 구성요소가 훼손, 소멸 또는 이탈하여 새로운 구성요소로 교체된 사례로, 테세우스의 배에서 '판자를 하나씩 갈아 끼우는 방식으로 만들어진 배'에 해당한다. 반면 ④는 본래 다보탑을 해체한 다음 해체된 부분들을 모아 그대로 재조립한 사례로, 테세우스의 배에서 '버려진 본래의 낡은 판자들만을 모아서 만든 배'에 해당한다.

12. 정답 ②

내용 영역 인문 문항 유형 정보의 평가와 적용

ㄱ. 적절하지 않다. 마지막 문단에 따르면, ㉠은 물리적 사물을 구성하고 있는 부분이 바뀐다면 그것은 본래의 것과 다르다고 여긴다. 즉 물리적 사물의 정체성은 오직 그 물리적 부분의 집합으로 결정된다고 보는 것이다. 이를 고려하면, 어떤 상황에서든 배의 부품이 교체된 경우 그것은 배를 구성하고 있는 부분이 바뀐 경우이므로, ㉠은 A를 테세우스의 배라고 보지 않을 것이다. 따라서 배의 부품이 교체되어 부분의 변화가 있었다면 그 배가 테세우스의 배임을 더 이상 인정할 수 없다는 점에서 ㉠은 갑의 견해에 동의하지 않을 것이다.

ㄴ. 적절하지 않다. ㉠은 물리적 사물의 정체성은 오직 그 물리적 부분의 집합으로 결정된다고 보았으므로, 원래의 배에서 버려진 부품들을 모아 배를 만들었다면 그 배의 정체성에는 변화가 없다고 여길 것이다. 이러한 관점에서 진정한 테세우스의 배는 원래 테세우스의 배에서 버려진 본래의 낡은 판자들만 모아서 만든 배(B)가 될 것이다. 따라서 ㉠은 갑의 견해에 동의하지 않을 것이다.

ㄷ. 적절하다. 마지막 문단에 따르면, ㉡은 물리적 부분을 초월하여 불변하는 본질적 요소가 있으므로 단순히 물리적 부분이 바뀐다고 해서 그것이 이전과 다르다고 볼 수 없다고 여긴다. 즉, 사물의 정체성을 형성하는 본질적 요소가 변하지 않았다면 동일한 사물이라고 본 것이다. <보기> ㄷ과 같이 배의 소유권이 시간에 따라 소멸되거나 불분명해질 수 있다면, ㉡은 배의 소유권을 사물의 본질적 요소로 보지 않을 것이다. 이러한 점에서 ㉡은 갑이 소유권의 유지를 근거로 A를 테세우스의 배라고 본 것에 동의하지 않을 것이다.

13. 정답 ①

내용 영역 사회 문항 유형 정보의 확인과 재구성

① 일치하지 않는다. 2문단에 따르면, 균제상태는 인구의 지속적 증가에 따라 1인당 자본량을 유지하기 위해 필요한 자본의 양과 실제로 축적되는 자본의 양이 일치하는 상태를 의미한다. 이때 균제상태는 자본의 양이 더 증가하지 않는 상태를 의미하지는 않으며, 인구 증가에 따라 필요한 자본량이 증가하면서 실제 자본도 계속 축적되어 총 자본이 증가할 수 있다.

② 일치한다. 5문단과 마지막 문단에 따르면, 지식 자본은 다른 요소의 생산성에 영향을 주는 스필오버 효과를 가지고 있어, 지식 자본의 증가는 다른 생산 요소를 보다 효율적으로 사용할 수 있도록 한다. 학습효과는 노동자가 물건을 생산하는 과정에서 기술을 체화하게 되는 현상을 말하는데, 이때 노동의 효율성이 전에 비해 상승한다고 볼 수 있을 것이다. 따라서 학습효과는 지식 자본이 노동의 생산성을 향상시키는 효과라고 볼 수 있다.

③ 일치한다. 2문단에 따르면, 자본의 한계생산성이 이전보다 감소했다는 것은 자본을 추가로 투입했을 때 증가하는 생산량의 폭이 줄어든다는 것을 의미한다. 비록 변화의 폭이 줄어들었다고 해도 추가로 투입한 자본으로 인해 증가하는 생산량이 있으므로 총생산량은 증가할 수 있다.

④ 일치한다. 3문단에 따르면, 신고전파 성장이론은 개발도상국이 빠르게 성장해 나가는 현상을 설득력 있게 설명할 수 있었다. 신고전파 성장이론에서는 선진국의 경우 균제상태에 가깝게 놓여 있을 것이므로 경제 성장이 정체될 것으로 보았지만, 예측과 달리 선진국은 1960년대 이후에도 1인당 소득이 지속적으로 성장했다.

⑤ 일치한다. 4문단과 5문단에 따르면, 신고전파 성장이론과 내생적 성장이론은 기술진보를 외생변수로 보는지, 내생변수로 보는지의 차이만 있을 뿐, 공통적으로 기술진보가 경제의 지속적인 성장을 가져온다고 본다.

14. 정답 ②

내용 영역 사회 문항 유형 주제, 구조, 관점 파악

① 적절하다. 3문단에 따르면, 신고전파 성장이론은 내생적 성장이론과는 달리 자본의 한계생산성이 점차 감소한다고 가정하기 때문에 자본이 투입될수록 균제상태에 가까워져 경제 성장이 느려진다고 본다. 하지만 이러한 이론이 지속적인 성장을 설명할 수 없게 되자 기술진보를 외생변수로 추가하였다. 따라서 외생변수가 없다면 경제 성장이 정체될 수 있다고 볼 것이다.

② 적절하지 않다. 5문단에 따르면, 내생적 성장이론은 물적 자본과 달리 지식 자본은 한계생산성이 감소하지 않으며, 이것이 경제 성장의 원동력으로 작용한다고 설명한다. 즉 내생적 성장이론도 물적 자본의 한계생산성이 지속적으로 감소할 수 있다고 본다.

③ 적절하다. 4문단과 5문단에 따르면, 신고전파 성장이론과 내생적 성장이론은 모두 기술진보를 통해 경제가 성장할 수 있다고 본다. 다만 기술진보를 신고전파 성장이론에서는 외생변수로, 내생적 성장이론은 경제 체제의 내생적 결과물이라고 보는 것에서 차이가 있는 것이다.

④ 적절하다. 4문단~6문단에 따르면, 신고전파 성장이론은 기술이 발전하는 원리를 설명하지 않는다는 한계가 있는 반면, 내생적 성장이론은 경제 내부에서 스필오버 효과, 학습효과 등의 상호 작용을 통해 기술진보가 이루어질 수 있음을 설명한다.

⑤ 적절하다. 2문단~4문단에 따르면, 신고전파 성장이론에서는 한 나라의 인구가 증가한다고 가정하고 기술진보를 통해 지속적인 경제 성장의 원리를 설명하고자 했다. 또한 5문단에 따르면, 내생적 성장이론에서는 지식 자본의 증가로 인해 기술진보가 이루어져 경제가 성장한다고 하였으므로, 한 나라의 인구가 증가한다고 가정하더라도 지식 자본은 계속 증가할 것이기에 지속적인 경제 성장의 원리를 설명하는 것이 가능하다.

15. 정답 ③

내용 영역 사회 **문항 유형** 정보의 평가와 적용

① 적절하지 않다. 2문단에 따르면, 자본의 축적으로 균제상태가 나타나 경제 성장이 정체된다고 본 입장은 내생적 성장이론이 아니라, 신고전파 성장이론이다.

② 적절하지 않다. 5문단에 따르면, 내생적 성장이론에서는 스필오버 효과를 지식 자본이 가진 특성으로 설명한다. 따라서 소득 증가가 직접적으로 스필오버 효과를 가져온다는 설명을 내생적 성장이론의 입장이라 보기는 어렵다.

③ 적절하다. 5문단과 마지막 문단에 따르면, 지식 자본의 학습효과는 노동자가 반복하여 물건을 생산하는 과정에서 노하우 등이 체화되어 노동자의 생산성이 향상되는 것을 의미한다. 따라서 정규직 전환으로 인해 노동자가 안정적으로 생산 활동에 집중할 수 있게 되면 학습효과의 증가로 인한 경제 성장을 기대할 수 있을 것이다.

④ 적절하지 않다. 5문단에 따르면, 내생적 성장이론은 지식 자본의 한계생산성이 점차 증가하며, 지식 자본의 축적을 통해 경제가 성장할 수 있다고 보는 이론이다. 이를 고려하면, 지식 자본의 한계생산성은 증가할 수 없다는 관점에서 내려진 평가를 내생적 성장이론의 입장이라 보기는 어렵다.

⑤ 적절하지 않다. 5문단에 따르면, 내생적 성장이론에서 지속적인 경제 성장의 원동력이 되는 것은 지식 자본이다. 따라서 고소득층이 물적 자본을 많이 소유한다는 점을 근거로 저소득층을 위한 정책이 경제 성장에 도움이 되지 않겠다고 판단하는 것을 내생적 성장이론의 입장이라 보기는 어렵다.

16. 정답 ②

내용 영역 인문 **문항 유형** 정보의 확인과 재구성

① 적절하지 않다. 국군은 빨치산을 토벌하기 위해 대밭을 불태운다. 그리고 이는 조상으로부터 대밭을 물려받은 양씨를 비롯하여 점례, 규복, 사월, 최씨 모두에게 비극적 결말을 가져온다. 즉, 촌락민들 모두가 이데올로기의 피해자임을 보여주는 것이다. 따라서 '대나무에 불붙는 소리'가 촌락민 내부의 갈등 관계가 극단화되는 것을 의미한다고 볼 수 없다.

② 적절하다. 이웃 아낙의 대사에서 '산에서 내려온 사람'이란 빨치산을 가리킨다. (가)의 2문단에 따르면, 빨치산은 산속에 근거지를 두고 마을 사람들의 곡식을 빼앗아갔다. 따라서 ⓒ은 마을의 몇몇 사람들에게는 생계를 위협하는 대상으로 여겨지기도 했을 것이다.

③ 적절하지 않다. (가)의 3문단에 따르면, 『산불』은 인간 본연의 애욕 추구의 좌절을 통해 민족 분단과 전쟁의 비극을 고발하고 냉전적 사고의 폐해를 폭로하고자 한 작품이다. 하지만 작중에 등장하는 아기 우는 소리가 인물 간 이념 대립이 후대에도 이어질 것임을 의미하는지는 제시문의 내용만으로는 알 수 없다. 따라서 ⓒ은 냉전으로 인한 인물 간 이념 대립이 후대에도 이어질 것임을 암시한다고 보기 어렵다.

④ 적절하지 않다. (가)의 1문단에 따르면, 사월이 규복의 아이를 임신해 촌락민들이 수군거리자 점례는 두 사람에게 멀리 떠나라고 권유한다. 3문단에 따르면, 사월이 본능적 욕구에 충실한 인간형이라면 점례는 상대적으로 관습에 순종하는 인간형이다. 그러나 점례도 이데올로기와 정절을 강요하는 관습에 구속되기보다 애정과 욕망을 따르는 삶을 선택한다. 그리고 (나)에서 사월은 본능적 욕구에 충실한 삶을 이어가려는 희망이 좌절되자 스스로 죽음을 택한 것으로 이해할 수 있다. 따라서 ⓔ이 정절을 강요하는 관습이 이데올로기보다 더 강력하다는 것을 보여 준다는 것은 제시문의 내용에 대한 이해로 적절하지 않다.

⑤ 적절하지 않다. (가)의 2문단에 따르면, 점례는 이데올로기의 피해자로서 이데올로기의 폭력성 앞에 무력한 개인이라 할 수 있다. 그러므로 ⓜ은 이데올로기의 폭력성 앞에 무력한 개인의 심정을 대변한다고 볼 수는 있겠지만, 이를 객관적으로 바라보려는 인물의 의지를 드러낸다고는 보기 어렵다.

17. 정답 ⑤

내용 영역 인문 **문항 유형** 정보의 추론과 해석

① 적절하다. (가)의 1문단에 따르면, 규복은 살길을 찾아 빨치산 부대에서 탈출한 후 점례 집에 찾아들어 숨겨 달라고 부탁한다. 점례는 협박을 이기지 못해 대밭에 규복을 숨겨 주었지만, (나)에서 사병들이 대밭에 불을 지르고 대밭에 숨어 있던 규복은 사살된다. 이를 종합하면, 규복은 대밭을 자신의 생명을 위협하는 집단들로부터 자신을 보호하기 위한 공간으로 받아들였을 것이다.

② 적절하다. (가)의 1문단에 따르면, 국군이 토벌 작전을 전개하면서 대밭을 불태우는 바람에 규복이 죽음을 맞는다. (나)에서 사병들은 명령에 따라 대밭에 불을 지른다. 따라서 사병들은 대밭을 빨치산의 은신처로 여겼기 때문에 빨치산을 토벌한다는 명분으로 대밭에 불을 질렀을 것이라고 추론할 수 있다.

③ 적절하다. (가)의 1문단에 따르면, 대밭은 양씨의 며느리 점례에게 남편의 가족이 조상으로부터 대대로 물려받아 보호해 온 재산이다. (ㄴ)에서 양씨는 대밭에 규복이 은신하고 있는 사실을 알지 못한 채 "당신네 집에선 제사도 조상도 모르오? 제발 우리 사정 좀 봐 줘요. 내 아들이 팔아서 장사하겠다고 조를 때도 내가 싫다고 우긴 대밭이에요."라고 말하면서 대밭에 불을 지르지 못하게 막고 있다. 따라서 양씨는 조상으로부터 물려받은 대밭을 지키는 것이 자손 된 도리라고 생각했기 때문에 대밭에 강한 애착을 느꼈을 것이라고 추론할 수 있다.

④ 적절하다. (가)의 3문단에 따르면, 대밭이 불타고 규복과 사월이 죽음을 맞이하는 결말은 인간 본연의 애욕 추구의 좌절을 통해 민족 분단과 전쟁의 비극을 고발하고자 한 것이다. 따라서 모든 것이 재로 돌아가 버렸다는 점례의 자조적인 말은 전쟁의 비정함 앞에서 인간 본연의 욕망이 좌절된 것에서 오는 무력감과 좌절감의 표현이라 할 수 있다. 그리고 점례가 말없이 규복의 시체 옆에 다가가서 손발을 반듯이 제자리에 놓은 행동은 규복을 한 인간으로 바라보았던 마음을 표현한 것이라 볼 수 있다. 따라서 점례는 재가 되어버린 대밭과 규복의 시체를 보며 전쟁의 비정함 앞에서 인간성을 상실하지 않는 모습을 보이려 했을 것이다.

⑤ 적절하지 않다. (가)의 1문단에 따르면, 사월이 대밭에 숨은 규복과 관계를 가지면서 그의 아이를 임신했다. 그런데 (나)에 따르면 최씨는 자신의 딸 사월이 규복과 정을 통했다는 사실을 규복의 시체를 본 뒤에야 알게 된다. 따라서 최씨가 자신의 딸이 정을 통하는 대상이 대밭에 숨어 있다는 사실을 알고 그를 보호해 주고자 했다고 볼 수 없다.

18. 정답 ④
내용 영역 인문 문항 유형 정보의 평가와 적용

① 적절하다. (가)의 3문단에 따르면, 『산불』은 이데올로기보다 인간 본연의 애정과 욕망을 중시하는 휴머니즘을 보여 준다. 따라서 점례, 사월, 규복의 관계를 통해 이데올로기보다 인간 본연의 애정과 욕망을 더 중시하는 삶의 모습을 표현하였다고 볼 수 있다.

② 적절하다. (가)의 1문단에 따르면, 『산불』은 소백산맥 줄기에 있는 외딴 촌락에서 1951년 겨울부터 이듬해 봄까지에 일어난 비극적 사건을 다루는데, 청장년 남자들이 전쟁으로 죽거나 전쟁터로 끌려가서 촌락에는 여자들과 노인들만 남아 있는 상황이다. 따라서 산골의 과부 마을을 배경으로 설정함으로써 남자들이 전쟁으로 죽거나 전쟁터로 끌려간 상황을 효과적으로 나타내었다고 볼 수 있다.

③ 적절하다. (가)의 2문단에 따르면, 『산불』은 냉전적 사고에 길들여졌던 1960년대의 한국 사회에서 인간의 존재와 인간관계를 파괴하는 이데올로기의 반인간성을 폭로한다. 따라서 규복과 사월이 죽는 장면으로 막을 내림으로써 인간의 존재를 파괴하는 이데올로기의 반인간성을 더욱 극적으로 고발하였다고 볼 수 있다.

④ 적절하지 않다. (가)의 3문단에 따르면, 『산불』에 나타난 휴머니즘은 현실을 있는 그대로 그리는 데 그치지 않고 역사적 현실 가운데 놓인 인간의 본질을 추구한다. 그런데 (나)에서 마을 사람들과 사병들 사이의 갈등 과정에서 규복과 사월이 목숨을 잃는 사건이 발생하지만, 이러한 갈등이 해소되는 과정은 묘사되지 않는다. 따라서 마을 사람들과 사병들 사이의 갈등이 해소되는 과정에 초점을 맞춤으로써 역사적 현실 가운데 놓인 인간의 본질을 형상화하였다고 볼 수 없다.

⑤ 적절하다. (가)의 2문단에 따르면, 극중 나타난 국군과 빨치산의 대립에는 회색 지대를 용인하지 않고 어느 한쪽에 설 것만을 강요하는 냉전적 사고가 반영되어 있다. 따라서 빨치산으로부터 달아나려 했으나 국군의 작전 수행으로 인해 사망한 규복의 모습은 어느 한쪽에 설 것만을 강요하는 냉전적 대립이 불러온 비극이 묘사된 것이라 볼 수 있다.

19. 정답 ③
내용 영역 인문 문항 유형 정보의 확인과 재구성

① 일치한다. 4문단에 따르면, 윤면동은 과거 시험 관련 제도를 고칠 것을 제안하면서 "이렇게 하면 제유들이 모두 익숙하게 글을 읽게 될 것이고, 강유들도 모두 글쓰기에 능하게 될 것입니다. … 국가에서는 양쪽이 능한 인물을 얻고, 새로이 뽑힌 관료들의 재능이 편중되어 있다는 탄식 또한 없어질 것입니다."라고 주장한다. 이러한 내용을 통해 신진 관리들이 강경, 제술 능력을 고르게 갖추지 못하고 있다는 불만이 제기되었음을 알 수 있다.

② 일치한다. 3문단에 따르면, 윤면동은 "지난날의 폐단을 징계하여 … 면대자의 답변이 자신이 작성한 답안에서 논한 내용과 일치하지 않는 경우와 응시 자격을 갖추지 못한 경우 등이 밝혀져 한 번의 과방(科榜)을 완전히 삭제"한 경우를 설명하고, "이로 인해 사람을 모집하여 대신 글을 짓게 하고, 풍문만 듣고 자격 없이 응시하던 무리들이 감히 간교하게 속이던 습관을 다시 부리지 못하기에 이르렀다"고 묘사한다. 이에 따르면 사람을 모집하여 대신 글을 짓게 했던 것, 다시 말해 답안 작성을 청탁했던 것이 '지난날의 폐단'의 하나였음을 알 수 있다. 이러한 폐단을 징계하기 위해 면대하여 살피는 절차가 이루어졌고, 그 결과 면대자의 답변이 자신이 작성한 답안에서 논한 내용과 일치하지 않아 과방이 삭제된 경우가 있었으므로 답안 작성을 청탁한 사실이 적발되어 과거 급제자 명단에서 제외되는 경우가 있었다고 볼 수 있다.

③ 일치하지 않는다. 마지막 문단에 따르면, 윤면동은 병년(丙年)마다 행해지던 별시를 혁파하고, 그 대신 "10년마다 팔로에 도과를 시행"하자고 제안하므로, 윤면동이 도과의 실시를 건의했음을

알 수 있다. 이러한 주장은 각 지방의 인재 선발을 위해 신규 시험의 필요성을 강조하는 것이지, 기존 비정기 시험이 선발 인원에 비해 응시자의 수가 저조하였음을 의미하지는 않는다.

④ 일치한다. 3문단에 따르면, 윤면동은 "과거의 시행을 이미 간결하게 하고 선발하는 액수도 적은데, 시권(試券)을 마무리하여 내는 시간이 또 말할 수 없이 촉박하다는 이야기를 들었"다고 언급한다. 이로부터 과거 시험의 선발 인원이 줄었고, 답안 작성 과정에서 응시자가 시간 압박을 겪었음을 알 수 있다. 따라서 과거 시험의 선발 인원을 축소하는 방향으로 시행 절차가 변경되었으나, 응시자가 답안을 작성할 때 시간 압박을 겪는다는 내용을 제시문에서 확인할 수 있다.

⑤ 일치한다. 2문단에 따르면, 윤면동은 고대 중국에 "왕승달, 사약 같이 명성만 믿고 오만한 자, 허백, 사고와 같이 권신을 등에 업은 자, 가씨, 번씨 같이 친분으로 뭉쳐 부정을 일삼은 자들"이 있었다고 설명하고, 또한 우리나라의 인재 선발 절차도 "관리 임명과 해임 과정에서 인물의 됨됨이를 보고 판단하기보다는 당시 떠도는 풍문에 의존하거나, 권세가의 부탁에 따르거나, 안면 있는 이들을 더 유리하게 대우하는 실정"임을 지적한다. 이에 따르면 고대 중국에서 능력 있는 인재를 검증하여 선발하는 절차가 제대로 기능하지 않는다는 폐단이 있었는데, 유사한 현상이 조선에서도 나타났다.

20. 정답 ②
내용 영역 인문 **문항 유형** 정보의 평가와 적용

① 적절하지 않다. 윤면동의 제안에 따르면, 초시의 경우 강유와 제유 모두 강경을 실시하지만, 강유는 칠서(七書) 모두가 범위이고, 제유는 삼경 가운데서 자원하고 사서 중 추첨하여 범위가 정해진다. 회시의 경우 강유는 논(論)·책(策), 제유는 표(表)·책(策)이 응시 과목이다. 초시, 회시 모두 양측의 응시 과목이 다르므로 강유와 제유가 응시하는 시험 과목이 동일하지 않은 점은 ⓐ에 대한 비판의 논거로 적절하지 않다.

② 적절하다. 윤면동은 초시에서는 강경(講經)을, 회시에서는 제술을 시험 과목으로 도입할 것을 주장한다. 그리고 이를 통해 제유들은 강경을 준비하지 않던 전보다 익숙하게 글을 읽게 될 것이고, 강유들은 전보다 글쓰기에 능하게 될 것이라 기대하고 있다. 이에 따르면 기존 제도에서는 강경과 제술 모두를 고르게 평가하지는 않았다는 점을 추론할 수 있으므로, 제유들로 하여금 강경을, 강유들로 하여금 제술을 소홀히 여기게 만들어 고른 역량을 갖추지 못하게 한다는 것은 ⓐ에 대한 비판의 논거로 적절하다.

③ 적절하지 않다. 윤면동은 제유의 경우 삼경 가운데서 자원하게 하고 사서를 추첨하여 뽑게 하고, 강유는 칠서를 모두 곰곰이 밝히고 해석하게 하여야 한다고 주장한다. 따라서 강유와 제유에 적용되는 사서삼경 암기 규정이 다르다는 점은 ⓐ에 대한 비판의 논거로 적절하지 않다.

④ 적절하지 않다. 윤면동은 별시의 법규를 본받아 강유와 제유들이 강경과 제술을 두루 익히는 것을 목표로 하고 있다. 지금의 제도보다 과거 시험을 더 자주 시행하자고 주장하지는 않는다.

⑤ 적절하지 않다. 3문단에 따르면, 현행 제도에는 이전에 비해 과거의 시행을 간결하게 하고 선발하는 인원수를 적게 하는 변화가 반영되었다. 따라서 과거를 통해 선발하는 인원의 수가 많다고 지적하는 것은 ⓐ에 대한 비판의 논거로 적절하지 않다.

21. 정답 ③
내용 영역 인문 **문항 유형** 주제, 구조, 관점 파악

제시문에서 윤면동은 조선의 인재 선발과 과거 제도가 재능 있는 인재를 선발하는 역할을 하지 못한다는 문제점을 지적하고, 이를 해결하기 위한 대책을 제시하고 있다. 또한 과거 시험의 시행과 관련된 세부적인 사항(시각, 과목, 시험 형식)을 건의하고 지방에 있는 인재를 기용하는 제도적인 절차 마련을 요청하고 있다.

ㄱ. 부합한다. <보기> ㄱ에서는 능력이 없는 자를 파하고, 능력을 기준으로 인재를 선발하여 관직에 등용하자고 주장한다. 이러한 주장은 재능 있는 인재를 선발하자는 윤면동의 입장과 부합한다.

ㄴ. 부합하지 않는다. 윤면동은 별시(別試)의 형식을 본받아 유학을 강의하는 강유(講儒)와 글을 짓는 제유(製儒) 모두 초시는 강경으로 시험하자고 주장한다. 그런데 <보기> ㄴ의 사례에서는 별시에는 경서를 강(講)하지 않기도 하였다는 점을 언급하면서 별시에 강경을 도입하지 않아도 된다고 주장하고 있으므로, 이는 윤면동의 입장과 부합하지 않는다.

ㄷ. 부합한다. <보기> ㄷ에서는 지방에 파견된 수령에 대한 관리가 소홀하고 중앙의 인재가 부족한 현실을 지적하고 있다. 이는 지방에 파견된 수령들을 지속적으로 관리하여 조정으로 불러들일 인재를 물색해야 한다는 윤면동의 입장과 부합한다.

22. 정답 ④
내용 영역 과학기술 **문항 유형** 정보의 확인과 재구성

① 일치하지 않는다. 4문단에 따르면, ADH는 시상하부에서 만들어지고, 뇌하수체 후엽에서 분비된다.

② 일치하지 않는다. 3문단에 따르면, 원뇨가 세뇨관을 거쳐 방광쪽으로 이동하는 과정에서 포도당 등 유용한 성분은 다시 혈관으로 흡수된다. 따라서 포도당이 세뇨관에서 혈관으로 이동하는 경우도 있다.

③ 일치하지 않는다. 마지막 문단에 따르면, 요붕증은 정상적인 경우보다 많은 양의 체액이 소변으로 빠져나가는 질병으로, ADH에 대한 세뇨관의 민감도가 낮은 경우 신장성 요붕증이 발생한다. 따라서 세뇨관이 ADH에 민감할수록 수분 이뇨가 많아진다고 보기는 어렵다.

④ 일치한다. 마지막 문단에 따르면, 삼투성 이뇨에서 요량의 증가는 주로 세뇨관의 용질 농도 증가가 원인이다. 따라서 세뇨관의 용질 농도가 높아지면 삼투성 이뇨가 일어난다고 할 수 있다.

⑤ 일치하지 않는다. 2문단에 따르면, 혈액량이 증가할수록 혈압은 상승한다. 즉 혈액량이 감소할수록 혈압이 낮아진다. 그리고 4문단에 따르면, 혈장 농도가 정상 수준보다 높거나, 혈압이 정상 수준보다 낮아진 경우 ADH의 분비가 촉진된다. 따라서 혈액량이 감소할 경우 혈중 ADH 농도는 높아질 것이다.

23. 정답 ⑤

[내용 영역] 과학기술 [문항 유형] 정보의 추론과 해석

① 적절하다. 1문단에 따르면, 삼투현상은 원형질막을 사이에 두고 용질의 농도가 낮은 곳에서 용질의 농도가 높은 곳으로 물이 이동하는 현상이다. 따라서 혈장의 농도가 높아지면 삼투현상에 의해 물이 세포 내부에서 세포 외부(혈장)로 유출된다. 물이 세포 내부로 유입될수록 세포 부피가 커지므로, 혈장의 농도가 높아져 세포 외부로 물이 유출될수록 우리 몸을 구성하는 세포의 부피는 작아질 것이다.

② 적절하다. 마지막 문단에 따르면, 수분 이뇨는 ADH 분비 감소로 인해 물의 재흡수가 적절하게 일어나지 못해 요량이 증가하는 현상이다. 즉, 수분 이뇨 시 우리 몸이 물을 재흡수하지 못해 물을 과도하게 잃어버리므로 혈장 농도는 높아질 것이다.

③ 적절하다. 마지막 문단에 따르면, ADH 생성에 문제가 생겨 요붕증이 나타나는 것이 중추성 요붕증이다. 중추성 요붕증 환자는 일종의 합성 ADH인 데스모프레신을 투여하면 치료 효과가 나타난다. ⓐ는 요붕증 환자의 체내에서 ADH의 역할을 대신하는 데스모프레신에 반응을 보였음을 의미하므로, 데스모프레신 투여에 따라 세뇨관에서 물의 재흡수가 다시 활발해질 것이다. 그리고 4문단에 따르면, ADH 농도의 증가는 세뇨관에서 혈관으로 더 많은 양의 물이 삼투현상에 의해 재흡수되도록 하여, 그 결과 소변의 양은 줄고 소변의 농도는 증가하여 혈압이 상승한다. 따라서 중추성 요붕증 환자가 데스모프레신을 투여받은 결과 혈압이 오를 수 있다.

④ 적절하다. 4문단에 따르면, ADH는 항이뇨 호르몬으로, ADH 농도의 증가는 세뇨관에서 혈관으로 더 많은 양의 물이 삼투현상에 의해 재흡수되도록 한다. 요붕증은 ADH 생성이나 작용에 문제가 발생하여 이뇨 작용이 제어되지 않는 병이므로, 요붕증 환자는 요붕증 환자가 아닌 사람에 비해 세뇨관에서의 물의 재흡수가 잘 일어나지 않을 것이다. 즉, 요붕증을 앓는 경우, 그렇지 않은 경우에 비해 세뇨관에서 혈관으로 물이 투과되는 정도가 더 낮을 것이다.

⑤ 적절하지 않다. 3문단에 따르면, 혈액이 사구체를 통과할 때 단백질을 제외한, 물, 포도당, 이온과 같은 혈액 성분이 보먼주머니로 여과되어 원뇨가 된다. 여과는 상대적인 압력 차이에 의해 촉진되고, 사구체에서의 혈압이 상승할수록 보먼주머니로의 여과량은 증가한다. 2문단에 따르면, 혈관 내 혈액량이 증가할수록 혈압은 상승한다. 따라서 사구체 안의 용질 농도가 높더라도, 혈액량이 적어 혈압이 낮을 경우 보먼주머니로 여과되는 원뇨량은 적을 수 있다.

24. 정답 ③

[내용 영역] 과학기술 [문항 유형] 정보의 평가와 적용

검사자 A : 치료 전과 수분 섭취 제한 후 소변의 농도가 180mOsm/L로 정상 농도인 285mOsm/L보다 낮으므로 요붕증 환자이다. 데스모프레신 치료 후 소변의 농도가 430mOsm/L이 되었으므로, 신장은 ADH에 대해 정상적으로 반응한다는 것을 알 수 있다. 따라서 A는 중추성 요붕증 환자이다.

검사자 B : 데스모프레신 투여 전에는 소변의 농도가 285mOsm/L로 정상이었고, 수분 섭취 제한 후와 데스모프레신 치료 후에 소변의 농도가 정상 수준보다 높아졌으므로, B는 요붕증이 없는 사람이다.

검사자 C : 치료 전과 수분 섭취 제한 후 소변의 농도가 180mOsm/L로 정상보다 낮으므로 요붕증 환자이다. 데스모프레신 치료 후에도 소변의 농도가 180mOsm/L이므로, 신장은 ADH에 대해 정상적으로 반응하지 못한다는 것을 알 수 있다. 따라서 C는 신장성 요붕증 환자이다.

ㄱ. 적절하지 않다. A는 중추성 요붕증 환자이므로 ADH 생성에 문제가 있고, C는 신장성 요붕증 환자이므로 ADH 생성과 분비는 정상이나 ADH에 대한 세뇨관의 민감도가 낮아 신장에서의 수용에 문제가 있다. 따라서 Ⅰ단계에서 소변의 농도가 같더라도 반드시 두 사람의 혈중 ADH 농도가 같을 것이라고 추론할 수 없다.

ㄴ. 적절하지 않다. B는 요붕증이 없는 사람이므로, 24시간 동안 수분 섭취를 제한할 경우 이를 보상하기 위해 ADH의 분비 및 신장에서의 작용이 증가한다. 따라서 혈중 ADH의 농도는 Ⅰ단계보다 증가할 것이다.

ㄷ. 적절하다. 단계별 소변 농도를 비교함으로써 A와 C가 요붕증 환자임을 알 수 있다. 마지막 문단에 따르면, 중추성 요붕증 환자는 데스모프레신을 투여하면 치료 효과가 나타나지만, 신장성 요붕증 환자는 ADH와 유사한 형태인 데스모프레신에도 반응을 보이지 않는다. A는 데스모프레신 투여 후 소변 농도에 변화가 있었다는 점에서 중추성 요붕증 환자이고, C는 데스모프레신 투여 후에도 소변 농도에 변화가 없다는 점에서 신장성 요붕증 환자임을 알 수 있다.

25. 정답 ②

내용 영역 규범 | 문항 유형 정보의 확인과 재구성

① 적절하다. 3문단에 따르면, 칸트는 호의적이거나 불가피한 것일지라도 거짓말을 허용하는 것은 권리가 의무에 종속되는 결과를 낳는 일이라고 지적한다. 그리고 4문단에 따르면, 거짓말은 완전한 의무 위반이므로 예외가 허용될 수 없다. 이를 고려할 때 칸트의 관점에서 호의적인 거짓말은 그로 인해 발생한 결과와 무관하게 허용될 수 없다.

② 적절하지 않다. 마지막 문단에 따르면, 거짓말은 알고 있는 것을 정직하게 전하는 '진실성'과 정반대인 행동이다. 그렇다면 거짓말은 내가 지금 알고 있는 것을 정직하게 전하지 않은 것이다. 그리고 자신이 진술한 명제가 도덕적 양심에 불일치한다는 것은 곧 거짓말을 하였음을 의미한다. 그러므로 자신이 진술한 명제가 자신의 도덕적 양심과 불일치하는지, 다시 말해 거짓말인지 그렇지 않은지는 즉각적으로 파악될 수 있을 것이다. 나아가 칸트의 관점에서 거짓말은 의도적인 도덕법칙 위반이며, 그 위반 여부가 바로 파악될 수 있다는 점에서도 명제와 도덕적 양심의 일치 여부는 즉각적으로 파악할 수 있다.

③ 적절하다. 2문단에 따르면, 칸트는 거짓말할 권리에 대하여 도덕법칙의 필요충분조건으로서 보편화 가능성에 초점을 맞춘다. 이에 따르면 거짓말할 권리는 보편화될 수 없으며 따라서 허용되어서는 안 된다. 또한, 도덕법칙은 모든 이성적 존재자에게 의무로서 주어진다. 그러므로 칸트의 입장에서, 도덕법칙이 의무로 주어짐은 거짓말이 권리로 부여되어서는 안 되는 하나의 근거가 된다고 볼 수 있다.

④ 적절하다. 4문단에 따르면, 불완전한 의무는 자선 등 칭찬받을 만한 공로로 인정되지만 행하지 않는다고 하여 도덕법칙의 위반으로 취급되지는 않는다. 따라서 타인이 그의 인간성을 계발할 수 있도록 최선을 다해 관심을 가지고 행복해지도록 도울 의무는 타인에 대한 불완전한 의무로서 존재한다고 볼 수 있다.

⑤ 적절하다. 마지막 문단에 따르면, 칸트는 진실과 진실성을 구분하면서 진실성 있게 진술하여 일어나는 예기치 못한 우연적 결과가 아니라 거짓을 말한 결과에 대해서만 책임을 져야 한다고 본다. 즉 진실성을 어기는 것은 의무 위반이며 책임을 물을 수 있다. 이를 고려할 때, 결과적으로는 참이었다고 하더라도 그 참인 내용이 자신의 기억에 반한 진술은 진실성에 어긋난 진술이다. 따라서 이에 대하여 위증죄가 성립한다는 법원의 입장에 동의할 것이다.

26. 정답 ①

내용 영역 규범 | 문항 유형 정보의 추론과 해석

① 적절하다. 마지막 문단에 따르면, 칸트는 진실성 있게 진술하여 일어나는 일은 예기치 못한 우연적 결과이며 이는 책임질 필요가 없다고 여긴다. 이때 알고 있는 한도 내에서 살인강도에게 거짓 없이 말하는 것은 나로서는 진실성 있는 진술이다. 따라서 살인강도에게 거짓 없이 말했다면 죽음은 나의 책임이 아니라고 여길 것이다.

② 적절하지 않다. 4문단에 따르면, 인간 존엄성의 침해는 예외가 허용되지 않는 완전한 의무 위반으로, 거짓말은 타인에 대한 완전한 의무 위반인 동시에 자신에 대한 완전한 의무 위반이다. 반면 불완전한 의무는 행하지 않는 것이 도덕법칙의 위반으로 취급되지는 않으므로, 거짓말은 불완전한 의무 위반으로 여겨질 수 없다. 따라서 거짓말은 타인에게나 자신에게나 완전한 의무 위반에 해당한다고 볼 수 있다.

③ 적절하지 않다. 3문단과 4문단에 따르면, 칸트는 거짓말에 관해서는 어떤 예외도 용인하지 않았으며, 불가피한 거짓말조차도 법의 원천을 훼손할 수 있다고 보았다. 그리고 거짓말은 그 자체로 타인과 자신 모두에 대한 완전한 의무를 어기는 일이다. 따라서 거짓말이라는 점에서는 의도가 어떻든 친구를 범죄로부터 구하기 위한 거짓말과 가난한 이웃을 돕기 위해 부자에게 하는 거짓말은 모두 완전한 의무 위반이다.

④ 적절하지 않다. 마지막 문단에 따르면, 칸트에게 진실은 사실과 명제 간의 일치를 의미하며 이는 논리적 판단을 통해 확립된다. 그러므로 '실제로 집에 없음'이라는 사실이 밝혀지기 전까지는 살인강도에게 의도적으로 친구가 우리 집 안에 있지 않다고 진술했다 하더라도 진실에 위배되는지는 판단할 수 없다.

⑤ 적절하지 않다. 4문단에 따르면, 거짓말은 타인에 대한 완전한 의무 위반이다. 이때 살인강도에게 친구가 뒷산으로 도망갔다고 말한 것은 살인강도에게 거짓말을 한 것이므로, 이는 타인에 대한 완전한 의무 위반이다.

27. 정답 ⑤

내용 영역 규범 | 문항 유형 정보의 평가와 적용

① 적절하다. 마지막 문단에 따르면, 칸트는 거짓말이 알고 있는 것을 정직하게 말하는 진실성과 정반대인 행동이라고 보는 한편, 사실과 명제가 일치하는 진실과는 구분한다. 그런데 <보기>에 따르면, 살인강도에게 거짓말을 하지 않고 사실을 말한다면, 친구는 내가 말한 위치에서 발각되어 살해될 수밖에 없다고 서술되어 있다. 이는 <보기>에서는 거짓말하지 않는 것을 사실과 같은 것으로 여기고 있으며, 곧 진실성과 진실에 대한 구분이 이루어지고 있지 않음을 의미한다. 따라서 칸트에 의하면 <보기>에서는 사실대로 말하는 것과 진실성 있게 말하는 것을 구분하지 못하고 있다고 볼 수 있다.

② 적절하다. <보기>에 따르면, 정직함이 제일의 무조건적 원칙으로 받아들여진다면 모든 사회를 불가능하게 만들 것이라고 본다. 반면 3문단에 따르면, 칸트는 거짓말의 문제가 인류 일반에 행해진 잘못이고, 시민 사회의 성립을 불가능하게 만들며 기존 사회의 존속을 위험하게 만드는 것이라고 본다. 즉 <보기>는 정직함이 무조건적 원칙으로 받아들여지는 것이, 칸트는 거짓말을 하는 것이 사회의 성립을 불가능하게 하며 그 근간에 위협이 된다고 본다.

③ 적절하다. 3문단에 따르면, 칸트는 거짓말의 허용은 의무가 특정 권리에 의해 제한되고 그 권리에 종속되는 결과를 낳을 수 있다는 이유를 들어 거짓말을 하지 말아야 한다고 주장한다. 반면 <보기>에 따르면, 타인을 해치는 자는 진실에 대한 권리를 가진 사람이 아니므로, 타인을 해치는 자에게는 진실을 말할 의무가 없다. 따라서 <보기>에서는 칸트와 달리 살인강도가 나에게 진실을 요구할 수 없다고 볼 것이다.

④ 적절하다. 2문단에 따르면, 칸트는 거짓말을 하든 하지 않든 그로 인해 발생하는 결과는 우연적이라고 본다. 그런데 <보기>에서는 살인강도에게 알고 있는 대로 위치를 말한다면 친구는 살해될 수밖에 없다고 서술하고 있다. 즉 진술에 따른 결과가 우연적이지 않다고 본 것이다. 그리고 4문단에 따르면, 칸트는 거짓말을 완전한 의무 위반으로 보면서 그 어떠한 주관적 경향성에 의해서라도 훼손될 수 없다고 여긴다. 이를 고려할 때 칸트는 <보기>에서 거짓말을 할 수 있다고 본 것이 친구를 살려야 한다는 주관적 의도에 따른 행위라고 볼 것이다. 따라서 칸트는 <보기>가 결과의 우연성을 간과하는 동시에 경향성에 따라 도덕 판단을 내리고 있다고 지적할 수 있다.

⑤ 적절하지 않다. 마지막 문단에서 칸트가 진실과 진실성을 구별하고 있는 반면 <보기>에서는 진실과 진실성을 구별하지 않는다. 즉 칸트는 누군가가 자기가 알고 있는 범위 내에서 진정으로 말하는 것이 진실과는 다를 수 있다고 본다. 진실과 진실성을 구분함으로써 진실성 있게 말할 때 지켜질 수 있는 도덕적 양심을 지켜야 한다고 주장한 것이다. 하지만 <보기>는 진실과 진실성을 구분하지 않고 있으므로, 누군가가 자기가 알고 있는 범위 내에서 진정으로 말한 것을 진실이라고 간주해야 한다고 판단할 것이다.

28. 정답 ③
내용 영역 규범　**문항 유형** 정보의 확인과 재구성

① 적절하다. 1문단에 따르면, 우리나라의 경우 헌법 제37조 제2항의 일반적 법률유보 조항에 따라 국민의 '모든 자유와 권리'를 법률로써 제한할 수 있으며, 신체의 자유는 헌법 제12조 제1항의 개별적 법률유보 조항에 의해 제한될 수 있다. 따라서 우리나라에서 신체의 자유에 적용되는 일반적 법률유보와 개별적 법률유보 조항이 모두 존재한다.

② 적절하다. 2문단에 따르면, 독일 기본법에는 일반적 법률유보 조항이 없기 때문에 개별적 법률유보조차도 없을 경우 기본권을 제한할 수 없다는 문제가 생긴다. 그리고 3문단에 따르면, 내재적 한계이론에서는 법률유보 없는 기본권이라 하더라도 그 기본권 행사에 있어서 타인의 기본권 또는 헌법이 보호하고 있는 다른 가치와 충돌이 생기는 경우에는 헌법의 통일성과 헌법이 내재하고 있는 가치질서에 근거하여 그 기본권에 대한 제한이 불가피하다고 설명한다. 따라서 내재적 한계이론은 개별적 법률유보가 없는 기본권을 제한하기 위해 도입된 이론이다.

③ 적절하지 않다. 2문단에 따르면, 독일 기본법에서 일반적인 표현의 자유는 제5조 제1항에서 규정하고 있고, 제5조 제2항에 이를 법률로써 제한할 수 있는 개별적 법률유보 조항을 두고 있다.

④ 적절하다. 1문단에 따르면, 우리나라의 경우 헌법 제37조 제2항이 국민의 '모든 자유와 권리'를 제한하는 일반적 법률유보 조항에 해당하기 때문에, 개별적 법률유보 조항이 없는 기본권이더라도 해당 헌법 규정에 근거하여 제한될 수 있다.

⑤ 적절하다. 1문단에 따르면, 법률유보는 기본권을 제한하기 위해서는 입법권자가 제정하는 법률에 근거하고 이 법률을 제정하려면 헌법의 위임이 있어야 한다. 따라서 입법권자는 헌법의 위임이 없으면 기본권을 제한하는 법률을 제정할 수 없을 것이다.

29. 정답 ⑤
내용 영역 규범　**문항 유형** 정보의 추론과 해석

① 적절하지 않다. 3문단에 따르면, Mephisto 판결(㉠)에서는 만일 예술의 자유가 제5조 제2항의 적용을 받게 되면 사실상 제1항에서 보장하고 있는 일반적인 표현의 자유와 차이가 없게 되고 이는 굳이 예술의 자유를 독자적인 기본권으로 규정하고 있는 취지와도 맞지 않다고 본다. 이는 예술의 자유와 일반적인 표현의 자유를 구분하는 입장으로, '일반적인 표현의 자유'를 제한하는 제5조 제2항을 예술의 자유를 규정하는 제5조 제3항에 적용하는 것을 부정하고 있다.

② 적절하지 않다. 3문단에 따르면, Mephisto 판결(㉠)은 예술의 자유가 헌법적으로 보호되는 다른 법익과 충돌이 발생할 경우 헌법 스스로 내재하고 있는 가치질서에 근거하여 그 한계를 결정할 수 있다. 이는 기본권의 내재적 한계이론에 따른 입장으로, 모든 기본권은 다른 기본권에 의해 제한받을 수 있다는 관점을 가질 것이다. 이러한 입장에 따르면, 인격권은 다른 기본권의 한계가 될 수 있지만, 헌법적으로 보호되는 다른 법익과 충돌이 발생할 경우 인격권 역시 다른 기본권에 의해 제한을 받을 수 있을 것이다.

③ 적절하지 않다. 2문단에 따르면, 독일 기본법에는 일반적 법률유보 조항이 없다. 따라서 독일연방헌법재판소에서는 일반적인 표현의 자유와 예술의 자유 모두 일반적 법률유보의 적용대상이 될 수 없다고 볼 것이다.

④ 적절하지 않다. 3문단에 따르면, Mephisto 판결(㉠)에서는 예술의 자유가 법률유보 없이 보장되며, 다른 법익과 충돌이 발생할 경우 헌법 스스로 내재하고 있는 가치질서에 근거하여 그 한계를 결정할 수 있다고 본다. 즉 예술의 자유가 개별적 법률유보에 의

해 제한되는 것이 아니라 내재적 한계이론에 의해 제한된다고 보는 것이다.

⑤ 적절하다. 3문단에 따르면, Mephisto 판결(㉠)에서는 예술의 자유는 헌법 스스로 내재하고 있는 가치질서에 근거하여 그 한계가 결정될 수 있고, 대표적인 한계가 인격권이라고 판시하였다. 즉 예술의 자유는 헌법적으로 보호되는 다른 기본권에 의하여 제한될 수 있다고 보는 것이다.

30. 정답 ③
내용 영역 규범 | 문항 유형 주제, 구조, 관점 파악

ㄱ. 포함되지 않는다. 마지막 문단에 따르면, 동일론(㉡)은 헌법 제37조 제2항에 나타난 일반적 법률유보를 내재적 한계이론과 동일시하는 견해이다. 따라서 예술의 자유가 개별적 법률유보가 없는 기본권으로 인정되는 경우라도 헌법 제37조 제2항을 바탕으로 제한의 한계를 설정할 수 있다.

ㄴ. 포함되지 않는다. 3문단에 따르면, 헌법의 가치에 근거하여 기본권의 제한을 설정하는 것은 내재적 한계이론에 해당한다. 마지막 문단에 따르면, 동일론(㉡)은 내재적 한계이론을 헌법 제37조 제2항과 동일시하는 견해이므로 일부 특정 기본권이 아니라 모든 기본권에 대해 법률을 근거로 내용과 한계를 제한하는 것에 대응시킬 수 있다.

ㄷ. 포함된다. 마지막 문단에 따르면, 동일론(㉡)은 우리나라의 일반적 법률유보를 내재적 한계이론과 동일하게 보는 견해이다. 따라서 우리나라 헌법 제37조 제2항에서 기본권을 제한할 수 있는 사유인 국가안전보장, 질서유지와 공공복리가 헌법에서 보장하고 있는 모든 가치를 포섭할 수 있다고 전제하고 있다.

실전 3회

01. 정답 ④
내용 영역 규범 | 문항 유형 정보의 확인과 재구성

① 적절하지 않다. 3문단에 따르면, 실질적 법치주의에서는 법에 의한 지배는 자의적인 통치를 정당화하는 것으로 법의 지배에 해당하지 않는다고 본다. 이에 따르면 법에 의한 지배를 법의 지배라는 범주에 포함시킬 수 있다고 주장하는 사람들은 법의 지배라는 표현이 허용할 수 있는 논리적인 가능성에만 주목하는데, 이러한 입장은 형식적 법치주의의 주장에 해당한다. 그리고 2문단에 따르면, 법의 지배는 그 자체로 선한 것이다. 따라서 형식적 법치주의에 따를 때 법에 의한 지배는 선한 것으로 간주되지 않는다고 볼 수는 없다.

② 적절하지 않다. 마지막 문단에 따르면, 노모스는 시민과 통치자 모두를 구속하는 자연법으로 형식적인 일반 규칙을 준수한 결과이고, 테시스는 통치자가 제정한 법을 의미한다. 복지 국가의 법이 법의 지배를 후퇴시킨다는 주장은 이 법이 형식적인 일반 규칙을 존중하지 않고, 특정한 가치를 실현하기 위해 인위적으로 제정된 법이기 때문임을 근거로 삼는다. 따라서 복지 국가의 법이 노모스에는 속하지 않을 것이지만, 테시스에도 속하지 않는다고 볼 수는 없다.

③ 적절하지 않다. 1문단에 따르면, 실질적 법치주의는 법의 형식은 물론이고 그 목적과 내용도 정당하기를 요구하는 원리를 말한다. 2문단에 따르면, 법의 안정성은 법이 가져야 할 형식적 요건 중 하나이다. 따라서 오늘날의 민주 국가에서 형식적 법치주의보다 실질적 법치주의를 더 중시한다 하더라도 법의 안정성 준수 여부를 고려하지 않는다고 볼 수는 없다.

④ 적절하다. 2문단에 따르면, 형식적 법치주의는 법이 명확하고 미리 알려져 있다면 시민들은 이에 맞추어 자신의 삶을 설계할 수 있을 것이라는 자유주의 관점에 바탕을 두고 있다. 그리고 1문단과 2문단에 따르면, 법의 지배를 합법성이라는 관점에서 접근하는 입장은 형식적 법치주의에 속하고, 법의 도덕성은 법의 법다움을 판단함으로써 결정된다. 그리고 법다움의 표지는 어떤 실질적 가치를 뜻하는 것이 아니라 법이 가져야 할 형식적 요건을 의미할 뿐이다. 따라서 자유주의 관점에 따라 법치주의를 이해하는 이들이 법의 도덕성을 판단할 때 활용되는 표지는 법에 요구되는 형식적 요건을 의미한다.

⑤ 적절하지 않다. 1문단에 따르면, 법이 국가통치의 원리로 작용할 때 법의 형식뿐만 아니라 목적과 내용도 정당하기를 요구하는 입장은 실질적 법치주의에 해당한다. 3문단에 따르면, 법의 지배를 법률적 근거만 있다면 정당화되는 것으로 이해할 가능성이 있는 주장은 형식적 법치주의이다. 따라서 정당한 목적을 가진 법이 국가의 통치원리로 작용해야 한다고 보는 입장에서 법률적 근거를 법의 지배가 성립하기 위한 충분조건으로 간주한다고 볼 수는 없다.

02. 정답 ②
내용 영역 규범 | 문항 유형 주제, 구조, 관점 파악

① 적절하지 않다. 2문단에 따르면, ㉠은 법의 도덕성을 인간의 도덕성과 구분한다. 그런데 ㉡이 사회의 누구에게든 동일하게 법이 적용되지는 않을 수 있다고 주장하는지는 제시문의 정보만으로 확인할 수 없다. 따라서 법의 도덕성을 인간의 도덕성과 구분하는 것은, 사회의 누구에게든 동일하게 법이 적용되지는 않을 수 있다는 점을 도외시한다고 비판하는 것은 ㉠에 대한 ㉡의 비판에 해당하지 않는다.

② 적절하다. 2문단에 따르면, ㉠은 법의 지배를 합법성이라는 관점에서 접근한다. 이는 법의 지배를 형식적 법치주의의 관점에서 보았다는 것을 뜻한다. 3문단에 따르면, ㉡은 법의 지배를 정의할 때는 그 역사적 함의를 고려해야 한다고 주장한다. 법의 지배는 역사적으로 통치자의 자의를 제한하기 위한 원리로 출발했고, 그것을 바탕으로 개인의 자유와 권리를 보장하기 위한 원리로 발달해 왔다는 것이다. 따라서 합법성을 유일한 기준 삼아 법의 지배를 판단하는 것은, 통치자의 임의적 통치권 행사를 제한한다는 목표에 기반하여 법의 지배가 발전해 왔다는 것을 간과한다고 비판할 수 있다.

③ 적절하지 않다. 2문단에 따르면, ㉠은 법다움은 특정한 가치에 대해 중립적이라고 본다. 3문단에 따르면, ㉡은 법에는 그 사회의 정치적 도덕성을 반영하는 원리가 포함된다는 점을 주장하고 있다. 그런데 정치적 도덕성이 현존하는 어떤 사회에서든 통용될 수 있어야 하는지, 그리고 그것이 합의를 통해 도출되어야 하는지는 제시문의 내용만으로는 알 수 없다. 따라서 법다움이 특정한 가치에 대해 중립적이라는 것은, 합의를 통해 현존하는 어떠한 사회에서도 통용될 수 있는 정치적 도덕성의 원리를 도출해야 한다는 것을 경시한다고 비판하는 것은 ㉠에 대한 ㉡의 비판에 해당하지 않는다.

④ 적절하지 않다. 2문단에 따르면, ㉠은 법의 형식적 요건이 지켜진다면 자유롭고 공정한 사회가 성립될 것이라 믿는다. 3문단과 4문단에 따르면, ㉡은 법의 지배란 법이 개인의 자유와 권리 보장이라는 가치를 지향하는 것을 의미한다고, ㉢은 법의 지배가 법이 추구하는 가치, 목적, 내용을 '명시'하는 데서 나아가 이를 '실현'하는 것을 포함한다고 주장한다. 하지만 이러한 주장이 사회에서 법률에 명시된 권리를 누리는 이들의 수를 최대화하는 것에 관심을 두어야 함을 의미하는 것은 아니다. 따라서 법의 형식적 요건이 지켜진다면 자유롭고 공정한 사회가 성립될 가능성이 높다는 믿음은, 사회에서 법률에 명시된 권리를 누리는 이들의 수를 최대화하는 것에 관심을 두지 않는다고 비판하는 것은 ㉠에 대한 ㉡의 비판에 해당하지 않는다.

⑤ 적절하지 않다. 2문단에 따르면, ㉠이 지지하는 형식적 법치주의 관점에서 볼 때 법은 사회가 어떤 가치를 추구하든 그것에 봉사하는 수단이어야 한다. 그런데 5문단에 따르면, ㉢의 관점에서 볼 때 복지 국가를 추구하는 나라들의 법은 법의 지배를 후퇴시킨다. 복지 국가의 법은 형식적인 일반 규칙을 존중하지 않고, 특정한 가치를 실현하기 위해 인위적으로 법을 제정하기 때문이다.

따라서 법은 사회가 어떤 가치를 추구하든 그것에 봉사하는 수단이어야 한다는 것은, 법 제정에 필요한 규칙을 무시하고 인위적으로 법을 제정해 법의 지배를 후퇴시킬 수 있다는 것을 외면한다고 비판하는 것은 ㉠에 대한 ㉡의 비판에 해당하지 않는다.

03. 정답 ③

[내용 영역] 규범 [문항 유형] 정보의 평가와 적용

① 적절하다. A법에 따르면, 법률이 헌법에 규정된 절차 외에 정부에 의해서도 제정될 수 있다. 2문단에 따르면, ㉠이 말한 형식적 법치주의의 관점에서 보면 법은 그것이 가져야 할 형식적 요건을 충족한다면 법다움이 인정되며, 사회가 어떤 가치를 추구하든 그것에 봉사하는 수단으로 기능한다. A법은 입법부에 의해 통과된 법이라는 점에서 '절차에 따라 형성'되어야 한다는 법적 안정성의 요구사항을 충족한다고 볼 수 있다. 따라서 ㉠은 A법이 입법부에 의해 통과된 것이라는 점에서 적법하다고 볼 것이다.

② 적절하다. 3문단에 따르면, ㉡과 같이 법의 지배에서 가장 중요한 개념이 자의적인 통치를 제한하는 것이라고 볼 경우, 자의적인 통치를 정당화하는 법에 의한 지배는 법의 지배가 아니다. A법은 X국 법률이 헌법에 규정된 절차 외에 정부에 의해서도 제정될 수 있다고 규정함으로써, 정부가 의회를 거치지 않고 법률을 제정하는 자의적인 통치를 정당한 것으로 인정한다. 따라서 ㉡은 A법이 법의 지배에 해당하지 않는다고 볼 것이다.

③ 적절하지 않다. B법에 따르면, V민족 또는 V민족의 연관 혈통을 가진 Y국민이 '국가 시민'으로 정의될 수 있었고, 오직 국가 시민만이 법률이 정하는 바에 따른 온전한 정치적 권리를 가졌다. 4문단에 따르면, ㉢은 법의 지배는 법이 보편적 정의를 지향하는 것을 의미한다고 주장한다. 그리고 개인의 권리가 법으로 보호받는 차원을 넘어, 누구에게나 보편적으로 적용되는 인간의 존엄권과 정의가 법이 담아야 할 실질적 가치라고 본다. 당시 Y국 내에는 V민족과 W민족이 함께 거주하고 있었고 Y국 국민 모두가 V민족의 혈통을 계승한 것은 아니었다는 점에서, B법에 따르면 인간의 존엄권이 침해받는 대상이 존재할 수 있다. 따라서 ㉢은 B법이 Y국에 거주하는 모든 구성원을 대상으로 한다는 점 때문에 법의 지배에 해당한다고 보지는 않을 것이다.

④ 적절하다. 4문단에 따르면, ㉣은 법의 지배가 법이 추구하는 가치, 목적, 내용을 '명시'하는 데서 나아가 이를 '실현'하는 것을 포함한다고 주장한다. 이에 따르면 법이 담아야 할 가치는 실질적 평등과 사회 보장이고, 소수자의 복지를 신장함으로써 그들이 실제로 권리를 누릴 수 있도록 조치를 실현하는 것이 법의 지배이다. B법에 따르면, W민족이 '국가 시민'으로 분류되지 않을 수 있다는 점에서, 인간의 존엄권이 침해받는 대상이 존재할 수 있다. 반면 C법에 따르면, Z국의 모든 노동자에게 노후 보장을 위한 일종의 복지 제도가 제시된다. 따라서 ㉣에 따르면 B법은 법치주의 요건을 충족하지 않지만, C법은 이를 충족할 수 있을 것이다.

⑤ 적절하다. C법은 Z국의 모든 노동자에게 노후 보장을 위해 연금보험에 가입해야 할 의무를 부과한다. 노후 보장을 위한 연금보험은 일종의 복지 제도에 해당한다. 마지막 문단에 따르면, ㉤은 특정 복지 서비스 가입과 혜택 수령이 법으로 규정된다면 정부가 개인의 행동을 제약하여 삶의 영역에 간섭할 수 있는 기회 또한 확대되므로 궁극적으로 개인의 자유가 침해된다고 본다. 따라서 ㉤은 C법이 정부가 노동자의 삶의 영역에 간섭할 수 있는 기회를 확대하여 개인의 자유를 침해한다고 볼 것이라고 추론할 수 있다.

04. 정답 ④

[내용 영역] 과학기술 [문항 유형] 정보의 확인과 재구성

① 적절하다. 1문단에 따르면, 진화생태학자들은 생물이 에너지를 얻는 데 제한이 있다면, 자연선택은 효율적으로 에너지를 얻는 개체들을 선호하게 될 것이라 예측하였고, 이 예측이 발전하여 최적섭식이론이 되었다. 또한 2문단에 따르면, 최적섭식이론에서는 만약 에너지 공급이 제한된다면, 생물들은 모든 생존 기능을 동시에 만족시킬 수 없을 것이라고 가정한다. 즉 최적섭식이론은 에너지 공급이 제한된 상황을 전제로 한다.

② 적절하다. 3문단에 따르면, 먹이의 풍부도는 일반적으로 포식자가 단위 시간당 우연히 만나는 먹이의 개체수(N_e)로 표현된다. 또한 다른 모든 조건이 같을 때 풍부한 양의 먹이는 희소한 양의 먹이보다 더 많은 에너지를 창출하며, 이는 먹이의 풍부도가 높은 경우 에너지 획득률(E/T)에서 E가 증가함을 의미한다. 따라서 다른 조건이 모두 동일할 때, N_e는 포식자의 에너지 획득률(E/T)과 양의 상관관계에 있다.

③ 적절하다. 먹이의 풍부도가 높은 먹이가 반드시 그로부터 얻을 수 있는 순에너지양도 높은 것은 아니다. <그림 1>과 5문단에 따르면, 파랑볼우럭을 대상으로 최적의 먹이 구성을 예측한 검증에서 길이가 약 1mm인 먹이들은 약 3~4mm인 먹이들보다 먹이의 풍부도(N_e)가 높다. 하지만 <그림 2>에 따르면, 먹이의 길이를 무게로 환산하여 순에너지양(G)을 구한 결과, 1mm인 먹이보다 3~4mm인 먹이의 에너지 획득률이 더 높다고 예측되었다. 따라서 최적의 먹이 구성을 예측할 때, N_e가 높은 먹이가 반드시 G도 크다고 볼 수는 없다.

④ 적절하지 않다. 3문단에 따르면 최적섭식이론에서 먹이의 풍부도는 포식자의 에너지 획득률과 양의 상관관계에 있다. <그림 1>과 <그림 2>에 따르면, 먹이의 풍부도가 가장 높은 먹이는 몸 길이가 1mm이고, 에너지 획득률이 더 높은 먹이는 3~4mm이다. 그런데 <그림 3>과 6문단에 따르면, 베르너와 미텔바흐의 검증에서 파랑볼우럭은 1mm 먹이보다는 3~4mm 먹이를 더 선호하였다. 따라서 해당 검증에서 파랑볼우럭은 먹이의 풍부도가 가장 높은 먹이를 선호하였다고 보기 어렵다.

⑤ 적절하다. 2문단에 따르면, 환경은 보다 높은 비율로 에너지나 양분을 자신의 것으로 동화하는 개체를 선호할 수밖에 없으며, 제한된 환경에서 살아남은 개체들은 모두 최적섭식이론 연구의

대상이 된다. 이는 특정 상황에서 살아남은 개체들은 그러지 못한 개체들보다 동일 환경에서 더 높은 비율로 에너지를 얻을 수 있기 때문이다.

너지를 투자하고, 빛이 약한 환경에서는 지상에 더 많은 에너지를 투자한다. 즉 식물은 자신에게 부족한 에너지를 획득하는 방법으로 섭식하는 것이다.

05. 정답 ③
[내용 영역] 과학기술 [문항 유형] 정보의 추론과 해석

3문단에 따르면, 최적섭식이론에서 제한된 환경에서 생물은 에너지 획득률이 높은 먹이를 선택한다. 에너지 획득률(E/T)을 구하는 방정식인 $\frac{N_eG-C_s}{1+N_eH}$ 로부터 포식자의 에너지 획득률은 N_e가 클수록, C_s가 작을수록, H가 작을수록, G가 클수록 증가한다는 것을 추론할 수 있다. <보기>의 경우, 분모($1+N_eH$)에 해당하는 값은 모두 51로 동일하므로, 분자에 해당하는 값을 비교함으로써 풀이 시간을 줄일 수 있다. 먹이 ㄱ~ㄹ의 에너지 획득률을 계산하면 다음과 같다.

	에너지 획득률
ㄱ	$\frac{10 \times 5 - 10}{1 + 10 \times 5} = \frac{40}{51}$
ㄴ	$\frac{10 \times 10 - 5}{1 + 10 \times 5} = \frac{95}{51}$
ㄷ	$\frac{5 \times 5 - 10}{1 + 5 \times 10} = \frac{15}{51}$
ㄹ	$\frac{5 \times 10 - 5}{1 + 5 \times 10} = \frac{45}{51}$

따라서 <보기>에서 에너지 획득률이 가장 높은 먹이는 ㄴ이고, 에너지 획득률이 가장 낮은 먹이는 ㄷ이다.

06. 정답 ③
[내용 영역] 과학기술 [문항 유형] 정보의 평가와 적용

ㄱ. 적절하다. <보기>에 따르면, 동물의 경우와 마찬가지로 식물도 에너지 공급의 한계에 직면하면 부위별로 요구하는 에너지 사이에서 타협을 해야 한다. 하지만 빛이 충분하고 비옥한 환경에서 자라는 식물의 경우 잎과 뿌리에 충분한 에너지가 공급되어 에너지 공급의 한계에 직면하지 않을 것이므로, 부위별로 요구하는 에너지 사이에서 타협할 필요가 없을 것이다.

ㄴ. 적절하지 않다. <보기>에 따르면, 빛이 약하고 비옥한 환경에서 자라는 식물은 흙으로부터 양분과 물을 쉽게 구할 수 있기 때문에 뿌리로의 에너지 할당량은 감소시키고, 잎과 줄기로의 에너지 할당량을 증가시켜 부족한 빛 에너지를 얻는 것에 집중 투자한다. 즉 뿌리로의 에너지 할당량을 감소시키는 것은 뿌리를 통해 흙으로부터 양분을 얻는 데 드는 비용(C_s)을 낮추기 위한 것이라고 볼 수 있다.

ㄷ. 적절하다. 3문단에 따르면, 에너지 공급이 제한될 때, 동물은 에너지 획득률을 최대화하는 먹이를 섭식한다. 그리고 <보기>에 따르면, 식물은 양분이 부족한 환경에서는 땅 아래에 더 많은 에

07. 정답 ⑤
[내용 영역] 인문 [문항 유형] 정보의 확인과 재구성

① 일치한다. 1문단에 따르면, 일신, 작신민, 기명유신이라는 세 가지 새로움 모두 스스로 새로워지는 것이고, 일신(日新)에 해당하는 부분이 바로 군왕의 개인 수양을 말한 것이다. 따라서 군왕의 개인 수양이라 함은 군왕이 스스로 새로워지는 것이다. 또한 2문단과 4문단에 따르면, 노론계 신료들은 군왕은 몸소 실천함으로써 백성을 감화시킨다 하였고, 정약용은 군왕 자신의 덕이 새로워진다고 하여 반드시 백성의 덕이 저절로 새로워지는 것은 아니라고 하였다. 이들 문장에서 개인 수양은 몸소 실천한 것이고, 스스로 새로워진다는 것은 곧 스스로의 덕이 새로워지는 것임을 알 수 있다. 따라서 개인 수양은 스스로 덕을 새롭게 하여 실천하는 것이라 정의할 수 있다.

② 일치한다. 2문단에 따르면, 노론계 신료들은 무위정치를 주장하였고, 정치를 도덕의 연장으로 보면서 군왕도 개인 수양의 과제를 안고 있다는 점을 들어 정조의 권력을 제한하려고 하였다. 즉, 무위정치를 주장함으로써 군왕의 독립적인 정치 행위를 막아 정조의 권력을 제한하고자 한 것이다.

③ 일치한다. 1문단과 2문단에 따르면, 주희가 해석한 『대학』의 내용에 대해 정조는 주희의 해석에 따를 경우 백성을 새롭게 교도하는 군왕의 정치 행위가 구체적으로 필요치 않게 된다고 문제 제기를 하였다. 주희의 해석과 달리, 백성이 스스로 새로워지는 것이 아니라 군왕의 정치 행위가 필요하다고 본 것이다. 반면 노론계 신료들은 군왕의 도덕적 자기 수양 외에 다른 독립적인 정치 행위가 필요 없음을 주장하여 주희의 해석을 지지하며 정조와 의견을 달리했다.

④ 일치한다. 3문단에 따르면, 정약용은 '대학'의 마지막 '평천하' 장을 해석할 때 평천하 단계에서는 개인 수양과는 다른 차원의 정치 행위에 대해 말한 것이라고 보았다. 따라서 군왕은 또 다른 제도적 개입을 해야 한다고 주장했다. 여기서 말하는 제도적 개입이란 2문단에 언급되었던 예악형정에 대한 제도일 것이다.

⑤ 일치하지 않는다. 4문단과 마지막 문단에 따르면, 정약용은 백성을 새롭게 하기 위해, 즉 백성들을 교화시키기 위해 내향적 정치 행위인 개인 수양뿐만 아니라 적극적인 정치 행위가 필요하다고 생각했다. 백성이 스스로 새로워진다는 것은 정약용의 견해가 아니다. 군왕이 인위적인 정치 행위를 할 필요가 없다고 본 노론계 신도들과 달리, 정약용은 백성이 새로워지기 위해서는 군왕의 개인 수양에 더하여 적극적인 정치 행위도 필요하다고 본 것이다. 따라서 군왕의 개인 수양을 인위적 정치 행위로 대체한다는 것은 정약용의 입장으로 적절하지 않다.

08. 정답 ③

[내용영역] 인문 [문항유형] 주제, 구조, 관점 파악

① 적절하다. 2문단에 따르면, 무위정치론의 입장에서는 군왕도 사대부와 마찬가지로 동일한 개인 수양의 과제를 안고 있다는 점을 들어 군왕이 신료들과 정치적 위상이 다르지 않다는 점을 끊임없이 상기시키려고 하였다. 반면 4문단에 따르면, 유위정치론 쪽에서는 군왕은 개인 수양뿐만 아니라 적극적인 정치 행위를 해야 한다고 주장하였다. 이는 군왕과 신료들의 정치적 위상이 어느 정도 다르다고 본 것이다.

② 적절하다. 2문단에 따르면, 노론계 신료들은 도덕적 자기 수양, 즉 개인 수양 이외에 또 다른 인위적인 정치 행위를 할 필요가 없다는 무위정치론을 주장했다. 반면 4문단에 따르면, 정약용은 군왕은 자신의 개인 수양 공부 외에 또 다른 인위적인 제도적 개입을 할 필요가 있다는 유위정치론을 주장했다.

③ 적절하지 않다. 1문단과 2문단에 따르면, 군왕이 스스로 새롭게 한 것을 몸소 실천하는 행위 자체가 개인 수양이다. 그리고 군왕이 개인 수양을 해야 한다는 것은 무위정치론과 유위정치론 모두 주장한 부분이다.

④ 적절하다. 2문단에 따르면, 무위정치론을 주장하는 사람들은 군왕이 새롭게 되면 백성들은 자연히 새롭게 된다고 하였다. 즉 군왕과 백성 모두 스스로 새로워지는 것이기 때문에 이에 대해 정조가 의문을 제기했던 것이다. 그런데 4문단에 따르면, 유위정치론 쪽에서는 군왕이 새로워진다고 해서 반드시 백성들이 새로워지는 것은 아니기 때문에 군왕의 인위적인 제도 개입이 필요하다고 주장했다.

⑤ 적절하다. 2문단과 3문단에 따르면, 무위정치론과 유위정치론 모두 정치를 도덕의 연장으로 보았다는 점과, 군왕의 개인 수양을 전제로 한다는 점에서 동일하다. 다만 무위정치론에서는 개인 수양으로써 백성들이 저절로 교화된다고 보았고, 유위정치론에서는 개인 수양을 전제로 하여 적극적인 정치 행위가 이루어져야 백성들이 교화된다고 본 것이다.

09. 정답 ④

[내용영역] 인문 [문항유형] 정보의 평가와 적용

① 적절하지 않다. 2문단에 따르면, 노론계 신료들은 군왕이 개인 수양을 함으로써 백성들이 저절로 새로워진다고 주장했다. 즉, 군왕이 백성들을 교화시키기 위해 다른 무언가를 할 필요가 없다는 것이므로 <보기>에서 '요즘 사람'의 입장에 가깝다. 그런 입장에서 볼 때, 순 임금이 개인 수양을 하면 백성들이 저절로 새로워질 것이라고 생각할 것이다. 따라서 순 임금이 자신의 개인 수양의 결과를 백성들에게 잘 전달하기 위해 부지런히 움직인 것이 아니라, 순 임금은 개인 수양에 힘썼을 뿐 부지런히 움직인 것이 아니라고 주장할 것이다.

② 적절하지 않다. 2문단에 따르면, 노론계 신료들은 백성들이 스스로 새로워지는 것은 본인들이 자기 수양을 해서가 아니라 군왕이 개인 수양을 함으로써 저절로 새로워진 것, 즉 감화되었기 때문이라고 주장한다. 그러므로 천하가 나날이 부패하였다면 그 이유를 백성이 아닌 군왕이 개인 수양에 소홀했기 때문이라고 말할 것이다.

③ 적절하지 않다. 1문단에 따르면, 정조는 세 가지 새로움 중 군왕이 백성을 교도하는 정치 행위가 없다는 점을 문제 삼았을 뿐, 나머지에 대해서는 문제를 삼지 않았다. 따라서 정조가 <보기>를 보고 군왕에게는 개인 수양이 필요 없다고 주장했다고 보기는 어렵다.

④ 적절하다. <보기>의 '나'는 천하가 태평해진 이유를 순 임금이 적극적으로 정치 행위를 하였기 때문이라고 주장한다. 그리고 4문단에 따르면, 정약용은 백성들을 교화시키기 위해 군왕의 적극적인 정치 행위가 필요하다고 주장하였다. 이러한 의견은 '나'의 주장과 부합하므로, 정약용은 순 임금이 부지런했던 이유를 백성을 교화시키기 위해서라고 판단할 수 있다.

⑤ 적절하지 않다. 2문단과 3문단에 따르면, 정약용은 적극적인 정치 행위로 예악형정에 관한 제도적 개입이 필요하다고 주장했다. 그러나 순 임금이 백성이 군왕을 보고서 공손하고 움츠리게끔 만들도록 한 것이 법이라고 추론할 수는 있지만, 그것이 도덕보다 법을 우선시하여야 한다는 뜻은 아니다. 오히려 정약용은 정치가 도덕의 연장이라고 보기 때문에 군왕의 윤리적 통치 행위인 개인 수양이 전제되어야 한다고 말했다. 즉, 도덕이 전제되어야 적극적인 정치 행위를 할 수 있는 것이다.

10. 정답 ③

[내용영역] 사회 [문항유형] 정보의 추론과 해석

① 적절하다. 2문단에 따르면, 다운즈의 중위투표자론은 유권자 분포에 따른 선거 경쟁을 정치의 본질로 규정하면서 정당은 더 많은 유권자와 가까운 입장을 취하고자 한다고 본다. 그리고 마지막 문단에 따르면, 다운즈식 양당 정치는 중도적 합의에 따라 이루어짐으로써 비백인과 소수 집단을 배제하는 결과를 낳았다. 이를 고려할 때, 중위투표자론에 기반한 정치 전략은 다수의 지지를 얻고자 소수 집단을 배제하였다고 평가할 수 있다.

② 적절하다. 3문단에 따르면, 해커와 피어슨은 양당 간 이념 차이의 원인을 기업이 조직화된 이익으로서 공화당에 영향력을 행사하고 지속적인 보수화를 이끌었기 때문이라고 주장한다. 그리고 이는 공화당의 강한 보수화를 함의하는 비대칭적 극단화로 평가된다. 따라서 조직화된 이익으로서 기업은 민주당의 이념 극단화보다 공화당의 이념 극단화에 더 큰 영향을 미쳤다고 추론할 수 있다.

③ 적절하지 않다. 1문단에 따르면, 정치적 양극화로 인해 유권자들이 정당 선호에 따라 투표하는 경향은 늘어난 반면, 여러 경험적 분석자료들에 의해 미국인의 이념적 견해가 이전보다 더 극단화

되지 않았음이 밝혀졌다. 이에 대하여 마지막 문단에 따르면, 유권자 간 양극화는 이념적 양극화가 아니라, 당파적 정체성이 지지 정당에 대한 애착으로 표출됨에 따른 정서적 양극화로 진단된다. 즉 투표 경향으로 드러나는 유권자의 정치적 양극화를 정서적 양극화에 의한 것으로 진단한다면, 이는 이념 변화에 따른 경험적 분석자료와 모순되지 않는다.

④ 적절하다. 4문단에 따르면, 갈등의 정치에서 정당의 선거 전략은 갈등을 이용하여 정치 교체를 일으키기 위해 편을 가르고 지지 세력을 결집하는 과정이 중심이 된다. 즉 유권자들 간에 균열이 발생하거나 하나의 지지 세력으로 결집하는 등의 일은 정당이 선거 전략을 구사한 결과이므로, 정당의 선거 전략이 유권자 분포에 영향을 미친다고 볼 수 있다. 반면 2문단에 따르면, 중위투표자론에 기반한 정당의 선거 전략은 주어진 유권자 분포에 따라 더 많은 유권자와 가까운 입장을 취하는 것을 목적으로 한다. 따라서 중위투표자론에서는 갈등의 정치에서와 대조적으로 유권자 분포가 정당의 선거 전략에 영향을 미친다고 여기고 있음을 알 수 있다.

⑤ 적절하다. 2문단에 따르면, 피오리나는 정당 간 이념 대립의 심화가 1980년대 이후 진보적인 성향의 공화당 지지층과 민주당 내 보수적인 성향의 유권자가 이탈하는 결과를 낳았음을 인정하는 동시에 이는 유권자의 이념 대립을 지지하는 것이 아니라 지지층 간 교환에 불과함을 지적한다. 즉 유권자의 이탈이 지지 정당을 옮겨가는 데 불과한 것이라는 사실은 실제 유권자의 이념은 극단화되지 않았으며 이념의 극단화가 정당에 한정된다는 주장을 뒷받침할 수 있다.

11. 정답 ②
[내용 영역] 사회 [문항 유형] 주제, 구조, 관점 파악

① 적절하지 않다. 2문단에 따르면, 피오리나가 수용하는 중위투표자론에서는 유권자의 지지 정당 선택은 탄력적이나 이념적 분포는 중심이 높은 정규분포로 주어져 있으므로 정당이 더 많은 유권자와 가까운 입장을 취한다고 본다. 즉 비율의 차이일 뿐 이념이 극단화된 유권자의 존재를 부정하지 않으므로, 유권자가 반드시 중도적인 성향의 정당일수록 더 선호할 것이라고 볼 수 없다.

② 적절하다. 2문단에 따르면, 다운즈의 중위투표자론은 이념적 분포는 주어져 있지만 개별 유권자의 지지는 탄력적일 수 있다고 본다. 그리고 마지막 문단에 따르면, 정서적 양극화는 이념과 정책선호의 차이가 아니라 당파적 정체성으로 인해 발생한다. 즉 유권자 간 정서적 양극화는 이념적 분포의 변화 없이도 발생할 수 있으므로, 유권자 간의 정서적 양극화가 중위투표자론에 배치된다고 여기지는 않을 것이다.

③ 적절하지 않다. 2문단에 따르면, 피오리나는 선거 경쟁을 정치의 본질로 규정하는 다운즈의 중위투표자론을 바탕으로 정당 간 이념 대립이 현실에서 유리되어 있음을 비판한다. 즉 정당 간 이념 대립은 선거를 중심으로 하는 현실 정치와 관계가 없다는 것이다. 그런데 4문단에 따르면, 샤츠슈나이더의 갈등의 정치는 정당 간 이념 대립은 양당이 선거 승리를 위해 구사해 온 선거 전략의 결과라고 설명한다. 따라서 샤츠슈나이더는 선거가 정당 간 이념 대립에 영향을 준다고 볼 것이며, 피오리나는 그렇지 않을 것이다.

④ 적절하지 않다. 3문단에 따르면, 해커와 피어슨은 양당 간 이념 차이의 원인을 기업이 조직화된 이익으로서 특히 공화당에 영향력을 행사하였기 때문이라고 주장할 뿐, 이것이 유권자 간 이념 대립과 어떤 관련이 있는지에 대해서는 의견을 밝히지 않았다. 따라서 제시문의 내용으로는 해커와 피어슨이 유권자 간 이념 대립의 원인을 무엇이라고 보았는지 확인할 수 없다.

⑤ 적절하지 않다. 4문단에 따르면, 갈등의 정치에서는 정당이 갈등을 이용하여 정치 교체를 일으키고자 편을 가르고 지지 세력을 결집하는 과정에서 양당 간 견해차가 선명해진 것이라고 설명한다. 즉 샤츠슈나이더가 정치의 본질로 여기는 갈등으로부터 정당 간 이념 대립이 심화되었다고 보는 것이다. 그리고 3문단에 따르면, 해커와 피어슨은 '조직화된 이익'이 영향력을 행사하는 과정이 정치의 핵심이며 정당 간 이념 대립을 조직화된 이익의 영향력 행사로부터 기인한 것으로 본다. 따라서 해커와 피어슨 역시 정당 간 이념 대립을 정치권력을 잡기 위한 본질적인 행위의 결과로 파악할 것이다.

12. 정답 ①
[내용 영역] 사회 [문항 유형] 정보의 평가와 적용

① 적절하지 않다. 마지막 문단에 따르면, 유권자 간 양극화가 정서적 양극화로부터 추동된다는 것은 당파적 정체성이 지지 정당에 대한 애착과 상대 정당에 대한 반감으로 표출된다는 것을 뜻한다. <보기>에 따르면, 민주당은 지역주의에서 소외되었던 도시 비백인 거주자의 지지에 힘입어 지역주의 구도를 뉴딜 체제로 완전히 변화시켰다. 이때 민주당이 노동, 기업 규제, 사회복지 정책 등을 진보적으로 크게 변화시킨 것은 맞지만, 정서적 양극화를 옹호하는 입장에서 민주당 지지자들의 지지는 민주당에 대한 당파적 정체성이 형성된 결과일 수도 있다. 따라서 민주당의 정책적 시도가 반드시 실패했어야 한다고 여기지는 않을 것이다.

② 적절하다. 3문단에 따르면, 정책 중심적 접근에서는 조직화된 이익의 움직임이 선거 구도와 정당 간 경쟁에 영향을 준다고 주장하면서 기업이 조직화된 이익으로서 공화당에 영향력을 행사하였음을 사례로 들고 있다. 이를 <보기>의 상황에 적용하면, 세금과 정부 규제 등에 대한 반대 운동은 민주당 중심의 진보적인 뉴딜 체제에 반대하는 움직임이 조직화된 것이라고 볼 수 있다. 따라서 향후 반대 진영인 공화당의 선거 전략에 영향을 주었을 것이다.

③ 적절하다. 3문단에 따르면, 정책 중심적 접근을 바탕으로 정치를 파악하는 해커와 피어슨에게 정책은 정치 투쟁의 궁극적 목표로 여겨진다. 그리고 4문단에 따르면, 갈등의 정치에서는 갈등을 규정함으로써 정치권력을 장악하는 것이 정치의 핵심으로 여겨진

다. 즉 정책 중심적 접근에서는 특정 정책이 정치 행위의 최종 목적인 반면, 갈등의 정치에서는 정당이 갈등을 규정함으로써 정치 권력을 장악하기 위해 이용하는 수단이다. 따라서 민주당의 진보적 정책 수립을 정책 중심적 접근에서는 국가 권력 변동의 목적으로, 갈등의 정치에서는 수단으로 여길 수 있다.

④ 적절하다. 마지막 문단에 따르면, 정서적 양극화는 기존의 다운즈식 양당 정치가 비백인과 소수 집단을 배제하였음을 고려할 때 긍정적으로 볼 여지가 있다. 그리고 <보기>에 따르면, 지역주의 체제에서 양당의 정책은 거의 차이가 없었으며, 뉴딜 체제로의 변화는 민주당의 진보적인 정책이 지역주의에서 소외된 도시 비백인 거주자의 지지를 얻은 결과였다. 즉 지역주의 구도에서 양당의 정책은 중도적인 성향을 띠면서 도시 비백인 거주자를 배제해왔으므로, 뉴딜 체제로의 변화는 다운즈의 중위투표자론에 따른 선거 전략이 갖는 한계를 극복한 결과라고 할 수 있다.

⑤ 적절하다. 4문단에 따르면, 갈등의 정치는 정당이 자신들이 원하는 특정 갈등을 규정함으로써 자신에게 유리한 이슈를 쟁점화한다고 본다. 그리고 <보기>에 따르면, 뉴딜 체제로의 변화는 민주당이 진보적인 정책을 통해 지역주의에서 소외된 계층의 지지를 얻은 결과이다. 즉 갈등의 정치에 따를 때, 소외된 구성원들의 누적된 불만을 민주당이 사회의 지배적 갈등으로 규정하였고, 이것이 지역주의에서 뉴딜 체제로의 변화를 불러왔다고 볼 수 있다.

13. 정답 ②
[내용 영역] 규범 [문항 유형] 정보의 확인과 재구성

① 일치하지 않는다. 2문단에 따르면, 국가 주도형 모델은 연구윤리 및 진실성 확보를 위한 국가적 차원의 법령을 제정하였다는 특징을 지닌다. 즉 자국 내에서 만든 법령에 따르는 것이지, 국가 간의 합의된 규정에 따른다고 볼 수 없다.

② 일치한다. 3문단에 따르면, 연구비 지원조직 주도형 모델에서는 중앙조직이 개별 연구수행기관을 지원하여 연구활동을 촉진하는 기능과 연구 부정행위를 감독하여 연구활동을 위축시킬 수 있는 기능을 동시에 수행하는 것이 과연 합리적인가 하는 문제가 발생한다. 이는 하나의 조직에 부여된 두 가지 기능 간의 부조화가 우려된다는 의미이다.

③ 일치하지 않는다. 4문단에 따르면, 개별 연구수행기관 자율형 모델의 경우 연구윤리 및 진실성 확보에 관한 국가적 차원의 법령이 없을 뿐 아니라 연구 부정행위를 감시하는 어떤 국가 중앙조직 및 정부차원의 조사기구도 없다. 하지만 해당 모델에서 연구 부정행위에 대해서 아무런 감독이 이루어지지 않는다고 볼 수는 없다. 4문단과 5문단에 따르면, 개별 연구수행기관이 자율적으로 연구윤리규정을 수립하여 감독하는 데 가이드라인으로 활용할 수 있도록 국가가 지침을 제공하고 있다는 점과, 연구윤리법제도가 '화재경보기'의 역할을 하도록 설계되었다는 것이 세 가지 유형의 공통점으로 제시된 것으로 보아, 개별 연구수행기관 자율형 모델에서도 자체적으로 연구 부정행위의 감독이 이루어지지 않는다고 단정하기는 어렵다.

④ 일치하지 않는다. 5문단에 따르면, 맥커빈스와 슈바르츠는 연구윤리법제도가 연구 부정행위가 자주 발생할 것이라는 전제하에 적극적으로 연구기관 및 연구자를 감시하는 순찰활동을 하는 것이 아니라, 문제가 발생할 시 연구자들에게 경종을 울리는 역할을 한다고 설명한다. 따라서 연구윤리법제도는 연구 부정행위의 발생이 빈번할 것이라 전제하고 적극적으로 연구활동을 감시하는 역할을 하는 것이 아니다.

⑤ 일치하지 않는다. 마지막 문단에 따르면, 글쓴이는 연구윤리의 개념을 명료하게 정립하고, 관련 당사자들이 상호 동의할 수 있는 절차를 수립하여 공정하고 일관성 있게 적용한다는 기본 원칙을 갖춘 전국가적 차원의 지침을 구축할 필요가 있다고 말한다. 하지만 국제연구진실성위원회가 이를 위해 설립되었는지는 제시문의 정보만으로는 알 수 없다. 1문단에 따르면, 2007년 OECD에서 이미 국제연구진실성위원회를 설립하였고, 그 이후 국제적 차원에서 연구윤리문제의 대책이 필요하다는 인식이 대두되었지만 연구윤리법제도에 있어 국가별로 상이한 양상을 보이고 있기 때문이다.

14. 정답 ⑤
[내용 영역] 규범 [문항 유형] 주제, 구조, 관점 파악

① 적절하다. 3문단에 따르면, 연구비 지원조직 주도형 모델(㉠)의 경우 연구비지원위원회나 연구재단과 같은 국가 중앙조직이 연구윤리에 관한 정책을 수행하고 연구 부정행위를 감독 및 조사한다. 반면 4문단에 따르면, 개별 연구수행기관 자율형 모델(㉡)의 경우 연구부정행위를 감시하는 어떤 국가 중앙조직 및 정부차원의 조사기구도 없다. 즉 ㉠과 달리 ㉡에는 연구 부정행위를 감독하는 국가 중앙조직이 존재하지 않는다.

② 적절하다. 3문단에 따르면, 연구비 지원조직 주도형 모델(㉠)에서는 중앙의 지원조직에서 연구윤리에 관한 지침과 가이드라인을 개발하면 국가연구사업에 참여한 연구수행기관에서는 이를 기초로 의무적으로 자체 연구윤리규정을 만든다. 그리고 이 규정을 다른 연구수행기관들에서도 표준으로 삼는다. 반면 4문단에 따르면, 개별 연구수행기관 자율형 모델(㉡)에서는 가이드라인에 따라 개별 연구수행기관이 자율적으로 연구윤리규정을 수립한다. 따라서 ㉠에 비해 ㉡에서는 연구수행기관이 연구윤리규정을 수립하는 데 있어 더 자율적이라고 할 수 있다.

③ 적절하다. 3문단에 따르면, 연구비 지원조직 주도형 모델(㉠)에는 연구윤리 및 연구진실성에 관한 국가적 차원의 법령이 없다. 그리고 4문단에 따르면, 개별 연구수행기관 자율형 모델(㉡) 역시 연구윤리 및 진실성 확보에 관한 국가적 차원의 법령이 없다. 즉 ㉠과 ㉡은 모두 연구윤리 및 연구진실성에 관한 국가적 차원의 법령이 없다는 공통점을 지닌다.

④ 적절하다. 5문단에 따르면, 세 가지 유형의 모델은 각각의 차이점에도 불구하고 연구윤리법제도가 '화재경보기'의 역할을 하도록 설계되었다는 공통점을 보인다. 즉 문제가 발생할 시 다른 연구

자들에게 경종을 울리는 역할을 한다는 것이다. 따라서 연구비 지원조직 주도형 모델(㉠)과 개별 연구수행기관 자율형 모델(㉡)의 연구윤리법제도는 연구 부정행위에 대한 연구자들의 경각심을 높이는 역할을 할 것이다.

⑤ 적절하지 않다. 3문단에 따르면, 연구비 지원조직 주도형 모델(㉠)의 경우 중앙의 지원조직에서 연구윤리에 관한 지침과 가이드라인을 개발하면 국가연구사업에 참여한 연구수행기관에서는 이를 기초로 의무적으로 자체 연구윤리규정을 만든다. 그리고 이렇게 만들어진 규정은 대개 그 사업에 참여하지 않는 일반 연구수행기관에서도 준용되어 준국가표준의 역할을 한다. 즉 여러 연구수행기관에서 표준으로 삼는 연구윤리규정은 연구비 지원조직이 만든 것이 아니라 국가연구사업에 참여했던 연구수행기관이 만든 것이다.

15. 정답 ②
내용 영역 규범 문항 유형 정보의 평가와 적용

ㄱ. 적절하지 않다. A국에 국가적 차원에서 마련한 연구윤리법규정이 있다면, A국은 국가 주도형 모델에 해당한다. 2문단에 따르면, 국가 주도형 모델의 경우 보통 개별 연구수행기관에서 1단계 조사를 진행하지만, 개별 연구수행기관의 요청이 있거나 국가가 중요한 사안으로 판단한 경우에는 연구 부정행위 조사권을 부여받은 중앙의 연구진실성 조직에서 2단계 조사를 진행한다. 그런데 〈보기〉에서 문제가 된 사안은 최근 국가중점사업으로서 국민의 관심이 집중되었던 중요한 연구이다. 따라서 B연구수행기관의 요청이 없더라도 중앙조직이 연구 부정행위에 대한 조사를 진행할 수 있을 것이다.

ㄴ. 적절하지 않다. 3문단과 4문단에 따르면, 국가적 차원에서 마련한 연구윤리법규정이 없다는 것은 연구비 지원조직 주도형 모델과 개별 연구수행기관 자율형 모델이 공통적으로 지니는 특징이다. 하지만 B연구수행기관의 연구활동을 연구비 지원조직이 감독하게 되는 것은 연구비 지원조직 주도형 모델에만 해당한다. 연구비 지원조직 주도형 모델에서는 단일 공적 조직이 연구수행기관을 지원하면서 연구 부정행위를 감독하는 역할을 하지만, 개별 연구수행기관 자율형 모델의 경우 예산에 관여하고 연구 부정행위를 감시하는 국가 중앙조직이 없기 때문이다. 따라서 A국에 국가적 차원에서 마련한 연구윤리법규정이 없다고 하여 연구비 지원조직이 B연구수행기관의 연구활동을 감독하게 될 것이라 할 수는 없다.

ㄷ. 적절하다. A국에 정부 차원의 연구 부정행위 조사기구가 설치되어 있지 않다면, A국은 개별 연구수행기관 자율형 모델에 해당한다. 4문단에 따르면, 이 모델의 경우 법적 구속력이 없는 가이드라인의 제시로 인해 구체적인 사안에 대한 국가적 차원의 통일적 규율이 어렵다는 문제점을 지니고 있다. 각 연구수행기관이 자율적으로 연구윤리규정을 수립하기 때문에, 설사 같은 종류의 연구 부정행위를 하였더라도 각 행위에 적용되는 규정이 서로 다를 수 있어 국가는 통일된 제재를 가하지 못한다는 것이다. 따라서 A국에 정부 차원의 연구 부정행위 조사기구가 설치되어 있지 않을 경우, 의혹이 사실로 밝혀져도 국가가 B연구수행기관과 C연구수행기관 모두에게 동일한 제재를 가하기 어려울 수 있을 것이다.

16. 정답 ②
내용 영역 사회 문항 유형 주제, 구조, 관점 파악

① 적절하다. 2문단에 따르면, 스틸(㉠)은 '빵집 운영이 계속 적자이기에 운영을 그만두어야 한다'는 것은 특별한 오류가 없는 합리적 추론이라고 보았다. 따라서 스틸(㉠)은 지출보다 운영의 이익이 적다면 운영을 중단한다는 판단이 합리적이라고 볼 것이다.

② 적절하지 않다. 2문단에 따르면, 스틸(㉠)은 빵 만드는 기계에 대한 할부금은 노력으로 줄일 수 있는 비용이 아니라고 보았다. 그리고 빵집의 적자 여부를 판단할 때에는 노력 여하에 따라서 변할 수 있는 수익과 비용만을 계산하는 것이 경제적으로 합리적이라고 생각했다. 즉 스틸(㉠)은 지출이 수입을 초과하면 운영을 중단한다는 것은 합리적이지만, 변할 수 없는 비용을 적자 계산에서 고려하는 것은 합리적이지 않다고 보았던 것이다. 따라서 스틸(㉠)은 노력에 따라 변할 수 없는 비용은 계산에서 제외했으므로, 변할 수 있는 비용과 변할 수 없는 비용의 합이 노력에 따라 변할 수 있는 수입을 초과하면 그 행위를 중단한다는 판단이 합리적이라고 본 것은 아니다.

③ 적절하다. 4문단에 따르면, 켈리(㉡)는 테러 집단의 예를 들어, 국가가 과거에 지불한 비용에 집착하는 방식으로 의사 결정을 하고 이런 사실이 테러 집단에 잘 알려져 있다면, 계획한 공격을 실행에 옮기지 않는 것이 현명한 일이 될 것이고, 그 결과 이 국가는 테러 공격을 피한다는 이익을 누리게 된다면서 매몰비용을 고려하는 성향이 이익을 낳을 수 있다고 보았다. 즉 켈리(㉡)는 국가가 테러 집단과 같은 상호작용하는 다른 주체의 존재를 전제로 하여 매몰비용을 고려하는 성향이 이익을 낳을 수 있고, 즉 합리적인 선택으로 이어질 수 있다고 본 것이다.

④ 적절하다. 3문단에 따르면, 스틸(㉠)은 매몰비용을 현재와 미래에 영향을 미칠 결정을 하는 데 포함시키는 것에 비판적 입장을 보였다. 그리고 4문단에 따르면, 켈리(㉡)는 현재와 미래의 비용뿐만 아니라 매몰비용을 고려하는 것이 합리적일 수 있다는 점에서 스틸(㉠)의 주장에 반박했다. 즉 켈리(㉡)는 현재와 미래의 비용을 고려해야 한다는 점을 인정한 것이다. 따라서 켈리(㉡)는 스틸(㉠)과 같이 합리적 선택에서 현재와 미래의 비용을 고려하는 것이 필요하다고 볼 것이다.

⑤ 적절하다. 4문단에 따르면, 켈리(㉡)는 매몰비용의 합리성을 인정했기에 매몰비용을 고려하는 것이 이익을 가져다줄 수 있다고 인정했다. 이에 대해 스틸(㉠)은 잘못된 선택이 요행히 바람직한 결과를 가지고 왔다고 해서 그것이 합리적인 선택이 되는 것은 아니라고 반박했다. 즉, 스틸(㉠)은 매몰비용을 고려한 선택이

이익을 가져다주는 경우가 있음을 인정하지만, 이익을 가져다줄 수 있는 것만으로는 합리적 선택이 되기에 충분하지 않다고 주장했다는 점에서 켈리(ⓒ)와 차이가 있다. 따라서 스틸(㉠)과 켈리(ⓒ) 모두 매몰비용에 관한 지식을 갖고 행동하는 것이 이익을 가져오는 경우가 있다고 본다고 할 수 있다.

17. 정답 ③

[내용 영역] 사회 [문항 유형] 정보의 확인과 재구성

ㄱ. 부합한다. 2문단과 3문단에 따르면, 스틸은 빵집 사례와 베트남 전쟁 사례를 들어 "빵집 운영이 계속 적자이다."라는 전제에 오류가 있는 유형과, "이미 지불한 비용을 회수한다."는 목적이 "전쟁을 지속한다."는 판단의 정당한 이유가 될 수 없다는 오류가 있는 유형으로 나눈 것이다. 두 번째 유형의 경우 스틸은 "특정 행동에 비용이 지출되었다."는 점과 "특정 행동을 중단하면 이미 지불한 비용을 헛되이 사용한 셈이 되지만, 그 행위를 계속하면 그 비용은 헛되이 사용되지 않을 수 있다."는 점으로부터 "그 행위를 계속하는 것이 낫다."는 판단을 하는 것은 합리적이지 않다고 보았다. 즉 스틸은 베트남 전쟁 사례에서 전쟁 행위 지속과 비용의 관계에 대한 결론을 도출하는 과정에 오류가 있다고 지적한 것이다. 따라서 스틸의 관점에 따르면, 매몰비용 오류의 유형은 전제에 오류가 있는 경우와 전제로부터 결론을 도출하는 과정에 오류가 있는 경우로 나누어진다고 볼 수 있다.

ㄴ. 부합하지 않는다. 2문단에 따르면, 스틸은 빵집 사례에서 수입과 지출을 계산하는 과정에 오류가 있다고 지적하면서 빵집 운영의 적자 여부를 판단할 때에는 노력 여하에 따라서 변할 수 있는 수입과 지출만을 계산하는 것이 경제적으로 합리적이라고 주장했다. 즉 노력으로 변할 수 없는 비용을 노력으로 변할 수 있는 비용과 동일하게 취급하여 같은 성격의 비용으로 간주한 것이 오류라는 것이다. 따라서 스틸의 관점에 따르면, 빵집 사례에서 A는 노력을 통해서 변할 수 있는 비용을 노력한다고 해서 변할 수 없는 비용으로 간주한 오류를 저지른 것이 아니라, 노력한다고 해서 변할 수 없는 비용을 노력을 통해서 변할 수 있는 비용으로 간주한 오류를 저지른 것이라고 볼 수 있다.

ㄷ. 부합한다. 3문단에 따르면, 스틸은 "특정 행동에 비용이 지출되었다."는 점과 "특정 행동을 중단하면 이미 지불한 비용을 헛되이 사용한 셈이 되지만, 그 행위를 계속하면 그 비용은 헛되이 사용되지 않을 수 있다."는 점을 인정하지만, 이로부터 "그 행위를 계속하는 것이 낫다."고 판단하는 것은 합리적이지 않다고 보았다. 즉 스틸은 이미 지불한 비용을 회수한다는 목적은 특정 행동을 지속하는 정당한 이유가 될 수 없다고 보았던 것이다. 따라서 스틸의 관점에 따르면, 베트남 전쟁 사례에서 전쟁을 하면서 지불한 비용을 건지기 위한 목적은 전쟁을 계속해야 하는 정당한 이유가 될 수 없다고 볼 수 있다.

18. 정답 ①

[내용 영역] 사회 [문항 유형] 정보의 평가와 적용

① 적절하지 않다. 4문단에 따르면, 켈리는 매몰비용을 고려하는 것이 합리적인 경우가 있음을 인정한다. 프로젝트에 투입된 상당한 비용과 시간, 즉 매몰비용을 고려한다는 이유만으로 중단할 수 없다는 결정이 합리적인지 여부에 대해 켈리는 합리적인 경우가 있기에 합리성이 결여되었다고 단정하지 않을 것이다. 따라서 켈리는 "A 프로젝트에 상당한 비용과 시간이 투입되어 진척되었기에 중단할 수 없다."는 논리는 합리성이 결여되었다고 판단하지 않을 것이다.

② 적절하다. 4문단에 따르면, 켈리는 행위자가 과거 비용에 관해서 모르고 행동한다면 행위자는 이로부터 불이익을 겪는 경우가 있을 때 불이익을 피하려는 것이 합리적이므로, 과거 비용에 관한 지식을 갖고 행동하는 것이 합리적인 경우가 있다고 주장했다. 이를 볼 때, 켈리는 매몰비용을 고려하는 것이 합리적임에도 이를 무시하거나 알지 못하는 경우 비합리적인 결정을 낳을 수 있다고 평가할 것이다. 따라서 켈리는 B가 시험에 투자한 시간과 노력을 고려하지 않고 결정하는 경우 조금 더 노력하면 합격할 가능성을 두고 시험 준비를 포기하는 비합리적인 결정을 할 수 있다고 판단할 것이다.

③ 적절하다. 2문단과 3문단에 따르면, A의 사례는 '베트남 전쟁 사례에서의 오류'와 같다. 스틸은 해당 사례를 전제로부터 결론이 합리적으로 도출되지 않는 오류 유형으로 구분하므로, A의 사례 또한 전제가 거짓이 아니라 그 전제와 결론의 논리적 연관이 부족한 경우로 판단할 것이다.

④ 적절하다. 3문단에 따르면, A의 사례에서 프로젝트에 투입된 비용은 베트남 전쟁에 투입된 비용과 같이 '노력 여하에 따라 변할 수 없는 비용'에 해당할 것이다. 2문단에 따르면, 스틸은 과거에 지불된 비용을 고려하는 것만으로는 오류가 될 수 없지만, 이미 소모한 프로젝트 비용은 베트남 전쟁에 투입된 비용, 빵 기계의 할부금과 같이 '노력 여하에 따라 변할 수 없는 비용'에 해당하므로 이를 손실계산에 첨가하여 고려하는 것은 합리적인 행동이 아니라고 판단할 것이다.

⑤ 적절하다. 3문단에 따르면, 스틸은 "특정 행동에 비용이 지출되었다."는 점과 "특정 행동을 중단하면 이미 지불한 비용을 헛되이 사용한 셈이 되지만, 그 행위를 계속하면 그 비용은 헛되이 사용되지 않을 수 있다."는 점을 인정하지만, 이로부터 "그 행위를 계속하는 것이 낫다."고 판단하는 것은 합리적이지 않다고 보았다. 따라서 스틸은 수험생인 B가 투입한 비용과 시간을 회수하는 것이 행동을 유지하는 것에 대한 합리적 선택의 근거가 될 수 없다고 판단할 것이다.

19. 정답 ②

내용 영역: 규범 | 문항 유형: 정보의 확인과 재구성

① 적절하다. 1문단에 따르면, 위법성은 법질서에 대한 위반 여부를 가리키며, "상해보다 살인이 더 위법하다."라는 표현은 성립할 수 없다. 즉 실체로서의 반가치에 대하여 그것이 '위법하다' 또는 '위법하지 않다'는 평가만을 할 수 있을 뿐이다. 따라서 "과실범죄는 고의범죄보다 덜 위법하다."라는 진술 또한 성립하지 않는다.

② 적절하지 않다. 3문단에 따르면, 결과반가치론은 피해자의 구체적인 이윤을 침해하는 경우, 다시 말해 결과의 발생만으로 불법을 인정한다. 반면에 4문단에 따르면, 벨첼의 인적 불법론은 법익 침해가 경우에 따라 불법 결정에 관여할 수 있지만, 그보다 행위자의 목적, 주어진 의무와 같은 요소가 불법을 결정하는 데 더 중요하게 작용한다고 본다. 그렇다면 벨첼의 이론에서 불법으로 판단된 행위에 구체적 이익 침해 사실이 포함될 경우 결과반가치론에서 불법으로 판단될 수 있을 것이다.

③ 적절하다. 3문단에 따르면, 결과반가치론은 주관적인 의도 자체가 법질서를 침해하지는 않는다고 본다. 그리고 4문단에 따르면, 행위반가치는 행위자의 내부적 태도가 규범에 반하는 것을 뜻하며, 행위자의 내부적 태도에는 행위자의 의도가 포함된다. 따라서 행위반가치가 불법의 본질이라는 입장에 따르면 범죄 의도에 따라 불법 여부를 판단할 수 있을 것이다.

④ 적절하다. 마지막 문단에 따르면, 제시문의 글쓴이는 결과반가치와 행위반가치를 같은 서열에서 병존하는 불가결한 요소로 보는 것이 타당하다는 이원적인 견해를 제시한다. 이는 해당 관점이 결과와 행위를 모두 평가 대상으로 여긴다는 것을 의미한다. 2문단에 따르면, 법 기능의 본질을 판단하는 기준 중 평가규범으로서의 형벌은 상황 또는 결과를, 의사결정규범으로서의 형법은 행위자의 행위를 평가 대상으로 여긴다. 따라서 불법 여부를 평가할 때 결과와 행위를 모두 고려해야 한다고 보는 견해는 법 기능의 본질 역시 평가규범 또는 의사결정규범이라는 일원적 관점에서 바라볼 수 없다고 생각할 것이다.

⑤ 적절하다. 4문단에 따르면, 일원적 불법론은 규범의 본질을 인간에 대한 구속으로 보면서 법익 침해를 지향하는 인간의 행위가 규제 대상이 되어야 한다고 본다. 그리고 2문단에 따르면, 의사결정규범으로서의 형법은 행위자의 행위를 평가 대상으로 상정하면서 형법의 내용에 부합하는 의사결정을 하도록 영향력을 행사하는 것을 목표로 한다. 이를 정리하면, 일원적 불법론은 법이 인간의 행위를 규제한다고 본다는 점에서 법 기능의 본질을 의사결정규범으로 판단하는 견해와 공통점을 갖는다.

20. 정답 ①

내용 영역: 규범 | 문항 유형: 정보의 추론과 해석

마지막 문단에 따르면, 글쓴이는 결과반가치와 행위반가치를 동일한 지위를 가지고 병존하는 불가결한 요소로 보는 것이 타당하다는 견해를 제시하면서 일원적 불법론을 비판한다. 일원적 불법론은 결과를 객관적 처벌조건으로 여김으로써 어떻게 처벌할 것인가에 영향을 미치지 못하는 요소로 보기 때문에, 행위의 주관성만을 강조하여 불법에 대한 예측가능성을 침해하고 법관의 자의적인 형벌권 행사를 억제할 구실을 사라지게 만들었다. 즉 글쓴이는 행위자의 태도를 불법의 핵심이자 규제 대상으로 삼는 태도를 형법의 윤리화라고 보며, 이를 비판하고 있다.

① 적절하다. 마지막 문단에 따르면, 결과반가치의 배제가 행위의 주관성만을 강조하며, 형법의 윤리화와 법익 보호 원칙의 파괴를 낳을 우려가 있다고 보는 것은 곧 주관적인 요소만으로 불법을 판단하는 것이 옳지 않다는 것을 의미한다. 따라서 주관적인 요소에 대한 판단만으로 불법 여부를 결정해서는 안 된다는 것은 형법의 윤리화에 대한 글쓴이의 견해에 부합한다.

② 적절하지 않다. 마지막 문단에 따르면, 일원적 불법론에서는 의도가 같다면 범죄의 실행을 완료한 기수와 범죄를 실행하려다가 그 목적을 이루지 못한 미수를 동일하게 처벌해야 한다. 형법의 윤리화는 이러한 입장에 따라 행위자의 태도를 불법의 핵심이자 규제 대상으로 삼는 태도를 말한다. 따라서 행위반가치가 같을 때 결과에 따른 처벌의 가중 및 감경을 가능하게 한다는 내용은 형법의 윤리화와는 관련이 없다.

③ 적절하지 않다. 2문단에 따르면, 사회 윤리적 행위 가치가 법에 우선한다는 태도는 법·윤리 일원주의의 견해로, 이는 결과반가치와 행위반가치가 동일한 지위를 가지고 병존한다고 보는 글쓴이의 견해와 부합하지 않는다.

④ 적절하지 않다. 마지막 문단에 따르면, 글쓴이는 형법의 윤리화로 인해 법의 목적 중 사회 윤리적 행위 가치를 보호하는 측면이 지나치게 강조되고 법익 보호 기능이 제대로 수행되지 못하는 것을 경계한다. 하지만 글쓴이가 형법의 윤리화를 '윤리 또한 법이 보호하는 가치를 보호할 수 있다는 주장'과 동일하다고 여기는 것은 아니다.

⑤ 적절하지 않다. 마지막 문단에 따르면, 형법의 윤리화는 행위자의 태도를 불법의 핵심이자 규제 대상으로 삼는 태도를 말한다. 따라서 어떤 의도가 결과로 나타났음에도 처벌하지 않는 상황은 형법의 윤리화와는 관련이 없다.

21. 정답 ⑤

내용 영역 규범 문항 유형 정보의 평가와 적용

ㄱ. 적절하지 않다. 4문단에 따르면, 인적 불법론은 법익 침해가 경우에 따라 불법 결정에 관여할 수 있지만, 그보다 행위자의 목적, 주어진 의무와 같은 요소가 불법을 결정하는 데 더 중요하게 작용한다고 본다. 따라서 식당 종업원이 뜨거운 찌개를 옮기다가 실수로 쏟아 피해자가 화상을 입은 경우, 의도적으로 찌개를 쏟아 화상을 입힌 경우와 다른 처벌이 부과될 수 있다.

ㄴ. 적절하다. 3문단에 따르면, 어떠한 의사에 의한 것인지를 불문하고 피해자의 구체적인 이익을 침해하는 경우에 불법이 인정된다는 것이 결과반가치론의 입장이다. 그렇다면 실수로 인해 환자가 쇼크사했을지라도 같은 이익의 침해라는 점에서 환자를 살해할 목적을 가지고 주사하여 환자가 사망한 경우와 동일한 처벌이 부과될 것이다.

ㄷ. 적절하다. 4문단에 따르면, 일원적 불법론은 법익 침해가 아니라 법익 침해를 지향하는 인간의 행위를 규제 대상으로 여긴다. 즉 강간 목적으로 피해자의 집에 침입하여 피해자의 신체를 만진 행위가 평가 대상이므로, 침입자의 신체 접촉은 결과 발생과 관계없이 불법에 해당하는 행위로 볼 수 있을 것이다.

ㄹ. 적절하다. 3문단에 따르면, 결과반가치론은 어떠한 의사에 의한 것인지를 불문하고 피해자의 구체적인 이익을 침해하는 경우 이를 불법으로 인정한다. 다시 말해 결과반가치론의 입장에서 불법 행위, 즉 절도를 저질렀다고 판단하려면 실제로 물건이 사라짐으로써 물건 주인의 이익 침해가 발생해야 한다. 경비원은 자동차 내부의 물건을 가져가지는 못했으므로, 그가 자동차 내부를 손전등으로 비추어 본 행위는 절도에 해당한다고 볼 수 없을 것이다.

22. 정답 ①

내용 영역 인문 문항 유형 정보의 확인과 재구성

① 일치한다. 1문단에 따르면, 개체화의 원리란 현상 세계가 시간과 공간, 그리고 인과 법칙의 지배를 받는다는 것을 뜻한다. 그런데 2문단에 따르면, 이념은 개체와 달리 시간, 공간 및 인과율의 지배를 받지 않는 불변의 형식을 지닌다. 따라서 이념은 개체화의 원리의 지배로부터 벗어나 있다.

② 일치하지 않는다. 2문단에 따르면, 의지가 가장 적합한 방식으로 객관화된 것이 '이념'이며, 예술이 공통적으로 가진 참되고 유일한 근원은 이념이다. 그리고 예술가가 이념을 직관하는 행위, 즉 '미적 직관'을 발휘하면 직관된 이념은 예술 작품 속에 보존된다. 인간은 예술을 접하여 저장된 이념을 전달받아 미적 직관을 수행하고, 의지를 진정시킬 수 있다. 3문단에 따르면, 각 예술 형식에 반영된 미적 직관의 수준은 의지의 객관화 단계에 상응하므로, 조형예술 역시 낮은 단계이지만 의지의 객관화가 이루어졌고, 해당하는 수준의 미적 직관이 이루어진다고 볼 수 있다. 이를 정리하면, 조형예술의 감상을 통해 이념을 직관하면서 의지를 진정시킬 수 있다.

③ 일치하지 않는다. 3문단에 따르면, 비극은 의지를 어떻게 진정시킬 것인가에 대한 지혜를 주며, 그에 따른 결단이 '체념'임을 알려준다. 그리고 4문단과 마지막 문단에 따르면, 쇼펜하우어는 음악은 의지와 직접적으로 관계하며, 인간이 고통으로부터 영원히 벗어날 수 없기 때문에 모든 예술 형식은 삶의 체념을 권유하는 수단이라고 보았다. 이를 종합하면, 비극뿐만 아니라 음악도 체념이 의지를 진정시킬 수 있는 방법임을 감상자에게 깨닫게 할 수 있다.

④ 일치하지 않는다. 4문단에 따르면, 쇼펜하우어는 음악이 의지와 직접적으로 관계한다고 하였으므로 언어적 요소가 결합된 음악으로 세계의 본질, 즉 의지를 표현할 수 있다고 보았을 것이다. 그리고 헤겔은 음악을 가장 낮은 수준의 예술 형식으로 간주하였을 뿐, 언어적 요소가 결합된 음악이 세계의 본질, 즉 의지를 표현할 수 있다고 보았는지는 제시문의 정보만으로는 알 수 없다.

⑤ 일치하지 않는다. 4문단에 따르면, 음악은 이념의 재현이 아니라 의지와 직접적으로 관계하며, 선율을 통해 충동과 욕망, 격정 등을 의지의 일시적 변형으로서 직접적으로 경험하게 한다. 오페라의 성악곡은 표제음악, 기악 합주곡은 절대음악으로 분류할 수 있고, 쇼펜하우어가 극적 성격을 가진 표제음악보다 절대음악을 지향하는 기악곡을 높이 평가하였음은 알 수 있다. 하지만 현상 너머의 본질, 즉 의지가 선율을 통해 변형되는 것은 음악의 공통적인 특징이므로 성악곡과 기악 합주곡이 의지의 변형 여부에서 차이를 보인다고 설명할 수는 없다.

23. 정답 ②

내용 영역 인문 문항 유형 정보의 추론과 해석

① 적절하지 않다. 1문단에 따르면, 의지는 최종 목적 없이 자신의 보존을 위해 끊임없이 운동하는 맹목적이고 무의식적인 속성을 갖는다. 그리고 2문단에 따르면, 미적 직관을 통해 인간은 자신의 의지를 진정시킬 수 있다. 이를 종합하면, 미적 직관은 의지를 극복하여 얻는 결과가 아니라, 무의식과 관계된 의지를 극복하기 위한 수단에 해당한다.

② 적절하다. 1문단과 2문단에 따르면, 미적 직관은 의지를 진정시켜 의지로 인해 현상 세계에서 발생하는 고통에서 인간이 잠시나마 자유로울 수 있도록 해주는 것이다. 그리고 4문단에 따르면, 비음악적 예술들은 미적 직관을 통해 이념을 표상 형태로 재현하고 의지를 진정시키는 것을 목표로 하지만, 예술이 발휘하는 고통의 진정 작용은 일시적이라는 한계를 가진다. 이를 종합하면, 의지를 진정시키는 작용 또한 일시적으로 발생하며, 미적 직관이 비음악적 예술에서 의지를 일시적으로 진정시키는 데 기여함을 알 수 있다.

③ 적절하지 않다. 2문단에 따르면, 미적 직관은 의지를 진정시켜 의지로 인해 현상 세계에서 발생하는 고통에서 인간이 잠시나마

자유로울 수 있도록 해주는 것이다. 따라서 인간의 욕망이 현상 세계에서 벗어날 수 있도록 한다는 것은 미적 직관에 대한 이해로 볼 수 없다.

④ 적절하지 않다. 4문단에 따르면, 비음악적 예술들은 미적 직관을 통해 이념을 표상 형태로 재현하고 의지를 진정시키는 것을 목표로 하지만, 음악은 의지 자체를 이념의 매개 없이 직접적으로 모사한다. 그리고 2문단에 따르면, 미적 직관은 이념을 직관하는 행위를 의미하므로, 음악이 의지의 본질을 형상화하는 데 미적 직관이 기여한다고는 볼 수 없다.

⑤ 적절하지 않다. 2문단에 따르면, 예술이 공통적으로 가진 참되고 유일한 근원은 이념이며, 예술가가 미적 직관을 발휘하면 직관된 이념은 예술 작품 속에 보존된다. 그리고 3문단에 따르면, 각 예술 형식에 반영된 미적 직관의 수준은 의지의 객관화 단계에 상응한다. 이에 따르면 의지의 객관화 단계에 따라 미적 직관의 수준이 변한다는 점은 알 수 있지만, 이러한 정보만으로 이념이 작품 속에 보존되는지 여부가 달라진다고 보기는 어렵다.

24. 정답 ②
내용 영역 인문 문항 유형 정보의 평가와 적용

ㄱ. 적절하지 않다. <보기>는 예술을 추상적 관념과 연관지어 정의하는 것에 동의하지 않고, 예술이 삶을 설명하는 수단이 아니라고 본다. 따라서 각각의 예술 형식을 일정한 단계에 따라 객관화된 의지로 해석함으로써 그 의의를 파악하고 있다는 것은 <보기>에 대한 쇼펜하우어의 반응으로 적절하지 않다.

ㄴ. 적절하다. <보기>는 예술을 추상적 관념과 연관지어 정의하는 것에 동의하지 않으며, 예술에 형이상학적 개념이 반영되어 있지 않다고 본다. 그런데 쇼펜하우어는 음악을 통해 인간이 개별자로서 갖는 욕구와 고통을 잠시나마 잠재울 수 있다고 보았다. 그리고 음악 및 기타 예술은 쇼펜하우어에 의해 형이상학적 성질을 가진 활동으로 간주되었다. 따라서 쇼펜하우어는 예술 작품과 형이상학적 개념들의 관계를 부정한다면 인간이 개별자로서 갖는 욕구와 고통을 잠재우는 예술의 효과를 설명할 수 없다는 점을 들어 <보기>를 비판할 수 있을 것이다.

ㄷ. 적절하지 않다. <보기>는 예술이 삶을 설명하는 수단이 아니라 그 자체로 삶이 된다고 주장한다. 쇼펜하우어는 의지가 객관화된 결과인 이념을 직관하는 행위가 미적 직관이므로 예술 작품이 삶을 설명하는 수단이라고 말할 수 있을 것이다. 하지만 그는 작품 속에 보존된 이념이 감상자들에게 전달됨으로써 예술가가 직관한 이념이 동일하게 향유될 수 있다고 보고 있다. 따라서 창작자와 감상자가 예술가의 미적 직관을 동일한 수준으로 향유할 수 없다는 것은 <보기>에 대한 쇼펜하우어의 반응으로 적절하지 않다.

25. 정답 ②
내용 영역 과학기술 문항 유형 정보의 확인과 재구성

① 적절하다. 4문단에 따르면, RAID 2는 RAID 4가 발명된 이후 거의 사용되지 않는 추세이다. 따라서 최근에는 RAID 2보다 RAID 4가 더 많이 사용된다.

② 적절하지 않다. 4문단에 따르면, RAID 3은 쓰기 성능은 나쁘지만, 읽기 성능은 우수하다. 한편, 2문단에 따르면 RAID 0은 안전성이 보장되지 않지만 가장 빠른 입출력 속도를 보인다. 따라서 많은 데이터를 신속히 기록해야 하는 경우 쓰기 성능이 나쁜 RAID 3보다는 입출력 속도가 모두 우수한 RAID 0을 사용해야 할 것이다.

③ 적절하다. 3문단과 4문단에 따르면, RAID 1에는 2개 이상의 짝수 개의 디스크가 필요하며, RAID 3에는 최소 3개의 디스크가 필요하다. 따라서 RAID 1에 필요한 최소 디스크의 수는 RAID 3에 필요한 최소 디스크의 수보다 적다.

④ 적절하다. 3문단에 따르면, RAID 1의 최대 용량은 디스크의 수와 각 디스크의 용량을 곱한 값의 절반에 해당한다. 그리고 4문단에 따르면, RAID 3의 최대 용량은 디스크의 총 개수에서 패리티 디스크의 개수에 해당하는 1을 뺀 값에 각 디스크의 용량을 곱한 값이다. 6개의 디스크로 구성된 RAID 1의 최대 용량은 $6개 \times (용량) \times \frac{1}{2} = 3개$ 용량에 해당하며, RAID 3의 최대 용량은 $(6-1)개 \times (용량) = 5개$ 용량에 해당한다. 따라서 6개의 디스크로 이루어진 RAID 3의 최대 용량은 같은 개수의 디스크로 이루어진 RAID 1의 최대 용량보다 크다.

⑤ 적절하다. 2문단에 따르면 RAID 0의 최대 용량은 디스크의 수와 각 디스크의 용량을 곱한 값이고, 3문단에 따르면 RAID 1의 최대 용량은 디스크의 수와 각 디스크의 용량을 곱한 값의 절반에 해당한다. 따라서 6개의 디스크로 이루어진 RAID 0의 최대 용량은 $6개 \times (용량) = 6개$ 용량으로, 같은 개수의 디스크로 이루어진 RAID 1의 최대 용량인 $6개 \times (용량) \times \frac{1}{2} = 3개$ 용량의 2배이다.

26. 정답 ⑤
내용 영역 과학기술 문항 유형 정보의 추론과 해석

ㄱ. 적절하지 않다. 4문단에 따르면, RAID 4는 패리티를 바이트 단위가 아닌 블록 단위로 저장한다는 점에서 RAID 3과 다를 뿐, 다른 모든 점에서 RAID 3과 같으므로 패리티 디스크를 별도로 저장하는 방식임을 알 수 있다. 5문단에 따르면, RAID 5는 별도의 패리티 디스크를 두는 RAID 4와 달리, 패리티를 각각의 디스크에 나누어 저장한다. RAID 5는 디스크 재구성이 매우 느리고 패리티 정보를 계속 갱신해야 하기에 패리티 디스크를 별도로 두는 것보다 속도 측면에서 우수하다고 할 수 없다. 따라서 RAID 5의 입력 속도는 RAID 4의 입력 속도보다 빠르지 않다.

ㄴ. 적절하다. 4문단에 따르면, RAID 3에서 패리티 디스크가 아닌 데이터 디스크 하나가 손상되는 경우 패리티 디스크를 토대로 그 디스크에 저장되어 있던 정보를 역추적해낼 수 있다. 한편, 패리티 디스크가 손상되더라도 원래 데이터 디스크를 바탕으로 패리티 디스크에 저장된 정보를 복구할 수 있다. 따라서 RAID 3에서 손상된 디스크의 총 개수가 하나인 경우, 정보를 복구할 수 있다.

ㄷ. 적절하다. 마지막 문단에 따르면, RAID 6은 두 개의 패리티 디스크를 독립적으로 분산시킨 기법이다. 4문단에 따르면, 패리티 디스크를 두는 RAID의 최대 용량은 디스크의 총 개수에서 패리티 디스크의 개수를 뺀 값에 각 디스크의 용량을 곱한 값이다. 따라서 RAID 6의 경우 최대 용량은 $(6-2)$개 $\times 120GB = 480GB$이다.

27. 정답 ④
내용 영역 과학기술 **문항 유형** 정보의 평가와 적용

① 적절하지 않다. 2문단에 따르면, RAID 0은 하나의 디스크의 입출력 속도에 디스크의 개수를 곱한 만큼의 최대 입출력 속도를 달성할 수 있다. 그 이유는 각각의 디스크를 병렬적으로 접근할 수 있어서 디스크의 개수만큼 같은 시간에 더 많은 일을 할 수 있기 때문이다. <보기>의 경우, ⓐ는 초당 10MB인 디스크 3개로 구성되어 있으므로 최대 입출력 속도는 초당 30MB일 것이다. 그러나 전체의 최대 입출력 속도가 초당 30MB라고 해서 각 디스크의 입출력 속도가 반드시 초당 30MB가 되는 것은 아니다.

② 적절하지 않다. 3문단에 따르면, RAID 1은 데이터를 두 개의 디스크에 중복 저장하는 방식이므로 2개 이상의 짝수 개의 디스크가 필요하다. 따라서 3개의 디스크로 구성된 ⓐ는 RAID 1으로 구성될 수 없다.

③ 적절하지 않다. 4문단에 따르면, RAID 3의 최대 용량은 디스크의 총 개수에서 1을 뺀 값에 각 디스크의 용량을 곱한 값이다. <보기>의 경우, ⓐ는 초당 10MB인 디스크 3개로 구성되어 있다. 따라서 ⓐ의 최대 용량은 $(3-1)$개 $\times 120GB = 240GB$이다.

④ 적절하다. 4문단에 따르면, RAID 3은 최소 3개 이상의 디스크로 구성되며, 에러 발생을 감지하기 위해 하나의 패리티 디스크를 별도로 저장한다. 그리고 RAID 4는 패리티를 바이트 단위가 아닌 블록 단위로 저장한다는 점에서 RAID 3과 다를 뿐, 다른 모든 점에서 RAID 3과 같다. 따라서 ⓐ가 RAID 4라면, (가), (나), (다) 중 하나가 패리티 디스크일 것이므로 이 디스크의 크기는 120GB이다.

⑤ 적절하지 않다. 5문단에 따르면, RAID 5는 패리티를 하나의 디스크에 보관하지 않고 패리티를 각각의 디스크에 나누어 저장한다. (가)에 있던 원래 데이터들은 각각의 디스크에 나누어 저장된 패리티 정보를 바탕으로 복구할 수 있을 것이다. 따라서 (가)에 저장된 데이터 전체가 손상되더라도, (가)에 있던 패리티 정보는 나머지 디스크에 저장된 데이터 정보를 바탕으로 다시 복구할 수 있다.

28. 정답 ④
내용 영역 인문 **문항 유형** 주제, 구조, 관점 파악

① 적절하다. 5문단에 따르면, 누스바움의 연민론을 김유정의 소설에 적용할 수 있는 이유는 소설 속 인물이 겪는 불행과 고난이 단순한 허구가 아니라 그 시대를 살아가는 이들이 겪어야 했던 일이기 때문이다. 즉 누스바움의 관점에서는 문학 작품 속 상황이 시대적 현실을 반영할 수 있다고 여길 것이다.

② 적절하다. 1문단에 따르면, 마사 누스바움은 감정이 가치판단을 전제하는 인지적인 사고 과정이라고 주장하면서 감정이 이성적 추론과 무관하다는 견해에 반론을 제기하고 있다. 즉 감정이 인지적인 작용이라는 점을 감정과 이성이 무관하지 않다는 주장의 근거로 삼은 것이다. 따라서 마사 누스바움이 감정이 이성과는 무관한 인지적 작용이라는 견해에 동의하지 않을 것이라고 볼 수 있다.

③ 적절하다. 1문단에 따르면, 누스바움에게 감정은 대상에 대한 능동적 해석과 가치판단 등을 포함하는 인지적인 사고 과정이다. 즉 누스바움은 자신의 감정 개념에 감정을 느끼게 하는 대상의 존재를 전제하는 한편, 그 대상이 감정 주체에 의해 능동적으로 해석되는 대상임을 제시한다. 따라서 누스바움은 감정의 주체는 자신에게 감정을 느끼게 한 대상을 능동적으로 해석한다고 볼 것이다.

④ 적절하지 않다. 1문단과 마지막 문단에 따르면, 마사 누스바움은 감정을 인지적인 사고 과정으로 여기면서 문학이 유발하는 감정을 공적인 논의의 장에 구현할 수 있어야 한다고 주장한다. 즉 마사 누스바움은 감정을 비인지적인 요소로 여기지 않았으며, 공적 판단의 영역에 개입할 수 있는 인지적인 요소로 본 것이다. 하지만 마사 누스바움은 이를 바탕으로 감정이 인지적 요소로서 공적 판단의 영역에 개입할 수 있음을 주장했을 뿐이므로, 이를 바탕으로 비인지적인 요소가 개입할 수 없다는 견해에 반대했을지는 추론할 수 없다.

⑤ 적절하다. 마지막 문단에 따르면, 마사 누스바움이 감정의 인지적 작용을 강조한 것은 삶의 총체인 문학이 유발하는 감정을 행정이나 입법 등 공적인 논의의 장에 구현할 수 있어야 한다고 보았기 때문이다. 이는 가령 소설 속 인물이 연민의 대상이 됨으로써 유발하는 연민의 감정을 공적인 논의의 장에 구현할 수 있어야 한다고 보았음을 의미한다. 그러므로 마사 누스바움은 허구 속 인물의 삶이 정책적 의사결정 과정에 영향을 미칠 수 있다고 생각할 것이다.

29. 정답 ⑤

내용 영역: 인문 | 문항 유형: 정보의 추론과 해석

① 적절하다. 4문단에 따르면, 식민지적 궁핍은 가장 기본적인 윤리 의식조차 내려놓은 채 김유정 소설 속 인물들이 생존에 천착하도록 만들었다. 그리고 5문단에 따르면, 이들이 겪은 가난의 질곡이 부당한 불행이자 고난이므로 김유정 소설 속 인물들이 연민의 대상이 될 수 있다고 서술하고 있다. 즉 누스바움의 관점에서 이들이 행하는 일들은 식민지 현실과 그로 인한 가난이라는 부당한 고통으로부터 기인한 것이므로, 비윤리적 행동의 책임을 등장인물에만 돌릴 수는 없다고 볼 것이다.

② 적절하다. 3문단에 따르면, 영식은 농사만으로 가난을 극복할 수 없는 궁대 현실로 인해 허황된 욕망을 품고 금줄을 찾아 콩밭을 헤집어 놓은 것이라 볼 수 있다. 그리고 이러한 일련의 과정은 영식이 겪는 불행이 합당한지에 대한 의문을 제기하도록 만든다. 이를 고려할 때, 영식의 가난으로 인한 고통은 시대 상황으로 인한 부당한 고통이라는 점에서 연민의 인지적 요소와 연관 지을 수 있다. 따라서 영식이 허황된 욕망을 갖는 원인은 곧 독자에게 연민을 유발하는 원인이 된다고 추론할 수 있다.

③ 적절하다. 3문단에 따르면, '영식의 아내'는 수재의 말에 속아 가난 극복에 대한 헛된 욕망을 품게 되지만, 이는 이루어질 수 없으므로 좌절되었을 것이라고 서술하고 있다. 그리고 4문단에 따르면, '근식의 아내'는 근식과 계숙에 의해 가산을 잃고 보물로 여기던 솥마저 잃게 된다. 따라서 '영식의 아내'와 '근식의 아내' 모두 소설 속 다른 인물에 의해 부당한 고통을 겪었다고 할 수 있다.

④ 적절하다. 3문단에 따르면, 영식과 수재 등 김유정 소설 속 인물이 겪는 어려움은 식민지적 궁핍으로 인해 농사만으로 생계를 이어갈 수 없는 현실로부터 기인한다. 이에 대하여 5문단에 따르면, 이러한 현실이 누군가 감내해야 했을 부당한 불행이자 고난이라는 점은 김유정 소설 속 인물에게 연민을 느끼도록 만든다. 따라서 농사만으로 기본적인 삶을 영위할 수 없는 인물은 김유정의 소설 속 당대 현실의 비극성을 드러내는 역할을 한다고 볼 수 있다.

⑤ 적절하지 않다. 5문단에 따르면, 김유정 소설 속 인물들이 연민의 대상이 될 수 있는 이유는 이들이 겪은 가난이 그 시대를 살아가는 이들이 버텨내야 했을 부당한 불행이자 고난이기 때문이다. 이를 고려할 때, 계숙과 근식의 행동이 식민지적 궁핍으로 인해 기본적 윤리의식조차 내려놓고 생존에 천착해야 했던 비극적 현실을 드러낸 것이라고도 생각해볼 수 있다. 하지만 식민지적 궁핍이 아니었다면 비윤리적 행동을 저질렀을지, 그렇지 않았을지는 누스바움의 연민론에서 제시하는 내용과 관련된다고 보기 어렵다. 따라서 누스바움의 연민론으로부터 해당 내용을 추론할 수 없다.

30. 정답 ①

내용 영역: 인문 | 문항 유형: 정보의 평가와 적용

① 적절하다. <보기>에 따르면, 분별 있는 관찰자적 태도에 따른 문학 독서는 인간의 열망이 사회 환경과 어떤 관계를 맺는지 고찰하고, 모든 인간이 누려야 할 것을 희구하도록 한다. 이러한 태도를 3문단에 제시된 소설 속 인물들이 갖는 허황된 욕망과, 허황된 욕망을 품게 만든 당대 현실에 적용해볼 수 있다. 그리고 이는 김유정 소설 속 인물들이 식민지적 궁핍을 겪지 말아야 했다는 인식, 즉 기본적 생계를 누려야 했다는 인식을 낳는다. 이를 고려할 때, 김유정 소설 속 허황된 욕망을 당대 현실과 연결 짓는 것은 분별 있는 관찰자로서의 태도에 부합한다고 볼 수 있다.

② 적절하지 않다. 타인의 고통을 상상하는 것은 1문단에 제시된 연민이라는 감정을 느끼게 만든 대상의 고통에 대한 능동적 해석과 가치판단에 해당한다고 볼 수 있다. 이는 곧 감정을 이성적 추론과 관련지을 수 있도록 하는 감정의 인지적 작용이다. 따라서 이는 감정이 이성과는 무관하다는 견해에 부합한다고 볼 수 없다.

③ 적절하지 않다. 5문단에 따르면, 누스바움의 연민론에 따를 때 김유정 소설 속 인물들에게 연민의 감정을 가질 수 있는 이유는 그들이 겪는 고통이 부당하다고 인식되기 때문이다. 그리고 이러한 인식은 「금 따는 콩밭」의 수재, 「솥」의 계숙 등도 식민지 현실의 피해자로서 연민의 대상이 되도록 만든다. 그리고 <보기>에 따르면, 마사 누스바움의 시적 정의는 타인의 고통이 갖는 의미와 그 고통이 미치는 영향을 상상하는 힘과 관계된다. 따라서 마사 누스바움의 시적 정의가 악인이 합당한 벌을 받아야 한다는 인식과 관련된다고 볼 수 없다.

④ 적절하지 않다. 마지막 문단에 따르면, 누스바움의 견해를 비판하는 이들은 문학이 공정성과 보편성이 담보되어야 하는 공적 판단의 영역에 개입하는 것이 적절치 못하다고 본다. 하지만 문학과 공적 판단의 보편성을 연결 짓는 누스바움의 견해를 비판했다고 하여, 인간의 개별적 가치와 공적 판단의 보편성 중에서 무엇을 더 중요하게 여겼는지는 <보기>의 내용으로부터 확인할 수 없다. 따라서 이를 근거로 누스바움의 견해를 비판하는 입장이 <보기>의 경제학적 사유에 부합하는지 역시 판단할 수 없다.

⑤ 적절하지 않다. <보기>에 따르면, 문학사적 시적 정의란 선이 궁극에는 악을 누르고 승리해야 한다는 사실을 깨닫도록 이끌어야 한다는 것을 의미한다. 그런데 2문단에 따르면, 김유정은 기본적 윤리의식이 결여된 인물, 즉 악한 행동을 했다고 여겨지는 인물조차도 조소의 대상으로 내버려두지 않고 지난한 현실을 살아내는 실존적 존재로 형상화한다. 따라서 이러한 김유정의 인물 형상화 방식이 문학사적 시적 정의에 부합한다고 볼 수 없다.

MEMO

불LEET 1회

01. 정답 ⑤
내용 영역 규범 **문항 유형** 정보의 확인과 재구성

① 일치한다. 3문단에 따르면, 상당인과관계이론은 인과관계의 존재 여부를 확정하는 과정에서 단순히 사실 판단에만 의존하지 않고 상당성이라는 규범적·법적 판단을 개입시킨다. 따라서 논리적 조건 관계가 성립되더라도 상당성이 인정되지 않으면 인과관계가 부정될 수 있다.

② 일치한다. 2문단에 따르면, 조건이론에서는 논리적 조건 관계만 있으면 행위자의 행위와 법익침해의 결과 사이의 인과관계를 인정한다. 따라서 논리적 조건 관계를 충족하는 행위자의 모든 행위에 대한 처벌은 정당화될 수 있다.

③ 일치한다. 3문단과 4문단에 따르면, 상당인과관계이론은 인과관계 존재 여부 판단의 부분에서, 객관적 귀속이론은 객관적 귀속 여부 판단의 부분에서 규범적·법적 판단을 개입시킨다.

④ 일치한다. 2문단에 따르면, 합법칙적 조건이론은 조건이론을 전제로 한다. 다만 행위와 결과 사이에 과학적 지식에 기초한 자연법칙적 연관성이 있을 때만 인과관계를 인정하여 조건이론보다 범위를 축소시킬 뿐이다. 따라서 합법칙적 조건이론은 조건이론과 마찬가지로 원인행위가 없었더라도 결과는 발생하였을 것으로 판단되는 경우에는 인과관계를 부정한다.

⑤ 일치하지 않는다. 4문단에 따르면, 객관적 귀속이론에서는 합법칙적 조건이론에 의하여 행위자의 행위가 법익침해의 원인이 되는지를 사실적으로 판단한 후, 그 결과를 행위자의 행위에 귀속시킬 수 있는지를 별도로 판단한다. 따라서 비록 법익침해의 결과를 행위자의 행위에 객관적으로 귀속시킬 수 없다 해도 그 이전에 사실적 측면의 인과관계는 인정될 수 있을 것이다.

02. 정답 ⑤
내용 영역 규범 **문항 유형** 정보의 평가와 적용

① 적절하다. 2문단에 따르면, 조건이론은 원인행위가 없었다면 결과는 발생하지 않았을 것으로 판단되는 경우에는 인과관계를 인정한다. 조건이론에 의하면 갑이 A를 내쫓지 않았더라면 A가 사망하지 않았을 것이므로, 갑의 행위와 A의 죽음 사이에 논리적 조건 관계가 있다고 판단되어 인과관계가 인정될 것이다.

② 적절하다. 4문단에 따르면, 객관적 귀속이론에서는 행위자의 행위가 위험을 증가시키기 때문에 법적으로 금지된 행위이고 그 행위로 인해 증가된 위험이 법익침해의 결과로 실현될 때 객관적 귀속이 이루어진다고 본다. 즉 객관적 귀속이론에 의해 처벌되려면 당사자의 행위가 법적으로 금지된 것이어야 하는데, 사무실 밖으로 내쫓는 행위를 법적으로 금지된 행위로 볼 근거가 부족하다. 따라서 객관적 귀속이 인정되기 어려우므로 갑은 처벌받지 않을 것이다.

③ 적절하다. (나)의 경우 조건이론에서는 을이 과속을 하지 않았더라면 B가 사망하지 않았을 것이라는 논리적 조건 관계가 있다고 판단하여 인과관계를 인정할 것이다. 그러나 3문단에 따르면, 상당인과관계이론에서는 을의 속도위반이라는 행위에 의해 B가 사망하는 결과가 발생하는 것이 사회생활상의 경험칙에 비추어 볼 때 일반적인 것인지에 대한 법관 개인의 판단에 따라 인과관계의 인정 여부가 달라질 것이다.

④ 적절하다. 객관적 귀속이론에서는 행위로 인해 증가된 위험이 법익침해의 결과로 실현되었을 때 객관적 귀속이 이루어지고 처벌이 정당화된다. 따라서 (나)의 경우 법적으로 금지된 과속 행위로 인해 위험이 증가했고 그 위험이 B의 심장마비 발생에 영향을 주었어야 을의 처벌이 정당화될 것이다.

⑤ 적절하지 않다. 상당인과관계이론에서는 사회생활상 일반적인 경험칙에 비추어 그러한 행위로부터 그러한 결과가 발생하는 것이 상당하다고 인정될 때 인과관계를 인정한다. 따라서 병이 총을 쏜 행위와 그 총을 맞고 C가 죽은 결과 사이의 상당성을 어떻게 판단하는지에 따라 인과관계 인정 여부가 달라질 수 있다. 그리고 객관적 귀속이론에서는 병의 행위가 C의 죽음의 원인이라는 점 즉 인과관계가 인정되고, C의 죽음이라는 결과가 병의 행위에 객관적으로 귀속되는 경우 처벌이 정당화될 수 있다. 따라서 두 이론 모두 병의 처벌을 정당하다고 보는 경우가 있다.

03. 정답 ④
내용 영역 규범 **문항 유형** 정보의 추론과 해석

ㄱ. 적절하지 않다. 마지막 문단에 따르면, 객관적 귀속이론에서 합법적 행위를 했을 때 결과가 발생했을지 그렇지 않을지가 확실하지 않은 경우, 의무위반관련성이론(㉠)은 객관적 귀속을 부정해야 한다고 주장하고 위험증대이론(㉡)은 객관적 귀속을 인정해야 한다고 주장한다. 즉 ㉡에 비하여 ㉠이 객관적 귀속을 인정하는 범위를 더 축소하고 있다. 따라서 ㉡보다는 ㉠이 '피고인의 이익을 우선으로'라는 원칙에 가깝다.

ㄴ. 적절하다. 4문단에 따르면, 객관적 귀속이론은 먼저 행위자의 행위가 법익침해의 원인이 되는지를 판단하여, 그에 따른 인과관계가 인정된다면 그 법익침해의 결과를 행위자의 행위에 객관적으로 귀속시킬 수 있는가를 규범적·법적 기준을 통해 판단한다. 이처럼 객관적 귀속이론은 사실적 인과관계가 존재한다는 전제하에서만 객관적 귀속 여부를 판단한다는 점에서, 객관적 귀속의 판단 기준인 ㉠과 ㉡은 모두 행위자가 행한 행위와 법익침해의 결과 사이에 인과관계가 존재함을 전제할 것이다.

ㄷ. 적절하다. ㉠은 합법적인 행위를 했더라면 결과가 발생하지 않았을 것이 확실한 경우에만 객관적 귀속을 인정한다. 따라서 신호 위반으로 인한 교통사고로 피해자가 사망한 경우에는, 행위자가 신호를 준수하여 교통사고가 일어나지 않았다면 피해자가 사망하지 않았을 것이 확실한 경우에만 운전자의 행위에 객관적 귀속을 인정하게 될 것이다.

04. 정답 ④

내용 영역: 규범 문항 유형: 정보의 확인과 재구성

① 일치한다. 1문단에 따르면, 적극적 우생학은 신체 기능이나 외모를 개선하는 강화를 목적으로 유전자를 선별·조작하고자 한다. 그리고 2문단에 따르면, 자유주의적 우생학은 유전학적 강화 추구를 개인이 선택할 수 있는 권리로 여긴다. 질병의 치료 및 예방을 목적으로 하는 소극적 우생학에는 대체로 모두 동의한다는 점을 고려할 때, 자유주의적 우생학은 소극적 우생학과 적극적 우생학 모두에 동의한다고 볼 수 있다.

② 일치한다. 3문단에 따르면, 하버마스는 의사소통 행위 이론에 근거하여 치료를 위한 유전학적 개입의 보편적 합의 가능성을 인정한다. 그리고 5문단에 따르면, 샌델 역시 치료를 위한 유전학적 개입에 찬성한다. 이때 하버마스가 보편적 합의 가능성을 인정했음은 유전 공학적 치료 행위가 자율성과 평등성이 보장되는 조건을 갖추었다고 여겼음을 의미한다. 그리고 샌델이 인간 자연적 본성의 정복과 통제를 근거로 유전학적 강화를 반대했음을 고려할 때, 치료를 위한 유전학적 개입은 인위적인 통제에 속하지 않는다고 보았음을 알 수 있다.

③ 일치한다. 2문단에 따르면, 정부에 의해 실시된 권위주의적 우생학 정책은 개인의 자유권보다 인종 보존의 의무를 더 중요하게 여긴다. 그리고 자유주의적 우생학은 강제성이 있는 권위주의적 우생학이 자유권을 침해한다고 보고 유전학적 강화의 추구를 개인의 선택에 맡긴다. 따라서 정부가 우생학의 주체가 될 수 있는지에 관한 논의는 자유권을 제한하는 것을 허용할 수 있는지, 그렇지 않은지와 결부된다고 볼 수 있다.

④ 일치하지 않는다. 4문단에 따르면, 하버마스는 윤리적 접근 방법을 통해 왜 자율성과 평등성이 침해되어서는 안 되는 가치인지 설명하고자 하였다. 즉 자율성과 평등성은 침해되어서는 안 되는 가치인데, 자유주의적 우생학은 부모가 자녀의 자율성과 평등성을 침해하는 행위라는 점에서 정당화될 수 없다는 주장을 펼친 것이다. 따라서 윤리적 접근 방법이 자율성과 평등성의 침해를 문제 삼지 않았다고 볼 수 없다.

⑤ 일치한다. 5문단에 따르면, 인간 본성의 우연성을 중시하는 샌델은 인간의 자연적 본성과 재능을 우연히 주어진 것으로 간주한다. 그런데 마지막 문단에 따르면, 샌델의 견해는 유전학적 강화를 반대하는 근거에 선물 등의 개념을 도입함으로써 개별 공동체가 서로 다른 규범을 인정하는 것을 용인할 수 있다는 한계를 가진다. 그렇다면 서로 다른 문화권에 속한 공동체에서는 자신들의 도덕적 관점에 따라 다른 규범을 인정할 수 있으며, 자유주의적 우생학에 대해서도 다른 태도를 견지할 수 있을 것이다.

05. 정답 ①

내용 영역: 규범 문항 유형: 정보의 추론과 해석

① 적절하지 않다. 2문단에 따르면, 자유주의적 우생학(㉠)은 삶의 수준을 향상시키는 것이 목적인 동시에 유전학적 개입이 개인의 자율적 선택에 의할 때 유전자의 선택, 조작이 허용된다고 본다. 따라서 ㉠의 입장에서 삶의 수준을 향상한다는 목적이 달성된 것만으로는 유전학적 강화가 정당화될 수 없다.

② 적절하다. 4문단에 따르면, 하버마스(㉡)는 의사소통 행위 이론에 기반한 도덕적 접근이 갖는 한계를 윤리적 자기 이해에 기반한 윤리적 접근으로 보완하고자 하였다. 그런데 마지막 문단에 따르면, 윤리적 자기 이해는 시대에 따라 달라질 수 있으므로 보편성을 입증해야 하는 부담을 안고 있다. 따라서 ㉡의 윤리적 자기 이해 개념은 시대적 보편성이 입증되지 않았다고 여겨짐을 알 수 있다.

③ 적절하다. 마지막 문단에 따르면, 샌델(㉢)은 인간에 대한 인위적 통제가 허용될 수 없는 근거를 종교적이고 관습적인 사고방식에 의존한다. 이에 대하여 제시문에서는 샌델의 주장이 도덕적 옳고 그름을 따지지 못하고 개별 공동체의 도덕적 관점에 따른 판단을 인정하게 될 수 있음을 지적한다. 따라서 ㉢이 인간에 대한 인위적 통제가 왜 도덕적으로 옳지 않은지를 밝히지 못했다고 평가받는다고 할 수 있다.

④ 적절하다. 2문단에 따르면, 자유주의적 우생학(㉠)에서는 부모들이 출산의 문제에 관하여 유전적 특질을 선택하거나 조작할 권리가 있다고 본다. 그런데 3문단에 따르면, 하버마스(㉡)는 자녀에 대한 부모의 유전학적 개입은 자녀의 자율성과 평등성을 침해하는 행위라고 주장한다. 따라서 ㉠은 ㉡과 달리 유전학적 강화를 출산과 양육의 주체인 부모가 선택할 수 있는 권리라고 볼 것이다.

⑤ 적절하다. 4문단에 따르면, 하버마스(㉡)는 자율적 판단 능력을 갖춘 성인이 유전학적 개입을 스스로 요구하는 경우라도 강화를 위한 유전학적 개입은 인류의 윤리적 자기 이해에 어긋난다고 본다. 그리고 5문단에 따르면, 샌델(㉢) 역시 자율적 선택에 의한 경우에도 강화를 위한 유전학적 개입에 반대한다. 따라서 ㉡과 ㉢은 모두 개인의 자율성이 보장되는 상황일지라도 유전 공학적 강화에 반대한다고 볼 수 있다.

06. 정답 ⑤

내용 영역 규범　**문항 유형** 정보의 평가와 적용

① 적절하지 않다. <보기>에 따르면, A는 하나의 디자인에 고집하는 것이 아니라 부모 자신들의 뜻에 따라 자녀에 대한 유전학적 개입이 이루어져야 한다고 본다. 그리고 2문단에 따르면, 자유주의적 우생학은 정책적 강제에 의해 유전학적 형질 개선이 이루어지는 것에 반대하면서 유전학적 강화를 개인의 자율적 선택에 맡긴다. 따라서 획일화된 유전학적 형질 개선에 반대한다는 점에서는 자유주의적 우생학과 견해를 달리한다고 볼 수 없다.

② 적절하지 않다. 2문단에 따르면, 권위주의적 우생학은 우수한 인종을 유지하고 개량하기 위해 결혼과 출산을 제한하였다. 이를 고려할 때, 권위주의적 우생학에서 전 인류의 수준 향상을 지지했다고 보기 어렵다. 나아가 <보기>에 따르면, B가 자연에 대한 극복을 지지한 것은 자연으로부터 부여받은 대로 사는 것이 아니라 원하는 대로 유전적 특질을 변화시킬 권리가 있다는 점과 관련된다. 그렇다면 개인의 자유권을 경시하고 국가에 의해 결혼과 출산이 강제되는 권위주의적 우생학에서는 이 역시 받아들이지 않을 것이다. 따라서 전 인류의 수준 향상과 자연에 대한 극복을 지지한다는 점에 있어 B와 권위주의적 우생학은 견해가 다르다고 볼 수 있다.

③ 적절하지 않다. <보기>에 따르면, B는 인류가 자연이 부여한 능력을 개선하기 위해 끊임없이 노력해 왔으며, 그것은 우리가 따를 도덕적 명령이라고 본다. 그런데 2문단과 3문단에 따르면, B의 견해는 유전학적 강화의 추구를 도덕적 의무로 여기는 자유주의적 우생학의 견해에 부합한다고 볼 수 있으며, 오히려 하버마스는 유전학적 강화가 인간의 자율성을 침해하는 행위라고 보았다. 따라서 B가 하버마스와 견해를 같이한다고 볼 수 없다.

④ 적절하지 않다. <보기>에 따르면, C는 유전학적 개입이 인간의 자율성을 침해한다고 볼 근거는 없지만, 자연을 정복하고자 하는 사고를 강화하고 인간을 사물화한다는 점에서 인류에 손해를 끼칠 수 있다고 본다. 즉 C는 유전학적 개입이 손해가 된다고 보았으며, 유전학적 개입이 인류에게 이익을 주는 상황은 고려하고 있지 않다. 따라서 유전학적 개입이 이익이 되어야 한다고 여긴다는 점은 C의 견해에 부합하지 않는다.

⑤ 적절하다. <보기>에 따르면, C는 유전학적 개입이 없어도 아이가 태어나면서 유전 형질을 스스로 선택한 것은 아니므로 인간의 자율성을 침해한다고 볼 근거는 없다고 본다. 그리고 3문단과 5문단에 따르면, 하버마스는 유전학적 개입이 태어날 자녀의 자율성을 침해하는 행위라고 보았고, 샌델은 자율성을 유전학적 개입의 비판 근거로 삼는 것에 반대하면서 다른 근거를 제시한다. 따라서 C가 유전학적 개입과 자율성의 침해를 구분하고 있다는 점에서는 하버마스와는 견해를 달리하고, 샌델과는 견해를 같이한다고 볼 수 있다.

07. 정답 ①

내용 영역 과학기술　**문항 유형** 정보의 확인과 재구성

① 일치한다. 1문단에 따르면, 과분극은 세포 내부에서 음전하를 띠는 정도가 늘어나 휴지 상태(-60mV~-80mV)보다 막전위가 더 작아지는 것이다. 그리고 2문단에 따르면, 시각수용기세포는 밝은 곳에서 과분극된다고 하였다. 즉 시각수용기세포는 밝은 곳에서 과분극되어 -60mV~-80mV보다 작은 막전위 값을 가질 것이므로, 그 절댓값은 -40mV의 절댓값인 40보다 더 클 것이다.

② 일치하지 않는다. 3문단에 따르면, 쌍극세포와 신경절세포는 흥분성 시냅스로 연결되어 있으므로 쌍극세포의 탈분극은 신경절세포의 탈분극을 유발할 것이다. 2문단에 따르면, 탈분극 상태에서는 신경전달물질이 빠른 속도로 분비되는데 이는 곧 일정 시간당 분비되는 신경전달물질의 양이 증가함을 의미한다. 이에 따를 때 쌍극세포와 신경절세포에서 탈분극이 일어나면 신경전달물질의 일정 시간당 분비량은 증가할 것이므로, 쌍극세포의 탈분극이 신경절세포에서 신경전달물질의 분비량을 감소시킨다고 볼 수 없다.

③ 일치하지 않는다. 마지막 문단에 따르면, ON-중심 수용장에서 중심 영역이 빛을 받으면 신경절세포가 탈분극 상태로 변하지만, 주변 영역이 빛을 받으면 과분극 상태로 변한다. 신경절세포가 과분극 상태로 변하면 활동전위의 발생 빈도는 감소하므로, ON-중심 수용장의 주변 영역에만 빛을 비추었을 때 신경절세포에서의 활동전위 발생 빈도가 증가할 것이라고 볼 수 없다.

④ 일치하지 않는다. 2문단에 따르면, 어둠 속(빛이 없는 상태)에서는 시각수용기세포의 세포막에 존재하는 Na^+ 통로가 열려 있어 Na^+이 세포 외부로부터 내부로 지속적으로 유입된다. 그리고 이 상태에서는 시각수용기세포가 신경전달물질을 빠른 속도로 분비한다. 따라서 Na^+의 유입이 증가하면 시각수용기세포에서의 신경전달물질 분비속도는 느려지지 않을 것이다.

⑤ 일치하지 않는다. 3문단에 따르면, 신경절세포의 막전위에 변화가 생겨 신경절세포가 탈분극 또는 과분극 상태로 변하면, 신경절세포에서 뇌로 전달하는 활동전위의 발생 빈도가 변화한다. 하지만 활동전위 발생 빈도를 변화시키는 작용이 신경절세포의 막전위를 바꾸는 것은 아니다. 따라서 쌍극세포가 신경절세포에서 뇌로 전달하는 활동전위 발생 빈도를 변화시킴으로써 신경절세포의 막전위를 바꾼다고 설명할 수는 없다.

08. 정답 ⑤

내용 영역 과학기술　**문항 유형** 정보의 추론과 해석

① 적절하지 않다. 2문단에 따르면, 망막에서 시각 정보의 전달은 시각수용기세포 → 쌍극세포 → 신경절세포 방향으로 일어난다.

② 적절하지 않다. 2문단과 3문단에 따르면, 밝은 곳에서 시각수용기세포는 과분극 상태로 변하는데, 이것은 시각수용기세포와 억제성 시냅스로 연결된 쌍극세포의 탈분극을 유발한다. 모든 쌍극

세포는 신경절세포와 흥분성 시냅스로 연결되어 있으므로, 쌍극세포의 탈분극은 신경절세포의 탈분극을 유발하고, 그로 인해 신경절세포에서 활동전위 발생 빈도는 증가할 것이다.

③ 적절하지 않다. 2문단에 따르면, 망막에 존재하는 시각수용기세포의 개수는 1억 개 이상이지만 신경절세포의 개수는 120만 개이므로 하나의 신경절세포는 다수의 시각수용기세포에서 온 신호를 받아들이게 된다. 따라서 시각수용기세포와 신경절세포의 수적 불균형으로 인해 평균적으로 약 83(=1억/120만)개의 시각수용기세포로부터 오는 신경신호가 하나의 신경절세포로 모인다.

④ 적절하지 않다. 1문단에 따르면, 두 신경세포가 억제성 시냅스로 연결되어 있을 때 세포 간에는 서로 다른 막전위 변화가 나타난다. 즉 쌍극세포에서의 막전위 변화는 시각수용기세포와 연결된 시냅스의 종류에 따라 과분극일 수도 있고, 탈분극일 수도 있다. 가령 시각수용기세포와 쌍극세포가 억제성 시냅스로 연결되어 있다면, 시각수용기세포에 빛을 비출 경우 시각수용기세포는 과분극, 쌍극세포는 탈분극 상태가 될 것이다. 그리고 쌍극세포와 신경절세포가 억제성 시냅스로 연결되도록 조작된다면 신경절세포는 과분극 상태가 되어 활동전위 발생 빈도가 감소할 것이다. 따라서 쌍극세포와 신경절세포가 억제성 시냅스로 연결되도록 조작하더라도, 신경절세포에서 활동전위 발생 빈도가 증가할 것이라고 단정할 수 없다.

⑤ 적절하다. 마지막 문단에 따르면, 신경절세포의 수용장에서 중심, 주변 영역 모두가 균등하게 빛을 받거나 어느 영역도 빛을 받지 못하는 경우 신경절세포에서는 탈분극도, 과분극도 일어나지 않는다. 다시 말해, 수용장의 중심과 주변 영역 모두 빛을 받는다면 이러한 수용장을 가지는 신경절세포는 탈분극도, 과분극도 일어나지 않을 가능성이 있다. 하지만 수용장의 중심과 주변 중 한 곳만 빛을 받는다면 이러한 수용장을 가지는 신경절세포는 그 위치나 유형에 따라 탈분극 또는 과분극이 일어날 것이다. 따라서 전자의 경우가 후자보다 막전위 변화가 일어날 가능성이 더 크다고 볼 수 있다.

09. 정답 ①
[내용 영역] 과학기술 [문항 유형] 정보의 평가와 적용

<보기>의 그래프에 따르면, 수용장에 빛을 비추지 않았을 때에 비해 정중앙 부위(0 degree)에 빛을 비추었을 때의 활동전위 발생 빈도가 더 높다. 이를 통해 신경절세포 A의 수용장은 중심이 빛을 받으면 신경절세포가 탈분극되고 활동전위 발생 빈도가 증가하는 수용장인 ON-중심 수용장이라는 것을 알 수 있다.

ㄱ. 적절하다. 신경절세포 A의 수용장은 중심 영역이 빛을 받으면 신경절세포가 탈분극되고 활동전위 발생 빈도가 증가하는 수용장이므로, ON-중심 수용장에 해당한다.

ㄴ. 적절하지 않다. 마지막 문단에 따르면, 신경절세포 수용장의 어느 영역도 빛을 받지 못하는 경우 신경절세포에서는 탈분극도, 과분극도 일어나지 않는다. 이러한 상태에서 활동전위 발생 빈도는 수용장에 빛을 비추지 않았을 때의 활동전위 발생 빈도와 일치할 것이다. 이에 따를 때, <보기>의 그래프를 통해 신경절세포 A 수용장의 정중앙으로부터의 6 degree 떨어진 곳에 빛을 비추었을 때 활동전위 발생 빈도가 수용장에 빛을 비추지 않았을 때와 같음을 확인할 수 있다. 다시 말해, 수용장의 정중앙으로부터의 6 degree 떨어진 곳에 비춘 빛은 수용장의 외부에 작용했다고 볼 수 있다. 그렇다면 신경절세포 A의 수용장의 반지름은 6 degree보다 크지 않을 것이다.

ㄷ. 적절하지 않다. <보기>의 그래프에 따르면, 신경절세포 A의 정 중앙으로부터 3 degree만큼 떨어진 부위에 빛을 비추었을 때의 활동전위 발생 빈도는 수용장에 빛을 비추지 않았을 때의 활동전위 발생 빈도보다 더 작은 것을 확인할 수 있다. 활동전위 발생 빈도가 수용장에 빛을 비추지 않았을 때의 경우(막전위 변화 전)보다 감소했다는 것은 신경절세포가 과분극 상태로 변했음을 의미한다.

10. 정답 ⑤
[내용 영역] 인문 [문항 유형] 정보의 확인과 재구성

① 적절하지 않다. 3문단에 따르면, 신진사대부론에 대한 비판론자들은 세족과 사대부를 대립하는 정치 세력으로 설정하기 어렵다고 비판하고 있다. 즉, 이들은 ㉠과 ㉡의 대립 구도를 설정하는 경향에 회의적인 입장을 보이는 것이지, ㉡을 권문과 세족으로 나누는 경향에 대한 의견을 제시하지는 않는다.

② 적절하지 않다. 2문단에 따르면, 신진사대부론의 비판론자들, 즉 수정주의 해석을 도입한 이들은 기존 통설에서 언급하는 사대부와 권문세족의 동질성을 강조하였다. 하지만 이러한 사실로 인해 비판론자들이 두 용어를 혼용해서 사용하고 있다고 볼 여지는 없으며, 이를 이유로 비판받고 있지도 않다. 따라서 수정주의 해석은 ㉠과 ㉡을 혼용해서 사용하고 있다는 비판을 받는다고 볼 수 없다.

③ 적절하지 않다. 3문단에 따르면, 수정주의자의 용어 해석에서 세족은 고려 후기 유력한 위치에 있었던 가문을 지칭하는 것이고, 사대부는 고려 후기 관인 전체를 지칭하고 있었다. 비록 세족에게도 과거를 통한 관인의 배출이 중요한 요소였다는 점에서 관인인 세족은 사대부에 포함된다고 볼 수 있으나, 관인이 아닌 세족도 존재할 것이므로 ㉡에서의 세족을 ㉠에 속하는 개념으로 보기 어렵다.

④ 적절하지 않다. 5문단에 따르면, 통설을 계승하는 입장에서는 사대부 대신 신흥유신과 같은 용어가 대안으로 제시되어 있다는 점을 내세웠다. 하지만 이는 고려 후기에 새롭게 등장한 세력의 존재 자체를 부인할 수 없다는 주장을 펴기 위한 것이지, 용어 사용과 관련하여 여말선초 정치 세력 교체의 정당성을 논하기 위한 것은 아니었다. 따라서 통설을 계승하는 입장이 ㉠보다 ㉡이 여말선초 정치 세력 교체가 정당한 조치였음을 더욱 부각시킨다고 보지는 않는다.

⑤ 적절하다. 5문단과 마지막 문단에 따르면, 통설을 계승한 관점들은 사대부 개념 설정이 다소 문제가 있고, 사대부와 권문세족 간의 동질성이 크다는 점을 인정하더라도 신흥유신과 같은 대안 용어가 존재하며, 여말선초의 사회경제적 변화를 바탕으로 지방 중소 지주 계층에서 새로운 정치 세력이 나타났음을 부정할 수 없다고 주장한다. 그리고 그러한 정치 세력은 권문세족과 대립하는 개념임을 주장하고 있다. 따라서 통설을 계승하는 입장에 따르면 ⓒ은 ⓑ과의 차별화를 강조하기 위해 ⓐ을 다시 명명한 결과라 할 수 있다.

11. 정답 ⑤

내용 영역 인문 문항 유형 주제, 구조, 관점 파악

① 적절하다. ⓐ는 중앙 관인을 배출한 가문에 대한 실증적 연구를 통해 고려 말과 조선 초에 지배 세력의 대규모 교체가 있었다는 통설, 즉 신진사대부론에 부정적인 입장을 드러냈다. 따라서 ⓐ는 당시 관직에 진출한 사람들에 대한 실증적 작업에 의해 신진사대부론이 재검토되어야 한다고 볼 것이다.

② 적절하다. ⓐ는 실증적 연구를 바탕으로 신진사대부론을 비판적으로 재검토하였다. 그리고 이를 통해 권문세족과 사대부를 별개의 정치 세력으로 보기 어렵고, 양자의 동질성이 크다는 것을 강조하였다. 따라서 ⓐ는 신진사대부론이 고려 말에서 조선 전기에 걸쳐 실존했던 지배 집단의 동질성을 부인하고 있다고 볼 것이다.

③ 적절하다. 신진사대부론은 권문세족을 사대부에 대립하는 개념으로 설정하고 있으며, ⓐ는 실증적 연구를 통해 신흥세력으로서 사대부가 주축이 되어 조선을 건국했다는 신진사대부론을 비판하였다. 따라서 ⓐ는 신진사대부론이 신진사대부를 설명하는 과정에서 권문세족과의 대립 구도를 인위적으로 설정하고 있다고 볼 것이다.

④ 적절하다. ⓐ는 고려 말과 조선 전기의 관인들이 과거 시험보다는 추천으로 우선 임용되었다는 사실을 밝히며 새로운 계층인 사대부가 과거 제도를 통해서 등장했다는 통설의 입장을 반박한다. 따라서 ⓐ는 새로운 사회계층의 다수가 과거 제도를 통해 형성되었다는 신진사대부론의 논리는 역사적 사실에 부합하지 않는다고 볼 것이다.

⑤ 적절하지 않다. ⓐ는 권문세족과 사대부를 별개의 정치 세력으로 보기 어렵다고 보고 신진사대부론을 비판하였다. 이는 곧 통설에서 주장하는 사대부 개념과 당시에 통용된 용어의 의미 사이에 괴리가 큼을 지적하는 것으로, 당대의 언어 사용을 실증적으로 엄밀하게 따져보아야 한다는 논리로 연결될 수 있다. 따라서 ⓐ는 사대부라는 용어 사용의 적절성과 종래 사대부라 지칭되던 집단의 존재 여부를 별개의 문제라고 보지 않을 것이다.

12. 정답 ③

내용 영역 인문 문항 유형 정보의 평가와 적용

① 적절하지 않다. <보기>에서 다양한 시점에 일어난 사건을 설명하지만, 이러한 정보만으로 수치 자료 파악을 우선시한다고 보기는 어렵다. 그리고 <보기>는 조선 건국이 사회 변화에 따른 지배체제 변동에 속한다고 볼 것이므로 기존 지배층과 대립하는 새로운 세력이 존재했다는 점에 긍정적 입장을 보일 것이다. 따라서 <보기>가 수정주의자와 유사한 주장을 한다고 보기 어렵다.

② 적절하지 않다. <보기>에서는 고려 후기 농업 생산력의 발달과 이를 주도한 지주층이 정계에서 영향력을 끼쳤다는 점을 들어 사회 변화에 따른 지배체제 변동이 있었음을 인정하므로, 한국사를 서로 다른 계급 간 대립의 연속으로 이해하고 있다고 볼 수 있다. 하지만 <보기>에서는 조선 건국이 사회 변화에 따른 지배체제 변동에 속하며, 기존 지배층과 대립하는 새로운 세력이 존재했다는 점에 긍정적이므로 권문세족과 신진사대부 세력을 구별하지 않을 것이라고 평가하기는 어렵다.

③ 적절하다. <보기>는 조선 건국이 사회 변화에 따른 지배체제 변동에 속한다고 주장하므로, 조선 건국을 비롯한 정치적 변동이 사회 의식 변화와 무관하지 않다고 볼 것이다. 마지막 문단에 따르면, 신진사대부론을 계승한 사람들은 유의미한 사회 변화에 걸맞은 의미를 역사적 사건에 부여하려고 노력하는 것이 역사학의 책임임을 강조하고 있다. 이에 따르면 <보기> 또한 신진사대부론을 계승한 사람들의 입장에 공감할 것이라고 평가할 수 있다.

④ 적절하지 않다. <보기>에는 사회 변화에 따른 지배체제 변동은 계급적 기반을 달리하는 정치 세력의 교체를 의미한다고 전제하며, 조선 건국이 사회 변화에 따른 지배체제 변동에 속하지 않는다는 주장이 소개되어 있다. <보기>는 이 주장을 비판하고 있으므로, 조선 건국이 사회 변화에 따른 지배체제 변동에 속한다고 볼 것이다. 즉 계급을 기준으로 지배계층을 양분화하는 것에 대해 비판적 태도를 보인다고 볼 수 없다. 그리고 <보기>의 정보만으로는 왕조의 교체가 일정한 법칙에 따른다고 보는지도 파악하기 어렵다.

⑤ 적절하지 않다. <보기>는 조선 건국이 사회 변화에 따른 지배체제 변동에 속한다고 주장하므로, 역사적 사건이 독자적인 현상이 아니며 정치 변동과 서로 연관된다고 볼 것이다. 하지만 <보기>의 정보만으로는 해당 입장이 조선 전기의 정치 지배 세력을 규정하는 것 자체가 불필요하다고 보는지는 파악하기는 어렵다.

13. 정답 ④

내용 영역 사회 문항 유형 정보의 확인과 재구성

① 일치하지 않는다. 마지막 문단에 따르면, 비례성에 영향을 미치는 요소 중 결정적 요인은 선거구의 크기이다. 즉 인구수가 많은 국가라 하더라도 적은 의원을 선출하는 다수의 선거구가 존재하여 선거구의 크기가 작다면, 인구수가 적은 국가보다 낮은 비례

성을 가질 수 있다. 따라서 인구 2,000만의 국가라 하더라도 선거구의 크기가 작다면, 인구수가 150만인 국가보다 낮은 비례성을 가질 수 있다.

② 일치하지 않는다. 마지막 문단에 따르면, 의원 수는 선거구 크기와 관계된다. 그리고 의원 총수를 줄이는 것은 선거구의 크기를 축소하는 효과를 가진다. 따라서 다른 조건들이 일정할 때 의원 총수를 줄이는 방식은 선거구의 크기를 축소시켜 비례성을 낮추는 효과를 가질 것이다.

③ 일치하지 않는다. 6문단에 따르면, 비례성이 높고 진입장벽이 낮을수록 극단주의 정당이 의회에 진입할 가능성이 커진다. 그리하여 독일은 총득표율 5%라는 진입장벽을 두고 있다. 반면 마지막 문단에 따르면, 네덜란드의 경우 선거구가 커 비례성이 높고, 진입장벽도 갖추고 있지 않다. 따라서 극단주의 정당의 의회 진출 위험성이 상대적으로 큰 나라는 네덜란드이다.

④ 일치한다. 1문단에 따르면, 정당의 득표율과 의석 배분 비율의 일치도는 비례성을 의미하는 것임을 알 수 있다. 그리고 마지막 문단에 따르면, 선거구의 크기는 비례성에 영향을 미치는 결정적 요인으로, 선거구의 크기가 클수록 비례성이 높아진다. 그런데 다른 조건이 같을 때 선거구의 수가 많아지면 한 선거구의 크기는 작아질 것이다. 따라서 다른 조건들이 일정할 때 선거구의 수가 많아질수록 정당의 득표율과 의석 배분 비율의 일치도가 낮아질 것이다.

⑤ 일치하지 않는다. 6문단에 따르면, 비례성이 매우 높았던 바이마르 공화국에서 정당의 난립으로 정치적 안정을 확립하지 못했다는 사실을 통해 비례성이 높은 제도가 정치적 안정을 저해하는 사례를 확인할 수 있다. 따라서 비례성을 높이는 선거 제도는 오히려 정치적 안정성을 저해할 수도 있다.

14. 정답 ④
내용 영역 사회 **문항 유형** 정보의 추론과 해석

① 적절하지 않다. 3문단에 따르면, 분모의 크기가 커질수록 쿼터가 작아지므로 소수 정당이 의석을 차지하게 될 가능성이 상대적으로 낮아진다고 하였다. 이를 통해 분모의 크기가 큰 임페리알리 쿼터 쪽이 소수 정당의 의석 획득에 불리하다는 사실을 추론할 수 있다.

② 적절하지 않다. 3문단에 따르면, 선거구의 크기는 M에 해당하므로 선거구의 크기가 클수록 분모에 더해지는 수(1 또는 2)의 비중은 작아지게 된다. 이는 여러 방식 사이에 쿼터 크기 차이를 줄이는 효과를 가지므로 의석 배분 결과의 차이는 오히려 줄어들 것이다.

③ 적절하지 않다. 5문단에 따르면, 동트 방식과 달리 순수 상-라게 방식은 의석을 얻고 난 후에 제수가 3, 5……로 커지기 때문에 소수 정당에 의석이 배분될 가능성이 더 커진다고 하였다. 즉 제수가 커지는 정도가 클수록 소수 정당이 의석을 확보할 기회가 많아지는 것이다. 따라서 제수가 커지는 정도가 작을수록 소수 정당의 의회 진출이 용이해지지 않을 것이다.

④ 적절하다. 1문단에 따르면, 뒤베르제는 비례대표제가 정당 체계를 다당제로 이끄는 경향이 있다고 보았다. 즉 소수 정당의 의석 획득 가능성과 비례성을 높이는 방식이 뒤베르제의 가설을 더 강화할 수 있는 것이다. 제수가 커지는 정도가 작을수록 소수 정당이 의석을 확보할 기회가 더 줄어든다는 점을 고려했을 때, 최고평균 방식에서는 동트 방식보다 변형된 상-라게 방식의 비례성이 높을 것이다. 따라서 변형된 상-라게 방식이 동트 방식에 비해 뒤베르제의 가설을 상대적으로 더 강화한다고 볼 수 있다.

⑤ 적절하지 않다. 4문단과 5문단에 따르면, 최고평균 방식(ⓒ)에서 A당이 450표로 가장 많은 표를 얻었지만 370표를 얻은 B당과 동일한 의석을 배분받았다. 따라서 가장 많은 표를 얻는 정당이라 하더라도 배분되는 의석수는 그보다 적은 표를 얻은 정당과 같게 나타날 수도 있다.

15. 정답 ①
내용 영역 사회 **문항 유형** 정보의 평가와 적용

① 적절하지 않다. A 국가의 의원 총수는 100명이므로, 10% 인구를 차지하는 甲 선거구에 할당된 의원 수는 10명임을 알 수 있다. 그러므로 甲 선거구에 헤어 쿼터를 적용하면 쿼터는 (450+300+150+60+40)/10 = 100이다.

	㉮당	㉯당	㉰당	㉱당	㉲당
득표수	450표	300표	150표	60표	40표
몫	4	3	1	0	0
나머지	50	0	50	60	40

먼저 몫에 따라 ㉮, ㉯, ㉰당에 각각 4석, 3석, 1석이 배분되고, 잔여 의석은 나머지 크기 순서에 따라 ㉱당과 ㉮당이 1석씩 배분받는다. 그리하여 ㉮, ㉯, ㉰, ㉱ 당이 5석, 3석, 1석, 1석씩 배분받게 된다.

한편, 임페리알리 쿼터를 적용하면 쿼터는 1000/12 = 83.33…이다.

	㉮당	㉯당	㉰당	㉱당	㉲당
득표수	450표	300표	150표	60표	40표
몫	5	3	1	0	0
나머지	33.33	50	67.66	60	40

10석 중 9석이 ㉮, ㉯, ㉰당에 각각 5석, 3석, 1석씩 배분되고, 잔여 의석은 나머지의 크기가 가장 큰 ㉰당이 배분받는다. 즉 최대 잉여 방식에서 ㉱당이 의석을 배분받는 경우도 있고, 배분받지 못하는 경우도 있다. 따라서 어떠한 쿼터를 채택하느냐에 따라 ㉱당이 배분받는 의석은 달라진다.

② 적절하다. 동트 방식을 적용한 몫은 다음과 같다.

	㉮당	㉯당	㉰당	㉱당	㉲당
÷1	450	300	150	60	40
÷2	225	150	75	30	20
÷3	150	100	50		
÷4	112	75	37		
÷5	90	60			
÷6	75	50			

이를 통해 가장 큰 몫 값이 60인 ㉱당은 동트 방식에서 의석을 배분받을 수 없음을 알 수 있다.

한편, 순수 상-라게 방식을 적용해 몫을 나열하면 다음과 같다.

	㉮당	㉯당	㉰당	㉱당	㉲당
÷1	450	300	150	60	40
÷3	150	100	50	20	13
÷5	90	60	30	12	
÷7	64	42			
÷9	50	33			
÷11	40				

순수 상-라게 방식을 적용할 경우 동트 방식을 적용할 때와 달리 ㉱당이 의석을 배분받게 되므로 동트 방식에 비해 순수 상-라게 방식이 유리함을 알 수 있다.

③ 적절하다. 의원 총수를 200명으로 설정한다면 甲 선거구에 20명의 의원이 할당될 것이다. 그에 따라 순수 상-라게 방식을 적용하면 다음과 같다.

	㉮당	㉯당	㉰당	㉱당	㉲당
÷1	450	300	150	60	40
÷3	150	100	50	20	13
÷5	90	60	30	12	8
÷7	64	42	21	8	5
÷9	50	33			
÷11	40	27			
÷13	34	23			
÷15	30	20			
÷17	26				

이처럼 의원 총수를 200석으로 늘리고 순수 상-라게 방식을 적용할 경우, 몫 크기 순서에 따라 ㉲당은 의석을 배분받을 수 있다.

④ 적절하다. ㉱당과 ㉲당이 합당하여 각 당의 득표수를 합친 만큼 득표한 경우에 동트 방식을 적용하면 다음과 같다.

	㉮당	㉯당	㉰당	㉱+㉲당
÷1	450	300	150	100
÷2	225	150	75	50
÷3	150	100	50	33
÷4	112	75	37	25
÷5	90	60		
÷6	75	50		

이 경우, ㉱+㉲당이 1석을 배분받게 됨을 알 수 있다.

⑤ 적절하다. 진입장벽 내 정당의 득표만으로 의석 배분을 계산하기 위해 ㉲당의 득표수를 제외할 경우 헤어 쿼터는 96이 된다. 이를 적용하면 다음과 같다.

	㉮당	㉯당	㉰당	㉱당
득표수	450	300	150	60
몫	4	3	1	0
나머지	66	12	54	60

먼저 10석 중 8석이 ㉮당에 4석, ㉯당에 3석, ㉰당에 1석씩 배분되고, 잔여 의석은 ㉮당이 1석, ㉱당이 1석씩 배분받는다. 따라서 헤어 방식을 적용할 때 ㉱당은 의석을 확보할 수 있다.

16. 정답 ④

내용 영역 인문 **문항 유형** 정보의 확인과 재구성

① 일치한다. 마지막 문단에 따르면, 데리다는 파레르곤을 통해 형식과 내용, 안과 밖의 범주들이 무너지는 순간으로서의 미장아빔을 설명하였다. 이를 바탕으로 데리다는 우리가 작품을 보는 행위에서 작품과 작품 외부의 경계가 모호해진다고 하였다. 따라서 파레르곤은 안과 밖의 경계를 허문다는 점에서 미학적인 특징을 가진다고 할 수 있다.

② 일치한다. 2문단에 따르면, 미장아빔은 서사적 측면에서의 원리뿐만 아니라 시에서도 작가의 내면세계를 드러내는 미학적 형식으로서 중요하게 다루어지고 있다. 따라서 미장아빔은 시인의 의식과 미적 형식을 어떻게 연결시킬 것인지의 문제와 연관된다고 할 수 있다.

③ 일치한다. 1문단에 따르면, 20세기 현대예술은 자연의 재현이나 풍경에 대한 감상보다 주체 내면의 갈등과 분열을 표현하는 데 더 초점을 두었다. 따라서 20세기 예술은 풍경에 대한 감상보다 주체의 내면세계를 표현하는 것을 더 중요하게 여겼다고 할 수 있다.

④ 일치하지 않는다. 1문단에 따르면, 미장아빔은 주체가 스스로를 의식하고 텍스트 내부 세계를 반영하는 자기반영성을 잘 드러내는 예술 기법이다. 그런데 2문단에 따르면, 앙드레 지드는 최초로 미장아빔을 문학적 기법으로 적용하고 그 미학적 원리를 설명하면서, 미장아빔을 작품의 외부와 내부를 연결시키고 그 경계를 모호하게 만드는 것으로 간주하였다. 그뿐만 아니라, 린다 허천과 데리다는 각각 미장아빔을 원본과 복제의 차이를 지워 버리는 패러디 또는 작품과 외부의 경계를 모호하게 하는 파레르곤과 연관 지었다. 따라서 현대 문학에서 주체가 스스로를 의식하는 것은, 텍스트 외부와 내부 세계를 구분 짓는 것과는 거리가 멀다.

⑤ 일치한다. 1문단에 따르면, 미장아빔은 마주 보는 두 거울에 반대편 거울의 상이 끝없이 비치듯 주체 내부의 심연을 보여주고 주체를 반영하는 기법으로서 작용한다. 그리고 2문단에 따르면, 앙드레 지드는 미장아빔의 장치로 거울을 사용하면서, 주체는 대상을 인식하고 그 대상이 반작용하는 상호 관계의 무한 반복을 통해 자

기 자신을 반영하고 자시 자신의 관계에 대해서 탐색한다고 하였다. 따라서 작품 속 거울 이미지는 시적 주체의 심연을 보여주는 동시에 무한 반복을 통한 연쇄작용을 나타낸다고 할 수 있다.

의 범주들이 무너지는 어떤 순간으로 파악하면서 작품 외부와 내부의 경계를 지우고자 했으나, 이들 외부 현실의 문제와 관련 짓고 있지는 않다.

17. 정답 ②

[내용 영역] 인문　[문항 유형] 주제, 구조, 관점 파악

① 적절하지 않다. 2문단에 따르면, 앙드레 지드(㉠)는 작품의 외부와 내부를 연결시키고 그 경계를 모호하게 만드는 미장아빔의 장치로 거울을 사용했다. 즉 거울은 미장아빔의 장치로서 시적 주체와 대상의 경계를 모호하게 만드는 것이다. 따라서 ㉠은 거울이 작품에서 시적 주체와 주체에 대한 대상을 구분 짓는 역할을 한다고 보지 않았다.

② 적절하다. 마지막 문단에 따르면, 데리다(㉢)는 작품 외부의 것이지만 내부도 외부도 아닌 것에 대한 개념인 파레르곤을 통해 미장아빔을 설명한다. 그가 보기에 시의 파레르곤은 텍스트와 긴밀하게 연결되어 있으며, 그 경계를 지워야만 작품을 독해할 수 있다. 즉 텍스트 외부의 저자나 목차, 서평, 텍스트 내부의 시의 제목이나 각주 같은 것들은 시 텍스트와 긴밀히 연결되어 있어 그 경계를 지워야 작품의 온전한 독해가 가능한 것이다. 따라서 ㉢은 작품 외부의 것을 통해 작품 내부를 들여다보는 방식을 미장아빔의 원리로 파악한다고 볼 수 있다.

③ 적절하지 않다. 2문단에 따르면, 앙드레 지드(㉠)는 미장아빔의 장치로 거울을 사용했다. 그리고 작품 속 거울 이미지는 한 인간의 자아를 비추는 역할로 기능하며, 거울에 비친 자신의 이미지를 들여다봐야만 우리가 우리 자신이 무엇인지와 삶이 무엇인지를 인식할 수 있다고 주장했다. 3문단에 따르면, 린다 허천(㉡)은 하나의 텍스트 안에 다른 텍스트가 서로 관련되어 나타나는 상호텍스트성 측면에서 패러디가 '이야기 속 이야기'라는 미장아빔의 원리를 충실히 따르며, 외부 현실의 문제를 시 텍스트 안으로 중첩시켜 낯설게 하는 원리가 자기반영성의 측면에서 주목하기보다는 미장아빔과 관련이 있다고 생각했다. 즉 ㉡은 ㉠과 달리 미장아빔을 계속해서 이미지가 아닌 텍스트와 연관지어 설명하고 있다. 따라서 ㉠과 ㉡이 미장아빔을 특정한 이미지를 도입하여 표현했다는 점에서 공통적이라고 볼 수 없다.

④ 적절하지 않다. 2문단에 따르면, 앙드레 지드(㉠)는 작품의 외부와 내부를 연결시키고 그 경계를 모호하게 만드는 미장아빔의 장치로 거울을 사용했다. 하지만 마지막 문단에 따르면, 데리다(㉢)는 파레르곤으로서의 미장아빔을 자기반영성의 측면에서 주목하기보다는 텍스트의 고정된 의미를 해체하고 다양한 해석을 가능케 하는 장치로 파악하였다. 따라서 ㉢이 미장아빔을 자기반영성의 장치로 설명했다고 보기 어렵다.

⑤ 적절하지 않다. 3문단에 따르면, 린다 허천(㉡)은 외부 현실의 문제를 시 텍스트 안으로 중첩시켜 낯설게 하는 원리가 자기반영성의 측면에서 미장아빔과 관련이 있다고 생각했다. 하지만 마지막 문단에 따르면, 데리다(㉢)는 미장아빔을 형식과 내용, 안과 밖

18. 정답 ①

[내용 영역] 인문　[문항 유형] 정보의 평가와 적용

① 적절하지 않다. 2문단에 따르면, 지드는 주체가 대상을 인식하고, 그 대상이 반작용하는 상호 관계의 무한 반복을 통해 이야기가 만들어질 수 있다고 설명하였다. 이때 이야기를 만들어내는 방식은 대상의 반작용을 통해 자기 자신을 반영함으로써 이루어진다. <보기>에 따르면, 『이승훈 씨를 찾아간 이승훈 씨』(ⓐ)에서 바바리를 걸친 이승훈 씨는 작업복을 입은 이승훈 씨와 마주친 뒤, 타자화된 자신과 인사를 나누고, 동시에 작업복을 입은 시인 자신은 타자화된 자신을 자신의 방으로 안내하여 자신의 시에 대해 이야기를 나눈다. 이를 고려하면, 지드의 관점에서 바바리를 입은 이승훈 씨가 작업복을 입은 이승훈 씨와 마주친 순간 자체는 대상의 반작용이 일어난 것이라고 보기 어려우며, 이승훈 씨가 타자화된 자신과 인사를 나누거나 자신의 시에 대해 이야기를 나누는 순간이 대상의 반작용으로 해석될 것이다.

② 적절하다. 2문단에 따르면, 지드는 주체가 대상을 인식하고, 그 대상이 반작용하는 상호 관계의 무한 반복을 통해 문학의 주제가 생겨나고 이야기가 만들어질 수 있다고 설명하였다. <보기>에서 시의 의미가 심연 속으로 빠진 후 시와 현실 간의 혼란이 무한 반복된 것은 주체인 시인과 그에 반작용하는 대상 간 상호 관계의 반복을 드러낸다고 볼 수 있다. 그리고 이는 자신의 시를 이해하지 못하는 혼란을 통해 오히려 자신의 시 쓰기 행위가 무엇인지를 성찰하는 시의 주제의식과 연관된다. 따라서 지드는 ⓐ가 시와 현실 간의 혼란이 무한 반복되다가 결국 이승훈 씨의 분열로 마무리가 된다는 점에서, 시의 주체와 그에 반작용하는 대상이 반복되어 문학의 주제가 나타났다고 해석할 것이다.

③ 적절하다. 4문단에 따르면, 허천이 주장한 패러디로서의 미장아빔은 메타시와 연관된다. 메타시는 각기 자신의 형식을 스스로 비평하는 기능을 구조적 특성으로 가진 메타성을 통해 자의식을 띤다. <보기>에 따르면, 『이승훈 씨를 찾아간 이승훈 씨』(ⓐ) 속 바바리를 걸친 이승훈 씨가 자신의 시를 보고 무슨 말이냐고 묻는 부분에서 시의 의미는 혼란에 빠지게 된다. 이때 시의 의미가 혼란에 빠지게 되는 부분에서 ⓐ의 메타시로서 비평적 속성이 드러난다. 따라서 허천은 바바리를 입은 이승훈 씨가 자신의 시를 보고 무슨 말이냐고 묻는 장면을, 메타시의 비평적 속성이 드러나는 부분이라고 해석할 것이다.

④ 적절하다. 3문단에 따르면, 허천은 하나의 텍스트 안에 다른 텍스트가 서로 관련되어 나타나는 상호텍스트성 측면에서 패러디가 '이야기 속 이야기'라는 미장아빔의 원리를 충실히 따라간다고 보았다. <보기>에 따르면, 『이승훈 씨를 찾아간 이승훈 씨』(ⓐ)에는 시인 자신이 화자와 대상으로 등장하며, 시 안에는 자신의

시가 패러디되어 있다. 즉 ⓐ는 텍스트 안에 다른 텍스트가 나타나 있는 형태인 것이다. 따라서 허천은 ⓐ 안에 이승훈의 시가 패러디되어 있다는 점에서, 『이승훈 씨를 찾아간 이승훈 씨』가 서사적 측면에서의 미장아빔 원리를 따라간다고 해석할 것이다.

⑤ 적절하다. 마지막 문단에 따르면, 데리다는 시에서 파레르곤은 텍스트 외부의 저자나 목차, 서평 등으로 적용되기도 하고, 시 텍스트 내부에서 시의 제목이나 각주의 형식으로 나타나기도 한다고 하였다. 또한 시의 파레르곤은 텍스트와 긴밀하게 연결되어 있으며, 텍스트의 내용을 떠나 그 경계를 지워야만 작품을 독해할 수 있다고 하였다. 이러한 관점에서 보면, 〈보기〉의 『이승훈 씨를 찾아간 이승훈 씨』(ⓐ)에서 제목은 시인 자신이 주체와 대상으로 등장함을 암시하고 있다고 볼 수 있다. 즉 〈보기〉에서 시 제목인 『이승훈 씨를 찾아간 이승훈 씨』와 시 텍스트는 긴밀하게 연결되어 있다고 볼 수 있다. 따라서 데리다는 이승훈의 시 제목이 『이승훈 씨를 찾아간 이승훈 씨』라는 점에서, 시 텍스트와 시의 제목 간 경계를 지움으로써 작품을 독해할 수 있다고 해석할 것이다.

19. 정답 ③
내용 영역 사회　문항 유형 정보의 확인과 재구성

① 일치한다. 1문단에 따르면, 주류 경제학자들은 세계화와 기술 진보가 경제적 불평등 수준의 변화를 낳는다고 본다. 그리고 주류 경제학자들의 설명에 따르면 서구 국가에서 경제적 불평등의 완화는 제2차 세계대전이라는 전쟁으로 인한 이례적인 경우이며, 경제학 이론의 가정과 달리 노동의 대가로 얻는 노동소득이 더 이상 부의 재분배 기능을 할 수 없게 되었다. 따라서 주류 경제학자들은 20세기 후반 소득 불평등의 심화가 경제학 이론에 따른 필연적 현상이 아님을 인정했다고 볼 수 있다.

② 일치한다. 2문단에 따르면, 스티글리츠는 정치 시스템이 상위계층에 유리하고 나머지 계층에 불리한 방향으로 시장경제 제도를 구축함으로써 소득 불평등을 심화시켜 왔음을 강조한다. 즉 그는 소득 불평등 심화 현상을 제도적 합의가 어떻게 이루어지느냐에 따라 달라질 수 있는 요소라고 여긴 것이다. 따라서 스티글리츠는 이를 제도적 차원에서 방지할 수 있었다고 여길 것이다.

③ 일치하지 않는다. 2문단에 따르면, 스티글리츠는 '인위적으로 완전경쟁을 훼손함으로써 초과 이득을 취하는 행위'라는 확장된 지대추구 개념을 제시한다. 이에 따르면 기업에 대한 정부의 보조금 지급이나 조세감면 같은 조치뿐만 아니라, 물자 조달권을 제한하여 소수 기업의 독점적 권리를 보장하는 것도 국민의 세금을 들여 기업의 수익을 높이는 행위에 해당한다. 따라서 스티글리츠가 특정 권리의 취득을 제한하는 규제 강도를 높일수록 기업에 불리하게 작용하여 소득의 불균형을 방지할 수 있다고 본 것은 아니다.

④ 일치한다. 4문단에 따르면, 피케티의 분석에서 소득 대비 자본 비율은 국가자산 규모를 파악하는 지표로 활용될 수 있다. 하지만 부의 불평등 양상을 관측하기 위해서는 상위 계층의 소득점유율 자료를 연도별로 수집하여, 소득 격차가 얼마나 벌어지고 있는지를 파악해야 한다. 따라서 피케티에 따르면 소득 대비 자본 비율만으로는 부의 불평등 양상을 진단하기 어렵다.

⑤ 일치한다. 4문단에 따르면, 부의 불평등 심화 현상이 관측되는 국가들에서 공통되게 자본수익률이 경제성장률에 비해 높게 나타났다. 이는 부의 불평등이 심해지는 국가라면 경제 성장으로부터 얻는 이익보다 자본 증가로부터 얻는 이익의 규모가 더 크고, 더 빠르게 증가한다는 것을 의미한다. 따라서 피케티에 따르면 어떤 나라에서 경제 성장으로부터 얻는 이익이 자본 증가로부터 얻는 이익보다 더 크다면 부의 불평등 심화 현상이 관측되는 국가라고 보기 어려울 것이다.

20. 정답 ③
내용 영역 사회　문항 유형 정보의 추론과 해석

① 적절하지 않다. 1문단에 따르면, 산업구조의 변화는 임금 격차로 인한 소득 불평등을 일으키는 요소이다. 3문단에 따르면, 소득 불평등(㉠)은 자본소득으로 인해 발생하는 것을 의미하므로, 이로 인해 산업구조에서 제조업이 차지하는 비중이 축소될 것인지는 알 수 없다.

② 적절하지 않다. 4문단에 따르면, 소득 불평등(㉠)은 상위 계층의 자본 증식은 더 빠르게 진행되고, 하위 계층의 자산 증가는 국가 자산 증가 추세에 미치지 못하는 상황을 통해 확인할 수 있다. 즉 소득 불평등은 계층 간 비교를 통해 확인할 수 있는 것이지, 개인의 노동으로 인한 소득과 부의 증가량 비교를 통해 확인되는 것이 아니다.

③ 적절하다. 4문단에 따르면, 피케티는 정치 제도와 같은 조치에 따라 이미 고착화된 불평등 상황이 완화되거나 그렇지 않을 수 있음을 설명하면서, 불평등의 추세가 기업, 정부를 비롯한 이해관계자 간 역학관계와 이로부터 도출되는 선택에 의존적이라고 보았다. 따라서 ㉠은 자본소득 증대를 지원하는 제도 및 정책으로 인해 심화되었다고 해석할 수 있다.

④ 적절하지 않다. 3문단에 따르면, 피케티는 전체 국민소득과 자본/소득 비율을 통해 국가자산의 규모를 파악하고, 상위 계층이 국가자산을 얼마나 독점하고 있는지 파악할 수 있도록 이들의 소득 점유율 관련 자료를 연도별로 수집하고, 자본수익률과 자본소득 비중을 통해 자본소득의 증가세를 밝히고자 하였다. 이에 따르면 연간 국가자산이 특정 계층에 의해 독점되었는지를 확인하려면 소득점유율 관련 자료가 필요하므로, 연간 국가자산 성장 폭이 증가했다는 사실만으로 ㉠이 심화되었다고 보기는 어렵다.

⑤ 적절하지 않다. 4문단에 따르면, 피케티는 부의 불평등이 관측되는 서구 국가들에서 공통되게 자본수익률이 경제성장률에 비해 높게 나타나는 것을 발견하였다. 이는 경제 성장이 주는 이익보다 자본 증가로부터 얻는 이익의 규모가 더 크고, 더 빠르게 증가한다는 것을 의미한다. 이때 경제성장률이 전년도에 비해 상승하고, 자본수익률 또한 전년도에 비해 상승했다는 사실만으로 해당 국가 내 ㉠이 완화되었다고 판단하기는 어렵다.

21. 정답 ④

내용 영역 사회 | 문항 유형 정보의 평가와 적용

① 적절하다. 4문단에 따르면, 피케티의 분석에서 자본/소득 비율은 자본소득비중에서 자본수익률을 나눈 값으로, 저축률/경제성장률 비율과 같다. <보기>의 경우 A국의 자본소득비중이 40%이고 수익률이 10%이면, 자본/소득 비율, 즉 저축률/경제성장률 비율은 4이다. 따라서 경제성장률이 7%라면, A국의 저축률은 28%이다.

② 적절하다. <보기>에 따르면, 농업과 제조업 중심 국가였던 B국에서 기술 발전으로 인해 임금 격차가 생겨났다. 그리고 1문단에 따르면, 주류 경제학자들은 불평등의 원인으로 세계화와 기술 진보를 지목하면서, 그로 인해 임금 격차가 벌어지면서 경제학 이론의 가정과 달리 노동소득이 더 이상 부의 재분배 기능을 할 수 없게 되는 결과를 낳았다고 지적한다. 이를 종합하면, 가정에 따르면 노동소득이 가능한 많은 사람에게 안정적으로 분배되어야 하는데, 임금 격차가 심화되면서 노동소득이 부의 재분배 기능을 하지 못하고 소득의 불평등을 일으키게 될 것이다.

③ 적절하다. 2문단에 따르면, 스티글리츠는 금융산업 발전은 임금 외에 이자, 배당금 등이 소득에서 차지하는 비중이 늘어나도록 하였음을 지적하면서 금융산업의 발달을 불평등 심화의 원인 중 하나로 지목한다. 다시 말해, 상위 계층의 소득 증가는 금융산업의 발달을 통한 자본소득의 증가로부터 기인한 것이다. 그리고 <보기>에 따르면, A국은 금융산업이 발달했으며 자본수익률과 자본소득비중의 상승으로 인해 경제적 불평등이 발생하였다. 따라서 스티글리츠는 금융산업의 발달로 인해 A국의 소득 증가가 상위 계층에 편중되었다고 볼 것이다.

④ 적절하지 않다. 4문단에 따르면, 피케티의 분석에서 자본소득비중은 국민소득에서 자본소득이 차지하는 비중을 나타내며, 자본수익률과 자본/소득 비율을 곱한 값으로 나타난다. 그리고 국민소득과 자본/소득 비율을 통해 국가자산의 규모를 파악할 수 있다. 그런데 <보기>에는 B국의 자본소득비중이 제시되어 있지 않으므로, A국이 B국보다 국민소득이 더 높다고 가정해도 각국의 국가자산 규모를 비교할 수는 없다.

⑤ 적절하다. 마지막 문단에 따르면, 스티글리츠는 소득 또는 부의 불평등은 교육의 불평등으로 이어져 다음 세대에 기회의 불평등을 야기할 수 있다는 점을, 피케티는 부의 불평등이 상속받은 부에 따라 계층이 정해지는 '세습자본주의'로 이어질 것임을 우려하였다. 즉 스티글리츠와 피케티 모두 부모 세대의 부의 불평등이 다음 세대에까지 이어질 수 있다고 본 것이다. 그리고 2문단과 4문단에 따르면, 스티글리츠와 피케티 모두 불평등의 추세는 이해관계자들의 제도 선택에 달렸다고 보았다. 따라서 스티글리츠와 피케티 모두 임금 격차가 발생한 B국이 세습자본주의 국면에 진입하지 않으려면 이해관계자들의 의사결정이 중요하다고 볼 것이다.

22. 정답 ④

내용 영역 인문 | 문항 유형 정보의 확인과 재구성

① 일치하지 않는다. 3문단에 따르면, 설의 중국어 방 논증은 중국어 방 안의 사람이 정확한 대답을 재빨리 내보내더라도, 그가 중국어를 이해한다고 생각되지는 않는다고 비판한다. 즉 중국어 방은 어떠한 물리적 시스템이 입력과 출력의 인과성을 가지더라도 중국어를 이해했다고 볼 수는 없다는 점을 논증하고자 한 것이다. 따라서 설의 논증이 물리적 시스템에서 입력과 출력의 인과성을 인정하지 않았다고 보기 어렵다.

② 일치하지 않는다. 1문단에 따르면, 데카르트와 앨런 튜링은 기계가 이성을 갖고 생각할 수 있는지에 대한 견해가 달랐다. 하지만 앨런 튜링은 데카르트처럼 지적 대화 역량을 관찰하는 방법을 통해 이성을 갖추었는지를 확인하고자 하였다. 즉 데카르트와 앨런 튜링 모두 이성을 가진 존재만이 지적 대화 역량을 지니며, 이를 이성을 확인하는 방법으로 활용할 수 있다고 본 것이다.

③ 일치하지 않는다. 4문단에 따르면, 로봇 반론은 중국어 방이 중국어를 이해하려면 적절한 감각 그리고 세계와 인과적으로 상호작용할 수 있는 장치를 갖추어야 하며, 적절한 입출력 장치를 갖추고 세계와 인과적으로 접촉하는 로봇은 언어를 이해할 수 있을 것이라며 설의 논증을 반박한다. 즉 조건을 갖춘 로봇은 언어를 이해하고 생각한다고 볼 수 있으나, 중국어 방은 그러한 조건을 갖추지 못했다는 것이다. 따라서 중국어 방 논증에 대한 재반론이 공통적으로 중국어 방이 중국어를 이해했다고 주장하지는 않았음을 알 수 있다.

④ 일치한다. 3문단에 따르면, 로렌스 데이비스와 설이 제안한 사고실험은 모두 거대로봇과 중국어 방이 적절한 입력과 출력을 가지더라도 그것이 실제로 인간의 정신 작용과 같을 수는 없음을 주장하고자 하였다. 따라서 기능론에 반대하는 사고실험은 적절한 입력과 출력을 갖는 것과 이해한다는 것을 동일시할 수 없다는 주장에 기초한다고 볼 수 있다.

⑤ 일치하지 않는다. 3문단에 따르면, 중국어 방을 외부에서 관찰하는 사람은 중국어 방 안의 상황을 알 수 없으므로, 중국어 방이 튜링테스트를 통과한 것으로 여기게 된다. 이에 대하여 마지막 문단에 따르면, 다른 마음 반론은 중국어 방을 관찰하는 '우리'의 입장에서의 재반론이다. 하지만 줄리언 무어의 외계인 난쟁이 사고실험은 뇌 작동 방식을 관찰한다는 점에서 중국어 방 외부에서 중국어 방을 관찰하는 사람과는 입장이 다르다. 따라서 외계인 난쟁이 사고실험은 중국어 방 내부를 알지 못하는 외부 관찰자의 입장에서 제기된 재반론이라고 볼 수 없다.

23. 정답 ①

내용 영역 인문　문항 유형 정보의 추론과 해석

ㄱ. 적절하다. 4문단에 따르면, 시스템 반론(㉠)은 컴퓨터가 무엇인가를 이해할 때는 그 구성요소 하나가 아니라 시스템 전체가 이해하는 것이라고 본다. 즉 컴퓨터를 하나의 시스템으로, 컴퓨터 메모리 칩을 시스템의 구성요소로 볼 때, ㉠의 입장에서는 컴퓨터 메모리 칩이 프로그램을 구동하는 것은 아니라고 볼 것이다.

ㄴ. 적절하지 않다. 3문단에 따르면, 설은 중국어 방이 튜링테스트 자체를 통과할지라도, 즉 입력에 대한 적절한 출력을 제시할 수 있을지라도 중국어의 의미를 진정으로 이해했다고 보기는 어렵다고 주장한다. 그리고 4문단에 따르면, 로봇 반론(㉡)은 기계가 적절한 감각과 운동 장치를 갖추어야 기호에 의미를 부여하고 실제로 언어를 이해할 수 있다고 본다. 따라서 ㉡과 설 모두 기호에 의미를 부여하거나 이해할 수 있느냐가 생각하는 존재의 근본적 요건이라고 볼 것이다.

ㄷ. 적절하지 않다. 4문단에 따르면, 시스템 반론(㉠)에서는 중국어 방 안에 있는 사람이 중국어를 이해하는 것이 아니라 중국어 방 시스템 전체가 중국어를 이해한 것이라고 본다. 그리고 로봇 반론(㉡)에서는 중국어 방이 중국어를 이해하기에 불충분하다는 점은 받아들인다. 따라서 ㉠과 ㉡ 모두 중국어 방 안에 있는 중국어를 전혀 모르는 영어 원어민 화자는 중국어를 이해하지 못한다고 볼 것이다.

24. 정답 ③

내용 영역 인문　문항 유형 정보의 평가와 적용

① 적절하다. <보기>에 따르면, B는 무언가가 생각하는 존재인지 확인하기에 튜링테스트는 좁은 조건이라고 지적한다. 튜링테스트에서 확인할 수 있는 것은 기껏해야 특정한 기계가 계산 능력이 탁월하다는 것뿐이라는 것이다. 그리고 3문단에 따르면, 설은 중국어 방 논증을 통해 적절한 입력과 출력을 내놓는 존재라는 것만으로는, 즉 튜링테스트를 통과하는 것만으로는 중국어를 이해한다고 생각되지는 않는다고 지적한다. 따라서 중국어 방 논증은 튜링테스트를 좁은 조건이라고 지적하는 견해를 뒷받침할 수 있다.

② 적절하다. 1문단에 따르면, 튜링테스트의 통과 기준, 즉 기계를 생각하는 존재라고 판별하는 기준은 지적 대화 역량의 유무다. <보기>에 따르면, A는 이를 문제 삼으면서 이것이 돌고래, 영장류, 일부 인간 등을 생각한다고 볼 수 없게 만든다고 지적한다. 즉 A의 지적은 이들이 언어를 구사하지 못하지만 생각할 수 있는 존재임을 전제한다. 그런데 언어를 구사하지 못하는 존재가 생각하지 못한다고 주장하는 사람이라면, 튜링테스트가 이들을 생각하지 못하는 존재로 만든다는 A의 지적을 받아들일 이유가 없게 된다. 따라서 언어를 구사하지 못하는 존재는 생각하지 못한다고 여기는 사람이라면 A의 지적을 받아들이지 않을 것이다.

③ 적절하지 않다. <보기>에 따르면, A는 튜링테스트의 통과 조건이 생각의 유무를 판단하기에 강한 조건이라고 지적한다. 그렇다면 튜링테스트를 통과한 기계는 충분히 생각한다고 인정될 것이다. 반면 B는 생각과 같은 지성의 활동은 감정을 느끼는 등 다양한 활동을 수반하므로, 튜링테스트를 통과한 기계라고 하여 생각한다고 보기는 어렵다고 주장한다. 그러나 B는 기존의 튜링테스트만으로 생각의 여부를 판단하는 것이 불가능하다고 본 것이지, 튜링테스트를 통과한 기계가 생각하지 않을 것으로 판단한 것은 아니다.

④ 적절하다. 1문단에 따르면, 튜링테스트의 통과 기준은 지적 대화 역량, 즉 언어 사용 능력에 있다. <보기>에 따르면, A는 지능이 있다고 여겨지나 언어를 구사할 수 없는 돌고래, 영장류, 일부 인간들이 튜링테스트를 통과하지 못하는 문제가 생길 수 있음을 지적한다. 따라서 A는 마음을 갖고 생각하는 존재가 언어를 구사할 수 없다는 이유만으로 튜링테스트를 통과하지 못하는 문제가 발생할 수 있다고 보았을 것이다.

⑤ 적절하다. <보기>에 따르면, B의 논지는 튜링테스트를 통과하는 것만으로는 생각하는 존재라고 말하기에 충분하지 않으며, 감정을 느끼는 등 다양한 활동이 수반될 때 그 존재를 생각한다고 말할 수 있다는 것이다. 그런데 만약 기계가 계산 능력뿐만 아니라 감정을 느끼는 등의 능력을 갖춰야 튜링테스트를 통과한 것으로 인정됨으로써 튜링테스트의 통과 조건이 B의 요구 조건에 부합하게 된다면, B의 지적은 적실성을 잃게 될 것이다.

25. 정답 ②

내용 영역 과학기술　문항 유형 정보의 확인과 재구성

① 일치하지 않는다. 2문단에 따르면, 반복 트릭은 데이터를 반복적으로 수신하고, 메시지의 각 자릿수에 대해 가장 많이 나온 값을 정확한 값으로 판단하는 방법이다. 그런데 반복 전송 횟수, 송수신 과정에서의 오류율 등으로 잘못된 값이 정확한 값보다 더 많이 수신될 수도 있고 그리하면 오류를 정확한 값으로 받아들일 수 있다. 따라서 반복 트릭에서 숫자 한 자리에만 오류가 발생하더라도 이를 정확하게 정정하지 못할 수 있다.

② 일치한다. 2문단에 따르면, 반복 트릭에서는 데이터를 여러 번 전송하지만 전송하는 데이터의 길이 자체는 원본 데이터와 동일하다. 반면 3문단에 따르면, 리던던시 트릭은 반복 트릭에서의 재전송의 비효율성을 개선하기 위한 것으로 하나의 원본 데이터에 잉여 정보를 추가한 데이터를 전송한다.

③ 일치하지 않는다. 리던던시 트릭에서 데이터의 길이가 길어짐에 따라 필요한 잉여 정보의 길이도 늘어날 수 있지만, 원데이터와 동일한 길이의 데이터를 여러 번 재전송해야 하는 반복 트릭에 비해선 더 경제적이라 볼 수 있다. 따라서 리던던시 트릭은 반복 트릭의 비용 낭비 문제를 개선할 수 있는 방법이다.

④ 일치하지 않는다. 마지막 문단에 따르면, 체크섬 트릭의 일종인 단순 체크섬에서는 원본 메시지 뒤에 모든 자릿값의 합의 일의

자릿수를 덧붙여서 송신한다. 이때 이 일의 자릿수 역시 원본 데이터를 검증하기 위하여 원본 데이터의 뒤에 붙는 일종의 잉여 정보에 해당함을 알 수 있다.

⑤ 일치하지 않는다. 4문단에 따르면, 원본 데이터 비트의 수가 d일 때, 유효한 해밍 코드가 되기 위한 패리티 비트의 수 p는 $2^p \geq p+d+1$을 만족하는 최소 자연수가 되어야 하며, 이러한 해밍 코드를 (p+d, d) 해밍 코드라고 부른다. 따라서 d = 26일 때 p = 5이고 이를 (31, 26) 해밍 코드라고 한다.

26. 정답 ⑤

내용 영역 과학기술 **문항 유형** 정보의 추론과 해석

① 적절하지 않다. 두 자리 이상의 오류가 있을 때, 단순 체크섬은 이를 검출할 수도 있고 하지 못할 수도 있다. 원본 데이터 12345가 67345로 변했을 때는 모든 자릿수 합의 일의 자릿수가 동일하므로 오류를 검출할 수 없다. 그러나 23345로 변한 경우에는 오류 발생 사실을 검출할 수 있다.

② 적절하지 않다. 5문단에 따르면, 해밍 코드 전송 시 수신자가 오류를 검출하는 방법인 패리티 검사에서는, 오류가 있을 시 패리티 검사 결괏값인 세 자리의 이진수로부터 오류가 발생한 위치를 파악한다. 그런데 이때의 이진수를 변환하면 하나의 숫자만을 지시할 수 있다. 따라서 (7, 4) 해밍 코드는 두 자리 이상의 오류가 발생했을 때 이를 정정할 수 없을 것이다.

③ 적절하지 않다. 마지막 문단에 따르면, 체크섬 트릭은 오류를 검출만 할 수 있으면 정확한 메시지를 받을 때까지 재요청을 할 수 있다는 사실을 고려한 방법이다. 따라서 재전송이 어려운 데이터의 오류 정정에 있어 체크섬 트릭이 데이터의 오류 정정에 더 유리하다고 할 수 없다.

④ 적절하지 않다.

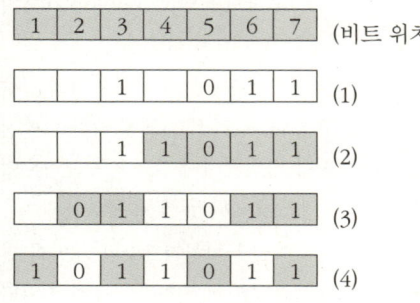

(1) 2^k ($k \geq 0$) 자리, 즉 패리티 비트 자리인 $2^0 = 1$, $2^1 = 2$, $2^2 = 4$를 제외한 위치에 원본 데이터를 입력한다.

(2) $2^2 = 4$이므로 자릿수 $2^2 = 4$개를 포함하는 4, 5, 6, 7번 비트가 홀수 패리티 조건을 충족하도록 하는 값인 '1'을 4번에 들어갈 패리티 비트 값으로 입력한다.

(3) $2^1 = 2$부터 $2^1 = 2$개를 포함하고 $2^1 = 2$개를 건너뛰고 다시 $2^1 = 2$개를 포함하는 위치, 즉 2, 3, 6, 7번 비트가 홀수 패리티 조건을 충족하도록 하는 값인 '0'을 2번에 들어갈 패리티 비트 값으로 입력한다.

(4) 같은 원리로 1, 3, 5, 7번 비트가 홀수 패리티 조건을 충족하도록 하는 값인 '1'을 1번에 들어갈 패리티 비트 값으로 입력한다.

이렇게 해서 원본 데이터 '1011'에 대해 홀수 패리티 조건으로 완성된 (7, 4) 해밍 코드는 '1011011'임을 알 수 있다.

⑤ 적절하다. 모든 자릿값의 합의 일의 자릿수가 원본과 동일하기 위해서는 한 자릿값의 오류가 기존 값과 10의 배수 단위로 차이가 나야 하는데, 십진법 데이터의 한 자릿값은 0~9 사이의 값을 가지므로 그러한 상황은 발생하지 않는다. 따라서 단순 체크섬을 이용하면 한 자리에서의 오류는 항상 검출할 수 있다.

27. 정답 ④

내용 영역 과학기술 **문항 유형** 정보의 평가와 적용

ㄱ. 적절하지 않다. (15, 11) 해밍 코드이므로 패리티 비트의 수는 15 - 11 = 4개이고 그 위치는 2^k ($k \geq 0$)에 해당하는 1, 2, 4, 8이다. 위치 8의 패리티 비트는 8~15를 관할하고, 위치 4의 패리티 비트는 4~7, 12~15를, 위치 2의 패리티 비트는 2~3, 6~7, 10~11, 14~15를, 위치 1의 패리티 비트는 홀수 위치들을 관할한다. 이 영역들을 기준으로 짝수 패리티 조건을 따르면 빈칸에 들어갈 숫자는 큰 위치부터 1, 1, 0, 0임을 알 수 있다.

ㄴ. 적절하다. 짝수 패리티 조건에서 (B)와 (C)의 패리티 비트는 모두 큰 위치부터 1, 1, 1, 0으로 동일하다.

ㄷ. 적절하다. 큰 위치의 패리티 비트가 관할하는 영역부터 짝수 패리티 검사 결과를 나열하면 이진법 숫자 1110이 나온다. 따라서 $1110_{(2)} = 1000_{(2)} + 100_{(2)} + 10_{(2)} = 2^3 + 2^2 + 2^1 = 8 + 4 + 2 = 14$번에서 오류가 발생했음을 검출하고 이를 1로 정정할 수 있다.

28. 정답 ④

내용 영역 규범 **문항 유형** 정보의 확인과 재구성

① 적절하지 않다. 4문단에 따르면, 신체적 후견주의는 신체적 해악을 방지하기 위하여 개인의 자유에 개입할 수 있다는 입장이다. 그런데 3문단에 따르면, 연성 후견주의는 자신에 대한 위험한 행위가 실질적으로 비자발적이거나, 자발적인지 여부를 확인하기 위하여 일시적인 간섭이 필요한 경우에만 국가가 개입할 수 있다는 입장이다. 즉 신체적 후견주의와 연성 후견주의는 적용 기준이 다르기 때문에 양자의 관련성을 확인할 수는 없으며, 신체적 후견주의가 해악의 원리와 관련해 연성 후견주의 형식을 취하고 있다고 볼 수 없다.

② 적절하지 않다. 4문단과 5문단에 따르면, 도덕적 후견주의는 법적 도덕주의를 수용할 수 있다고 해석되기도 한다. 그러나 법적 도덕주의와 도덕적 후견주의에 따라 정당화 여부가 달라지는 사례가 있고, 도덕적 후견주의가 행위의 결과로부터 드러나는 도덕성에 초점을 두는 반면, 법적 도덕주의는 행위의 결과에 관계없

이 행위 자체의 요소로부터 드러나는 도덕성을 고려하고 있다. 이러한 점을 고려하면 법적 도덕주의에 의해 정당화되는 사례가 반드시 도덕적 후견주의에 의해서도 정당화될 것이라 단정할 수 없다.

③ 적절하지 않다. 2문단에 따르면, 해악의 원리는 개인의 행위에 대한 국가의 권력행사가 정당화되는 것은 오로지 그 행위가 다른 사람에게 해악을 끼치는 경우에 한정된다는 입장이다. 이에 따르면 해악의 원리는 다른 사람의 선택이 야기하는 피해로부터 개인을 보호하고자 하며, 행위가 다른 사람에게 해악을 끼치는지 여부에 따라 자발적인 선택과 자유에 대한 후견적 개입 중 어떤 것이 우선시될지는 달라질 수 있다. 따라서 해악의 원리는 자유에 대한 후견적 개입과 자발적 선택 간의 우선순위를 고려하고 있다.

④ 적절하다. 3문단에 따르면, 경성 후견주의는 비록 완전히 자발적인 선택이라고 할지라도 해로운 결과가 예상된다면 행위자의 의사에 반해서 개입하는 것이 정당하다고 본다. 반면 해악의 원리는 행위자 자신에게 좋다는 점은 간섭의 적절한 근거가 될 수 없다고 보는 입장이므로, 법적 후견주의가 경성 후견주의의 입장을 취할 경우 행위자 자신에게 좋다는 점을 간섭의 근거로 인정하지 않는 입장인 해악의 원리는 유지되기 어려울 것이다.

⑤ 적절하지 않다. 3문단에 따르면, 연성 후견주의는 다른 사람의 선택과 다를 바 없는 비자발적인 선택으로부터 개인을 보호하고자 한다. 이에 따르면 어떤 사람이 상대방의 동의를 얻었음을 주장하며 상대방에게 해악을 입히려 한다면, 이때 상대방의 동의가 자발적인지 비자발적인지를 확인하기 위해 국가가 개입할 수 있을 것이다.

29. 정답 ③
내용 영역 규범　문항 유형 정보의 평가와 적용

①, ② 적절하다. 3문단에 따르면, 경성 후견주의자들은 완전히 자발적인 선택이라 할지라도 해로운 결과가 예상된다면 행위자의 의사에 반해서 개입하는 것이 정당하다고 본다. 이러한 관점을 따른다면 자발성의 여부와 상관없이 자신을 해하는 행위를 막기 위한 개입이 가능하다. 따라서 경성 후견주의자들은 을이 강에 빠지고 싶어한다는 사실을 갑이 알게 되더라도 갑이 그를 돌려세우는 것이 허용된다고 볼 것이다. 경성 후견주의는 또한 해로운 결과를 막고자 그의 자율성을 침해하는 것을 허용하므로, 을이 비록 다리의 상태를 잘 알고 있더라도 을의 생명을 지키기 위한 갑의 개입은 정당화될 것이다.

③ 적절하지 않다. 3문단에 따르면, 연성 후견주의는 행위자의 행위가 자발적인지 여부를 확인하기 위하여 일시적인 간섭이 필요한 경우에만 국가가 개입할 수 있다고 본다. 따라서 연성 후견주의자들은 을이 강에 빠지고 싶어 하는지 아닌지를 우선 확인하는 개입을 시도할 것이다. 이러한 관점에서는 갑이 을을 돌려세웠을 때 을의 행위가 자신의 의지에 따른 것인지를 갑이 알고 있다고 단정할 수 없다.

④ 적절하다. 3문단에 따르면 연성 후견주의는 자신에 대한 위험한 행위가 실질적으로 비자발적인 경우이거나, 또는 자발적인지 여부를 확인하기 위하여 일시적인 간섭이 필요한 경우에만 국가가 개입할 수 있다고 본다. 따라서 연성 후견주의자들은 을이 다리의 상태를 알고 있는지 여부를 확인하기 위하여 일단 다리를 건너지 못하도록 갑이 을을 제지하는 것을 정당한 것으로 볼 것이다.

⑤ 적절하다. 경성 후견주의는 자발성과 관계없이 해로운 결과가 예상된다면 행위자의 의사에 반해서도 개입하는 것이 정당하다고 보며, 연성 후견주의는 행위자의 행위가 자발적인지 여부를 확인하기 위하여 일시적인 간섭이 필요한 경우에만 국가가 개입할 수 있다고 본다. 을이 향정신성 의약품을 투여하여 판단력이 흐려진 상태에서 다리를 건너고 있다고 추정될 경우 경성 후견주의는 을이 자발적으로 행위했는지와 관계없이 이를 막아야 한다고 볼 것이며, 연성 후견주의는 을의 행위가 자발적인지 여부를 확인하기 위해 간섭이 필요하다고 볼 것이다. 따라서 두 입장 모두 갑이 그를 제지하는 것이 허용된다고 볼 것이다.

30. 정답 ④
내용 영역 규범　문항 유형 정보의 평가와 적용

① 적절하지 않다. <보기>는 사회가 개인의 도덕적 복지를 규율하는 입법에 관심을 갖지 않는다고 지적한다는 점에서 이러한 입법이 충분히 이루어지지 않는다고 보고 있다. 이에 따르면 <보기>는 개인의 도덕적 복지를 규율하는 입법이 지나치게 강조되고 있다고 지적하지 않으며, 이로 인해 도덕적 후견주의가 실현되기 어렵다고 주장하지도 않는다.

② 적절하지 않다. <보기>에 따르면 개인의 신체적 복지를 규율하는 입법은 곧 개인의 도덕적 복지를 규율하는 입법과 동일시된다. 따라서 <보기>가 개인의 신체적 복지를 규율하는 입법에만 중점을 두며, 법적 도덕주의가 도덕적 후견주의의 하위 개념이라는 점은 <보기>를 해석한 것이라 할 수 없다.

③ 적절하지 않다. <보기>는 신체적 후견주의와 도덕적 후견주의를 구별하기 어렵다고 보고 있다. 따라서 신체적 해악을 방지하는 것이 법적 후견주의에 따른 입법에서 우선적으로 고려되어야 한다는 점은 <보기>를 해석한 것이라 할 수 없다.

④ 적절하다. <보기>는 원칙적으로나 실천적으로나 개인의 신체적 복지를 규율하는 입법과 그의 도덕적 복지를 규율하는 입법은 구분될 수 없고, 이는 신체적 선과 도덕적 선을 구분하기 어렵다는 점에 기인한다고 주장한다. 이에 따르면 신체적 해악과 도덕적 해악에 차이를 둔 신체적 후견주의와 도덕적 후견주의도 구분하기 어려울 것이다. 그리고 <보기>가 도덕적 복지는 단순히 해악의 차원뿐만 아니라 선악을 구분하는 보편 법칙을 제시하는 역할도 한다고 본다는 점에서, <보기>는 도덕적 복지를 규율하는 입법이 이루어져 도덕적 후견주의가 실현된다면 도덕을 법으로 강제하는 과정이 이에 개입한다는 입장임을 추론할 수 있다. 따라서 <보기>는 신체적 후견주의와 도덕적 후견주의는 구분이

어렵고, 도덕적 복지의 성격을 고려할 때 법적 후견주의가 실현된다면 법적 도덕주의가 개입할 수밖에 없다는 입장으로 해석할 수 있다.

⑤ 적절하지 않다. 제시문에 따르면, 자유주의에 근접한 후견주의는 연성 후견주의, 법적 도덕주의에 근접한 후견주의는 도덕적 후견주의로 볼 수 있다. 그런데 <보기>는 개인의 신체적 복지와 도덕적 복지를 구별하기 어려우며, 도덕적 복지는 단순히 해악의 차원뿐만 아니라 선악을 구분하는 보편 법칙을 제시하는 역할도 한다고 본다. 이를 고려할 때, <보기>에서는 법적 후견주의를 도덕적 후견주의, 법적 도덕주의 모두와 연관짓고 있음을 확인할 수 있다. 따라서 법적 후견주의가 자유주의의 속성과도, 법적 도덕주의의 속성과도 무관하다는 내용은 <보기>를 해석한 것이라 할 수 없다.

01. 정답 ④

내용 영역: 규범 | 문항 유형: 정보의 확인과 재구성

① 일치한다. 1문단에 따르면, 관행과 법적 확신은 관습법의 성립요건이다. 그리고 사실인 관습은 사회의 관행에 의해 발생한 사회생활규범이지만 법적 규범으로 승인될 정도에 이르지는 않았다고 여겨진다. 이는 사실인 관습은 법적 확신을 얻지 못했음을 의미한다. 따라서 사실인 관습은 관습법의 성립요건 중 일부만을 갖추고 있다고 볼 수 있다.

② 일치한다. 2문단에 따르면, 법적 확신설은 법원이 관습법의 성립, 즉 관행이 법적 확신을 획득했는지를 판결을 통해 확인하는 역할을 한다고 보고, 국가 승인설은 법원의 승인을 통해 관습법이 성립한다고 본다. 따라서 법원의 판결 이전에는 관습법의 성립이 확인되지 않는다고 볼 수 있다.

③ 일치한다. 마지막 문단에 따르면, 헌법재판소는 관습헌법에 대해 "성문헌법의 경우와 동일한 효력을 가지기 때문에 그 법규범은 최소한 헌법 제130조에 의거한 헌법 개정의 방법에 의하여만 개정될 수 있는 것이다."라고 판시하였다. 즉 관습헌법이 성문헌법 개정의 방법을 따라야 한다고 본 것이다. 따라서 헌법재판소에서는 관습헌법이 성문헌법과 같은 개정절차를 거쳐야 한다고 보았음을 알 수 있다.

④ 일치하지 않는다. 3문단에 따르면, 대법원은 합헌성 요건을 성립요건으로 본다. 그리고 4문단에 따르면, 합헌성 요건을 성립요건으로 보게 되면 관습법의 효력상실 시기에 충돌이 발생한다고 하였다. 그런데 이를 근거로 대법원이 성립요건에 따라 관습법의 효력상실 시기를 다르게 보았을지는 제시문의 내용을 통해 확인할 수 없다.

⑤ 일치한다. 4문단에 따르면, 법이 성립요건을 불비하여 소멸하였을 때와 합헌성 요건을 갖추지 못했을 때의 효력상실 시기는 서로 다르다. 그러므로 성립요건과 합헌성 요건을 구분하지 않으면 관습법의 효력상실 시기에 있어 충돌이 발생한다. 다시 말해, 효력상실 시기에 있어 충돌이 일어나지 않으려면 성립요건과 합헌성 요건은 구분되어야 하므로, 합헌성 요건은 관습법의 성립요건이 아니어야 한다.

02. 정답 ③

내용 영역: 규범 | 문항 유형: 정보의 추론과 해석

① 적절하다. 2문단과 4문단에 따르면, 법적 확신설(㉠)은 법원의 판결은 성립요건을 갖춘 관습법의 성립을 확인하는 데 그치며, 소멸 역시 이와 마찬가지로 확인되는 것일 뿐이라고 본다. 따라서 ㉠은 법원의 역할이 이미 존재하는 관습법을 확인하는 데에 그친다고 볼 것이라고 할 수 있다.

② 적절하다. 2문단에 따르면, 국가 승인설(㉡)의 주장에 따라 관습법이 법원이라는 국가기관의 승인을 요하게 된다면, 사회 구성원에게 실재하는 법규범으로서 영향력을 발휘하던 것이 법원의 승인이 없다는 이유로 성립하지 않게 된다는 문제가 발생한다. 다시 말해, ㉡은 관행과 법적 확신이라는 요건을 갖추고 사회 구성원에게 법규범으로서 영향력을 발휘하는 관습법을 국가의 승인에 따라 존립 여부가 결정되게 함으로써 독립적인 존립 근거를 약화시키는 결과를 초래할 것이라고 볼 수 있다.

③ 적절하지 않다. 4문단에 따르면, 관습법은 현실 변화로 인해 관행이 단절되거나 법적 확신이 상실되면 소멸하게 된다. 이에 대하여 법적 확신설(㉠)에서는 법원의 판결에 의해서는 관습법의 성립을 확인한 것과 마찬가지로 소멸이 확인될 뿐이라고 본다. 즉 ㉠의 입장에서 법원의 판결은 이미 소멸한 관습법의 소멸을 확인시켜줄 뿐이며, 따라서 ㉠은 법원 판결 이전이라도 관습법이 성립요건을 불비한 때에 소멸한다고 볼 것이다.

④ 적절하다. 1문단에 따르면, 사회가 법적 규범으로 승인한 관행이라는 것은 그 관행이 법적 확신을 얻었다는 것으로 해석할 수 있다. 그런데 2문단에 따르면, 법적 확신설(㉠)과 달리 국가 승인설(㉡)은 관행과 법적 확신에 더하여 국가의 승인을 성립요건으로 요구한다. 그렇다면 ㉡은 법적 확신을 얻어 사회가 법적 규범으로 승인한 관행을 국가의 승인을 얻지 못했다는 이유로 관습법이 아닌 것으로 간주할 가능성이 있을 것이다.

⑤ 적절하다. 1문단과 2문단에 따르면, 법적 확신설(㉠)과 국가 승인설(㉡)은 모두 객관적 요소로서 거듭된 관행과 주관적 요소로서 법적 확신을 요구한다. 따라서 ㉠과 ㉡은 모두 관습법의 주관적 요소와 객관적 요소가 함께 갖추어져야 관습법이 성립할 수 있다고 볼 것이다.

03. 정답 ④

내용 영역: 규범 | 문항 유형: 정보의 평가와 적용

① 적절하지 않다. <보기>에 따르면, 헌법재판소는 관습법의 합헌성 요건 판단 주체에 대하여 대법원과 다른 견해를 제시하면서 관습법이 법률과 같은 효력을 지닌다고 판시한다. 하지만 제시문과 <보기>를 통해 대법원이 성문법과 관습법의 법적 효력을 다르게 규정하고 있는지는 확인할 수 없다. 나아가 1문단에 따르면, 관습법에는 성문법과 마찬가지의 구속력을 지니며 위반할 시 사실상 법적 제재가 가해진다고 생각할 정도의 법적 확신이 요구된다. 따라서 대법원이 성문법과 관습법의 법적 효력을 다르게 규정하고 있다고 보기는 어렵다.

② 적절하지 않다. 3문단에 따르면, 대법원은 합헌성 요건을 관습법의 성립요건으로 보면서 관습법으로 승인되려면 헌법을 최상위 규범으로 하는 전체 법질서에 반하지 아니하는 것으로서 인정될 수 있어야 한다고 보았다. 즉 어떤 관습법이 전체 법질서에 반한다는 것은 헌법에 위반됨을 의미한다. 그리고 <보기>에서도 관습법이 헌법에 위반되는 경우 법원이 그 관습법의 효력을 부인할 수 있다고 하였다. 따라서 대법원은 어떤 관습법이 전체 법질서에 반하는 경우 효력을 인정할 수 없다고 볼 것이다.

③ 적절하지 않다. 2문단에 따르면, 관습법은 법원의 승인에 의해 성립하여 법규범으로서 효력을 갖게 된다는 것은 관습법의 성립요건에 대한 국가 승인설에 기초한 내용이다. 그런데 <보기>와 제시문에서 대법원은 법원의 승인이 관습법의 성립요건인지에 대해서는 논하고 있지 않다. 따라서 관습법의 성립요건에 대하여 대법원이 국가 승인설의 관점을 가질 것으로 판단할 수 없다.

④ 적절하다. 4문단과 <보기>에 따르면, 대법원은 합헌성 요건이 관습법의 성립요건이라고 주장하였고, 합헌성을 법원에서 직접 판단할 수 있다고 보았다. 즉 관습법이 관행과 법적 확신이라는 성립요건을 갖추었더라도, 합헌성 요건을 불비하면 법원이 위헌이라고 판단할 수 있는 것이다. 따라서 관습법이 법적 확신을 잃었다고 판단되지 않더라도 법원이 위헌 판단을 내릴 수 있다고 볼 것이다.

⑤ 적절하지 않다. <보기>에 따르면, 대법원은 '상속회복청구권은 상속이 개시된 날부터 20년이 경과하면 소멸하는 관습법'의 위헌 여부를 직접 판단하여, 관습법으로서 효력을 인정할 수 없다고 판시하였다. 관습법의 위헌 여부를 판단했다는 것은 합헌성 요건을 기준으로 관습법의 효력을 판단했음을 의미하므로, 이를 관행으로 인정할 수 없다고 본 것은 아니라고 할 수 있다.

04. 정답 ①

내용 영역 과학기술 **문항 유형** 정보의 확인과 재구성

① 일치한다. 3문단에 따르면, 염색은 염료와 세포 성분 사이의 양전하와 음전하가 결합하는 이온 결합 과정으로서 염기성 염료는 양전하를, 산성 염료는 음전하를 띤다. 그리고 핵은 염기성 염료로 염색한다고 하였고, 그 염료가 바로 헤마톡실린이다. 따라서 헤마톡실린은 염기성 염료로서 양전하를 띤다.

② 일치하지 않는다. 1문단에 따르면, 150여 종의 HPV 중 40여 종이 자궁경부 상피에 병적 증상을 초래하며 이 중 16, 18번 HPV가 70% 이상의 자궁경부암의 병인이다. 이때 병적 증상을 초래한다고 해서 반드시 암의 원인이라고 할 수는 없다.

③ 일치하지 않는다. 3문단에 따르면, 현미경에서 동일 배율인 경우 대물렌즈의 배율이 높은 것이 반대 경우보다 영상이 더 선명하다. 즉 단지 대물렌즈의 배율이 높다고 해서 더 선명하다고 할 수 없으며, 접안렌즈의 배율에 관한 정보가 있어야 선명도를 평가할 수 있다.

④ 일치하지 않는다. 1문단에 따르면, 가수분해효소로 단백질을 분해하는 세포소기관은 리소좀이다. 리보솜은 단백질을 합성하는 소기관으로 가수분해효소가 저장되어 있는지는 알 수 없다.

⑤ 일치하지 않는다. 2문단에 따르면, 효소는 단백질이므로 가수분해효소도 단백질이다. 이때 단백질을 변성할 수 있는 시약은 가수분해효소의 기능을 없애기 때문에 팝 도말법의 고정제로 사용될 가능성이 없지 않다.

05. 정답 ②

내용 영역 과학기술 **문항 유형** 정보의 추론과 해석

① 적절하다. 3문단에 따르면, 팝 도말법의 염색 과정에서 DNA와 세포질은 서로 다른 전하를 띠기 때문에 핵과 세포질을 서로 다른 색으로 염색하기 위해서는 핵을 염색할 수 있는 염료와 세포질을 염색할 수 있는 염료를 별도로 이용해야 한다.

② 적절하지 않다. Taq 중합 효소가 높은 온도에서도 활성 유지가 가능하다고 해서 그 중합 효소의 활성이 가장 활발하게 진행되는 온도가 95℃인지는 알 수 없다. 95℃는 DNA의 이중 가닥을 단일 가닥으로 변성시키는 온도이다.

③ 적절하다. 알코올 분자와 결합한 물 분자는 단백질 분자 내부의 수소 결합 형성을 막는데 이 때문에 단백질은 3차원적 구조를 형성하지 못해 활성을 잃는다. 따라서 단백질이 활성을 유지하기 위해서는 단백질 구성 물질 간에 수소 결합이 필요하다고 할 수 있다.

④ 적절하다. 미토콘드리아는 세포 호흡으로 ATP를 생산하는 기관이다. 그리고 팝 도말법에서 채취된 세포는 산소를 공급받지 못해 세포 호흡을 할 수 없어 ATP가 고갈되면 가수분해효소를 저장하는 막이 파괴되고 가수분해효소가 세포질로 방출되어 핵과 세포소기관을 파괴한다. 따라서 팝 도말법에서 고정이 필요한 이유는 시료 세포의 미토콘드리아가 기능을 하지 못하기 때문이라고 볼 수 있다.

⑤ 적절하다. 3문단에 따르면, 일반적으로 세포질 직경 대비 핵의 직경 비율이 50% 이상일 경우 암을 의심할 수 있다. 그리고 팝 도말법을 이용하여 검사자의 자궁경부에서 채취한 세포들을 염색하였을 때 헤마톡실린과 에오신은 각각 핵을 청색으로 세포질을 분홍색으로 염색한다. 즉 세포의 $\frac{청색으로 염색된 부위의 직경}{분홍색으로 염색된 부위의 직경}$ 값이 0.5 미만으로 나타났다면, 검사자의 세포질 직경 대비 핵의 직경 비율이 50% 미만인 것이므로 자궁경부암이 의심되는 것으로 진단되지 않을 것이다.

06. 정답 ②

내용 영역 과학기술 **문항 유형** 정보의 평가와 적용

ㄱ. 적절하지 않다. 마지막 문단에 따르면, 망상구조로 된 아가로스 겔에서는 구조가 조밀할수록 DNA의 겔 통과 속도가 느리다. 전기영동 처음 단계에서 DNA는 음극인 <아래>에 놓이므로 겔 구조가 조밀할수록 이동속도가 느려 더 아래쪽에 위치할 것이다.

ㄴ. 적절하다. B는 자궁경부암을 유발하는 것으로 이미 알려진 HPV의 나선형 DNA를 이용하여 PCR을 시행한 후 전기영동한 결과이다. 전기영동 결과 A와 C 모두 B와 같은 위치에서 DNA가 발견되었으므로 자궁경부암을 유발하는 B의 HPV 나선형 DNA가 존재한다고 판단할 수 있다. 따라서 A와 C 모두 자궁경부암이 발병할 가능성이 있다고 설명할 수 있다.

ㄷ. 적절하지 않다. 망상구조로 된 아가로스 겔에서는 DNA 크기가 클수록 DNA 겔 통과 속도가 느리고 DNA의 길이가 짧아 크기가 작을수록 양극 가까이에서 검출된다. 전기영동 처음 단계에서 DNA는 음극인 <아래>에 놓이므로 아래쪽에 위치한 DNA일수록 크기가 더 클 것이다.

07. 정답 ①

내용 영역 인문 **문항 유형** 정보의 확인과 재구성

① 일치하지 않는다. 1문단에 따르면, 근대 역사학에서는 사실과 사실이 아닌 것을 구분하고자 하는 엄격한 사료 비판이 역사 연구의 기본 방법으로 자리 잡았다. 즉 근대 역사학은 사료가 주관성을 지닌다는 것을 받아들이지 않은 것이 아니라, 주관성을 지닌 역사적 사료를 실제 일어났던 사실로서의 역사와 구분되어야 할 것으로 여긴 것이다. 따라서 근대 역사학이 사료가 주관성을 지닌다는 점을 받아들이지 않은 것은 아니다.

② 일치한다. 3문단에 따르면, 젠킨스는 과거에 대한 기록으로서의 역사를 과거 그 자체와 구분함으로써 역사가 실제 일어났던 사건이라는 첫 번째 전제를 반박한다. 그리고 바르트는 사료로부터 추출된 어떠한 서술도 엄밀한 객관성이나 과학성과는 거리가 있다고 주장하면서 사료를 통해 객관적 서술을 할 수 있다는 두 번째 전제를 반박한다. 4문단에 따르면, 푸코는 선행 사건을 후행 사건의 원인으로 보는 계기적 인과관계로 역사를 설명하는 것이 불가능하다고 지적하면서 시간적 연속으로부터 일관적인 인과관계를 이끌어낸다는 세 번째 전제를 반박한다. 따라서 근대 역사학의 세 전제는 각각 모두 포스트모던 역사 이론가들에 의해 반박되었다고 볼 수 있다.

③ 일치한다. 1문단에 따르면, 객관성을 추구하는 근대 역사학의 발전을 통해 도덕적·교훈적 특성이 주가 되는 수사학적 전통에 기반한 기존의 역사 연구는 사회과학적 역사 연구로 대체되었다. 따라서 객관성을 추구하는 역사 연구 방법이 도덕적·교훈적 성격의 역사 연구 방법을 대체했다고 볼 수 있다.

④ 일치한다. 2문단에 따르면, 20세기 후반에 이르자 역사가들의 관심사가 거시적 역사에서 개인의 삶의 경험으로 옮겨갔다고 하였다. 따라서 20세기 초반의 서구 역사학계는 개인의 경험으로서의 역사보다는 거시적 사건에 주목해왔음을 알 수 있다.

⑤ 일치한다. 마지막 문단에 따르면, 합리주의는 세계의 객관적 질서를 파악할 수 있는 인간의 이성을 전제한다. 즉 합리주의적 인간관은 인간을 이성적 주체로 보는 시각에 해당한다고 볼 수 있는데, 포스트모던 역사학을 비판하는 이들은 인간을 이성적 주체가 아니라 모순을 지닌 개체로 보는 시각이 능동적 사회 변혁의 가능성을 부정하게 될 수 있다고 본다. 따라서 포스트모던 역사학을 비판하는 이들은 능동적 사회 변혁의 가능성이 합리주의적 인간관에 기초한다고 여겼음을 알 수 있다.

08. 정답 ②

내용 영역 인문 **문항 유형** 정보의 추론과 해석

① 적절하지 않다. 2문단에 따르면, 20세기 후반에 새롭게 등장한 미시적 영역의 역사 연구는 인간이 현실에서 인식하고 경험한 것을 현실 자체보다 더 중요시하는 움직임에 따른 것이다. 따라서 랑케의 입장에서 미시적 영역의 역사 연구는 과거 현상을 설명하려는 역사 연구 방식의 연장선이라고 볼 수 없을 것이다.

② 적절하다. 3문단에 따르면, 젠킨스는 과거에 대한 기록으로서의 역사와 과거 그 자체를 구분하였다. 그리고 바르트는 언어의 의미는 임의적이어서 인간은 주관 밖 세계를 언어적 표상을 통해 재현할 수 없다고 본다. 즉 역사 기록은 언어로 기록된 것에 불과하므로 과거의 사실을 재현할 수 없다고 본 것이다. 다시 말해, 젠킨스와 바르트는 모두 과거의 사실과 역사 기록을 구분하고 있다. 따라서 젠킨스는 바르트와 마찬가지로 포스트모던 역사학자로서 과거의 사실과 역사 기록을 구별하지 않는 태도를 수용하지 않았을 것이다.

③ 적절하지 않다. 3문단에 따르면, 바르트는 언어의 의미는 임의적이어서 인간은 주관 밖 세계를 언어적 표상을 통해 재현할 수 없다고 주장하면서, 텍스트로서의 사료는 주관성, 모호성을 지닌다고 보았다. 즉 텍스트로서의 사료는 객관적 현실이 아니라 인간이 인식하고 경험한 주관적 현실을 반영한다. 따라서 바르트는 텍스트로서의 사료가 인간이 인식하고 경험한 현실을 반영할 수 없다고 여기지 않을 것이다.

④ 적절하지 않다. 1문단과 4문단에 따르면, 근대 역사학은 시간적 연속으로부터 일관적인 인과관계를 이끌어낼 수 있다는 전제를 발전시켰고, 그에 따라 계기적 인과관계에 따른 역사 연구 방법을 채택하였다. 이를 고려할 때, 랑케 역시 시간적 연속에 따른 인과관계를 전제하면서 역사 연구에 있어 현재가 과거에 의존적이라고 보았을 것이다. 그런데 푸코는 인과관계에 따른 연구 방법을 부정한다. 따라서 랑케는 현재가 과거에 의존적이라고 볼 것이지만, 푸코 역시 그랬을 것이라고는 보기 어렵다.

⑤ 적절하지 않다. 4문단에 따르면, 화이트는 역사 서술이 소설가의 창작과 본질적으로 다르지 않다고 본다. 그리고 푸코는 역사 서술이란 실제 일어났던 사건이나 삶의 투영이 아니라 언어를 통해 의미를 표상하는 행위라고 보았다. 하지만 푸코가 이처럼 언어를 통해 의미를 표상하는 행위를 소설가의 창작과 본질적으로 같다고 여겼을지는 제시문의 내용을 통해 확인할 수 없다. 따라서 역사 기록의 재구성이 소설가의 창작과 본질적으로 다르지 않다고 본 것이 화이트의 견해에는 부합하지만 푸코의 견해에도 부합한다고 추론하기는 어렵다.

09. 정답 ②

내용 영역: 인문 | 문항 유형: 정보의 평가와 적용

① 적절하다. <보기>에 따르면, 역사가는 역사적 사실을 발견하는 사람이며, 역사가가 탐구하는 사실은 과거 속에 실재한다. 1문단에 따르면, 근대 역사학자들은 역사학의 임무가 과거의 사실을 있는 그대로 밝히는 것이라고 보고 역사를 실제로 일어났던 사건으로 전제하였다. 따라서 역사가 실제 일어났던 사건이라고 전제하는 일과 사실이 과거 속에 실재한다는 것이 동질적이라고 파악할 수 있을 것이다.

② 적절하지 않다. 1문단에 따르면, 역사 기록의 진위를 밝힐 수 있는 기술이 발전함으로써, 근대 역사학은 철저한 고증을 바탕으로 객관성을 추구하는 과학적 학문으로 발전하였다. 이에 대하여 <보기>에서는 역사가가 역사적 사실을 발견하고, 그에 따라 자신의 해석을 만드는 과정은 둘 중 하나를 위에 둘 수 없는 일이라고 하였다. 즉 과거 속에 실재하는 사실을 탐구하는 일과, 그 역사에 대한 역사가의 해석 모두를 중요하게 여긴 것이다. 그러므로 역사 기록의 진위를 밝힘으로써 과거의 사실을 있는 그대로 밝히고자 하는 일이 역사 해석의 가능성을 차단한다고는 여기지 않았을 것이다.

③ 적절하다. 3문단에 따르면, 젱킨스가 과거에 대한 기록으로서의 역사를 과거 그 자체와 구분한 것은 과거는 시간 너머로 사라져 버렸기 때문에 이를 객관적으로 재현할 수 없다고 주장하기 위함이었다. 그런데 <보기>에 따르면, 역사가가 탐구하는 사실은 과거 속에 실재하며, 역사가의 해석과 실재하는 과거 사실은 상호 작용을 이룬다고 본다. 따라서 과거에 대한 기록으로서의 역사를 과거 그 자체와 구분하는 것은 역사가와 역사적 사실 간 관계를 단절할 수 있다고 볼 것이다.

④ 적절하다. <보기>에 따르면, 역사와 역사가들의 해석 중 하나를 위에 두는 것은 불가능하며, 둘은 상호 작용하는 관계에 있다. 그런데 1문단과 3문단에 따르면, 근대 역사학은 역사 연구에 있어 객관성을 추구하는 반면, 포스트모던 역사학은 역사를 객관적으로 탐구할 수 있다는 연구 방법론 자체를 거부한다. 따라서 <보기>의 입장에서는, 근대 역사학과 포스트모던 역사학이 역사와 역사가의 해석이 둘 다 중요하다는 사실을 간과하고 있다고 비판할 수 있을 것이다.

⑤ 적절하다. 4문단에 따르면, 푸코는 역사 서술이란 실제 일어났던 사건이나 삶의 투영이 아니라 단지 언어를 통해 의미를 표상하는 담론에 불과하다고 여겼다. 이는 역사 서술은 과거의 실제를 반영하며, 객관적인 세계를 언어와 개념 체계를 사용하여 정확하게 표상할 수 있음을 부정하는 푸코의 역사 인식에 바탕을 둔다. 이에 대하여 <보기>에 따르면, 역사가는 역사의 압제적인 주인이 아니며, 사실을 갖지 못한 역사가는 공허하다는 비유적 표현을 통해 역사가에게는 실재하는 역사적 사실을 발견하는 역할이 주어져 있음을 강조한다. 따라서 <보기>에서는 역사 서술을 담론으로 여기는 것은 역사적 사실을 발견하는 역사가의 역할을 간과한 것이라고 판단할 것이다.

10. 정답 ①

내용 영역: 사회 | 문항 유형: 정보의 확인과 재구성

① 일치한다. 3문단에 따르면, 인정 이론에서 인정이란 타인이나 집단의 정체성과 속성을 긍정하려는 의도에서 수행된 행위이며, 인정의 충족을 통한 긍정적 자기 관계 형성 및 성공적 자아실현은 자기 자신의 의지만으로 성립되기는 어렵다고 하였다. 그로 인해 주체의 정체성에 대한 인정은 주체가 사회에 행사할 수 있는 정당한 기대가 된다. 즉 인정 이론에서 인정의 충족은 개인의 차원에서 경험할 수 있는 것이 아니라 타인이나 사회에 의해 경험되는 것이라고 볼 수 있다. 따라서 인정 이론에 따를 때 인정의 충족은 개인적 차원에서 이루어질 수 없을 것이다.

② 일치하지 않는다. 1문단에 따르면, 실체적 이원론은 경제적 평등과 문화적 인정을 별개의 정치적 과제로 설정한다. 즉 분배와 인정의 부정의는 상호 간 영향을 주고받지 않으며 해결을 위해 서로 다른 수단이 요구된다고 본 것이다. 하지만 이를 바탕으로 한 사회에서 분배와 인정의 부정의가 병존하지 않음을 인정했으리라 보기는 어려우며, 도리어 서로 다른 정치적 과제로 설정함으로써 둘의 병존을 전제했다고 볼 수 있다.

③ 일치하지 않는다. 4문단에 따르면, 호네트의 인정 이론에서 사회적 인정 영역은 연애결혼, 부모의 부양 의무 제도화, 신분적 위계질서의 변화 등 자본주의 사회로의 변화와 밀접한 연관을 맺고 있다. 따라서 사회적 인정 영역이 시대에 구애받지 않는다고 볼 수 없다.

④ 일치하지 않는다. 2문단에 따르면, 프레이저의 분배-인정 이원론은 분배와 인정 양자를 구별하면서 두 문제가 모두 해결되어야 사회 정의가 구현된 것이라고 본다. 다시 말해, 분배-인정 이원론은 사회경제적 부정의와 문화적 부정의 둘 중 하나의 부정의만이 존재하는 상황을 배제하지 않는다고 볼 수 있다. 따라서 분배-인정 이원론은 사회경제적 부정의를 겪지 않는 사람이 문화적 부정의를 겪을 가능성을 인정할 것이다.

⑤ 일치하지 않는다. 2문단에 따르면, 참여의 동등성은 분배-인정 이원론에서 분배와 인정의 양 측면을 판단할 수 있는 규범적 기준으로, 프레이저는 분배 정의와 인정이 모두 갖춰져 있어야 사회적 결정에 동등한 권리를 가지고 참여할 수 있다고 보았다. 즉 분배와 인정 중 하나의 불평등만 존재하더라도 그 사회는 동등한 참여를 보장하지 못하는 것이다. 따라서 한 사회가 동등한 참여를 보장하지 못한다고 할 때 그 사회가 분배와 인정 양자 모두의 불평등을 안고 있지 않을 수 있다.

11. 정답 ④

내용 영역 사회 | 문항 유형 주제, 구조, 관점 파악

① 적절하다. 2문단에 따르면, 낸시 프레이저(㉠)는 경제적 부정의는 계급구조, 문화적 부정의는 신분질서의 위계를 낳는다고 주장하면서 이를 오늘날의 자본주의 사회와 연관 지어 설명한다. 그리고 4문단에 따르면, 악셀 호네트(㉡)는 경제적 불평등이 인정 문제와 관계된다고 보는 한편, 인정 영역이 자본주의 사회를 구성하는 사회영역과도 상응한다고 이해한다. 따라서 ㉠과 ㉡ 모두 경제적 불평등을 오늘날의 자본주의 사회와 연관 지어 이해한다고 볼 수 있다.

② 적절하다. 1문단과 2문단에 따르면, 낸시 프레이저(㉠)는 분배와 인정 영역의 부정의를 '사회경제적 부정의'와 '문화적 부정의'로 구분하여 규정하는 한편, 계급구조와 신분질서를 구분하면서 두 영역을 구별하는 자신의 주장을 정당화한다. 그런데 3문단에 따르면, 악셀 호네트(㉡)는 모든 사회적 부정의를 인정 문제와 연관 짓는다. 따라서 부정의를 유형에 따라 이원론적으로 파악하는 것은 ㉡과 구별되는 ㉠만의 특징이라고 볼 수 있다.

③ 적절하다. 마지막 문단에 따르면, 악셀 호네트(㉡)는 모든 경제적 불평등이 왜곡된 문화적 질서에 뿌리박고 있으며, 문화적 질서를 바꾸는 것으로 분배 정의를 실현할 수 있다고 본다. 반면 1문단과 2문단에 따르면, 낸시 프레이저(㉠)는 분배와 인정이 경험적으로는 상호 영향을 주고받을 수 있다고 보면서도 동시에 양자를 구별하고자 하였다. 즉 분배와 인정 영역에서의 부정의가 분리될 수 없다고 여기지는 않은 것이다. 따라서 ㉠은 ㉡과 달리 문화적 질서와 무관하게 분배의 불평등이 발생할 수 있다고 볼 것이다.

④ 적절하지 않다. 제시문에 따르면, 저임금이라는 현상은 악셀 호네트(㉡)의 입장에서는 업적에 따른 분배가 공정하지 않은 상황에 해당한다. 즉 저임금은 인정 영역에서의 부정의이며 비인간적 대우로 쳐질 수 있다고 볼 것이다. 낸시 프레이저(㉠)의 입장에서 저임금은 사회경제적 부정의에 속하는데, ㉠은 사회적 부정의가 각 영역에서 다른 영역으로 이어질 수 있다고 보았으므로, 저임금을 비인간적 대우로 여기는 상황에 대하여 사회경제적 부정의가 문화적 부정의로 이어진 상황이라고 여길 수 있을 것이다. 따라서 ㉠과 ㉡ 모두 해당 상황을 설명할 수 있다.

⑤ 적절하다. 2문단에 따르면, 낸시 프레이저(㉠)는 분배 정의가 갖추어지기 위해서는 객관적 조건으로서 물질적 자원을 배분해야 한다고 보았다. 그리고 마지막 문단에 따르면, 악셀 호네트(㉡)는 모든 경제적 불평등이 문화적 질서에 뿌리박고 있다고 생각하며, 분배 정의를 실현하는 것이 그러한 문화적 질서를 바꾸는 것으로 충분하다고 보았다. 따라서 ㉡은 ㉠과 달리 정당한 분배가 이루어질 수 있는 문화적 여건이 갖추어지면 분배 정의가 실현되었다고 볼 것이다.

12. 정답 ①

내용 영역 사회 | 문항 유형 정보의 평가와 적용

① 적절하지 않다. <보기>에 따르면, 요양보호사에 대한 처우 및 지위 보장이 제도화되어 있음에도 요양보호사는 비정규직으로 근무하면서 근로계약에 따른 권리를 보장받지 못하며 돌봄 수혜자로부터 인권을 침해당한다. 이는 마지막 문단에서 법적 권리 보장이 공정하게 이루어지지 않는 상황에 대응된다. 즉 요양보호사가 사회적 부정의를 경험하고 성공적인 자아실현을 이루지 못하는 상황은 제도가 있음에도 그 제도에 따른 권리가 보장되고 있지 않기 때문이라고 볼 수 있다.

② 적절하다. 마지막 문단에 따르면, 권리 보장 및 업적에 따른 분배가 공정하게 이루어지지 못하는 이유는 이것이 그 사회의 지배적 가치관의 영향을 받기 때문이다. <보기>에 따르면, 요양보호사의 다수는 재취업이 어려운 50대 이상으로, 그로 인해 자신들의 권리를 주장하지 못한다. 즉 재취업이 어려운 연령층에 대한 낮은 대우가 굳어져 있는 것이다. 그리고 이는 수당 미지급과 인권 침해 등의 문제를 야기하면서 합당한 가치평가를 할 수 있는 사회적 여건 조성을 저해하고 있다. 따라서 나이에 대한 차별적 대우가 굳어져 있는 사회 풍조가 요양보호사의 가치평가를 위한 문화적 질서의 왜곡을 초래했다고 볼 수 있다.

③ 적절하다. 3문단에 따르면, 인정 이론(ⓐ)에서 인정은 어떠한 집단의 정체성과 속성을 긍정하려는 의도에서 수행되는 행위이며, 한 집단은 인정에 대한 기대를 갖고 인정을 요구할 수 있다. <보기>에 따르면, 가족구조의 변화는 노인 돌봄 문제를 초래하는 한편 돈을 받고 돌봄을 수행하는 요양보호사라는 직업을 제도화하였다. 즉 가족구조의 변화가 인정 요구를 행사할 수 있는 요양보호사 집단의 출현을 낳았다고 볼 수 있다.

④ 적절하다. 마지막 문단에 따르면, 업적에 따른 분배가 공정하게 이루어지지 않는 경우 법적 권리의 적용과 해석, 업적 평가 원리의 적용과 해석을 둘러싼 인정 투쟁이 필요하다. <보기>에 따르면, 요양보호사들은 수당의 부재 등으로 근무 시간에 따른 임금을 받지 못하는 상황이다. 하지만 비정규직으로 근무하므로 법적 권리를 보장받기 어렵고, 노동조합을 결성하지 못하는 환경은 정당한 인정 요구를 어렵게 만들 것이다. 따라서 이는 권리를 요구하기 위한 인정 투쟁 시도를 어렵게 만드는 환경이라고 볼 수 있다.

⑤ 적절하다. 인정 이론(ⓐ)에 따르면, 분배와 인정은 모두 인정의 문제로 환원된다. 그리고 마지막 문단에 따르면, 호네트는 왜곡된 문화적 질서를 바꾸는 것으로 분배 정의를 실현할 수 있다고 본다. <보기>에 따르면, 돌봄은 가족구조의 변화로 인해 사회화되어가는 과도기에 있다. 즉 돌봄이 가정 내에서 무급으로 이루어지는 것이 아니라 요양보호사라는 직업 집단에 의해서 이루어진다는 인식이 확산되면, 요양보호사를 인정하는 문화적 질서가 형성될 것이다. 그리고 이는 정당한 수당을 받는 분배 정의의 실현으로 이어질 수 있는 것이다. 따라서 요양보호사는 근로에 대한 정당한 수당을 받기 위해 돌봄에 대한 인식 개선을 요구할 수 있을 것이다.

13. 정답 ④

[내용 영역] 규범　[문항 유형] 정보의 추론과 해석

① 적절하지 않다. 이는 여성은 정치에 참여해선 안 된다는 사회의 공통된 믿음이 변화한 내용을 기술하고 있다. 이는 중심부 지식을 보호하는 ⓐ의 내용에 부합하지 않는다.

② 적절하지 않다. 콰인의 총체주의에서는 두 지식이 충돌할 경우 중심부 지식을 포기하고 주변부 지식을 수정한다고 하였다. 즉 총체주의 및 ⓐ의 내용은 가치에 대한 믿음과 사실에 대한 과학이 서로 무관하지 않으며, 충돌할 경우 영향을 받을 수 있다는 점과 관계된다.

③ 적절하지 않다. 관측결과가 기존의 이론에 위배되자 새로운 이론을 도입하였다는 내용은 경험과 가치가 충돌할 때 중심부 믿음을 보호하고 경험을 수정한다는 ⓐ의 내용에 부합하지 않는 사례이다.

④ 적절하다. 살인 행위가 존재하더라도 생명은 소중하다는 중심부 믿음을 변화시키지 않고 살인 행위를 일탈 행위로 규정하는 것은 중심부 믿음을 보호하기 위해 국가의 형벌이 필요하다고 보는 ⓐ의 내용에 부합한다.

⑤ 적절하지 않다. 이 경우는 특정한 경험이 가치에 대한 믿음을 형성하는 경우를 기술한 것으로 ⓐ의 내용과 무관하다.

14. 정답 ③

[내용 영역] 규범　[문항 유형] 정보의 확인과 재구성

ㄱ. 적절하다. 자유주의 입장에서는 어떤 행위를 처벌하기 위해선 타인의 자유와 권리가 침해되어야 한다. 그런데 B의 식인 행위는 이미 죽은 사람의 시체를 먹은 것으로서 타인을 직접적으로 침해하였다고 보기는 어렵다. 하지만 1문단에 따르면, 자유주의 입장에서는 당사자의 품위나 명예를 해치는 행위라는 점을 들어 언어폭력의 침해 요소를 찾으려는 설명이 존재한다. 이 점에 비춰 볼 때, 식인 행위가 A의 품위를 해친다고 한다면 ㉠의 입장에서도 B의 식인 행위에 침해 요소가 있다고 판단할 수 있을 것이다.

ㄴ. 적절하다. 3문단에 따르면, 법도덕주의에서 다루는 보호법익, 즉 형벌의 대상이 되는 행위가 침해하는 주된 요소는 공동체의 공적 도덕으로, 법도덕주의에서는 타인에게 위해를 가하지 않았더라도 공적 도덕을 위반함으로써 사회에 위험이 되는 행위에 대한 국가의 개입을 인정한다. 즉, 법도덕주의 입장에서는 개인이 자유롭게 행동할 권리보다 공적 도덕을 보호할 필요성이 우선한다고 할 것이다.

ㄷ. 적절하지 않다. 법도덕주의에서는 사회적 가치라 할 수 있는 공적 도덕을 보호하기 위해 법적 강제, 즉 국가의 개입을 인정한다. 그런데 제시문에서 확인할 수 있는 개입의 유형은 공적 개입으로, 사적 개입에 관해서는 다루고 있지 않다.

15. 정답 ⑤

[내용 영역] 규범　[문항 유형] 정보의 평가와 적용

① 적절하다. 성판매자는 주로 경제적 약자이므로 성매매가 그들에 대한 착취로 이어질 수 있다는 점은 자유주의에서 말하는 '개인의 행위가 타인에게 해를 끼치는 경우'에 해당하므로, 해당 근거는 자유주의 입장에 가깝다.

② 적절하다. 공동체가 추구하는 가치관을 훼손하면서까지 개인의 성적 욕망을 추구하는 행위는 법도덕주의에서 말하는 '공적 도덕을 와해시킬 위험'이 있는 경우에 해당하므로, 해당 근거는 법도덕주의 입장에 가깝다.

③ 적절하다. 자유주의 입장에서는 성매매가 성판매자에 대한 착취로 이어질 수 있다는 점을 들어, 성매매를 성판매자에게 피해를 줄 수 있는 행위로 여길 것이다. 따라서 이를 근거로 성매매를 성적 욕망 실현 수단으로 존중해야 한다는 반대 의견에 대해 비판할 수 있다.

④ 적절하다. 〈보기〉의 합헌 찬성 의견 측에서는 개인의 성적 욕망을 추구하는 행위를 공동체가 추구하는 가치관을 훼손하면서까지 보호할 수는 없다고 본다. 이는 특별히 보호해야 할 사회적 가치가 침해되었을 때 이를 처벌해야 한다고 보는 법도덕주의 입장에 부합한다. 따라서 성매매가 다른 서비스업과 다르지 않다는 반대 의견에 대해 비판할 수 있다.

⑤ 적절하지 않다. 성매매가 상호 합의의 결과인지에 관해서는 〈보기〉의 논의에서 언급하고 있지 않다. 그리고 성매매가 상호 합의의 결과가 아니라는 점을 문제 삼고자 한다면, 공적 도덕을 중요시하는 법도덕주의보다는 개인의 자율성을 중요시하는 자유주의 입장에서 다루어야 할 것이다.

16. 정답 ②

[내용 영역] 사회　[문항 유형] 주제, 구조, 관점 파악

① 일치한다. 2문단에 따르면, 기존 마르크스주의자들은 경제가 적정 수준 이상으로 활발해지다가 경제활동이 위축되는 반복 현상이 10년 주기를 가지는 장기파동을 인식하고 있었다. 그리고 1문단에 따르면, 콘드라티예프는 이러한 장기파동을 통해 기술과 자본주의 경제 간 관계를 설명할 수 있는 장기파동이론을 정립시켰다. 따라서 장기파동은 자본주의 체제 속에서 일어나는 경기순환을 설명하기 위한 개념이라 할 수 있다.

② 일치하지 않는다. 3문단에 따르면, 장기파동이론을 정립시킨 콘드라티예프는 경기순환이 처음 25년은 상승기로, 그다음 25년은 하강기로 이루어진다고 했다. 즉 상승과 하강이 각 25년 주기로 반복해서 일어난다는 50년 주기를 주장한 것이다. 따라서 장기파동이론은 경제에서 약 50년 주기로 경제의 상승 국면이 돌아오는 현상을 밝히는 이론이라 할 수 있다.

③ 일치한다. 2문단에 따르면, 마르크스주의자들은 장기파동이 일련의 순환주기를 갖는 것이 아니라 전쟁이나 혁명 같은 외적인 요소들이 우연히 경제에 영향을 미친 결과일 뿐이라고 보았다. 즉 경제의 외생변수들이 경제에 우연히 영향을 미친 결과 장기파동이 일어났다고 본 것이다. 그리고 마르크스주의자들은 장기파동을 언급하면서 자본주의 체제가 소멸할 것이라고 생각했다. 이를 볼 때, 마르크스주의자들은 기술변화와 같은 경제의 외생변수들을 경제를 움직이는 주요한 요인이 아니라, 경제의 부차적 요인으로 여겼다고 할 수 있다.

④ 일치한다. 3문단에 따르면, 콘드라티예프는 자본주의 체제는 항상 균형에 도달하려는 자본주의의 동역학적 움직임에 의해 상승기와 하강기가 반복된다고 보았다. 즉 자본주의는 균형을 유지하려는 속성이 있다는 것이다. 따라서 콘드라티예프는 호황기의 정점, 즉 상승기의 정점에서는 균형을 유지하기 위해 상승하려는 힘보다 하강하려는 힘이 더 강하게 작용할 것이라 보았음을 알 수 있다.

⑤ 일치한다. 마지막 문단에 따르면, 슘페터는 경기순환의 파동을 40개월 주기에서 50년 주기까지 세 가지 순환으로 구분하고, 이 세 가지 순환이 개별적으로 반복된다고 보았다. 즉 콘드라티예프 순환의 하강기라 할지라도 키친순환이나 주글라순환은 상승기일 수 있다는 것이다. 따라서 슘페터는 콘드라티예프순환의 하강기라도 작은 수준에서의 파동이 상승할 수 있다고 보았음을 알 수 있다.

17. 정답 ①
[내용 영역] 사회 [문항 유형] 정보의 추론과 해석

① 적절하다. 2문단에 따르면, 마르크스주의자들(ⓒ)은 경기순환 현상의 주기는 자본재의 수명에 의해 결정된다고 생각했다. 그리고 3문단에 따르면, 콘드라티예프(㉠)는 수명이 긴 기간자본재의 마모에 의해 약 50년의 주기가 형성된다고 설명했다. 즉 기존 마르크스주의자들(ⓒ)과 콘드라티예프(㉠) 모두 자본재의 수명을 기준으로 경기순환의 주기가 결정된다고 보았던 것이다. 따라서 기존 마르크스주의자들(ⓒ)과 콘드라티예프(㉠)는 경기순환 주기를 자본재의 수명을 기준으로 이해한다는 점에서 의견을 같이할 것이다.

② 적절하지 않다. 2문단에 따르면, 마르크스주의자들(ⓒ)은 장기파동을 전쟁이나 혁명 같은 것들이 우연히 경제에 영향을 미친 결과일 뿐이라고 보았다. 이는 장기파동을 경제의 외생요인들이 경제에 미친 영향의 산물이라고 여긴 것이다. 반면 4문단에 따르면, 콘드라티예프(㉠)는 장기파동 자체를 자본주의 경제 안에 내재하는 것으로 파악했다. 따라서 콘드라티예프(㉠)는 장기파동을 경제의 외생요인들이 경제에 미친 영향의 산물이라고 여기지 않을 것이다.

③ 적절하지 않다. 4문단에 따르면, 콘드라티예프(㉠)는 장기파동의 흐름을 기술과 연결시켜서 기술변화가 장기파동의 리듬 안에서 이루어지며, 기술의 발견과 발명은 경제와 밀접하게 연관을 가진다고 보았다. 즉 기술변화가 장기파동의 외적인 요소가 아니라는 것이다. 5문단에 따르면, 슘페터(ⓒ)는 경제의 외생변수들은 경기변동에 자극을 주지만 항상 일어나는 것이기 때문에 파동 자체를 만드는 요인은 아니라고 보았다. 따라서 콘드라티예프(㉠)와 슘페터(ⓒ) 모두 기술이 장기파동을 형성하는 것은 아니라고 보았을 것이다.

④ 적절하지 않다. 4문단에 따르면, 콘드라티예프(㉠)는 장기파동의 흐름을 기술과 연결시켰다. 그리고 3문단에 따르면, 콘드라티예프(㉠)는 산발적으로 흩어져 있던 경제지표들을 통합하여 분석함으로써 국제적으로 인정되는 경험적인 데이터를 찾고자 하였다. 따라서 콘드라티예프(㉠)는 기술변화와 자본주의의 관계에 대해 경험적 특징을 이용하여 분석하였다.

⑤ 적절하지 않다. 3문단에 따르면, 콘드라티예프(㉠)는 자본주의 체제에서 경기순환 현상이 항상 균형에 도달하려는 자본주의의 동역학적 움직임에 의해 반복하여 일어나는 것이라 보았다. 즉 자본주의 체제에서 경기순환 현상의 원인을 자본주의의 동역학적 움직임에서 찾았던 것이다. 오히려 2문단에 따르면, 장기파동을 역사적으로 일어난 각 사건들을 대응한 것에 불과하다고 믿음으로써 경기순환 현상의 원인을 외부적 충격에서 찾았던 것은 마르크스주의자들(ⓒ)이다.

18. 정답 ③
[내용 영역] 사회 [문항 유형] 정보의 평가와 적용

① 적절하지 않다. 2문단에 따르면, 마르크스주의자들은 자본주의 하에서 경기가 일정한 호황과 불황을 반복한다는 입장을 취하고 있다. 따라서 자본주의의 경기파동이 있다는 사실 자체가 마르크스주의자들의 입장과 배치되는 건 아니다.

② 적절하지 않다. 4문단에 따르면, 콘드라티예프는 전쟁과 혁명의 경우, 경제 확장에 대한 긴장이 높아지는 장기파동의 상승기 동안에 주로 일어난다고 보았다. 따라서 콘드라티예프는 미국의 불황과 세계대전을 연결 짓는다는 점을 두고 전쟁을 경제 하강기를 끝내는 사건으로 판단하지 않았을 것이다.

③ 적절하다. 마지막 문단에 따르면, 슘페터는 대발명이나 전쟁 등으로 인해 장기적인 경기순환인 콘드라티예프순환이 발생한다고 보았다.

④ 적절하지 않다. 마지막 문단에 따르면, 슘페터는 경제 발전을 위해 기업가와 자본가의 상호 의존적 역할이 모두 중요함은 인지하였으나 이들의 관계를 명확히 해명하지는 않았다.

⑤ 적절하지 않다. 5문단에 따르면, 슘페터는 혁신을 생산수단의 새로운 결합이라고 보았다. <보기>에서 르네상스 이후 점진적인 기술발전이 있었던 것은 사실이지만, 슘페터는 이보다는 생산수단의 새로운 결합을 이룸으로써 산업혁명이라는 혁신적 사건이 일어나 경제가 호황 국면에 접어들었다고 보았을 것이다.

19. 정답 ③
내용 영역: 규범 문항 유형: 정보의 확인과 재구성

① 일치하지 않는다. 5문단에 따르면, 조선 후기에 들어서면서 3대 봉사가 4대 봉사로 고착화되었다. 다시 말해, 조선 후기 이전까지는 제사봉행의 대상이 3대조까지였던 것이 조선 후기가 되면서 4대조까지로 확대되었던 것이다. 이는 곧 제사봉행을 4대조까지로 정해 둔 별도의 규정은 없었다는 것을 의미한다. 따라서 제사봉행의 대상이 4대조까지로 규정되어 있었다고 할 수 없다.

② 일치하지 않는다. 1문단에 따르면, 재산의 균분상속 관행은 17세기 이후 차등분급으로 바뀌었다. 따라서 재산의 차등상속은 16세기가 아니라 17세기부터 본격적으로 이루어졌다고 할 수 있다.

③ 일치한다. 2문단에 따르면, 조선 전기『경국대전』에 이미 제사를 봉행하기 위해 별도로 설정한 재산인 봉사조의 양이 규정되어 있었다. 따라서 조선 전기에 제사를 위한 재산의 규모가 법으로 정해져 있었다고 할 수 있다.

④ 일치하지 않는다. 2문단에 따르면, 조선 전기에는 재산상속의 권리와 제사봉행의 의무가 모든 자식에게 동등하게 주어졌다. 하지만 3문단에 따르면, 봉사의 의미가 강조되면서 재산상속 시에 특정 제사를 봉행하는 자식에게 재산을 별급하는 방식으로 봉사자를 우대하기 시작했다. 즉 특정 제사를 한 자식이 맡는다면 그 자식에게 재산상속의 권리가 더 주어진 셈이다. 이는 특정 제사를 봉행하지 않는 자식에게는 재산상속의 권리가 적게 주어졌음을 의미한다. 따라서 재산상속의 권리를 적게 가진 자식이 제사를 봉행해야 했다고 할 수 없다.

⑤ 일치하지 않는다. 1문단에 따르면, 봉사는 반드시 이에 소용되는 물적 기반을 필요로 하였고, 이는 재산상속을 통해 충당되었다. 하지만 이것이 반드시 제사봉행에 소요되는 비용을 상속받은 재산으로만 충당해야 함을 의미하는 것은 아니다. 특히 2문단에 따르면, 윤회봉사가 일반적으로 행해지던 시기에는 실질적으로 봉사조가 없었다. 따라서 제사봉행에 소요되는 비용은 반드시 상속받은 재산으로 충당해야 했다고 보기 어렵다.

20. 정답 ①
내용 영역: 규범 문항 유형: 주제, 구조, 관점 파악

① 적절하지 않다. 4문단에 따르면, 봉사조는 봉사대상에 따라서도 세분되었다. 따라서 특정 제사를 특정인이 맡아 봉행하는 가문이라 하더라도 봉사의 대상이 여럿이라면 봉사대상별로 봉사조를 세분해야 할 필요가 있을 수 있다.

② 적절하다. 마지막 문단에 따르면, 종법제(宗法制)는 제사 방식의 변화에 근거한 균분상속제의 해소를 뒷받침하는 원리로 거론되었다.

③ 적절하다. 3문단에 따르면, 봉사별급은 분재 시에 특정 제사를 봉행하는 자식에게 재산을 별급하는 방식으로 봉사자를 우대하는 조처이다. 이는 제사봉행이 윤행의 방식에서 벗어났음을 의미하는 것으로, 봉사조의 출현은 곧 제사의 봉행을 담당할 자손이 한정됨을 뜻한다.

④ 적절하다. 5문단에 따르면, 조선 후기에 들어서면서 봉사 대수가 늘어나 봉사조가 증대되었고, 봉사의 대수가 증가하고 제사 설행 횟수가 늘자 단순한 윤회봉사의 차원을 넘어서 특정 제사를 특정인이 맡는 경우가 생겨나게 되었다. 따라서 조선 후기로 갈수록 윤행봉사가 해소되고 다량의 봉사조가 한 사람 또는 소수의 봉사자에게 집중되었음을 알 수 있다.

⑤ 적절하다. 3문단에 따르면, 봉사조는 15세기부터 나타나기 시작해 16세기에 이르러 본격적으로 설정되었다. 한편 재산의 균분상속 관행은 17세기 이후에야 점차 차등분급으로 바뀌고, 이에 따라 윤회봉사도 해소되는 양상을 보였다. 즉 봉사조의 설정이 곧 윤회봉사의 해소를 의미한다고 보기는 어렵다. 마지막 문단에 따르면, 딸을 제외한 아들들은 조선 후기에도 종가 주변에서 재산을 공유하고 승계했기 때문이다. 즉 봉사조가 적극적으로 설정됐다고 하여 봉사조를 공동 관리하고 운용하여 제사를 윤행하는 방식이 곧바로 사라졌다고 볼 수는 없다.

21. 정답 ③
내용 영역: 규범 문항 유형: 정보의 평가와 적용

① 적절하다. <보기>에 따르면, 제사 윤행 대상에서 배제된 딸에게 재산을 상속할 때에는 전답이나 전민을 감한다. 따라서 차등 상속되는 재산은 노비보다 토지가 될 가능성이 컸음을 짐작할 수 있다.

② 적절하다. <보기>에 따르면, 딸들이 경제적 궁핍으로 인하여 조상 제사의 윤행 의무를 지지 못하고, 이로 인해 자신의 몫으로 받을 재산을 스스로 감하기를 원하였음을 확인할 수 있다.

③ 적절하지 않다. 마지막 문단에 따르면, 조선 후기에 접어들수록 여러 가지 이유로 인해 딸들이 제사 윤행에서 배제되었다. 하지만 이로 인해 그 봉행의 의무가 오로지 장자에게 전담되었다고 판단할 수는 없다.

④ 적절하다. <보기>에 따르면, 딸은 선대 제사는 비록 윤행하지 않더라도 부모의 기제사는 전례에 따라 윤행하도록 하였다. 이는 제사 윤행 대상에서 제외되었다고 해서 부모 제사의 윤행 의무까지 사라지는 것은 아님을 의미한다. 달리 말하면, 부모 제사를 윤행한다고 하여 선대 제사봉행의 의무까지 함께 나누지는 않는다는 것이다.

⑤ 적절하다. 마지막 문단과 <보기>에 따르면, 종가에서 멀리 떨어진 곳에 산다거나 가난하다는 이유 등으로 딸들이 제사 윤행에서 배제되는 경우가 있었다.

22. 정답 ⑤

내용 영역 인문 **문항 유형** 주제, 구조, 관점 파악

① 일치하지 않는다. 1문단에 따르면, 게티어 사례는 정당한 참인 믿음이지만 인식적 운으로 인해 참인 믿음을 가지게 된 사례를 통해 전통 이론에 문제를 제기했다. 그런데 정당성 있는 참된 믿음이라면 그 믿음은 지식이라는 것은 전통 이론에 부합하므로, 게티어 사례가 정당성 있는 참된 믿음이라면 그 믿음은 지식이라는 것을 반례를 통해 제시한다고 볼 수 없다.

② 일치하지 않는다. 1문단에 따르면, 전통 이론은 정당성, 믿음, 참을 지식의 충분조건으로 설명한다. 그런데 게티어 문제는 정당한 참인 믿음이지만 인식적 운으로 인해 참인 믿음을 가지게 된 사례를 다루면서 전통 이론에 인식론적 문제를 제기한다. 따라서 전통 이론은 운 좋게 참이 된 믿음은 지식이 아니라는 것을 설명할 수 없다.

③ 일치하지 않는다. 마지막 문단에 따르면, 클라인의 새로운 파기 가능성 지식 이론은 인식적 운으로 인해 정당한 참이 되는 믿음 사례들이 지식 사례가 아니라는 것을 설명하기 위한 이론이다. 따라서 클라인의 이론은 인식적 운이 나타나지 않은 정당한 참인 믿음 사례들도 지식 사례들이 아니라는 것을 설명하지는 않는다.

④ 일치하지 않는다. 3문단에 따르면, 투리는 '재추가된 믿음'을 통해서 비지식화 파기자가 나타나지 않게 되는 경우를 제시하면서, 파기 가능성 지식 이론을 따르게 될 때 기실 게티어 사례가 지식 사례에 불과한 것이 될 뿐이라는 점을 지적하였다. 2문단에 따르면, 특정한 사례에서 비지식화 파기자가 나타나지 않는다는 것은 파기 불가능성 조건을 충족했다는 것을 의미한다. 따라서 투리는 A의 '원래의 믿음'이 정당성을 얻게 되는 가정을 추가한 것은 맞지만, 들판의 양 사례가 파기 불가능성 조건을 충족하지 않음을 확인하고자 한 것은 아니다.

⑤ 일치한다. 2문단에 따르면, 파기 가능성 지식 이론은 지식 사례가 전통 이론에서 지식의 충분조건으로 설명한 정당성, 믿음, 참 조건에 더해 파기 불가능성 조건도 충족할 것을 요구하는 이론이다. 따라서 파기 가능성 지식 이론은 전통 이론에서 배제한 조건을 지식의 충분조건에 추가하면 게티어 문제를 해결할 수 있음을 보여 주려고 한다고 볼 수 있다.

23. 정답 ③

내용 영역 인문 **문항 유형** 정보의 추론과 해석

① 적절하다. 4문단에 따르면, '모조 헛간 사례'에서 B는 시각 경험을 통해 '자신이 가리킨 것이 헛간'이라는 믿음을 가졌다. 따라서 B의 원래의 믿음은 자신이 가리킨 것이 헛간이라는 믿음이다.

② 적절하다. 마지막 문단에 따르면, 클라인은 기존의 논의에 더하여, 기존의 믿음이 최종적으로 정당성을 잃게 하는 데 결정적인 기여를 한 추가된 믿음을 비지식화 파기자라고 생각했다. 또한 클라인의 이론은 개입적인 인식적 운뿐만 아니라 환경적인 인식적 운이 작용한 게티어 사례들도 지식 사례가 아니라는 올바른 진단을 내릴 수 있었다. 4문단에 따르면, '모조 헛간 사례'는 환경적인 인식적 운으로 인해 참인 믿음을 가지게 된 사례이다. 따라서 클라인의 입장에서 모조 헛간 사례는 파기 불가능성 조건이 충족되지 않는다는 점에서 지식 사례가 아니라고 분석할 것이다.

③ 적절하지 않다. 마지막 문단에 따르면, 클라인은 원래의 믿음이 최종적으로 정당성을 잃는 데 결정적 기여를 한 믿음을 비지식화 파기자라고 보았다. 그런데 모조 헛간 사례에서 B가 시골길의 주변에 진짜 헛간이 단 하나만 있다는 믿음을 추가로 가진다고 해도, 이 믿음이 자신이 가리킨 것이 헛간이라는 어떤 사람의 원래의 믿음이 최종적으로 정당성을 잃는 데 기여하는 것은 아니다. 따라서 클라인의 입장에서 시골길의 주변에 진짜 헛간이 단 하나만 있다는 믿음은 비지식화 파기자가 될 수 있다고 분석하지 않을 것이다.

④ 적절하다. 4문단에 따르면, 모조 헛간 사례에서 작용하는 운은 환경적인 인식적 운이다. 마지막 문단에 따르면, 클라인은 환경적인 인식적 운이 작용한 게티어 사례들도 지식 사례가 아니라는 올바른 진단을 내릴 수 있다는 점에서 게티어 문제를 해결했다고 평가받는다. 즉 클라인의 입장에서 모조 헛간 사례는 정당한 참인 믿음이지만 환경적인 인식적 운으로 인해 참인 믿음을 가지게 되었으므로 게티어 사례라고 분석할 것이다.

⑤ 적절하다. 마지막 문단에 따르면, 클라인은 원래의 믿음이 최종적으로 정당성을 잃는 데 결정적 기여를 한 믿음을 비지식화 파기자라고 보았다. 모조 헛간 사례에서 B가 자신이 가리킨 것이 헛간인지에 대한 자신의 믿음이 거짓이 되기 쉬울 것이라는 믿음을 추가로 가지게 된다면, 이 믿음은 자신이 가리킨 것이 헛간이라는 원래의 믿음이 정당성을 잃는 데 최종적으로 기여할 수 있다. 따라서 클라인의 입장에서 자신이 가리킨 것이 헛간인지에 대한 자신의 믿음이 거짓이 되기 쉬울 것이라는 믿음은 비지식화 파기자가 될 수 있다고 분석할 것이다.

24. 정답 ③

내용 영역 인문 **문항 유형** 정보의 평가와 적용

<보기>는 인식적 운으로 인해 참인 믿음을 가지게 된 사례 중에는 개입적인 인식적 운이나 환경적인 인식적 운으로 구분할 수 없는 사례도 존재하며, 클라인의 이론은 이러한 게티어 사례들을 지식 사례라고 잘못된 진단을 내린다고 비판한다. <보기>에서 반례로 제시한 것은 수정된 모조 헛간 사례로, 클라인의 논리에 따르면 해당 예시에서도 '기존의 믿음이 거짓이 되기 쉽다는 환경에 대한 믿음'은 기존의 믿음이 최종적으로 정당성을 잃게 하는 데 결정적인 기여를 해야 한다. 하지만 <보기>의 수정된 사례에서는 모조 헛간은 모두 녹색으로, 진짜 헛간만이 붉은색으로 칠해져 있기 때문에 '기존의 믿음이 거짓이 되기 쉽다는 환경에 대한 믿음'은 더 이상 참이 아니다. 기존의 사례에서 모조 헛간이라는 것을 알아차리지 못할 정도로 정교한 수많은 모조 헛간과 단 하나의 진짜 헛간이 늘어서 있는 것과는 달리, 모조 헛간과 진짜 헛간의 색이 다르기 때문이다. 즉 만약 C가

녹색 헛간을 보았다면 그는 자신이 가리킨 것이 붉은색 헛간이라는 믿음을 갖지 않았을 것이다. 따라서 C의 시선이 초록색 헛간으로 향했다면 자신이 가리킨 것이 붉은색 헛간이라는 거짓인 믿음을 가지게 되지 않았을 것이라는 점이 ⓐ의 근거로 가장 적절하다.

25. 정답 ③

[내용 영역] 과학기술 [문항 유형] 정보의 확인과 재구성

① 적절하지 않다. 최악의 경우는 패턴을 한 번 이동할 때마다 패턴의 모든 문자와 이에 대응되는 위치의 텍스트의 문자를 비교하는 작업을 반복해야 하는 경우에 발생한다. 그런데 텍스트와 패턴에 중복되는 문자가 하나도 없다면 매번 패턴의 첫 문자만 비교한 후 불일치를 확인하고 패턴을 이동시키면 된다.

② 적절하지 않다. 최악의 경우는 P가 n-m번 이동할 때까지 한 번 이동 시마다 P의 첫 문자부터 마지막 문자까지 T의 문자와 비교하는 작업을 반복하게 될 때 발생한다. 패턴을 s번 이동시키면 패턴 P[1...m]의 각 문자는 텍스트 T[1 + s...s + m]의 각 문자와 비교된다. 그런데 원시적인 매칭 알고리즘을 사용하면 패턴의 문자와 텍스트의 문자가 불일치하는 시점에서 오른쪽으로 패턴의 위치를 한 칸 이동시키므로, 패턴의 앞부분에서 불일치가 일어난다면 뒷부분에 대해서는 비교 작업을 수행할 필요 없이 패턴을 이동시킬 수 있다. 하지만 패턴의 마지막 문자에서 불일치가 일어난다면 패턴을 처음부터 끝까지 모두 검토한 후에 불일치를 확인하고 이동시켜야 하므로 비교 작업의 횟수가 증가한다. 하지만 이 경우에도 이미 비교를 완료한 텍스트의 특정 문자와 패턴의 특정 문자에 대해 반복적으로 비교 작업이 수행되는 것은 아니다. 텍스트의 각 문자가 여러 번 검토되는 것은 맞지만, 비교 대상은 패턴의 서로 다른 문자이지 하나의 특정 문자가 아니다. 예를 들어, [그림]에서 텍스트 T의 T[3]은 3번 검토되지만 패턴 P의 위치가 이동함에 따라 각각 P[3], P[2], P[1]과 비교된다.

```
T : a  a  a  a  b
T : a  a  b
       a  a  b
          a  a  b
```
[그림]

③ 적절하다. 최악의 경우는 패턴이 텍스트 T[1...m]에 대응되도록 놓였을 때부터 패턴을 한 번 이동할 때마다 패턴의 모든 문자와 이에 대응되는 위치의 텍스트의 문자를 비교하는 작업을 반복해야 하는 경우에 발생한다. 즉 매번 패턴의 첫 문자부터 끝까지 검토를 하고, 마지막 문자에 가서야 불일치함을 확인하는 경우에 최악의 경우가 발생한다. 그런데 패턴을 이동할 때마다 매번 패턴이 발생하는 경우에도 패턴의 처음부터 끝까지 검토를 해야 패턴 발생을 인식할 수 있다. 따라서 최악의 경우의 비교 작업의 횟수는 패턴이 처음 놓였을 때부터 이동할 때마다 항상 패턴이 발생할 때 필요한 비교 작업의 횟수와 동일한 수의 비교 작업을 필요로 한다.

④ 적절하지 않다. 패턴을 n-m번 이동시키는 것은 맞다. 그런데 비교 작업은 이동 횟수가 0일 때, 즉 T[1...m]과 P[1...m]에 대해서도 진행된다. 따라서 최악의 경우의 총 비교 횟수는 (n-m + 1)×m이 된다.

⑤ 적절하지 않다. 최악의 경우는 패턴이 발생하지 않음에도 불구하고 P가 처음 위치에서부터 n-m번 이동한 상황까지 매번 P의 첫 문자부터 마지막 문자까지 T의 문자와 비교하는 작업을 반복하는 경우이다. 2문단에 따르면, T가 aaaaac이고 P가 aad라면 최악의 경우에 해당한다. 그런데 같은 경우 T[n]과 P[m]부터 비교하기 시작해 왼쪽으로 패턴을 이동시킨다면, c와 d가 불일치하므로 한 번의 비교 만에 패턴이 한 칸 왼쪽으로 이동하고, 또 다시 a와 d가 불일치하므로 다시 한 번의 비교 만에 패턴이 이동하는 과정이 반복된다. 따라서 텍스트의 앞부분에서부터 비교 작업을 수행하는 경우보다 적은 수의 비교 작업을 필요로 한다.

26. 정답 ③

[내용 영역] 과학기술 [문항 유형] 정보의 추론과 해석

ㄱ. 적절하지 않다. 4문단에 따르면, 상태는 패턴이 시작되지 않은 상황과 패턴의 문자열이 차례대로 나타난 상황들로 이루어지므로, 길이 m의 패턴에 대해 상태는 총 m + 1개가 된다. 따라서 패턴을 구성하는 문자의 종류의 개수와는 무관하게 패턴의 길이가 동일하면 상태의 개수도 동일하다.

ㄴ. 적절하다. 4문단에 따르면, 상태 0은 패턴이 시작되지 않은 초기 상태이므로, 패턴을 발견한 후에 입력된 다음 문자가 패턴의 첫 번째 문자와 일치한다면 상태 0이 아닌 상태 1로 전이될 수 있다. 상태 2에서 b가 입력되면 그로부터 b로 시작하는 새로운 패턴이 시작될 가능성이 있으므로 상태 1로 전이가 이루어진다는 설명을 통해서도 이 점을 확인할 수 있다.

ㄷ. 적절하지 않다. 2문단에 따르면, 원시적 알고리즘은 T[1...m]과 P[1...m]의 원소를 차례대로 비교하다가 불일치가 발생하면 P를 1칸 이동시켜 T[2...m + 1]과 P[1...m]을 비교한다. 그런데 이 알고리즘에 따를 때 패턴이 초반부에 발생하면 후반부에 발생하는 경우보다 비교 횟수가 적을 것이라고 단정할 수 없다. 일례로 P = 'b', T1 = 'aaab', T2 = 'baaa'인 경우 패턴이 각각 후반부와 전반부에 발생하는 T1과 T2 모두 P와 총 4번의 비교를 해야 한다. 텍스트와 패턴의 구성에 따라 패턴이 초반부에 발생해도 더 많은 비교를 해야 하는 경우도 있다.

ㄹ. 적절하다. 3문단에 따르면, 비교 작업을 수행하기 전 상태 전이 함수를 만들어 놓음으로써, 오토마타 방식은 텍스트를 앞에서부터 차례대로 한 번 검토하는 것만으로 비교 작업을 완료할 수 있도록 한다. 따라서 패턴의 길이나 오토마타의 상태의 개수와 무관하게 언제나 텍스트에 있는 문자의 수(n)만큼의 비교 작업만이 요구된다.

27. 정답 ⑤

내용 영역 과학기술 | 문항 유형 정보의 평가와 적용

① 적절하다. 표는 각 행의 상태에서 각 열에 해당하는 입력을 받았을 때 전이되는 상태를 나타낸 것이다. 따라서 현재 상태가 1일 때 문자 a가 입력되면 오토마타의 상태는 ⓐ가 된다. 현재 상태가 1이라면 텍스트에서 문자 'a'가 발견된 상태이고, 이 상태에서 다시 문자 a가 입력된다면 텍스트에서 'aa'가 발견된 것이다. 패턴 P에서는 a가 연달아 두 번 나오는 경우가 없으므로, 'aa'에서 패턴 발생이 가능한 최장 구간은 두 번째 'a' 하나이다. 따라서 상태는 1로 전이된다.

② 적절하다. 상태 0부터 상태 7은 아래 표와 같이 패턴과 텍스트가 일치하는 부분이 발견된 상황을 나타낸다.

상태	패턴과 일치하는 부분
0	패턴이 시작되지 않음 (P[1]이 발견되지 않음)
1	a
2	ab
3	aba
4	abab
5	ababa
6	ababac
7	ababaca

따라서 상태 4에서 문자 a가 입력으로 들어온다면 이미 텍스트에서 'abab'가 발견된 상황에서 패턴의 다음 문자도 발견된 것이므로 상태 5로 이전되어야 한다. 현재 상태가 5일 때 문자 c가 입력된 경우나, 현재 상태가 6일 때 문자 a가 입력된 경우 역시 텍스트와 패턴의 일부분이 일치하는 상황에서 텍스트의 다음 문자도 패턴과 일치하는 경우이므로, 각각 상태 6과 상태 7로 이전되어야 한다. 따라서 ⓑ, ⓒ, ⓓ는 각각 상태 5, 상태 6, 상태 7이 되어야 한다. 또, 상태 7은 현재까지 입력이 패턴의 문자열과 일치하는 상황을 나타내므로 텍스트에서 패턴이 발생한 것이다.

③ 적절하다. 상단 표의 모든 상태들 뒤에 c를 이어 붙였을 때, 'ababac'가 되어 상태 6으로 전이되는 상태 5를 제외하고는 패턴 발생이 가능한 구간이 생성되지 않는다. 따라서 <보기>의 [표]의 'c'열에서 ⓒ를 제외하고 나머지 행은 모두 0을 값으로 가진다.

④ 적절하다. 현재 상태가 4라면 텍스트에서 'abab'가 발견된 상황이다. 이 상태에서 문자 b가 입력된다면 'ababb'가 발견된 것이고, 여기선 뒤에 어떤 문자가 입력되어도 패턴이 발생할 가능성이 없다. 따라서 상태는 0으로 전이된다.

⑤ 적절하지 않다. T[1]에서 T[11]까지 문자가 하나씩 입력으로 들어올 때, T[9]가 입력된 시점에서 오토마타의 상태는 처음으로 상태 7에 놓인다. 즉 T[3]부터 T[9]까지 텍스트의 문자열이 'ababaca'이므로 패턴이 발생한 상황인 것이다. 여기서 T[10]을 입력으로 받으면 지금까지 검토된 텍스트는 'ababacab'이고, 이어서 다시 패턴 발생이 가능한 최장 구간은 맨 끝의 'ab'이다. 따라서 오토마타는 상태 0이 아닌 2로 전이된다.

28. 정답 ③

내용 영역 인문 | 문항 유형 정보의 확인과 재구성

① 적절하다. 2문단에 따르면, 주인공이 귀신과 인연을 맺는 인귀교환 모티프는 초현실적인 분위기를 드러내면서 동시에 암담한 현실 인식을 드러낸다. 이는 현실의 존재가 아닌 것을 통해 초현실적인 분위기를 드러내는 동시에 암담한 현실 인식을 드러낸다는 점에서 역설적이다. 따라서 인귀교환 모티프는 역설적으로 현실성을 환기하는 요소로 작용한다고 볼 수 있다.

② 적절하다. 5문단에 따르면, 「이생규장전」에서 전생의 인연에 관하여 나누는 대화는 최랑에게는 정서적 친밀감의 표현이지만, 이생에게는 낯섦의 정서를 초래한다. 이 대화를 통해 전생의 인연에 관한 이생과 최랑의 인식은 서로에게 상반된 정서를 일으킴을 확인할 수 있다.

③ 적절하지 않다. 3문단에 따르면, 「이생규장전」에서 전쟁의 폭력성이 유발하는 죽음은 최랑의 죽음으로, 이는 개인의 차원을 넘어 외적의 침략으로 유린당한 민족의 모습을 다룬다. 하지만 이후 제시문의 내용을 고려할 때 고독감을 느끼는 주체는 환상 세계로 도피하는 인물인 이생이다. 따라서 최랑의 죽음이 민족의 고독감을 표상한다고 보기는 어렵다.

④ 적절하다. 4문단에 따르면, 이생이 경험하는 귀신과의 사랑의 체험은 이생이 현실로부터 도피하는 인물이면서도 타자와의 합일을 원하는 욕망의 주체였음을 드러낸다. 그리고 이에 따라 귀신이 되어 나타난 최랑은 이생의 내면 의식이 투사된 환영물이라고 하였다. 이로써 귀신이 되어 나타난 최랑이 타자와의 합일, 즉 고독으로부터의 탈피를 바라는 이생의 정서를 형상화한 결과물임을 알 수 있다.

⑤ 적절하다. 3문단에 따르면, 전기소설 특유의 환상성은 소설의 작중 인물을 둘러싼 폭력적인 현실로부터의 도피처로 작용하는데, 이생에게는 최랑의 부재 및 자신의 능력을 실현하지 못하는 현실이 환상성과 대비를 이룬다. 그리고 1문단에 따르면, 전기소설의 환상성은 현실에서 제 뜻과 능력을 펼 수 없었던 전기소설 작자층이 처한 현실로부터 기인한다. 이를 고려할 때, 전기소설에서 환상성과의 대비를 통해 드러나는 현실성은 소설 내적 요소에만 한정되지 않는다고 볼 수 있다.

29. 정답 ⑤

내용 영역 인문 | 문항 유형 정보의 추론과 해석

① 적절하다. 4문단에 따르면, 이생이 경험하는 환상은 사회화할 수 없는 내적 체험의 형태를 띠며, 귀신이 되어 나타난 최랑 역시 이생과 분리된 인물이 아닌 이생의 내면 의식이 투사된 환영물에 그친다. 따라서 이생에 대한 서술을 근거로 할 때 환상 세계(ⓐ)는 작중 어떤 다른 인물과도 공유되지 않는다고 할 수 있다.

② 적절하다. 이생은 환상을 현실로부터의 도피처로 삼았으며, 소설의 결말에 이르러 죽음을 맞는다. 마지막 문단에 따르면, 환상

의 종료와 함께 부지소종 혹은 죽음으로 전개되는 전기소설의 결말은 자기 존재의 소멸을 통해 환상 세계(ⓐ)에 투항하는 일이라고 서술되어 있다. 이를 고려할 때 이생에게 환상 세계는 소설의 결말에 이르러 영구한 도피처가 된다고 볼 수 있다.

③ 적절하다. 5문단에 따르면, 환상 세계(ⓐ)에서 고독감의 심화는 환상 속 타자와의 근원적인 단절을 확인할 때 일어난다. 그런데 이는 이생 자신이 현실의 이면, 즉 환상 세계로 더 깊이 빠져들도록 하는 결과를 낳는다. 4문단의 서술대로 환상이 사회화할 수 없는 내적 체험의 형태로 구축된다는 점을 고려할 때, 고독감이 심해질 경우 환상 세계의 폐쇄성은 더 짙어진다고 할 수 있다.

④ 적절하다. 4문단에 따르면, 환상 세계(ⓐ)는 내적 체험이 일어나는 곳이자 이생이 현실 세계에 대한 근원적인 절연 의식을 가졌음을 암시하는 곳이다. 그리고 5문단에 따르면, 이생은 환상 속 타자인 최랑과의 대화 속에서 낯섦의 정서를 느끼며 근원적 단절을 확인하게 된다. 따라서 환상 세계가 현실과의 단절과 환상 속 타자와의 단절을 동시에 드러내는 장소라고 할 수 있다.

⑤ 적절하지 않다. 3문단과 4문단에 따르면, 이생의 고독은 폭력적인 현실로부터 오는데, 이때 환상성이 개입하는 이유는 이생이 고독으로부터 탈피하기 위한 노력 의지를 상실했기 때문이다. 즉 환상 세계(ⓐ)는 현실을 극복하려는 의지나 노력의 부재로부터 기인하며, 현실을 극복하려는 인식과 실제 현실 사이의 괴리로 인해 만들어진다고 볼 수 없다.

30. 정답 ①
내용 영역 인문   문항 유형 정보의 평가와 적용

① 적절하다. 5문단에 따르면, 「이생규장전」에서 인귀교환 모티프를 추동하는 '자기기만'은 인연을 맺는 대상이 귀신이라는 점을 주인공인 이생 자신이 처음부터 인지하고 있었음에도 그에 대한 의존을 끊어내지 못한 것을 의미한다. 그런데 <보기>에 따르면, 「만복사저포기」에서 '여인'이 이 세상 존재가 아니었음을 '양생'이 깨닫는 것은 만남이 끝난 이후 시점이다. "양생 또한 그 여인이 귀신이었음을 알고는 슬픔이 더해져서 여인의 부모와 함께 머리를 맞대고 흐느꼈다."에서 이를 확인할 수 있다. 따라서 「만복사저포기」에서의 인귀교환 모티프는 자기기만으로부터 추동되지 않는다는 점에서 「이생규장전」과 차이를 보인다고 할 수 있다.

② 적절하지 않다. 5문단에 따르면, 귀신으로 나타난 최랑의 정서적 친밀감의 표현은 최랑이 이 세상 인물이 아님을 자각하게 함으로써 근원적 단절을 확인토록 만든다. 즉 근원적인 단절은 자신이 관계를 맺는 존재가 현실 속 존재가 아니며, 그 존재와 합일을 이룰 수 없음을 자각하는 순간에 느끼게 된다. 그런데 <보기>에 따르면, '양생'이 '여인'이 현실에 존재하지 않는 인물임을 확인하게 되는 것은 여인의 부모를 만난 후임을 알 수 있다. 따라서 여인과의 대화로부터 근원적인 단절을 확인했다고 볼 수 없다.

③ 적절하지 않다. 2문단에 따르면, 이생과 최랑은 최랑의 생전에 결혼을 한 관계였다. 그런데 <보기>에 따르면, '양생'은 '여인'의 부모를 만나기 전까지 여인이 이 세상 존재가 아님을 알지 못했다. 그러므로 여인이 '옛 임'이라고 양생을 칭한 것은 둘 사이의 근원적 단절을 보여주는 근거는 될 수 있겠으나, 양생과 여인이 죽기 전부터 연을 맺은 근거라고는 보기 어렵다.

④ 적절하지 않다. 마지막 문단에 따르면, 전기소설의 인물은 환상이 종료되고 현실에서 진정한 고독의 해소가 불가능함을 확인할 때 '부지소종'의 방식으로 자기 존재를 소멸시킨다. 이는 환상 세계로의 투항과 같다고 여겨지는데, 이에 대하여 4문단에서는 환상을 고독으로부터 탈피하기 위한 노력 의지 자체를 상실한 채 자기만의 세계로 도망하는 일이라고 표현한다. 이를 고려할 때, '부지소종'의 결말을 두고 양생이 고독에서 벗어난 것이라고는 볼 수 없다.

⑤ 적절하지 않다. <보기>에 따르면, "시녀는 대답을 하자마자 사라졌는데 어디로 갔는지 알 수가 없었다."라는 서술로부터 '시녀' 역시 현실 속 존재가 아님을 알 수 있다. 그러나 시녀를 비롯한 여러 환영물의 개입이 현실 속 타자와의 소통 여부와 관련이 있다고는 보기 어렵다.

메가로스쿨

2026학년도 법학적성시험 답안지

①교시 언어이해 / ②교시 추리논증

2026학년도 범학적성시험 답안지

①교시 언어이해 / ②교시 추리논증

2026학년도 법학적성시험 답안지

① 교시 언어이해 / ② 교시 추리논증

 메가로스쿨

2026학년도 범학적성시험 답안지

①교시 언어이해 / ②교시 추리논증

2026학년도 법학적성시험 대비

제1회 파이널
LEGAL · EDUCATION · ELIGIBILITY · TEST
불LEET 모의고사

제1교시 | **언어이해**
총 30문항 09:00~10:10(70분)

수험생 유의사항

1. 문제지를 받은 후 시험 시작 시간까지 문제 내용을 보아서는 안 됩니다.
2. 시험 시작 즉시 과목편철 순서, 문제누락 여부, 인쇄상태 이상 유무 등을 확인한 후 문제지에 성명을 기재하시기 바랍니다.
3. 시험 시작 후 문제를 주의 깊게 읽고 문항의 취지에 가장 적합한 하나의 정답만을 고르시기 바랍니다.

메가로스쿨

[1~3] 다음 글을 읽고 물음에 답하시오.

형법에서 인과관계란 행위자의 행위와 법익침해의 결과 사이의 관계로 처벌을 정당화하는 근거가 된다. 범죄의 성립에 있어 이러한 인과관계의 존재는 필수적이다. 만약 갑이 을에게 어떤 행위를 하였고 이후 을이 사망하였다고 하더라도 을의 사망이 갑의 행위로 인한 것이 아니라면 갑을 살인죄로 처벌할 수 없다. 그러나 구체적 사안에서 행위자에 대한 처벌을 정당화하는 인과관계의 존재 여부를 확정하는 일은 생각만큼 쉬운 일이 아니다. 따라서 형법상 인과관계에 관해서는 여러 이론이 존재한다.

조건이론은 일정한 선행사실이 없었다면 결과도 발생하지 않았다는 논리적 조건 관계만 있으면 인과관계를 인정하는 견해이다. 원인행위가 없었다면 결과는 발생하지 않았을 것으로 판단되는 경우에는 인과관계를 인정하고, 원인행위가 없었더라도 결과는 발생하였을 것으로 판단되는 경우에는 인과관계를 부정하는 것이다. 하지만 조건이론은 인과관계의 범위를 과도하게 확대한다는 중대한 결함을 가진다. 예컨대 조건이론을 극단적으로 따르는 경우 살인자를 출산한 어머니의 출산 행위도 그 살인의 원인이 되는 비합리적인 결과를 초래한다. 이에 합법칙적 조건이론은 행위와 결과 사이에 과학적 지식에 기초한 자연법칙적 연관성이 있을 때만 인과관계를 인정함으로써 조건이론의 결함을 수정하고자 한다. 그러나 합법칙적 조건이론 역시 조건이론을 전제로 한다는 점에서 인과관계의 과도한 확장의 문제에서 자유롭지 못하다.

조건이론의 결함을 해결하고자 하는 견해인 상당인과관계이론은 사회생활상 일반적인 경험칙에 비추어 그러한 행위로부터 그러한 결과가 발생하는 것이 상당하다고 인정될 때 그 행위와 결과 사이에는 인과관계가 있다고 본다. 상당인과관계이론은 인과관계의 존재 여부를 확정하는 과정에서 단순히 사실 판단에만 의존하지 않는다는 점에서 조건이론과 다르다. 이 견해는 행위와 결과 사이의 인과관계를 인정하는 것이 적절한지를 고려할 때 상당성이라는 규범적·법적 판단 요소를 개입시킨다. 이를 통해 인과관계의 범위를 지나치게 확대하는 조건이론의 문제를 극복하고자 하는 것이다. 그러나 상당성 개념이 매우 모호하여 그 판단이 법관 개인의 관념에 의존하게 되기 때문에 법적 안정성을 해칠 우려가 크다는 비판이 있다. 상당인과관계이론은 체계적 문제가 지적되기도 한다. 인과관계의 존재 여부를 확정하는 일은 사실 판단의 영역에서 이루어져야 하고 규범적·법적 판단은 이와 분리되어야 하는데, 상당인과관계이론은 양자를 구분하지 못하고 있다는 것이다.

객관적 귀속이론은 이를 보완하고자 먼저 합법칙적 조건이론에 의하여 행위자의 행위가 법익침해의 원인이 되는지를 판단한다. 그에 따른 인과관계가 인정된다면 그 법익침해의 결과를 행위자의 행위에 객관적으로 귀속시킬 수 있는가를 규범적·법적 기준을 통해 판단한다. 객관적 귀속이론에서는 행위자의 행위가 위험을 증가시키기 때문에 법적으로 금지된 행위이고 그 행위로 인해 증가된 위험이 법익침해의 결과로 실현될 때 객관적 귀속이 이루어진다고 본다. 그리고 이렇듯 결과가 행위에 객관적으로 귀속되는 경우에만 처벌이 정당화될 수 있다.

그런데 객관적 귀속이론에서는 행위자의 금지된 행위로 인해서 법익침해의 결과가 발생했으나, 합법적 행위를 했더라도 같은 결과가 발생했을 개연성이 있는 경우에 객관적 귀속을 인정할 것인가가 문제 된다. 이 문제에 대해서는 두 가지로 입장이 나뉜다. ㉠의무위반관련성이론은 행위자가 합법적 행위를 했더라면 결과가 발생하지 않았을 것이 확실한 경우에만 객관적 귀속을 긍정한다. 반대로 행위자가 합법적 행위를 했더라도 결과가 발생했을 가능성이 남아 있는 경우에는 객관적 귀속을 부정해야 한다고 주장한다. 이에 반해 ㉡위험증대이론은 행위자가 합법적 행위를 했더라도 결과 발생이 확실한 경우에는 객관적 귀속을 부정한다. 그러나 행위자가 합법적 행위를 했더라면 결과가 발생하지 않았을 것이라고 의심되는 경우에는 결과 발생의 위험성을 증대시킨 것이므로 객관적 귀속을 인정해야 한다고 주장한다.

1. 윗글의 내용과 일치하지 않는 것은?
① 상당인과관계이론에 따르면 논리적 조건 관계가 성립하더라도 인과관계가 부정될 수 있다.
② 조건이론에 따르면 논리적 조건 관계를 충족하는 모든 행위에 대한 처벌은 정당화될 수 있다.
③ 상당인과관계이론과 객관적 귀속이론 모두 처벌의 정당화 문제에 있어 규범적·법적 판단이 필요하다는 입장이다.
④ 합법칙적 조건이론에 따르면 원인행위가 없었더라도 결과가 발생하였을 것으로 판단되는 경우에는 인과관계가 부정된다.
⑤ 객관적 귀속이론에 따르면 행위자의 행위 이후에 발생한 법익침해의 결과를 행위자의 행위에 귀속시킬 수 없는 경우에는 인과관계가 부정된다.

2. 윗글을 바탕으로 <보기>에 반응한 것으로 적절하지 않은 것은?

―<보 기>―
(가) 갑은 부하 직원인 A를 회사 밖으로 내쫓으면서 A가 죽었으면 좋겠다고 생각했는데, A는 실제로 회사 밖으로 내보내진 직후 벼락을 맞아 사망하였다.
(나) 을은 속도 제한 규정을 위반하여 과속으로 자동차를 운행했는데, 함께 타고 있던 B가 이에 놀라서 심장마비로 사망하였다.
(다) 병은 자신의 원수이자 사형수인 C의 사형이 집행되기 직전에 총을 쏴서 C를 사살하였다.

① (가)의 경우, 조건이론에 의하면 갑의 행위와 A의 죽음 사이에 인과관계가 인정될 것이다.
② (가)의 경우, 객관적 귀속이론에 의하면 불법적 행위가 아니라는 점에서 갑은 처벌받지 않을 것이다.
③ (나)의 경우, 인과관계 인정 여부에 대한 조건이론과 상당인과관계이론의 결론이 다를 수 있다.
④ (나)의 경우, 객관적 귀속이론에 의하면 과속으로 증가한 위험이 심장마비 발생에 영향을 주었는지에 따라 을의 처벌 여부가 달라질 수 있다.
⑤ (다)의 경우, 상당인과관계이론과 객관적 귀속이론 모두 병의 처벌을 정당하지 않다고 볼 것이다.

3. ㉠, ㉡에 대한 설명으로 적절한 것만을 있는 대로 고른 것은?

―<보 기>―
ㄱ. ㉠보다 ㉡이 '피고인의 이익을 우선으로'라는 원칙에 가깝다.
ㄴ. ㉠과 ㉡은 모두 행위자가 행한 행위와 법익침해의 결과 사이에 인과관계가 존재함을 전제한다.
ㄷ. 신호 위반으로 인한 교통사고로 피해자가 사망한 경우, ㉠에서는 행위자가 신호를 준수하여 교통사고가 일어나지 않았다면 피해자가 사망하지 않았을 것이 확실한 경우에만 운전자의 행위에 객관적 귀속을 인정할 것이다.

① ㄱ   ② ㄴ   ③ ㄱ, ㄷ
④ ㄴ, ㄷ   ⑤ ㄱ, ㄴ, ㄷ

[4~6] 다음 글을 읽고 물음에 답하시오.

우생학은 유전자의 선별과 조작을 통해 인간의 종이나 집단 또는 개체를 개량하는 것이다. 그렇다면 유전 공학은 일종의 우생학적 시도라고도 칭할 수 있을 것이다. 이에 대하여 유전 공학을 질병의 치료나 예방 목적으로 사용하는 소극적 우생학에는 대체로 모두 동의하지만, 신체 기능이나 외모를 개선하는 등 강화를 목적으로 유전자를 선별·조작하는 적극적 우생학에는 선뜻 동의하기 어렵다.

과거에는 국가나 사회가 강제로 우생학적 정책을 시행하는 권위주의적 우생학이 존재했다. 개인의 자유권보다 인종 보존의 의무가 더 중요하다고 보면서 우수한 인종을 유지하고 개량하기 위해 결혼과 출산을 제한하는 정책을 펼쳤다. 그러나 권위주의적 우생학은 강제라는 점에서 많은 비판을 받았으며, 최근에는 이를 개인의 자율적 선택에 맡기는 ㉠자유주의적 우생학이 힘을 얻고 있다. 요컨대 자유주의적 우생학은 부모가 자녀를 출산할 때 자녀가 미래에 누릴 삶의 수준을 향상하기 위해 유전적 특질을 선택하거나 조작할 권리가 주어져 있다고 본다. 이들에게는 국가에 의해 결혼과 출산 여부가 강제되는 것도, 유전자 조작 등의 특정 출산 방법이 금지되는 것도 자유권의 침해이다. 나아가 아무 조치도 취하지 않는 것은 미래의 사람들이 더 나쁜 삶을 살게 할 뿐이라는 점에서 유전학적 강화의 추구를 도덕적 의무로 여긴다.

㉡하버마스는 의사소통 행위 이론에 따라 어떤 행위가 정당성을 확보하기 위해서는 대화 참여자들의 자율성과 평등성이 보장되는 조건에서 보편적 합의가 이루어져야 한다는 도덕적 접근을 시도한다. 이를 바탕으로 유전학적 개입이 부모가 자녀의 자율성과 평등성을 침해하는 행위라고 주장한다. 다른 인격체의 의도나 통제를 벗어나 유전학적 우연성이 확보될 때라야 진정한 자유가 가능하다는 점에서, 당사자의 동의 없는 유전학적 개입은 제삼자의 의도에 따라 결정된 삶이기에 자율성에 대한 침해라는 것이다. 그리고 유전학적 개입을 통한 출산은 부모 세대가 일방적으로 자녀 세대에 지배력을 행사한 것으로 평등성을 훼손한다고 주장하였다. 이에 근거할 때 치료를 위한 유전학적 개입은 보편적 합의 가능성이 있지만, 강화를 위한 유전학적 개입은 그렇지 않기 때문에 정당성을 확보하기 어렵다.

그런데 하버마스의 주장에 대하여, 왜 자율성과 평등성이 주어져야만 정당성이 확보되느냐는 의문을 제기할 수 있다. 자율성과 평등성을 보장되지 않아도 되는 것으로 여길 수 있지 않은가? 이에 대하여 하버마스는 자율성과 평등성은 근현대 인류가 추구하는 가치이기에, 이를 부정하는 것은 인류가 인간 생명체에 대해 갖는 윤리적 자기 이해에 어긋난다고 보는 윤리적 접근을 시도한다. 우리가 우리 자신을 어떻게 이해하고 있느냐를 고려할 때, 자율적이고 평등한 인격체가 인류의 바람직한 모습에 부합한다는 것이다. 한편, 자율적 판단 능력을 갖춘 성인이 유전학적 개입을 스스로 요구하는 경우 도덕적 접근만으로는 비판하기 어려울 것이다. 하버마스는 다시금 인류의 윤리적 자기 이해는 인간을 도구적으로 사용하는 것에 반대한다고 주장한다.

㉢샌델은 자율성 등의 자유주의적 전제를 비판 근거로 삼는 데 반대하면서 인간 생명을 대하는 근본적인 태도에 대해서 논한다. 그는 인간의 자연적 본성과 재능을 우연히 주어진 선물로 간주하고 경외감으로 받아들여야 한다고 본다. 따라서 유전 공학적 강화는 인간의 자연적 본성과 재능을 그 자체로 인정하지 않고 인위적으로 정복하고 통제하려는 움직임이라고 여긴다. 인간 공동체에는 인간의 생명이나 재능을 선물로 간주하는 태도가 깔려 있다는 것이다. 따라서

치료를 위한 유전학적 개입에는 찬성하지만, 자율적 선택에 의한 경우에도 강화를 위한 유전학적 개입에는 반대한다.

그러나 하버마스는 윤리적 접근을 끌어들임으로써 윤리적 자기 이해가 보편성을 갖고 있음을 입증해야 하는 부담을 안고 있다. 윤리적 자기 이해는 시대에 따라 달라질 수 있기 때문이다. 또한 샌델은 인간의 자연적 본성과 재능이 무엇인지, 인위적 개조가 왜 옳지 못한지에 대한 근거에 선물, 경외감 등의 개념을 도입하면서 종교적이고 관습적인 사고방식에 의존한다. 이는 도덕적 옳고 그름 자체를 따지지 못하고 개별 공동체가 자신들의 도덕적 관점에 따라 서로 다른 규범을 인정하는 것을 용인할 수 있다. 또한, 샌델의 주장을 따르더라도 유전학적 강화가 잘못되었다는 결론이 논리적으로 도출되지 않는다는 문제에 직면한다.

4. 윗글의 내용과 일치하지 <u>않는</u> 것은?
① 자유주의적 우생학은 소극적 우생학과 적극적 우생학 모두에 동의한다.
② 치료를 위한 유전자의 선별과 조작은 치료 당사자에 대한 인위적 통제로 간주되지 않는다.
③ 정부가 우생학의 주체가 될 수 있는지에 관한 논의는 자유권 제한에 대한 견해 차이와 결부된다.
④ 자유주의적 우생학에 반대하는 윤리적 접근 방법은 유전학적 개입에 따른 자율성과 평등성의 침해를 문제 삼지 않는다.
⑤ 샌델의 주장은 서로 다른 문화권에서 자유주의적 우생학에 대해 다른 태도를 견지하는 것을 용인할 수 있도록 만든다.

5. ㉠~㉢에 대한 설명으로 적절하지 <u>않은</u> 것은?
① ㉠은 삶의 수준 향상이라는 목적이 달성된다면 유전학적 강화가 정당화된다고 주장한다.
② ㉡의 윤리적 자기 이해 개념은 시대적 보편성이 입증되지 않았다고 여겨진다.
③ ㉢의 주장은 적극적 우생학이 왜 도덕적으로 옳지 않은지 밝히지 못한다는 한계를 갖는다.
④ ㉠은 ㉡과 달리 유전학적 강화를 출산과 양육의 주체가 선택할 수 있는 권리라고 본다.
⑤ ㉡과 ㉢은 모두 개인의 자율성이 보장되는 상황일지라도 유전 공학적 강화에 반대한다.

6. 윗글을 바탕으로 <보기>를 평가한 것으로 가장 적절한 것은?

<보 기>

A : 유전학적 형질을 개선하기 위해 하나의 디자인에만 매몰될 필요는 없다. 개인적인 요구사항을 반영할 수 있는 유전학적 슈퍼마켓을 만들어 부모가 자기 뜻에 따라 자유롭게 아이를 디자인할 기회를 주는 것이 바람직하다.

B : 지성과 기술 수준을 전면적으로 향상시키는 것은 일반적인 교육의 목표이다. 인류는 자연이 부여한 능력을 개선하려고 끊임없이 노력해 왔다. '신 노릇을 하는 것'이 인간의 능력을 향상시키기 위해 분투하는 것을 의미한다면 이것은 개인의 권리이자 우리가 따를 도덕적 명령이 된다.

C : 유전학적 개입이 없더라도 아이가 태어나면서 유전 형질을 스스로 선택한 것은 아니다. 따라서 그것이 자율성을 침해했다고 볼 수는 없다. 다만, 이는 자연을 정복하고자 하는 사고를 강화하고 인간을 사물화하는 한편 무한 경쟁을 부추기므로 결과적으로 인류에 손해를 끼칠 수 있다.

① A는 획일화된 유전학적 형질 개선에 반대한다는 점에서 자유주의적 우생학과 견해를 달리한다.
② B는 전 인류의 수준 향상과 자연에 대한 극복을 지지한다는 점에서 권위주의적 우생학과 견해를 같이한다.
③ B는 인간의 자율성을 통해 유전학적 강화의 정당성을 확보하고자 한다는 점에서 하버마스와 견해를 같이한다.
④ C는 유전학적 개입이 이익이 되어야 한다고 여긴다는 점에서 자유주의적 우생학과 견해를 같이한다.
⑤ C는 출산에 대한 유전학적 개입과 자율성의 침해를 구분하고 있다는 점에서 하버마스와는 견해를 달리하고 샌델과는 견해를 같이한다.

[7~9] 다음 글을 읽고 물음에 답하시오.

 우리 몸의 신경세포는 전기적 신호인 신경신호를 전달하는데, 전기적 신호는 세포막 안쪽과 바깥쪽의 전위* 차이를 나타낸 값인 막전위의 변화를 통해 만들어진다. 휴지 상태에 있는 신경세포는 세포막 안쪽이 상대적으로 음(-)전하를, 바깥쪽이 양(+)전하를 띤다. 이러한 상태를 분극이라 하며, 이때의 막전위는 보통 -60mV ~ -80mV에서 형성된다. 신경세포가 역치 이상의 자극을 받으면 자극을 받은 부위에서 Na^+ 통로가 열리면서 Na^+이 세포막을 통과하여 세포 안으로 이동하고, 세포 내부의 음전하를 띠는 정도가 줄어 휴지 상태보다 막전위가 더 커지는데, 이를 탈분극이라 한다. 반대로 K^+ 통로가 열리면서 K^+이 세포막을 통과하여 세포 바깥쪽으로 이동하고, 그 결과 세포 내부에서 음전하를 띠는 정도가 늘어나 휴지 상태보다 막전위가 더 작아지는 것을 과분극이라 한다. 이러한 막전위 변화를 통틀어 활동전위라고 한다. 전기적 신호는 한 신경세포에서 신경세포 간 연접 부위인 시냅스를 통해 다른 신경세포로 전달된다. 시냅스의 앞쪽 신경세포가 탈분극되면 시냅스 틈으로 신경전달물질을 분비하고, 뒤쪽 신경세포는 앞쪽 신경세포가 분비한 신경전달물질을 인지하여 자신의 막전위를 변화시킨다. 이러한 신호 전달 결과 뒤쪽 신경세포 막전위가 탈분극 상태로 변했다면 이들은 흥분성 시냅스로, 과분극 상태로 변했다면 억제성 시냅스로 연결된 것이다.

 눈으로 들어온 시각 정보는 여러 개의 신경세포를 거쳐 뇌의 뒤쪽에 있는 신경세포에 신경신호 형태로 전달된다. 시각 정보는 망막의 시각수용기세포에서 처음으로 처리되는데, 이 세포는 쌍극세포에, 쌍극세포는 신경절세포에 각각 시냅스로 연결되어 있다. 망막에 존재하는 시각수용기세포의 개수는 1억 개 이상이지만 신경절세포의 개수는 120만 개이므로, 하나의 신경절세포는 다수의 시각수용기세포에서 온 신호를 받아들이게 된다. 어둠 속에서는 시각수용기세포의 세포막에 존재하는 Na^+ 통로가 열려 있어 Na^+이 세포 외부로부터 세포 내부로 지속적으로 유입되고, 그 결과 시각수용기세포는 -40mV 정도의 막전위를 유지한다. 밝은 곳에서 빛은 해당 Na^+ 통로를 닫히게 하여 Na^+이 세포 외부로부터 세포 내부로 유입되지 못하게 하는데, 이때 K^+이 세포 바깥으로 빠져나가므로 시각수용기세포는 과분극 상태로 변한다. 시각수용기세포는 빛이 없는 상태에서는 신경전달물질을 빠른 속도로 분비하지만 과분극 상태로 변하면 분비 속도가 느려진다. 시각수용기세포에서 신경전달물질의 분비 속도가 달라지면, 해당 세포와 시냅스로 연결된 쌍극세포의 막전위에도 변화가 일어난다.

 쌍극세포에서의 막전위 변화는 두 신경세포를 연결하는 시냅스의 종류에 따라 과분극일 수도 있고, 탈분극일 수도 있다. 양자가 흥분성 시냅스로 연결된 경우 시각수용기세포가 과분극 상태로 변하면 쌍극세포도 과분극 상태로 변하는 반면, 억제성 시냅스로 연결된 경우 세포 간에 서로 다른 막전위 변화가 나타난다. 그리고 쌍극세포와 시냅스로 연결된 신경절세포의 막전위에도 변화가 생긴다. 모든 쌍극세포와 신경절세포는 흥분성 시냅스로 연결되어 있으므로 쌍극세포에서의 신경전달물질 분비가 증가하면 신경절세포는 탈분극 상태로, 감소하면 과분극 상태로 변한다. 신경절세포가 탈분극 상태로 변하면 신경절세포에서 뇌로 전달하는 활동전위의 발생 빈도가 막전위 변화 전에 비해 증가하고, 과분극 상태로 변하면 감소한다. 뇌는 신경절세포로부터 전달받은 신호들을 해석하여 상을 인지한다.

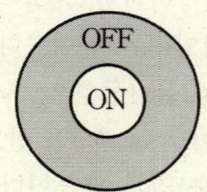
ON-중심 수용장

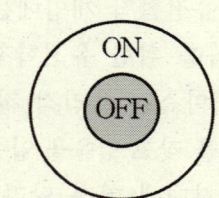
OFF-중심 수용장

 한편 물체로부터 반사된 빛이 망막에 도달할 때 빛에 의해 자극받는 시각수용기세포의 범위는 통상적으로 원형을 이루며, 다수의 시각수용기세포에서 온 신호가 하나의 신경절세포로 전달되므로 이러한 자극에 따라 신경절세포에서 막전위 변화가 일어난다. 신경절세포로 신호를 전달하여 막전위 변화를 일으키는 일정 범위의 시각수용기세포들을 신경절세포의 수용장이라고 한다. 수용장은 원형의 '중심'과 이를 둘러싼 도넛 모양의 '주변' 두 영역으로 이루어져 있으며, 그 유형은 ON-중심 수용장과 OFF-중심 수용장으로 나뉜다. ON-중심 수용장에서 중심 영역이 빛을 받으면 신경절세포가 탈분극 상태로 변하지만, 주변 영역이 빛을 받으면 과분극 상태로 변한다. 반대로 OFF-중심 수용장에서 중심 영역이 빛을 받으면 신경절세포가 과분극 상태로 변하지만, 주변 영역이 빛을 받으면 탈분극 상태로 변한다. 두 수용장 모두 중심, 주변 영역이 동시에 빛을 받으면 빛을 받은 영역의 비율에 따라 탈분극과 과분극 중 어떤 상태로 변하는지가 결정되는데, 중심, 주변 영역 모두가 균등하게 빛을 받거나 어느 영역도 빛을 받지 못하는 경우 신경절세포에서는 탈분극도, 과분극도 일어나지 않는다.

*전위: 전기장 안의 한 점으로부터 다른 점으로 단위 전기량을 옮기는 데 필요한 전압의 차, 즉 전하가 갖는 위치 에너지

7. 윗글의 내용과 일치하는 것은?

① 밝은 곳에서 시각수용기세포의 막전위는 -40mV보다 더 큰 절댓값을 갖는다.
② 쌍극세포의 탈분극은 신경절세포에서 신경전달물질의 일정 시간당 분비량을 감소시킨다.
③ ON-중심 수용장의 주변 영역에만 빛을 비추면 신경절세포에서의 활동전위 발생 빈도는 증가한다.
④ 시각수용기세포 내부로 Na^+의 유입이 증가할수록 시각수용기세포에서의 신경전달물질 분비 속도는 느려진다.
⑤ 쌍극세포는 신경절세포에서 뇌로 전달하는 활동전위 발생 빈도를 변화시킴으로써 신경절세포의 막전위를 바꾼다.

8. 윗글을 바탕으로 '망막의 신호 처리 과정'을 이해한 것으로 가장 적절한 것은?

① 망막에서 시각 정보의 전달은 시각수용기세포에서 신경절세포를 거쳐 쌍극세포 방향으로 일어난다.
② 시각수용기세포와 쌍극세포가 억제성 시냅스로 연결된 경우, 시각수용기세포에 빛을 비추면 신경절세포에서는 활동전위 발생 빈도가 감소하게 된다.
③ 시각수용기세포와 신경절세포의 수적 불균형으로 인해 평균적으로 80개를 넘지 않는 시각수용기세포로부터 전달되는 신경신호가 하나의 신경절세포로 모인다.
④ 쌍극세포와 신경절세포가 억제성 시냅스로 연결되도록 조작된다면, 시각수용기세포에 빛을 비출 경우 신경절세포에서는 활동전위 발생 빈도가 증가하게 된다.
⑤ 빛이 망막에 다다를 때 수용장의 중심과 주변 영역 중 한 곳만 자극받는 경우는 두 영역이 함께 자극받는 경우에 비해 신경절세포에서 막전위 변화가 일어날 가능성이 더 크다.

9. 윗글을 바탕으로 <보기>를 이해한 것으로 적절한 것만을 있는 대로 고른 것은?

─<보 기>─

다음 그래프는 특정 신경절세포 A의 수용장을 조사하여, 해당 수용장 정중앙으로부터의 거리가 서로 다른 지점들에 동일한 크기의 빛을 각각 비추었을 때 관찰되는 신경절세포 A의 활동전위 발생 빈도를 그래프로 나타낸 것이다. 신경절세포 A의 수용장은 ON-중심 수용장과 OFF-중심 수용장 중 하나이다. 단, 각 빛은 수용장의 중심부, 주변부, 수용장 외부 중 한 부분만을 비추었으며, 빛이 두 영역 이상을 동시에 비춘 경우는 없었다.

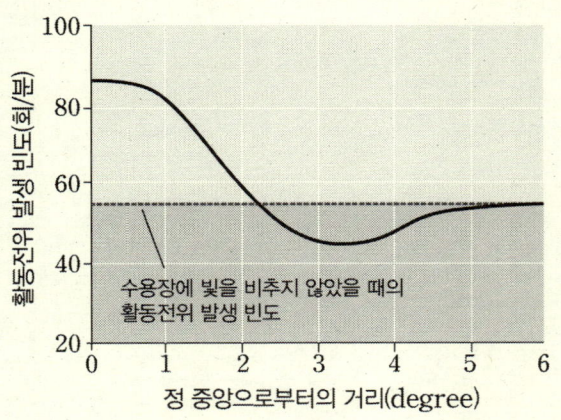

ㄱ. 신경절세포 A의 수용장은 ON-중심 수용장이다.
ㄴ. 신경절세포 A의 수용장의 반지름은 6 degree를 넘는다.
ㄷ. 신경절세포 A의 정중앙으로부터 3 degree만큼 떨어진 부위에 빛을 비추면 신경절세포는 탈분극 상태로 변한다.

① ㄱ ② ㄴ ③ ㄷ
④ ㄱ, ㄷ ⑤ ㄴ, ㄷ

[10~12] 다음 글을 읽고 물음에 답하시오.

한국사학계에서 '신진사대부'는 고려 말~조선 전기에 걸쳐, 지방 향리 혹은 중소 지주층 출신으로 과거 제도를 통해 중앙 정계에 진출하면서 새롭게 성장한 정치 세력을 지칭한다. 그리고 이들이 원 간섭기를 거쳐 고려 후기 집권 세력으로 자리 잡았던 권문세족과의 대립 후에 정계의 주도권을 잡았다는 통설을 신진사대부론 이라고 부른다. 한편 신진사대부로 상징되는 새로운 사회계층의 성장과 대립 구도를 강조하는 통설에 문제가 있음을 지적하는 비판론자들이 있었다. 이들은 ㉠사대부와 ㉡권문세족의 의미 사용을 분석하면서 통설의 용어 해석과 당시에 통용된 용어의 의미 사이에 괴리가 크다는 사실을 지적하였다.

먼저, 비판론자들은 사대부를 사족 출신의 인물들로서 관직에 진출한 문무 관료들을 지칭하는 용어로 새롭게 정의하였다. 원 간섭기에는 원의 후광을 배경으로 왕권 강화가 진행되는 과정에서 전통적인 지배 계층이 아닌 하층민 출신들이 부상하였는데, 이러한 출신의 관료들에게 불만을 가진 부류가 바로 사족이었으며, 이들은 관직 진출에 신분 제약을 받지 않는 기존의 관료 계층이었다. 이에 따르면 권문세족의 대표사례라고 할 수 있는 '재상지종(宰相之宗)'은 왕비나 재상, 다수의 과거 합격자를 배출한 전형적인 사대부 가문이었다. 따라서 이들은 원 간섭기 이후 고려 말까지의 지배 세력을 권문세족과 사대부로 양분하는 것은 재검토되어야 함을 강조한다.

이러한 관점에 따라 고려 후기 지배계층이었던 권문세족에 대해서도 비판적인 재해석이 이루어졌다. 그에 따르면, '권문'과 '세족'은 분리된 개념으로 권문은 신분과 계층을 지칭하는 용어가 아니라 특정 개인이 행사하고 있던 권력의 정도를 표현한 용어였다. 한편 세족은 고려 후기 유력한 위치에 있었던 가문을 지칭하는 용어로, 고려 후기 세족에 대한 여러 분석 결과 세족에게도 과거 제도를 통한 관인의 배출이 가문의 성쇠를 가늠하는 중요한 요소였으며, 공민왕 대부터 세족 가문에서 과거에 급제한 관인이 배출되는 경향이 증가하였다. 또한 사대부라는 용어는 고려 후기 관인 전체를 지칭하고 있었고 세족 중에도 개혁 세력으로 활동하는 이들이 있었으며, 특히 조선 개국공신에 세족 출신의 인물이 다수 포함되어 있었다는 점에서 세족과 사대부를 대립하는 정치 세력으로 설정하기 어렵다고 비판하였다.

미국의 한국사학자 ⓐ던컨은 중앙 관인을 배출한 가문에 대한 실증적 연구를 통해 고려 말과 조선 초에 지배 세력의 대규모 교체가 있었다는 통설에 부정적인 입장을 드러냈다. 그는 관인 배출 수나 고위 관인의 수 등을 기준으로 삼아 고려 후기 주요 가문 22개를 추출하고, 이 가운데 3분의 2 정도가 조선 초기의 주요 가문으로 이어졌다고 주장하였다. 또한 조선 초기에 관직자와 고위 관인을 배출한 38개 가문 가운데 불과 8개 가문 정도가 신생 가문에 해당한다는 점도 밝혀냈다. 아울러, 그는 과거 제도를 통해 진출한 고위 관인들의 비율이 높지 않았다는 사실과 과거 급제자들의 상당수가 추천이나 음서를 통해 관직 생활을 하다가 급제했다는 점 등을 근거로 권문세족과 사대부를 별개의 정치 세력으로 보기는 어렵다고 보았다.

통설을 계승하는 입장에서는 이러한 수정주의 해석을 일부 수용하면서도, 사대부와 세족의 용례 분석에 기반하여 통설을 부정하는 견해가 새로운 정치 세력의 성장과 그 역사적 의미를 희석한다고 반박하였다. 그리고 이와 관련하여 ㉢신흥유신과 같이 사대부를 대체하는 용어가 제시되어 있다는 점을 내세웠다. 신흥유신은 '고려 후기에 지방 향리나 중소 지주층 출신으로 성리학자로서 과거에 급제한 문신'을 지칭한다. 이처럼 어떤 용어를 도입하더라도 고려 후기에 새롭게 등장한 세력의 존재를 부인할 수 없다는 점에서 신흥유신과 권문세족의 대립 구도 또한 부인할 수 없음을 강조하였다.

즉 통설을 계승한 관점들은 기본적으로 여말선초의 사회경제적 변화를 인정하는 가운데, 그러한 변화를 주도한 지방 중소 지주 계층에서 새로운 정치 세력을 배출하였다는 점을 부인할 수 없다는 입장을 개진하고 있다. 사대부 개념 설정이 다소 문제가 있으며 대립하는 두 세력 간 동질성이 상대적으로 크다는 점을 인정하더라도, 사회경제적 변화와 그에 기초하여 새롭게 성장한 정치 세력의 존재 자체는 허구가 아니라는 것이다. 그러므로 이들은 이러한 유의미한 사회 변화에 걸맞은 의의를 역사적 사건에 부여하는 것이 중요하다고 보며, 신진사대부론의 기본 구도를 유지하되 한계로 지적된 부분을 보완해야 한다고 주창한다.

10. ㉠~㉢에 관한 설명으로 가장 적절한 것은?
① 신진사대부론에 대한 비판론자들은 ㉡을 권문과 세족으로 이원화하는 경향에 대해 회의적인 입장을 보인다.
② 수정주의 해석은 ㉠과 ㉡을 혼용해서 사용하고 있다는 비판을 받는다.
③ 수정주의자의 입장에 따르면 ㉡에서 세족은 ㉠에 속하는 개념이다.
④ 통설을 계승하는 입장은 ㉠보다 ㉢이 여말선초 정치 세력 교체가 정당한 조치였음을 더욱 부각시킨다고 본다.
⑤ 통설을 계승하는 입장에 따르면 ㉢은 ㉡과의 차별성을 강조하기 위해 ㉠을 다시 명명한 결과이다.

11. 신진사대부론 에 대한 ⓐ의 견해로 적절하지 않은 것은?
① 당시 관직에 진출한 사람들에 대한 실증적 작업에 의해 재검토되어야 한다.
② 고려 말에서 조선 전기에 걸쳐 실존했던 지배 집단의 동질성을 부인하고 있다.
③ 신진사대부를 설명하는 과정에서 권문세족과의 대립 구도를 인위적으로 설정하고 있다.
④ 새로운 사회계층의 다수가 과거 제도를 통해 형성되었다는 논리는 역사적 사실에 부합하지 않는다.
⑤ 사대부라는 용어 사용의 적절성과 종래 사대부라 지칭되던 집단의 존재 여부는 별개로 다루어질 문제이다.

12. 윗글을 바탕으로 <보기>에 대해 평가한 것으로 가장 적절한 것은?

<보 기>

고려 말 신진사대부가 새로운 세력으로서 존재했음을 부정하는 주장은 고려 왕조에서 조선 왕조로의 이행을 사회 변화의 결과로 보지 않고 단순히 권력 집단 내부의 교체로 설명하는 시각에 기인한 것으로 보인다. 이들은 사회 변화에 따른 지배체제 변동은 계급적 기반을 달리하는 정치 세력의 교체를 의미한다고 보고, 이러한 변화는 전쟁과 같은 외부 충격이나 사회 의식의 변화, 또는 지속적인 사회운동 과정을 거쳤을 때 가능한 것으로 조선 건국에 이르는 과정에서 이를 경험했다고 볼 수 있을지는 의문이라고 주장한다. 지배체제 변동에 대한 그러한 정의를 인정한다면, 100여 년에 걸친 원의 간섭, 고려 말 홍건적이나 왜구의 침입은 외부 충격이 아니고, 고려 후기 성리학 수용, 12세기 폭발적으로 일어난 민란과 민의 성장은 사회 의식의 변화가 아니란 말인가. 그리고 고려 후기 농업 생산력의 발달과, 이를 주도한 지주층이 정계에서 영향력을 끼쳤다는 사실을 어떻게 설명할 것인가?

① 특정한 시점의 수치 자료 파악을 우선시한다는 점에서, 수정주의자와 유사한 주장을 제시하는군.
② 한국사를 서로 다른 계급 간 대립의 연속으로 이해하고 있다는 점에서, 권문세족과 신진사대부 세력을 구별하지 않겠군.
③ 한국사의 정치적 변동이 사회 의식 변화와 무관하지 않다고 본다는 점에서, 신진사대부론을 계승한 사람들의 입장에 공감하겠군.
④ 왕조의 교체가 일정한 법칙에 따름을 강조하고 있다는 점에서, 계급을 기준으로 지배계층을 양분화하는 것에 대해 비판적인 태도를 보이겠군.
⑤ 역사적 사건이 독자적인 현상이 아니며 정치 변동과 서로 연관된다고 본다는 점에서, 조선 전기의 정치 지배 세력을 규정하는 것은 불필요하다고 보겠군.

[13~15] 다음 글을 읽고 물음에 답하시오.

정당명부식 비례대표제는 정당이 후보자의 명부를 유권자에게 제시하고, 유권자들은 그를 바탕으로 개별 후보자가 아닌 정당을 선택하는 방식이다. 이때 각 정당의 의석은 득표율에 거의 비례하여 배분되므로 비례성이 매우 높다. 따라서 여러 후보자 중에서 많은 표를 얻은 후보를 대표로 선출하는 다수제 방식과는 달리 정당명부식 비례대표제에서 소규모 정당이 갖는 제도적 불리함은 그리 크지 않다. 이를 토대로 뒤베르제는 비례대표제가 정당 체계를 다당제로 이끄는 경향이 있다는 가설을 제시한 바 있다.

정당명부식 비례대표제는 그 방식에 따라 비례성에 다소 차이가 생겨날 수 있다. 비례성에 영향을 주는 주된 세 변수는 의석 배분 방식, 진입장벽, 선거구의 크기이다. 의석 배분 방식은 각 정당이 얻은 득표율을 의석으로 전환하는 규칙으로, 크게 두 가지로 나뉜다. 하나는 쿼터를 정해서 그 쿼터에 의해 의석을 배분하는 ⊙최대잉여 방식이고, 다른 하나는 득표율을 나눌 제수(除數)를 정하고 이를 기준으로 정당 의석을 결정하는 ⓒ최고평균 방식이다.

최대잉여 방식에서 사용되는 쿼터로는 헤어, 드룹, 임페리알리 등이 있다. V를 총득표수, M을 의석의 수라고 했을 때, 헤어 쿼터는 V/M, 드룹 쿼터는 V/(M+1), 임페리알리 쿼터는 V/(M+2)이다. 예를 들어 A, B, C 세 정당이 각각 450표, 370표, 180표를 얻었고 할당된 의석수가 4석이면, 헤어 쿼터는 (450+370+180)/4=250이 된다. 여기서 각 정당의 득표수를 헤어 쿼터로 나눈 몫만큼 우선 의석을 배분한다. 그에 따라 A당과 B당에 1석씩을 먼저 배분한다. 그리고 배분 이후 잔여 의석은 2석이고, 득표수를 헤어 쿼터로 나눈 나머지는 각각 200, 120, 180인 상황에서 나머지가 제일 큰 A당과 다음으로 큰 C당에 잔여 의석을 각각 1석씩 배분한다. 결과적으로 A당은 2석, B당과 C당은 각 1석씩을 배분받게 된다. 세 방식의 차이는 분모의 크기인데, 분모의 크기가 커질수록 쿼터는 작아지고 소수 정당이 의석을 차지할 가능성은 상대적으로 낮아진다.

최고평균 방식에서 제수를 정하는 방식에는 동트, 순수 상-라게, 변형된 상-라게 등이 있다. 동트 방식에서는 1, 2, 3, 4……의 자연수 수열을, 순수 상-라게 방식에서는 1, 3, 5, 7……의 홀수 수열을, 변형된 상-라게 방식에서는 상-라게 방식의 첫 제수를 1.4로 교체한 1.4, 3, 5, 7……의 수열을 제수로 이용한다. 최고평균 방식에서는 우선 각 정당의 득표수를 제수의 수열로 나눈 몫을 구한다. 그리고 모든 몫 중에서 가장 큰 수부터 의석수만큼의 등수를 부여한 뒤, 순위 안에 든 정당에 의석을 배분한다. 아래 표는 A, B, C 세 정당에 상술한 득표수와 의석수를 가정하고 동트 방식을 적용한 예이다.

제수	A당	B당	C당
1	450(1)	370(2)	180
2	225(3)	185(4)	90
3	150	123	60

몫을 가장 큰 수부터 네 번째까지 나열한 것은 450, 370, 225, 185이므로 450과 225에 해당하는 A당이 2석, 370과 185에 해당하는 B당이 2석을 얻는다. 순수 상-라게 방식은 제수가 1, 3, 5, 7……로 커지기 때문에 동트 방식보다 소수 정당에 의석이 배분될 가능성이 더 크다.

진입장벽은 정당의 난립을 막기 위해 의석 배분 조건을 설정하는 것과 관계된다. 이는 정치 성향이 극단적인 정당의 의회 진입을 제한하는 데도 유용하다. 가령 독일에서는 의석을 배분받으려면 총득표율이 5% 이상이어야 한다. 독일이 이와 같은 진입장벽을 마련한 것은 과거 비례성이 매우 높았던 바이마르 공화국에서 정당의 난립으로 정치적 안정성을 확립하지 못하고 나치당과 같은 극단주의 정당의 출현을 막지 못했던 역사에 대한 반성 때문이다. 일정 수준의 진입장벽은 안정적인 정당 정치를 위해 필요하다고 할 수 있지만, 지나치게 진입장벽이 높으면 사표의 비율이 높아져 비례성을 해칠 수도 있다.

선거구의 크기 또한 비례성에 영향을 미치는 결정적 요인이다. 선거구의 크기는 한 선거구에서 선출하는 의원의 수를 말하는데, 선거구의 크기가 클수록 비례성은 더욱 높아진다. 예를 들어, 네덜란드의 경우 전국이 하나의 커다란 선거구이므로 비례성이 매우 높은 편이다. 더욱이 네덜란드는 진입장벽의 규정도 두고 있지 않기 때문에 총득표수의 0.67% 이상만 취득하면 의석을 차지할 수 있다.

13. 윗글의 내용과 일치하는 것은?
① 인구 2,000만의 국가는 인구 150만의 국가에 비해 상대적으로 비례성이 높다.
② 다른 조건이 같을 때 의원 총수를 줄이는 방식을 통해 비례성을 제고할 수 있다.
③ 네덜란드의 경우보다 독일의 경우가 극단주의 정당이 의회에 진입할 위험성이 상대적으로 크다.
④ 다른 조건이 같을 때 선거구의 수가 많아질수록 정당의 득표율과 의석 배분 비율의 일치도가 낮아진다.
⑤ 비례성을 높이는 선거 제도는 신생 정당에 정치적 기회를 부여함으로써 정치적 안정성을 증진하는 데 기여한다.

14. ⊙, ⓒ에 대한 설명으로 가장 적절한 것은?
① ⊙에서는 드룹 쿼터보다 임페리알리 쿼터를 적용하는 것이 소수 정당의 의석 획득에 더 유리하다.
② ⊙에서는 선거구의 크기가 클수록 선거 내에서 쿼터 선정 방식 간 의석 배분 결과의 차이가 커진다.
③ ⓒ에서는 제수가 커지는 정도가 작을수록 소수 정당의 의회 진출이 용이해진다.
④ ⓒ에서는 동트 방식보다 변형된 상-라게 방식이 뒤베르제의 가설을 더 강화할 수 있다.
⑤ ⊙과 ⓒ 모두 가장 많은 표를 얻은 정당만이 가장 많은 의석수를 확보하게 된다.

15. 윗글을 바탕으로 <보기>의 선거 결과를 추론한 것으로 적절하지 <u>않은</u> 것은?

<보 기>

A 국가는 정당명부식 비례대표제를 채택한 국가로, 의원 총수는 100명이며 총 5개의 선거구로 구성되어 있다. 각 선거구는 30%, 30%, 25%, 10%, 5%의 인구 비율로 구성되어 있으며, 선거구마다 선출하는 의원의 수는 인구수에 비례하게 책정되어 있다. 아래의 표는 A 국가의 10% 인구를 차지하는 甲 선거구의 선거 결과이다. A 국가는 득표율 4% 이상의 정당에만 의석을 배분하는 진입장벽을 설정하고 있다. 단, 의석 배분 과정에서 동수가 나오는 경우 총득표수가 많은 당에 의석을 배분한다.

정당	㉮당	㉯당	㉰당	㉱당	㉲당
득표수	450표	300표	150표	60표	40표

① 최대잉여 방식을 적용하는 경우 어떤 쿼터를 설정하더라도 ㉱당이 배분받는 의석수에는 차이가 없겠군.
② 동트 방식을 적용할 때보다 순수 상-라게 방식을 적용할 때 ㉱당과 같은 소수 정당에 의석 배분이 유리하겠군.
③ 만약 A 국가의 의원 총수가 2배로 늘어난다면 순수 상-라게 방식을 적용할 때 ㉲당은 의석을 배분받을 수 있겠군.
④ ㉱당과 ㉲당이 합당하여 각 당의 득표수를 합친 만큼 득표했다면, 동트 방식에 따를 때 의석수를 확보할 수 있겠군.
⑤ 진입장벽을 득표율 5% 이상으로 설정하고 진입장벽 내 정당의 득표만으로 의석 배분을 계산할 때, 헤어 쿼터 방식을 채택한다면 ㉱당은 의석을 확보할 수 있겠군.

[16~18] 다음 글을 읽고 물음에 답하시오.

20세기 현대예술은 자연의 재현이나 풍경에 대한 감상보다 주체 내면의 갈등과 분열을 표현하는 데 더 초점을 두었다. 이는 곧 주체가 대상을 바라본다는 것이 자연을 있는 그대로 감상하는 방식이 아니라 주체가 스스로를 의식하고 텍스트 내부 세계를 반영하고자 하는 자기반영성에 더 가까운 것임을 의미한다. 미장아빔은 자기반영성을 잘 드러내는 예술 기법으로 '심연으로 밀어넣기'라는 의미를 갖는다. 즉 미장아빔은 마주 보는 두 거울에 반대편 거울의 상이 끝없이 비치듯 주체 내부의 심연을 보여주고 주체를 반영하는 기법이다.

문학에서 미장아빔은 주로 '이야기 속의 이야기'라는 서사적 측면에서의 원리로 다루어졌으나, 시에서도 작가의 내면세계를 드러내고 외부 대상으로부터 주체의 문제를 드러내는 미학적 형식으로서의 미장아빔을 발견할 수 있다. ㉠ 앙드레 지드는 최초로 미장아빔을 문학적 기법으로 적용하여 그 미학적 원리를 설명하고자 했다. 그는 작품의 외부와 내부를 연결시키고 그 경계를 모호하게 만드는 미장아빔의 장치로 거울을 사용했다. 지드는 작품 속 거울 이미지는 한 인간의 자아를 비추는 역할로 기능하며, 거울에 비친 자신의 이미지를 들여다봐야만 우리가 우리 자신이 무엇인지와 삶이 무엇인지를 인식할 수 있다고 주장했다. 지드는 또한 주체가 대상을 인식하고, 그 대상이 반작용하는 상호 관계의 무한 반복을 통해 문학의 주제가 생겨나고 이야기가 만들어질 수 있다고 설명하였다. 이때 이야기를 만들어내는 방식은 대상이 정물처럼 놓여 있고 주체가 그것을 묘사하는 것이 아니라, 대상의 반작용을 통해 자기 자신을 반영함으로써 이루어진다. 이를 통해 미장아빔의 주체는 자기 자신의 관계에 대해서 탐색할 수 있으며, 거울로서의 미장아빔은 내면세계의 분열과 혼란을 드러내는 미학적 기법으로 작용한다.

㉡ 린다 허천은 패러디와 미장아빔과의 연관성에 주목했다. 패러디 텍스트는 원텍스트를 통해 재창조됨과 동시에 창조되며, 두 이야기의 차이성을 통해 재생산되는 텍스트는 진실과 거짓, 원본과 복제의 차이를 지워 버린다. 그리고 이를 통해 나타나는 현실을 굴절시킴으로써 일상적 질서를 비트는 유희적 측면까지도 미장아빔의 원리를 통해서 드러난다. 허천은 하나의 텍스트 안에 다른 텍스트가 서로 관련되어 나타나는 상호텍스트성 측면에서 패러디가 '이야기 속 이야기'라는 미장아빔의 원리를 충실히 따라간다고 보았다. 나아가, 그는 외부 현실의 문제를 시 텍스트 안으로 중첩시켜 낯설게 하는 원리가 자기반영성의 측면에서 미장아빔과 관련이 있다고 생각했다.

패러디로서의 미장아빔은 메타시와 긴밀히 연관되기도 한다. 메타시는 각기 자신의 형식을 스스로 비평하는 기능을 구조적 특성으로 가진 메타성을 통해 자의식을 띤다. 이때의 미장아빔은 자기반영성의 시적 표현으로서, 작품이 스스로 자기 자신을 의식하고 시인이 시 속의 일부인 동시에 현실의 일부로 분열되는 이중성을 보이게 되는 효과를 발휘한다. 이처럼 미장아빔은 현실의 반영뿐 아니라 시에 대한 메타적 담론으로 나타나기도 한다.

㉢ 데리다는 미장아빔을 형식과 내용, 안과 밖의 범주들이 무너지는 어떤 순간으로 파악한다. 그는 파레르곤을 통해 이를 설명했다. 파레르곤은 작품 외부의 것이지만 내부도 외부도 아닌 것에 대한 개념이다. 시에서 파레르곤은 텍스트 외부의 저자나 목차, 서평 등으로 적용되기도 하고, 시 텍스트 내부에서 시의 제목이나 각주의 형식으로 나타나기도 한다. 일반적으로 작품의 프레임은 작품과 외부를 구분하고 경계 짓는 효과를 가져오는 것이지만, 데리다가 보기에 우리가 작품을

보는 행위에서는 경계가 모호해지며, 우리가 외부적이라고 생각하는 감각은 외부가 아니다. 예를 들어, 미술 작품 외부에 있는 서명, 제목과 같은 것들은 텍스트에 속하지 않지만 완전히 다른 것도 아니다. 마찬가지로 시의 파레르곤은 텍스트와 긴밀하게 연결되어 있으며, 텍스트의 내용을 떠나 그 경계를 지워야만 작품을 독해할 수 있다. 그러므로 미장아빔은 텍스트 바깥에는 아무것도 없고, '어떤 것의 의미'는 텍스트 내부에서 다른 것과 맺는 관계에 따라서 나타난다는 데리다의 관점을 잘 반영한다. 데리다는 파레르곤으로서의 미장아빔을 자기반영성의 측면에서 주목하기보다는 텍스트의 고정된 의미를 해체하고 다양한 해석을 가능케 하는 장치로 파악했던 것이다.

16. 윗글의 내용과 일치하지 않는 것은?
① 파레르곤은 안과 밖의 경계를 허문다는 점에서 미학적 특징을 가진다.
② 미장아빔은 시인의 의식과 미적 형식을 어떻게 연결할 것인지의 문제와 연관된다.
③ 20세기 예술은 풍경에 대한 감상보다 주체의 내면세계를 표현하는 것을 더 중요하게 여겼다.
④ 현대 문학에서는 주체가 스스로를 의식함으로써 텍스트 외부와 내부 세계를 구분 짓고자 했다.
⑤ 작품 속 거울 이미지는 시적 주체의 심연을 보여주는 동시에 무한 반복을 통한 연쇄작용을 나타낸다.

17. ㉠~㉢에 대한 설명으로 가장 적절한 것은?
① ㉠은 거울이 작품에서 시적 주체와 주체에 대한 대상을 구분 짓는 역할을 한다고 보았다.
② ㉢은 작품 외부의 것을 통해 작품 내부를 들여다보는 방식을 미장아빔의 원리로 파악하였다.
③ ㉠과 ㉡은 자기반영성을 나타내는 미장아빔을 특정한 이미지를 도입하여 표현했다는 점에서 공통적이다.
④ ㉠과 ㉢은 미장아빔을 작품 외부와 작품 내부의 경계를 모호하게 만드는 자기반영성의 장치로 설명한다.
⑤ ㉡과 ㉢은 작품 외부 현실의 문제를 작품 내부의 텍스트에 반영한다는 점에서 공통점을 보인다.

18. 윗글과 <보기>를 바탕으로 ⓐ를 해석한 내용으로 적절하지 않은 것은?

<보 기>
이승훈은 메타시를 자신의 시 쓰기 전략으로 적극 활용한 시인이다. 그의 시 ⓐ『이승훈 씨를 찾아간 이승훈 씨』에서 이승훈은 자신의 시를 이해하지 못하는 혼란을 통해 오히려 자신의 시 쓰기 행위가 무엇인지를 성찰한다. 이 시에는 시인 자신이 화자와 대상으로 등장하며, 시 안에는 자신의 시가 패러디되어 있다. 이 시에서 바바리를 걸친 이승훈 씨는 작업복을 입은 이승훈 씨와 마주친다. 바바리를 입은 시인 자신이 타자화된 자신과 인사를 나누고, 동시에 작업복을 입은 시인 자신이 타자화된 자신을 자신의 방으로 안내하여 자신의 시에 대해 이야기를 나눈다. 바바리를 걸친 이승훈 씨가 자신의 시를 보고 무슨 말이냐고 묻는 부분에서 시의 의미는 혼란에 빠지게 된다. 두 '이승훈 씨'의 대화에서 독자는 시인 자신과 시 텍스트 내부의 시인, 그리고 시 텍스트 자체가 혼재됨을 느끼게 된다. 시는 시와 현실 간의 혼란이 무한 반복되다가 결국 이승훈 씨의 분열로 마무리가 된다.

① 지드는 바바리를 입은 이승훈 씨가 작업복을 입은 이승훈 씨와 마주친 순간을, 주체에 대한 대상의 반작용이 일어난 것이라고 해석하겠군.
② 지드는 시와 현실 간의 혼란이 무한 반복되다가 결국 이승훈 씨의 분열로 마무리가 된다는 점에서, 미장아빔이 시인 자신의 시 쓰기 행위에 대한 성찰이라는 주제로 연결되었다고 해석하겠군.
③ 허천은 바바리를 입은 이승훈 씨가 자신의 시를 보고 무슨 말이냐고 묻는 장면을, 메타시의 비평적 속성이 드러나는 부분이라고 해석하겠군.
④ 허천은『이승훈 씨를 찾아간 이승훈 씨』안에 이승훈의 시가 패러디되어 있다는 점에서, 『이승훈 씨를 찾아간 이승훈 씨』가 서사적 측면에서의 미장아빔 원리를 따라간다고 해석하겠군.
⑤ 데리다는 이승훈의 시 제목이 『이승훈 씨를 찾아간 이승훈 씨』라는 점에서, 시 텍스트와 시의 제목 간 경계를 지움으로써 작품을 독해할 수 있다고 해석하겠군.

[19~21] 다음 글을 읽고 물음에 답하시오.

서구 국가의 소득 불평등 수준은 제2차 세계대전을 기해 잠시 완화된 것을 제외하고는 일정하게 높은 수준을 유지하였다. 이는 20세기 후반 들어 심해졌는데, 그 원인으로는 세계화와 기술 진보가 지목된다. 세계화로 인한 아시아의 저가 공산품 유입은 저학력 미숙련 노동자에게 안정적 수입을 제공하던 제조업이 사양화되는 결과를 낳았다. 또한 기술의 진보는 고학력 숙련 노동자에 대한 수요가 증가하는 결과를 낳았고, 그로 인해 임금 격차가 벌어졌다. 이로써 경제학 이론의 가정과 달리 노동의 대가로 얻는 노동소득이 더 이상 부의 재분배 기능을 할 수 없게 되었다는 것이 주류 경제학의 설명이다.

몇몇 경제학자들은 소득 불평등 심화 현상의 원인이 환경 변화보다는 시장경제가 작동하는 규칙 자체에 있다고 보았다. 스티글리츠는 정치가 소득 불평등을 막는 역할을 하지 못해 정치실패가 발생하고, 시장실패를 거쳐 불평등 심화로 이어진다고 설명한다. 그는 이를 설명하기 위해 경제학 용어 '지대추구'를 도입하는데, 지대추구는 원래 공급 제한으로 인해 발생하는 초과 이득을 말하는 것으로, 제한된 자격증 발급으로 인한 특정 직군의 높은 수익이나 제한된 규모의 토지로 인한 임대 수익을 설명하는 용어였다. 그는 '인위적으로 완전 경쟁을 훼손함으로써 초과 이득을 취하는 행위'라는 확장된 지대추구 개념을 제시한다. 이에 따르면 물자 조달권을 제한하여 소수 기업의 독점적 권리를 보장하는 것 외에도 기업에 대한 정부의 보조금 지급이나 조세감면 같은 조치가 국민의 세금을 들여 기업의 수익을 높이는 행위에 해당한다. 지대추구는 필요한 조처를 하지 않는 형태로도 이루어진다. 독과점 규제 관련 법률을 느슨하게 집행하여 가격 상승을 용인하고, 안전 규제를 완화하여 환경 문제와 산업재해를 유발하는 경우가 이에 해당한다. 스티글리츠는 금융산업의 발전이 불평등 심화의 또 다른 원인임을 지적하며, 금융 규제 완화를 소비자를 상대로 약탈적 대출을 일으키는 지대추구 행위로 본다. 상위 계층의 소득 증가는 금융산업 발전과 맞물려 진행되었는데, 금융산업 발전은 임금 외에 이자, 배당금 등이 소득에서 차지하는 비중을 높여 불평등을 가속하는 데 일조하였다. 결국 정치 시스템이 상위계층에 유리하고 나머지 계층에 불리한 방향으로 시장경제 제도를 구축함으로써 소득 불평등을 심화시켜 온 것이다.

피케티는 ⊙소득 불평등이 발생하는 핵심 원인이 자본소득에 있다고 보았다. 한 경제에서 생산되는 모든 상품의 화폐가치를 더한 결과가 국민소득인데, 피케티의 분석에 따르면 소득 상위 10%의 소득점유율은 약 80%에 달한다. 그는 국민소득을 노동소득과 자본소득으로 나눌 때, 그 소득 격차는 자본소득에 의한 것이라고 주장한다. 피케티는 이를 증명하기 위해 자본소득비중, 자본/소득 비율, 자본수익률이라는 세 가지 개념을 제시한다. 자본소득비중은 국민소득에서 자본소득이 차지하는 비중을 나타내며, 자본수익률과 자본/소득 비율을 곱한 값으로 나타난다. 자본/소득 비율은 한 국가에서 축적된 부, 즉 국가자산이 국민소득에서 차지하는 비율을, 자본수익률은 자본소득이 국가자산에서 차지하는 비율을 나타낸 것이다. 그는 전체 국민소득과 자본/소득 비율을 통해 국가자산의 규모를 파악하고, 상위 계층이 국가자산을 얼마나 독점하고 있는지 파악할 수 있도록 이들의 소득점유율 관련 자료를 연도별로 수집하고, 자본수익률과 자본소득비중을 통해 자본소득의 증가세를 밝히고자 하였다.

예컨대 미국의 경우 1970년대부터 현재까지 자본소득비중 및 자본/소득 비율이 지속해서 증가 추세를 보였다. 이는 국가자산은 많이 증가했으나 하위 계층의 자산 증가는 그에 미치지 못했음을 의미한다. 한편 피케티의 계산식에 따르면 자본/소득 비율은 저축률/경제성장률 비율과 같다. 그리고 부의 불평등 심화 현상이 관측되는 국가들에서 공통되게 자본수익률이 경제성장률에 비해 높게 나타났다. 이는 부의 불평등이 심해지는 국가라면 경제 성장으로부터 얻는 이익보다 자본 증가로부터 얻는 이익의 규모가 더 크고, 더 빠르게 증가한다는 것을 의미한다. 결국 피케티의 분석은 자본을 이미 많이 가지고 있는 계층의 자본 증식이 계속해서 빠르게 진행될 것이라는 결론에 이른다. 한편 피케티는 정치 제도와 같은 조치에 따라 이미 고착화된 불평등 상황이 완화되거나 그렇지 않을 수 있음을 설명하면서, 불평등의 추세는 기업, 정부를 비롯한 이해관계자 간 역학관계와 이로부터 도출되는 선택에 의존적이라고 보았다.

이러한 점에서 학자들은 현재 만연한 부의 불평등이 사회의 지속가능성을 위협할 수 있는 수준이라는 우려를 제기하였다. 스티글리츠가 소득 또는 부의 불평등은 교육의 불평등으로 이어져 다음 세대에 기회의 불평등을 야기할 수 있다는 점을 문제 삼았듯, 피케티는 부의 불평등이 상속받은 부에 따라 계층이 정해지는 '세습자본주의'로 이어질 것임을 우려하였다.

19. 윗글의 내용과 일치하지 않는 것은?
① 주류 경제학자들은 20세기 후반 소득 불평등의 심화가 경제학 이론에 따른 필연적 현상이 아님을 인정한다.
② 스티글리츠는 소득 불평등이 심화되는 현상을 제도적 차원에서 방지할 수 있었다고 여긴다.
③ 스티글리츠는 특정 권리의 취득을 제한하는 규제 강도를 높일수록 기업에 불리하게 작용하여 소득의 불균형을 방지할 수 있다고 분석한다.
④ 피케티에 따르면 소득 대비 자본 비율은 국가자산 규모 파악에 활용되지만, 이러한 자료만으로는 부의 불평등 양상을 진단하기 어렵다고 여겨진다.
⑤ 피케티에 따르면 어떤 나라에서 경제 성장으로부터 얻는 이익이 자본 증가로부터 얻는 이익보다 더 크다면 부의 불평등 심화 현상이 관측되는 국가라고 보기 어려울 것이다.

20. ㉠에 대한 설명으로 가장 적절한 것은?
    ① ㉠은 산업구조에서 제조업이 차지하는 비중의 축소를 초래할 것이다.
    ② ㉠은 개인의 노동으로 인한 소득보다 부의 증가량이 더 많을 때 발생한다.
    ③ ㉠은 자본소득 증대를 지원하는 제도 및 정책으로 인해 심화되었다고 해석할 수 있다.
    ④ 어떤 국가의 연간 국가자산 성장 폭이 증가했다는 사실은 해당 국가 내 ㉠이 심화되었음을 의미한다.
    ⑤ 어떤 국가의 경제성장률이 전년도에 비해 상승하고, 자본수익률 또한 전년도에 비해 상승했다는 사실은 해당 국가 내 ㉠이 완화되었음을 의미한다.

21. 윗글을 바탕으로 <보기>의 사례를 이해한 것으로 적절하지 <u>않은</u> 것은?

    ─── <보 기> ───
    ○ 금융산업이 발달한 A국의 자본소득비중은 40%, 자본의 수익률은 10%에 해당한다. 한편 A국의 많은 시민들은 불평등 해소를 요구하는 시위에 참여한다. 이러한 상황은 경제성장률은 일정하나 자본수익률과 자본소득비중이 점차 상승하면서 발생했다.
    ○ B국은 농업과 제조업 중심의 국가였다. 그런데 기술이 발전하면서 B국 국민들이 받는 임금에서 차이가 생겨났고, 몇몇 국민은 금융업에 종사하면서 높은 임금을 지급받게 되었다. 시간이 지남에 따라 B국은 선진국이 되어 인구와 경제성장률 증가세가 하강하는 국면에 접어들었다.

    ① A국의 경제성장률이 7%라면 피케티에 따르면 A국 국민의 평균 저축률은 30% 미만이다.
    ② 주류 경제학자들은 B국의 불평등 원인으로 노동소득의 분배 양상이 가정과 부합하지 않은 것을 지적할 것이다.
    ③ 스티글리츠는 금융산업의 발달로 인해 A국의 소득 증가가 상위 계층에 편중되는 결과가 발생했다고 볼 것이다.
    ④ A국이 B국보다 국민소득이 더 높고 자본수익률이 동일하다면, 피케티에 따르면 국가자산 규모는 A국이 B국보다 더 클 것이다.
    ⑤ 스티글리츠는 피케티와 마찬가지로 B국이 세습자본주의 국면에 진입하지 않도록 하는 것은 이해관계자들의 의사결정에 달렸다고 볼 것이다.

[22~24] 다음 글을 읽고 물음에 답하시오.

기계가 생각할 수 있을까? 앨런 튜링은 "생각한다."라는 개념을 검증하는 우회적 방법을 고안하였다. A라는 사람이 분리된 공간에서 두 사용자와 채팅을 주고받는다. 하나는 실제 사람이고, 나머지 하나는 기계이다. A는 질문을 해서 상대방이 사람인지 아닌지 알아내야 한다. 만약 알아내지 못했다면, 기계는 시험을 통과한 것이다. ⓐ이러한 시험, 즉 '튜링테스트'의 통과 기준에 대해서는 논란의 여지가 남아 있다. 그럼에도 튜링테스트는 기계가 이성을 갖는 것이 근본적으로 불가능하다고 단언했던 데카르트의 논증을 뒤집어, 데카르트처럼 지적 대화 역량을 관찰하는 방법을 통해 이성을 확인하고자 했음에 큰 의의가 있다.

한편 튜링테스트는 마음에 대한 기능론을 전제한다. 기능론이란 어떤 입력이 들어올 때 어떤 출력을 내보낸다는 기능적·인과적 역할로서 마음을 정의하는 이론이다. 예컨대 기능론에 따르면 누군가가 꼬집어서 피부에 손상을 입히면 아프다고 소리를 내며 몸을 움츠리는 것을 고통의 한 입출력 양상으로 정의할 수 있다. 그리고 이러한 입력과 출력의 인과적 역할은 뇌 신경세포에서든 로봇의 실리콘 칩에서든 어떤 물질에서도 구현될 수 있다. 그러므로 생각 등의 정신적 활동에 대하여 입력과 출력을 정확히 정의한다면, 적절한 입력과 출력을 가진 어떠한 물리적 시스템이라도 마음을 가진다고 볼 수 있다.

이에 대하여 학자들은 여러 사고실험을 제안하면서 기능론이 마음의 본질에 대한 정확한 설명이 될 수 없다고 비판하기에 나섰다. 로렌스 데이비스는 인간 두뇌의 뉴런 간 연결을 거대로봇 내부에 배치된 직원과 전화선으로 바꾼 뒤, 직원들이 전화를 주고받는 것이 인간 두뇌의 고통과 관련된 신경 활동 패턴과 정확히 일치하는 상황을 상정한다. 그렇다면 거대로봇이 고통에 관한 의식 경험을 한 것인가? 그렇게 보기는 어렵다는 것이다. 설이 제안한 '중국어 방 논증'은 중국어를 전혀 모르는 영어 원어민 화자가 중국어와 중국어 조합 방법을 알려주는 책이 구비된 방 안에 들어와 있다고 가정한다. 이제 밖에서 중국어가 적힌 쪽지를 방 안으로 집어넣으면, 방 안에 있는 사람은 책에 따라 쪽지에 대한 답변을 중국어로 적어, 실상 '그려서' 밖으로 내보낼 것이다. 그렇다면 이를 외부에서 관찰하는 사람은 중국어 방이 중국어 이해에 대한 튜링테스트를 통과한 것으로 여길 것이다. 중국어 방 안의 사람은 일종의 데이터베이스와 프로그램을 활용하여 입력에 대한 적절한 출력을 내놓았기 때문이다. 하지만 중국어 방 안의 사람이 정확한 대답을 재빨리 내보내더라도, 그가 중국어를 이해한다고 생각되지는 않는다는 것이 설의 비판이다.

이에 대한 재반론으로, 우선 중국어를 이해하는 것은 사람이 아니라 시스템 전체라는 ㉠'시스템 반론'이 있다. 시스템 반론에서는 컴퓨터가 무엇인가를 이해할 때 그 안에 있는 부품 하나가 아니라, 컴퓨터 전체가 그것을 이해하게 된다고 본다. 이에 따르면 중국어 방 전체는 중국어를 이해한 것이 맞다는 것이다. ㉡'로봇 반론'은 중국어 방이 중국어를 이해하기에 불충분하다는 점은 받아들인다. 단, 중국어 방이 중국어를 이해하려면 적절한 감각 그리고 세계와 인과적으로 상호작용할 수 있는 장치를 갖추었어야 한다고 지적한다. 가령 우리가 쌀밥이 무엇인지 아는 것은 그것을 보고 그것에 관하여 사람들이 말하는 것을 듣고 또 냄새를 맡거나 먹어보기 때문이다. 마찬가지로 적절한 입출력 장치와 감각 장치를 갖춘 로봇이 세계와 인과적으로 접촉할 때, 그 로봇은 실제로 언어를 이해할 수 있다고 본다. 그럼에도 설은 이러한 로봇도 중국어 방과 본질적으로 다르지 않다고 주장하였다. 또한 '다른 마음 반론'은 중국어 방이 중국어를 구사할 수 있는 것으로 관찰된다면, 우리가 굳이 그것을 중국어를 구사하지 못한다고 보아야 할 이유는 없다고 지적한다. 줄리언 무어는 유사한 맥락에서 '외계인 난쟁이 사고실험'을 제안한다. 무어 본인이 두뇌 스캔 기술로 자신의 뇌 작동을 실제로 확인했다고 하자. 그런데 두뇌에는 중국어 방의 방식대로 영어 답변을 산출하는 외계인 난쟁이들이 상주하고 있다. 이때 무어는 과연 난쟁이들이 영어를 이해하지 못한다고 할 때, 그러한 뇌 작동을 통해 영어를 이해한다고 느끼는 자기 자신의 주관적 경험이 잘못된 것인지를 묻는다.

22. 윗글의 내용과 일치하는 것은?
① 설의 논증은 물리적 시스템에서 입력과 출력의 인과성을 인정하지 않는다.
② 앨런 튜링은 데카르트와 달리 이성을 가진 존재만이 지적 대화 역량을 지닌다고 본다.
③ 중국어 방 논증에 대한 재반론은 공통적으로 중국어 방이 중국어를 이해했다고 주장한다.
④ 기능론에 반대하는 사고실험은 적절한 입력과 출력을 갖는 것과 이해한다는 것을 동일시할 수 없다는 주장에 기초한다.
⑤ 다른 마음 반론과 외계인 난쟁이 사고실험은 중국어 방 내부 상황을 알지 못하는 외부 관찰자 입장에서 재반론을 제기한다.

23. ㉠과 ㉡에 대한 설명으로 적절한 것만을 <보기>에서 있는 대로 고른 것은?

<보 기>
ㄱ. "컴퓨터 프로그램이 구동된다."라고 할 때, 컴퓨터 메모리 칩이 프로그램을 구동하는 것은 아니라는 주장은 ㉠에 부합한다.
ㄴ. ㉡은 설과 달리, 기호에 의미를 부여하거나 이해할 수 있느냐가 생각하는 존재의 근본적 요건이라고 본다.
ㄷ. 중국어 방 안에 있는 중국어를 전혀 모르는 영어 원어민 화자가 중국어를 이해했다고 보는 것이 적절한지는 ㉠과 ㉡의 의견이 서로 다르다.

① ㄱ ② ㄴ ③ ㄷ
④ ㄱ, ㄷ ⑤ ㄴ, ㄷ

24. ⓐ와 관련하여 <보기>를 평가한 것으로 적절하지 않은 것은?

<보 기>
A: 튜링테스트는 지나치게 '강한 조건'이다. 생각이라는 정신적 능력에 언어를 사용하여 상대를 속일 수 있는 높은 정도의 지적 능력이 필요하다고 볼 수는 없다. 튜링테스트에 의하면 지능을 갖고 있다고 여겨지는 돌고래, 영장류, 심지어는 일부 인간마저 생각한다고 볼 수 없다는 결론에 이른다.
B: 튜링테스트는 지나치게 '좁은 조건'이다. 튜링테스트에서 확인할 수 있는 것은 기껏해야 특정한 기계가 계산 능력이 탁월하다는 것뿐이다. 생각과 같은 지성의 활동은 추론 능력뿐만 아니라 감정을 느끼는 등 다양한 활동을 수반한다. 튜링테스트는 그것을 통과한 기계가 인간과 유사한 정신성을 가짐을 알려줄 뿐이지 인간과 같이 생각한다고 말해주는 것은 아니다.

① 중국어 방 논증은 B처럼 튜링테스트를 좁은 조건으로 지적하는 견해를 뒷받침할 수 있겠군.
② 언어를 구사하지 못하는 존재는 생각하지 못한다고 여기는 사람은 A의 지적을 받아들이지 않겠군.
③ 튜링테스트를 통과한 기계는 B에 따르면 생각하지 않을 것이지만 A에 따르면 반드시 그런 것만은 아니겠군.
④ A에 따르면, 마음을 갖고 생각하는 존재가 언어를 구사할 수 없다는 이유만으로 튜링테스트를 통과하지 못하는 문제가 발생하겠군.
⑤ 기계가 계산 능력뿐만 아니라 감정을 느끼는 등의 능력을 모두 갖춰야 튜링테스트를 통과한 것으로 인정될 경우, B의 지적은 적실성을 잃겠군.

[25~27] 다음 글을 읽고 물음에 답하시오.

컴퓨터는 대량의 데이터를 저장하고 전송하기 때문에 작은 오류도 치명적인 결과를 불러올 수 있다. 다만 데이터 전송 작업 시에는 작게나마 오류 가능성이 있으므로, 정확한 데이터 통신을 위해 오류를 검출하거나 정정하는 방법으로 반복 트릭, 리던던시 트릭, 체크섬 트릭 등이 고안되었다.

반복 트릭은 데이터를 반복적으로 전송해 신뢰도를 높이는 방법이다. 원본 메시지가 '12345'일 때, 이를 다섯 번 반복하여 보냈다고 하자. 이때 메시지 중 일부에 오류가 있어 세 번째 자리의 값이 3인 것이 3개, 4인 것이 2개였다면 수신자는 세 번째 자리의 실제 값이 3일 것으로 판단할 수 있다. 이 방법은 단순하고 직관적이다. 하지만 대용량의 데이터를 반복해서 보내면 잉여 정보량이 과도하게 많아지므로 비용 면에서 실용적이지 않고, 또 오류 검출 가능성이 데이터 통신의 정확도에 좌우될 수 있다.

리던던시 트릭에서는 하나의 원본 데이터에 잉여 정보를 추가한 데이터를 전송한다. 가장 많이 사용하는 패턴은 해밍 코드이다. 해밍 코드는 잉여 정보로 패리티 비트를 사용하며, 해밍 코드에서 패리티 비트를 비롯한 모든 데이터는 0 또는 1의 값을 가진다. 원본 데이터의 비트 수가 d일 때, 패리티 비트의 수 p는 $2^p \geq p+d+1$을 만족하는 최소 자연수가 되어야 한다. 이러한 해밍 코드를 (p+d, d) 해밍 코드라고 부른다. 이는 d비트의 원본 데이터에 p개의 패리티 비트를 추가하여, (p+d)비트로 이루어진 해밍 코드를 전송한다는 뜻이다.

가령 (7, 4) 해밍 코드에서 원본 데이터가 '1011'인 경우 패리티 비트는 2의 거듭제곱인 2^k ($k \geq 0$, k는 정수)번 위치에(1, 2, 4), 원본 데이터는 그를 제외한 위치에(3, 5, 6, 7) 들어간다. 2^k번에 들어간 패리티 비트는 해당 위치를 포함하여 2^k개만큼의 비트를 포함하고, 2^k개를 건너뛴 뒤 다시 2^k개만큼을 포함하는 것을 반복하는 원리로 영역을 관할한다. 즉 1번에 들어간 패리티 비트는 1, 3, 5, 7번, 2번에 들어간 패리티 비트는 2, 3, 6, 7번, 4번에 들어간 패리티 비트는 4, 5, 6, 7번 비트를 관할한다. 이때 한 패리티 비트의 관할 영역 내에 값이 1인 비트의 개수가 짝수 개가 되도록 패리티 비트의 값을 정하는 것을 짝수 패리티 방법, 그 반대를 홀수 패리티 방법이라고 한다. 이 작업은 가장 나중에 위치한 패리티 비트부터 시작하며, 구체적 과정은 다음과 같다. (1) 원본 데이터를 해당하는 자리에 입력한다. (2) 4, 5, 6, 7번 비트가 짝수 패리티 조건을 충족하도록 하는 값인 '0'을 4번에 들어갈 패리티 비트 값으로 입력한다. (3) 같은 원리로 2, 3, 6, 7번 비트와 1, 3, 5, 7번 비트가 짝수 패리티 조건을 충족하도록 하는 값인 '1'과 '0'을 각각 2번과 1번에 들어갈 패리티 비트 값으로 입력하면 다음과 같이 '0110011'이라는 해밍 코드가 생성된다.

1	2	3	4	5	6	7	(비트 위치)
		1		0	1	1	(원본 데이터 입력)
0	1	1	0	0	1	1	(패리티 비트 입력)
0	1	1	0	0	0	1	(수신된 비트)

이 해밍 코드를 전송하는 과정에서 6번 위치의 비트가 0으로 전송되는 오류가 일어났다고 하자. 수신자가 오류를 검출하는 방법인 패리티 검사는 범위 내 비트들이 정해진 패리티 방법에 부합할 때는 0, 부합하지 않을 때는 1을 도출한다. 즉 수신된 비트를 바탕으로 패리티 검사를 하면, 4번과 2번의 관할 영역에서는 값이 1인 비트의 개수가 짝수 개가 아니므로 1이 도출되고, 위치 1, 3, 5, 7에서는 문제가 발생하지 않았으므로 0이 도출된다. 그리고 나중에 위치한 패리티 비트 검사부터 결괏값을 나열하면 110인데, 이를 바탕으로 이진법에서 110이 나타내는 수인 $110_{(2)} = 100_{(2)} + 10_{(2)} = 2^2 + 2^1 = 6$번 위치에서 오류가 발생했음을 파악할 수 있고, 이를 1로 정정할 수 있다.

체크섬 트릭은 오류의 정정이 아닌 검출만을 목표로 한다. 대표적으로 단순 체크섬 트릭에서는 모든 자릿값의 합의 일의 자릿수를 원본 메시지 끝에 추가한 메시지를 전송한다. 예를 들어 원본 메시지가 '12345'라면, 송신자는 1+2+3+4+5=15의 5를 추가한 '123455'를 전송한다. 그리고 송신자가 단순 체크섬을 이용해 메시지를 보낼 것임을 알고 있는 수신자는 원본 메시지와 체크섬을 비교하여 검사한 뒤, 오류가 있을 시 송신자에게 메시지 재전송을 요청하는 방식이다. 이렇듯 체크섬 트릭은 오류를 검출만 할 수 있으면 정확한 메시지를 받을 때까지 재요청을 할 수 있다는 사실을 이용한다.

25. 윗글의 내용과 일치하는 것은?

① 반복 트릭을 사용하면 숫자 한 자리에만 오류가 발생했을 때 이를 정확하게 정정할 수 있다.
② 리던던시 트릭에서는 반복 트릭과 달리 원본 데이터보다 긴 길이의 데이터를 전송한다.
③ 리던던시 트릭은 반복 트릭과 비교해 정확도는 더 높지만, 잉여 정보의 사용으로 더 큰 비용이 발생한다.
④ 체크섬 트릭은 리던던시 트릭과 달리 별도의 잉여 정보를 사용하지 않는다.
⑤ 원본 데이터 비트 수가 26개인 해밍 코드는 (32, 26) 해밍 코드이다.

26. 윗글을 바탕으로 추론한 것으로 가장 적절한 것은?

① 두 자리 이상의 오류가 있을 때, 단순 체크섬은 오류를 검출하지 못한다.
② (7, 4) 해밍 코드는 두 자리 이상의 오류가 발생했을 때 이를 정정할 수 있다.
③ 재전송이 어려운 데이터의 오류 정정에는 체크섬 트릭이 리던던시 트릭보다 유리하다.
④ 원본 데이터가 '1011'일 때, 홀수 패리티 조건으로 완성된 (7, 4) 해밍 코드는 '1011111'이다.
⑤ 십진법 숫자 데이터에서 한 자리에만 오류가 있는 경우, 단순 체크섬은 오류를 항상 검출할 수 있다.

27. 윗글과 <보기>를 바탕으로 추론한 것으로 적절한 것만을 있는 대로 고른 것은?

<보 기>

※ (A)~(D)는 (15, 11) 해밍 코드이다.

ㄱ. 짝수 패리티 방법을 따를 때, (A)에서 빈칸에 들어갈 숫자는 큰 위치부터 차례대로 1, 1, 0, 1이다.
ㄴ. 짝수 패리티 방법을 따를 때, (B)와 (C)의 모든 패리티 비트는 동일하다.
ㄷ. 짝수 패리티 방법을 따르는 (D)에서 한 자리에만 오류가 발생했다면, 오류 발생 위치는 14이다.

① ㄱ
② ㄷ
③ ㄱ, ㄴ
④ ㄴ, ㄷ
⑤ ㄱ, ㄴ, ㄷ

[28~30] 다음 글을 읽고 물음에 답하시오.

법을 통한 국가권력의 행사는 어느 범위까지 정당화될 수 있는가? 법적 후견주의는 개인을 해악으로부터 보호하기 위하여 극단적으로는 그 사람이 선호하지 않더라도 국가의 강제력을 행사하는 것이 정당화된다고 본다. 실제로 우리가 알고 있는 모든 법체계는 많건 적건 간에 법적 후견주의 없이는 정당화되기 어려운 법규정들을 포함하고 있다.

법적 후견주의에 대한 본격적인 논의는 해악의 원리와 법적 도덕주의 간의 대립으로부터 시작되었다. 해악의 원리는 자유주의 입장을 대표했던 밀이 제시한 것으로, 개인의 행위에 대한 국가의 권력행사가 정당화되는 것은 오로지 그 행위가 타인에게 해악을 끼치는 경우에 한정된다고 설명하며, 신체적인 것이든 도덕적인 것이든 간에 행위자 자신에게 좋다는 점은 간섭의 적절한 근거가 될 수 없다고 본다. 반면 법적 도덕주의는 자신 또는 타인에게 해악을 끼치는지에 관계없이 지배적인 도덕에 반하는 행위도 형벌로써 규제할 수 있다는 입장이다. 이를 주장한 스티븐은 설정된 목표가 선하며 강제력을 행사하여 얻은 이익이 강제의 불편을 넘어서는 경우, 효용을 가치 척도의 기준으로 삼는 밀의 논리에 의해서는 그 강제가 나쁘다고 할 수 없다고 하였다.

법적 후견주의는 경성 후견주의와 연성 후견주의로 나뉠 수 있다. 경성 후견주의는 비록 완전히 자발적인 선택이라고 할지라도 해로운 결과가 예상된다면 행위자의 의사에 반해서 개입하는 것이 정당하다고 본다는 점에서 해악의 원리를 수용하기 어렵다. 반면 연성 후견주의는 자신에 대한 위험한 행위가 실질적으로 비자발적이거나, 자발적인지 여부를 확인하기 위하여 일시적 간섭이 필요한 경우에만 국가가 개입할 수 있고, 그 행위가 자발적인 행위임이 밝혀졌다면 개입할 수 없다고 본다. 즉 연성 후견주의는 다른 사람의 선택과 다를 바 없는 비자발적인 선택으로부터 개인을 보호하고자 한다는 점에서, 다른 사람의 선택이 그 자신에게 해악을 끼치는 것을 막는다는 차원에서 해악의 원리를 수용할 수 있다.

한편 법적 후견주의를 신체적 후견주의와 도덕적 후견주의로 나누어 살펴보면, 법적 후견주의가 법적 도덕주의를 수용할 여지도 있다. 신체적 후견주의는 자신의 행위로 인해 자신과 타인에게 야기되는 신체적 해악을 방지하기 위해, 도덕적 후견주의는 도덕적 해악을 방지하기 위하여 개인의 자유에 개입할 수 있다고 보는 입장이다. 일반적으로 도덕적 문제에 관련된 강제력의 행사는 법적 도덕주의로도, 도덕적 후견주의로도 설명될 수 있다. 실제로 매춘, 도박 등과 같은 행위는 사회의 도덕을 타락시킬 뿐 아니라 당사자에게도 정신적, 도덕적인 해악을 끼친다. 그 결과 이러한 행위에 대한 강제력의 행사는 두 가지 방식으로 정당화할 수 있다. 하나는 단지 행위 그 자체의 부도덕성에 호소하는 것이고 다른 하나는 그 행위가 행위자의 덕성에 미치는 해악에 호소하는 것이다.

스티븐을 비롯한 법적 도덕주의자들은 도덕적 후견주의를 법적 도덕주의와 사실상 동일시하기도 한다. 이들에 따르면 도덕적 후견주의와 도덕의 강제를 구분하는 것은 불가능하며 법적 후견주의에 도덕을 법으로 강제하는 과정이 필수적으로 개입한다고 본다. 그러나 특정 사례에서는 각 입장에 따른 정당화 여부가 달라지기도 한다. 대표적인 사례인 '난쟁이 멀리 던지기'는 안전장구를 착용한 난쟁이를 누가 멀리 던지는가에 따라 승부를 결정짓는 게임이다. 도덕적 후견주의자들은 난쟁이가 신체적 해를 입지 않고, 난쟁이 자신이 이러한 행위를 생계 유지를 위한 일종의 직업 활동으로 본다는 점에서 도덕적 해도 입지 않는다고 본다. 그러나 법적 도덕주의는 난쟁이가 신체적 해악이나 도덕적 해악을 입을 개연성이 없더라도 난쟁이 멀리 던지기는 정당화될 수 없다고 본다. 요컨대 법적 도덕주의와 도덕적 후견주의는 공통적으로 도덕성을 법 적용 기준으로 고려하지만, 도덕적 후견주의가 행위의 결과로부터 드러나는 도덕성에 초점을 두는 반면, 법적 도덕주의는 행위의 결과와 관계없이 행위 자체의 요소로부터 드러나는 도덕성을 고려하고 있다.

이처럼 법적 후견주의가 해악의 원리와 법적 도덕주의 모두와 충돌한다고도, 모두를 수용할 수 있다고도 해석될 수 있는 것은 법적 후견주의가 경성과 연성, 그리고 신체와 도덕 같은 기준에 따라 다양한 입장으로 구분될 수 있기 때문이다. 이로 인해 법적 후견주의와 관련한 논의와 그 정당화의 문제는 자유주의에 근접한 후견주의를 따르는지, 아니면 법적 도덕주의에 근접한 후견주의를 따르는지에 따라 달라질 수밖에 없다.

28. 윗글에 대한 이해로 가장 적절한 것은?

① 신체적 후견주의는 해악의 원리와 관련해 연성 후견주의 형식을 취하고 있다.
② 법적 도덕주의에 의해 정당화되는 사례는 도덕적 후견주의에 의해서도 정당화될 것이다.
③ 해악의 원리는 자유에 대한 후견적 개입과 자발적 선택 간의 우선순위를 고려하지 않는다.
④ 법적 후견주의가 경성 후견주의의 입장을 취할 경우 행위자 자신에게 좋다는 점을 간섭의 근거로 인정하지 않는 입장은 유지되기 어렵다.
⑤ 연성 후견주의에 따르면 어떤 사람이 상대방의 동의를 얻었음을 주장하며 상대방에게 해악을 입히려 한다면 국가는 그 해악을 막기 위해 개입할 수 없다.

29. 윗글을 바탕으로 <보기>에 대해 반응한 것으로 적절하지 않은 것은?

<보 기>

공무원 갑은 을이 강 위의 다리를 건너려고 하는 것을 보았다. 다리는 안전하지 않은 것으로 확인되었고, 을에게 그 위험에 대하여 경고하기에는 시간이 없다.

① 경성 후견주의자들은 을이 강에 빠지고 싶어한다는 사실을 갑이 알게 되더라도 갑이 그를 돌려세우는 것이 허용된다고 보겠군.
② 경성 후견주의자들은 을이 다리의 상태를 잘 알고 있다고 하더라도 갑이 을에게 다리를 건너지 못하게 하는 것이 허용된다고 보겠군.
③ 연성 후견주의자들은 갑이 을을 돌려세웠다면 을의 행위가 자신의 의지에 따른 것인지를 갑이 알고 있다고 보겠군.
④ 연성 후견주의자들은 을이 다리의 상태를 알고 있는지 여부를 확인하기 위하여 일단 다리를 건너지 못하도록 갑이 그를 제지하는 것이 허용된다고 보겠군.
⑤ 경성 후견주의자들과 연성 후견주의자들 모두 을이 향정신성 의약품을 투여하여 판단력이 흐려진 상태에서 다리를 건너고 있다고 추정될 경우 갑이 그를 제지하는 것이 허용된다고 보겠군.

30. 윗글을 바탕으로 <보기>를 해석한 것으로 가장 적절한 것은?

<보 기>

원칙적으로나 실천적으로나 개인의 신체적 복지를 규율하는 입법과 그의 도덕적 복지를 규율하는 입법은 구분될 수 없다. 이는 신체적 선과 도덕적 선을 구분하는 것이 무의미하다는 점에 기인한다. 후견주의가 원칙이라면 사회는 전자에 관련된 입법에는 관심을 갖지만 왜 후자에 대해서는 그렇지 않은가? 그리고 자신의 도덕을 돌볼 수 있는 자가 왜 신체를 돌볼 수 없는가? 법으로 정착된 도덕적 복지는 단순히 해악의 차원뿐만 아니라 선악을 구분하는 보편 법칙을 제시하는 역할도 한다.

① 개인의 도덕적 복지를 규율하는 입법이 지나치게 강조되고 있으며, 이러한 경우 도덕적 후견주의가 실현되기 어렵다.
② 개인의 신체적 복지를 규율하는 입법에만 중점을 두는 것은 법적 도덕주의를 도덕적 후견주의의 하위 개념으로 본 것에 근거한다.
③ 도덕을 돌볼 수 있는 개인은 신체 또한 돌볼 수 있다는 점에서 신체적 해악을 방지하는 것이 법적 후견주의에 따른 입법에서 우선적으로 고려되어야 한다.
④ 신체적 후견주의와 도덕적 후견주의는 구분이 어렵고, 도덕적 복지의 성격을 고려할 때 법적 후견주의가 실현된다면 법적 도덕주의가 개입할 수밖에 없다.
⑤ 도덕적 후견주의를 신체적 후견주의로 대체하는 것이 가능하다는 인식은 법적 후견주의가 자유주의의 속성과도, 법적 도덕주의의 속성과도 무관하다는 생각에서 비롯된다.

2026학년도 법학적성시험 대비

제2회 파이널
LEGAL · EDUCATION · ELIGIBILITY · TEST
불LEET 모의고사

| 제1교시 | 언어이해 |
총 30문항 09:00~10:10(70분)

수험생 유의사항

1. 문제지를 받은 후 시험 시작 시간까지 문제 내용을 보아서는 안 됩니다.
2. 시험 시작 즉시 과목편철 순서, 문제누락 여부, 인쇄상태 이상 유무 등을 확인한 후 문제지에 성명을 기재하시기 바랍니다.
3. 시험 시작 후 문제를 주의 깊게 읽고 문항의 취지에 가장 적합한 하나의 정답만을 고르시기 바랍니다.

메가로스쿨

[1~3] 다음 글을 읽고 물음에 답하시오.

성문법이 모든 사항을 빠짐없이 완전히 규율하는 것은 불가능하다. 그러므로 관습법이 법원(法源)으로서 지위와 역할을 인정받는 것은 성문법의 흠결에 기인한다고 보아도 무방하다. 관습법은 사회의 거듭된 관행으로 생성한 사회생활규범이 사회의 법적 확신과 인식에 의하여 법적 규범으로 승인·강행되기에 이른 것을 뜻한다. 즉 관습법이 성립하기 위해서는 객관적 요소로서 '거듭된 관행'과 주관적 요소로서 '법적 확신'을 필요로 한다. 관행이 되었다는 것은 상당 기간 행위의 반복이 있었다는 것이며, 법적 확신에 의한다는 것은 관행을 따르는 자에게 그 관행이 성문법과 마찬가지의 구속력을 지니며 위반할 시 사실상 법적 제재가 가해진다고 생각할 정도의 확신이 있음을 의미한다. 이와 달리 사회의 관행에 의해 발생한 사회생활규범이지만 법적 규범으로 승인될 정도에 이르지는 않았다고 여겨지는 '사실인 관습'은 법규범으로 적용되지 않는다는 점에서 구분된다.

이처럼 관습법이 성립하려면 관행과 법적 확신을 필요로 하는데, ㉠'법적 확신설'은 관습법의 성립요건이 관행과 법적 확신만으로 족하다고 본다. 그러므로 법적 확신설에 따르면 법원의 판결은 관습법의 성립을 확인하는 데 그친다. 관행이 법적 확신을 획득하였는지는 결국 법원을 통해 확인되기 때문이다. 반면 국가의 승인까지 성립요건에 포함된다고 보는 ㉡'국가 승인설'은 법원의 승인을 통해 관습법이 법규범으로서 강제력을 발휘한다고 본다. 그런데 성문법의 흠결을 보충하기 위해 인정되는 관습법이 법원이라는 국가기관의 승인을 요하게 된다면, 이미 사회 구성원에게 실재하는 법규범으로서 영향을 발휘하던 것이 법원의 승인이 없다는 이유로 관습법이 아니게 된다. 그리하면 사실인 관습과의 구별도 의미가 없어진다. 국가 승인설은 법의 성립 시기와 관련해서도 문제를 낳는다. 법원이 관습법의 성립을 확인하는 것에 불과하다면 관습법은 법적 확신을 획득한 때로 소급하여 성립하고 효력이 발생하지만, 법원의 승인으로 관습법이 최종적으로 성립하게 된다면 승인한 때에 성립하여 효력이 발생한다. 그리하면 소급효 금지의 원칙에 반하여 관습법을 소급 적용해야 하는 문제가 생길 수 있다.

그런데 사회생활규범이 전체 법질서에 반하지 않을 것, 즉 '합헌성 요건'을 갖추는 것이 관습법의 성립요건인지에 대해서는 대법원과 헌법재판소가 다른 의견을 제시한 바 있다. 대법원에 따르면 법적 규범으로 승인되기에 이르렀다고 하기 위해서는 헌법을 최상위 규범으로 하는 전체 법질서에 반하지 아니하는 것으로서 인정될 수 있어야 한다. 이와 달리 헌법재판소는 헌법에 위반된다고 해서 관습법이 아니게 된다는 것은 아니라고 보았다. 이는 법률이 일단 공포되면 헌법재판소의 위헌 결정이 선고되어야 효력을 상실하는 것과 같은 맥락으로, 관습법이 성립하지 않는 것과 성립된 관습법이 헌법을 위반한 것은 구별되어야 한다는 것으로 해석할 수 있다.

한편, 성립했던 관습법이라도 현실 변화로 인해 관행이 단절되거나 법적 확신이 상실되면 소멸하게 된다. 아울러 관습법과 배치되는 성문법이 제정되는 경우에도 그 법은 소멸된다고 보아야 할 것이다. 이에 대하여 법적 확신설은 법원의 판결에 의해서는 관습법의 성립을 확인한 것과 마찬가지로 소멸이 확인될 뿐이라고 본다. 반면 국가 승인설은 법원의 판결에 의해 관습법이 소멸하게 된다고 본다. 그런데 법이 성립요건을 불비하면 성립요건을 불비한 때로 소급하여 효력을 상실하지만, 헌법을 최상위의 규범으로 하는 전체 법질서에 반하여 효력이 상실되는 경우에는 원칙적으로 헌법에 위반된다고 판결한 날부터 효력을 상실한다. 그러므로 효력상실 시기에 있어 충돌이 일어나지 않으려면 관습법의 성립요건과 합헌성 요건은 구분되어야 할 것이다.

살펴보건대 관습법의 성립과 소멸에 관해서는 헌법재판소의 견해가 더 바람직하다고 볼 수도 있겠다. 그러나 헌법재판소 역시 관습헌법에 대해 "성문헌법의 경우와 동일한 효력을 가지기 때문에 그 법규범은 최소한 헌법 제130조에 의거한 헌법 개정의 방법에 의하여만 개정될 수 있는 것이다."라고 판시한 바 있다. 이에 따르면 성문법의 흠결로 인해 인정되는 관습법을 변경하기 위해 성문법의 절차를 따라야 하는 것이므로 이는 관습법의 성격과 배치된다.

1. 윗글의 내용과 일치하지 않는 것은?
① 사실인 관습은 관습법의 성립요건을 일부만 충족한다.
② 관습법의 성립은 법원의 판결 이전에 확인되지 않는다.
③ 헌법재판소에 따르면 관습헌법은 성문헌법과 같은 개정절차를 거쳐야 한다.
④ 대법원은 관습법의 효력상실 시기를 어떤 성립요건을 불비하였는지에 따라 달리 설정한다.
⑤ 관습법의 효력상실 시기에 대한 충돌이 일어나지 않으려면 합헌성 요건은 관습법의 성립요건이 아니어야 한다.

2. ㉠과 ㉡에 대해 추론한 것으로 적절하지 않은 것은?
① ㉠은 법원이 관습법의 성립과 소멸에 영향을 미치지 못한다고 볼 것이다.
② ㉡은 관습법의 독립적인 존립 근거를 약화시키는 결과를 초래할 것이다.
③ ㉠은 ㉡과 달리 성립했던 관습법이 성립요건을 불비하게 되었더라도 법원 판결 이전에는 소멸하지 않는다고 볼 것이다.
④ ㉡은 ㉠과 달리 사회가 법적 규범으로 승인한 관행을 관습법이 아닌 것으로 간주할 가능성이 있을 것이다.
⑤ ㉠과 ㉡은 모두 관습법의 주관적 요소와 객관적 요소가 함께 갖추어져야 관습법이 성립할 수 있다고 볼 것이다.

3. 윗글과 <보기>를 바탕으로 대법원의 관점을 이해한 것으로 가장 적절한 것은?

<보 기>
합헌성 요건을 판단하는 주체가 어디인지는 관습법의 통제 주체가 어디인지와 관계되는 문제이다. 대법원 은 "관습법이 헌법에 위반되는 경우 법원이 그 관습법의 효력을 부인할 수 있으므로……"라고 하였다. 그에 따라 대법원은 '상속회복청구권은 상속이 개시된 날부터 20년이 경과하면 소멸하는 관습법'의 헌법 위반 여부를 직접 판단하여 관습법으로서 효력을 인정할 수 없다고 판시하였다. 반면 헌법재판소는 "법률과 같은 효력을 가지는 …… 관습법도 당연히 헌법소원심판의 대상이 되고, 단지 형식적인 의미의 법률이 아니라는 이유로 그 예외가 될 수는 없다."라고 판시한 바 있다.

① 성문법과 관습법의 법적 효력을 다르게 규정하고 있다.
② 어떤 관습법이 전체 법질서에 반해도 효력을 인정할 수 있다.
③ 관습법은 법원의 승인에 의해 성립하여 법규범으로서 효력을 갖게 된다.
④ 관습법이 법적 확신을 잃었다고 판단되지 않더라도 법원이 위헌 판단을 내릴 수 있다.
⑤ '상속회복청구권은 상속이 개시된 날부터 20년이 경과하면 소멸하는 관습법'을 관행으로 인정할 수 없다.

[4~6] 다음 글을 읽고 물음에 답하시오.

자궁경부암의 원인인 인유두종 바이러스(HPV)는 이중 나선 DNA 바이러스이다. 150여 종의 HPV 중 40여 종이 자궁경부 상피에 병적 증상을 초래하며 16, 18번 HPV는 70% 이상의 자궁경부암의 병인이다. 자궁경부암 조기 진단에는 팝 도말법이나 HPV DNA 분석이 활용된다. 세포는 핵과 세포질로 구성되어 있고 핵에는 DNA가, 세포질에는 단백질을 합성하는 리보솜, 가수분해효소로 단백질을 분해하는 리소좀, 세포 호흡으로 ATP를 생산하는 미토콘드리아 등이 있다. 팝 도말법에서는 암세포와 정상 세포의 핵의 크기를 비교하고, HPV DNA 분석에서는 특정 HPV의 존부를 직접 확인한다.

팝 도말법은 채취 및 도말, 고정, 염색, 검경의 4단계로 이루어진다. 우선 자궁경부 표면에서 세포를 채취하여 현미경용 슬라이드에 도말한다. 고정은 세포의 파괴를 방지하기 위한 과정으로, 채취된 세포는 산소를 공급받지 못해 세포 호흡을 할 수 없다. 그 결과 ATP가 고갈되면 가수분해효소를 저장하는 막이 파괴되고 단백질을 분해하는 프로테아제, 핵산을 분해하는 뉴클레아제 등의 가수분해효소가 세포질로 방출되어 핵과 세포소기관을 파괴한다. 고정에는 알데하이드나 알코올이 사용된다. 먼저 알데하이드는 단백질과 교차 결합하여 단백질의 활성을 억제한다. 효소는 단백질이므로 알데하이드를 가하면 가수분해효소는 세포 기관을 파괴할 수 없다. 그리고 알코올은 극성이 있어 물 분자와 수소 결합을 한다. 수소 결합한 물 분자는 단백질 분자 내부의 수소 결합 형성을 막는데 이 때문에 단백질은 3차원적 구조를 형성하지 못해 활성을 잃는다.

다음으로 염색은 염료와 세포 성분 사이의 양전하와 음전하가 결합하는 이온 결합 과정으로 염기성 염료는 양전하를, 산성 염료는 음전하를 띤다. 그러므로 음전하를 띠는 DNA의 핵은 염기성 염료로 염색하고, 양전하를 띠는 염기성 물질이 많은 세포질에는 산성 염료를 사용한다. 대표적인 염색법은 헤마톡실린-에오신 염색법이다. 헤마톡실린은 핵을 청색으로, 에오신은 세포질을 분홍색으로 염색한다. 마지막으로 검경은 염색 시료를 현미경으로 검사하는 과정이다. 암세포는 정상세포에 비해 세포질 대비 핵의 부피가 크므로 검경에서 일반적으로 세포질 직경 대비 핵의 직경 비율이 50% 이상일 경우 암을 의심할 수 있다. 한편 대물렌즈와 접안렌즈의 배율을 곱하면 현미경의 배율이 구해지는데, 동일 배율인 경우 대물렌즈의 배율이 높은 것이 반대 경우보다 영상이 더 선명하다.

HPV DNA 분석을 위해서는 중합효소연쇄반응(PCR)으로 DNA를 다량 복제해야 한다. PCR에는 복제 대상 DNA, DNA 중합 효소, 프라이머, DNA를 구성하는 단위 물질인 뉴클레오타이드가 필요하다. PCR은 변성, 결합, 신장의 세 단계로 구성된다. 변성은 DNA를 단일 가닥으로 푸는 과정이다. 이를 위해 PCR에 필요한 물질을 넣은 시험관을 30초간 95℃로 유지한다. 결합은 단일 가닥으로 풀린 DNA 가닥에 프라이머를 부착하는 단계이다. 변성된 DNA가 들어 있는 시험관의 온도를 30초간 65℃로 낮춰 유지하면 프라이머가 DNA 가닥에 결합한다. 신장은 DNA 가닥을 주형으로 하여 뉴클레오타이드가 연결되고 새로운 DNA 가닥이 복제되는 과정으로 이때는 온도를 약 72℃로 유지한다. 이 세 단계 과정을 30회 반복하면 10억 개 이상의 DNA 분자를 얻을 수 있다. 신장은 DNA 중합 효소에 의해 이루어지는데, 초기에는 DNA 중합 효소 I을 사용하였으나 이 효소는 단백질로 구성되어 있어서 95℃에서는 변성되어 기능을 잃기 때문에 신장 단계마다 중합 효소를 추가해야 했다. 그러던 중 높은 온도에서도 활성

유지가 가능한 효소인 Taq 중합 효소를 박테리아에서 추출하는 데 성공하였다. 그 결과 중합 효소의 첨가 없이도 Taq 중합 효소의 활성이 가장 활발하게 진행되는 온도에서 신장 단계를 수행할 수 있게 되었다.

PCR 이후에는 전기영동을 통해 HPV의 존재를 육안으로 확인한다. 전기영동은 전하를 띤 화합물에 시료를 첨가한 뒤 일정한 전압을 가하여 시료를 분석하는 방법으로, 자궁경부암 진단 시에는 아가로스 겔에 복제된 DNA를 첨가한 뒤 전압을 가한다. 이때 아가로스 겔 양쪽에 각각 양극과 음극 전원을 연결하고 복제된 DNA를 음극 쪽에 놓으면 DNA는 양극으로 이동하는데, DNA의 길이가 짧고 크기가 작을수록 양극 가까이에서 검출된다. 망상구조로 된 아가로스 겔에서는 구조가 조밀할수록, DNA 크기가 클수록, 선형보다는 나선형 DNA일수록 겔 통과 속도가 느리고, 겔 양쪽에 걸린 전압이 높을수록 겔 통과 속도가 빠르다. 따라서 이를 이미 알려진 HPV DNA의 길이와 비교하면 HPV의 존재를 확인할 수 있다.

4. 윗글과 일치하는 것은?

① 헤마톡실린은 전기적으로 양전하 이온이다.
② 자궁경부암을 유발하는 HPV는 약 40종이다.
③ 대물렌즈의 배율이 클수록 현미경 영상이 더 선명하다.
④ 프로테아제와 뉴클레아제는 세포질 내의 리보솜에 저장되어 있다.
⑤ 단백질가수분해효소를 변성시킬 수 있는 시약은 팝 도말법의 고정에 사용할 수 없다.

5. 윗글에서 추론한 것으로 적절하지 않은 것은?

① 팝 도말법에서는 두 종류의 염료가 필요하다.
② Taq 중합 효소의 활성이 가장 활발하게 진행되는 온도는 95℃이다.
③ 단백질이 활성을 유지하기 위해서는 단백질 구성 물질 간에 수소 결합이 필요하다.
④ 팝 도말법에서 고정이 필요한 이유는 시료 세포의 미토콘드리아가 기능을 하지 못하기 때문이다.
⑤ 팝 도말법 실시 결과 $\frac{\text{청색으로 염색된 부위의 직경}}{\text{분홍색으로 염색된 부위의 직경}}$ 의 값이 0.5 미만일 경우 암이 의심되는 것으로 진단되지 않는다.

6. 윗글을 바탕으로 <보기>의 A, B, C에 대해 설명한 것으로 적절한 것만을 있는 대로 고른 것은?

<보 기>

여성 A와 C의 각각의 자궁경부 상피세포에서 HPV로 의심되는 세포로부터 얻은 나선형 DNA를 이용하여 PCR을 시행한 후 아가로스 겔을 이용한 전기영동을 하였다. B는 자궁경부암을 유발하는 것으로 이미 알려진 HPV의 나선형 DNA를 이용하여 PCR을 시행한 후 전기영동한 결과이다. 실험에서 DNA는 <위>는 양극, <아래>는 음극에 연결되어 있다.

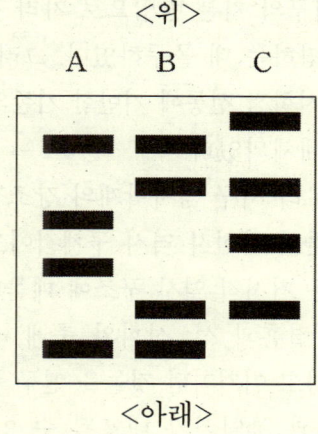

ㄱ. 겔이 조밀할수록 DNA는 더 위쪽에 위치할 것이다.
ㄴ. A와 C 모두 자궁경부암이 발병할 가능성이 있다.
ㄷ. 아래쪽에 위치한 DNA일수록 길이가 더 짧다.

① ㄱ ② ㄴ ③ ㄱ, ㄷ
④ ㄴ, ㄷ ⑤ ㄱ, ㄴ, ㄷ

[7~9] 다음 글을 읽고 물음에 답하시오.

　19세기 후반 연대학, 고문서 판독 등 역사 기록의 진위를 밝힐 수 있는 기술이 발전하면서, 근대 역사학은 철저한 고증을 바탕으로 객관성을 추구하는 과학적 학문으로 발전하였다. 이를 주도했던 역사학자 랑케에 따르면 역사학의 임무는 과거의 사실을 있는 그대로 밝히는 것이다. 이를 바탕으로 근대 역사학은 세 가지 전제를 발전시켰다. 역사는 실제 일어났던 사실이고, 역사가는 사료를 통해 객관적 서술을 할 수 있고, '시간적 연속'으로부터 일관적인 인과관계를 이끌어낸다는 것이다. 사실과 사실이 아닌 것을 구분하고자 하는 엄격한 사료 비판이 역사 연구의 기본 방법으로 자리 잡으면서, 역사가들은 과거의 현상들을 설명하는 데 몰두하였다. 그리하여 도덕적·교훈적 특성이 주가 되는 수사학적 전통에 기반한 기존의 역사 연구는 사회과학적 역사 연구로 대체되었다.
　20세기 후반에 이르러 서구 역사학계의 강조점이 문화적 영역으로 전환되면서, 역사가들의 관심사 역시 구체적이고 세분화된 경험으로 옮겨갔다. 역사가들은 거시적 역사 구조에 매몰되었던 개개인의 삶의 경험을 발굴하면서 결혼과 성, 신화와 축제, 민중의 집단 심리 등 사소하거나 의미 없다고 여겨지던 것들을 연구 주제로 삼았다. 나아가 인간의 행위에 모순과 불일치가 내포될 수 있음에 관심을 가졌고 그 결과 인간이 현실에서 인식하고 경험한 것을 현실 자체보다 더 중시하였다. 이러한 미시적 역사 연구 경향은 서구·남성 중심적 역사 서술, 승리자 중심의 역사 서술에서 탈피하는 계기도 제공하였다.
　이후 등장한 소위 포스트모던 역사 이론가들은 과학적 접근, 진리에 대한 탐구, 객관성에 대한 믿음 등 근대의 역사상에 근본적인 문제를 제기하였다. 엄격한 사료 비판을 통해 과거의 사실을 객관적으로 탐구할 수 있다는 연구 방법론을 거부하고, 사료의 불투명성과 불확실성에 주목하였다. 젱킨스는 과거에 대한 기록으로서의 역사를 과거 그 자체와 구분한다. 과거는 시간 너머로 사라져 버렸기 때문에 이를 객관적으로 재현할 수 없다는 것이다. 바르트는 역사서를 가장무도회에 참가한 기표들의 행렬이라고 칭하였다. 과거의 사실이라는 기의는 없고 그것을 표상하는 기표들만이 실재가 있는 듯 가장한다는 것이다. 바르트에 따르면 언어의 의미는 임의적이어서 인간은 주관 밖 세계를 언어적 표상을 통해 재현할 수 없다. 텍스트로서의 사료는 통일되고 일관된 의미를 담고 있는 게 아니라 주관성, 복합성, 모호성을 지닌다. 이에 따르면 사료로부터 추출된 어떠한 서술도 엄밀한 객관성이나 과학성과는 거리가 있다. 그러므로 과거의 사실을 설명하는 과학으로서의 역사를 추구한다는 것은 환상에 지나지 않는다.
　아울러 푸코는 선행 사건을 후행 사건의 원인으로 보는 계기적 인과관계에 따라 원인과 기원을 추적해 의미의 통일성을 찾으려는 역사 연구 방법을 부정한다. 현재에 의거하여 추정될 수밖에 없는 원인에 관한 탐구는 무의미하다고 지적하면서, 현재로부터 독립된 과거는 없고 과거는 역사가가 구사하는 현재의 용어로만 해독된다고 보았다. 이러한 푸코의 역사 인식은 역사 서술은 과거의 실제를 반영하며, 객관적인 세계를 언어와 개념 체계를 사용하여 정확하게 표상할 수 있다는 근대 역사학의 기본 준거를 부정하였다. 푸코에 따르면 역사 서술이란 실제 일어났던 사건이나 삶의 투영이 아니라 단지 담론에 불과하다. 언어를 통해 의미를 표상하는 행위일 뿐인 것이다. 역사 서술을 의미의 표상에 불과한 것으로 보는 시각은 그 본질을 '이야기 짓기'에서 찾는 논의로 이어졌다. 화이트는 역사 서술의 문학성을 강조하면서, 신화와 역사 사이의 구분을 해체할 것을 주장하였다. 그는 역사가들의 작업은 역사의 의미를 발견하는 것이 아니라 창조하는 일에 가깝다고 보았다. 따라서 역사 서술과 소설 창작은 정도의 차이는 있지만, 사건들에 서사적 질서를 부여하여 허구를 만들어 낸다는 점에서 다르지 않다.
　포스트모던 역사학은 세계의 객관적 질서와 그것을 파악할 수 있는 인간의 이성, 둘의 상응을 전제로 하는 합리주의, 그리고 이에 기초한 근대 문명에 대한 반성에서 비롯되었다. 이에 대하여 능동적 사회 변혁의 가능성을 부정하는 상대주의적 결론에 도달할 수밖에 없다는 비판을 받기도 한다. 인간을 이성적 주체가 아니라 모순과 모호함을 지닌 개체로 보는 시각은 변혁 주체로서의 인간관을 약화한다는 것이다. 그러나 포스트모던 역사학이 사실과 허구의 경계에 대한 의미 있는 관점을 제기하고, 역사 연구의 본질과 한계에 대한 성찰의 기회를 제공한 것은 분명하다.

7. 윗글의 내용과 일치하지 <u>않는</u> 것은?
① 근대 역사학은 사료가 주관성을 지닌다는 점을 받아들이지 않았다.
② 근대 역사학의 각 전제는 포스트모던 역사 이론가들에 의해 반박되었다.
③ 객관성을 추구하는 역사 연구 방법은 도덕적·교훈적 성격의 역사 연구 방법을 대체하였다.
④ 20세기 초반의 서구 역사학계는 개인의 경험으로서의 역사보다 거시적 사건에 주목하였다.
⑤ 포스트모던 역사학을 부정적으로 바라보는 이들은 능동적 사회 변혁의 가능성이 합리주의적 인간관에 기초한다고 여긴다.

8. 윗글을 바탕으로 추론한 것으로 가장 적절한 것은?
① 랑케는 미시적인 역사 연구 경향을 과거 현상을 설명하려는 역사 연구의 연장선으로 여길 것이다.
② 젱킨스는 바르트와 마찬가지로 과거의 사실과 역사 기록을 구별하지 않는 태도를 수용하지 않았을 것이다.
③ 바르트는 텍스트로서의 사료는 인간이 인식하고 경험한 것을 반영할 수 없다고 볼 것이다.
④ 푸코는 랑케와 마찬가지로 역사 연구 방법에 있어 현재는 과거에 의존적이라고 파악할 것이다.
⑤ 화이트는 푸코와 마찬가지로 역사 기록의 재구성이 소설가의 창작과 본질적으로 다르지 않다고 볼 것이다.

9. <보기>의 관점을 바탕으로 윗글을 평가한 것으로 적절하지 <u>않은</u> 것은?

―〈보 기〉―
역사가는 역사적 사실의 비천한 노예도 아니고, 압제적인 주인도 아니다. 역사가는 역사적 사실을 발견하고, 그에 따라 자신의 해석을 만드는 과정에 들어간다. 둘 중 하나를 우위에 두는 것은 불가능하다. 해석은 현재의 영역이지만 탐구하는 사실은 과거 속에 실재하기 때문에, 둘의 상호 작용은 현재와 과거의 상호 작용을 포함한다. 역사가와 역사적 사실은 서로를 필요로 한다. 사실을 갖지 못한 역사가는 공허하며, 역사가를 갖지 못한 과거는 생명이 없고 무의미하다.

① 역사가 실제 일어났던 사건이라고 전제하는 일과 사실이 과거 속에 실재한다는 것이 동질적이라고 평가하겠군.
② 역사 기록의 진위를 밝힘으로써 과거 사실을 있는 그대로 밝히고자 하는 일은 역사에 대한 해석 가능성을 차단한다고 지적하겠군.
③ 과거에 대한 기록으로서의 역사를 과거 그 자체와 구분하는 것은 역사가와 역사적 사실 간 관계를 단절할 수 있다고 우려하겠군.
④ 역사의 객관성을 부정하거나 역사의 객관성만을 추구하는 것은 역사와 역사가의 해석이 둘 다 중요함을 간과하고 있다고 비판하겠군.
⑤ 역사가의 역사 서술이 실제 일어났던 사건이나 삶의 투영이 아닌 담론이라는 주장을 두고 역사적 사실을 발견하는 역사가의 역할을 간과하였다고 판단하겠군.

[10~12] 다음 글을 읽고 물음에 답하시오.

사회적 부정의를 해결하라는 요구는 경제적 불평등을 시정하기 위한 분배 투쟁이나, 문화적 정체성과 차이를 인정받기 위한 인정 투쟁으로 요약할 수 있다. ㉠<u>낸시 프레이저의 분배-인정 이원론</u>에 따르면, 분배와 인정에 관한 요구는 한 쪽으로 환원될 수 없는 독립적인 것이지만, 경험적으로는 상호결합을 이룰 수 있다. 따라서 프레이저에 따르면 각 영역의 부정의는 '사회경제적 부정의'와 '문화적 부정의'로 규정되는데, 각각은 다른 영역으로 이어질 수 있다. 또한, 문화적 부정의를 시정하기 위해 분배적 수단을 이용할 수 있고, 그 역도 가능하다. 경제적 평등과 문화적 인정을 별개의 정치적 과제로 설정하는 '실체적 이원론'과 달리, 프레이저는 분배와 인정이 상호 영향을 주고받을 수 있다고 본 것이다.

양자를 구별하면서도 동시에 상호 영향을 주고받을 수 있다고 보는 프레이저의 주장은 분배와 인정 문제가 모두 해결되어야 사회 정의가 구현된 것이라는 인식에 기초한다. 프레이저는 '계급구조'와 '신분질서'를 구분하면서 자신의 주장을 정당화한다. 오늘날의 자본주의 사회는 이윤추구를 위해 작동하는 경제적 질서와, 가치에 따라 규제되는 문화적 질서를 포괄하는 일종의 복합적인 장이다. 이때 경제적 부정의는 계급구조, 문화적 부정의는 신분질서의 위계를 낳게 된다. 그리고 계급은 동등한 참여를 위한 물질적 자원을 보유했는지 여부로 규정되며, 신분 역시 동등한 참여를 보장할 만큼의 사회적 평판을 지녔는지를 기준으로 규정된다. 이때 참여의 동등성이란 분배와 인정의 양 측면을 판단할 수 있는 규범적 기준이다. 두 영역의 정의가 모두 갖추어져 있어야 사회적 결정에 동등한 권리를 가지고 참여할 수 있다고 보았기 때문이다. 그를 위해서는 독립적 참여자가 될 수 있도록 객관적 조건으로서 물질적 자원을 분배하고, 동등하게 존중받을 수 있는 상호주관적 조건으로서 문화적 가치평가를 보장하여 인정의 질서가 갖추어지도록 해야 한다.

㉡<u>악셀 호네트</u>는 ⓐ<u>인정 이론</u>을 주창하면서 규범적으로 제도화된 자본주의 사회에서는 인정과 분배를 이원론적으로 파악할 필요가 없다고 본다. 인정이란 타인이나 집단의 정체성과 속성을 긍정하려는 의도에서 수행된 행위로, 성공적 자아실현을 위한 사회적 조건이다. 그런데 자아실현을 위한 긍정적 자기 관계는 자기 자신의 의지만으로 성립되기는 어렵다. 그러므로 주체의 정체성에 대한 인정은 주체가 사회에 행사할 수 있는 정당한 기대이며, 사회적 부정의에 관한 모든 경험 및 그에 대한 저항과 관계된다.

호네트는 인정 행위를 사랑, 권리부여, 가치평가의 세 영역으로 구별하고, 동시에 세 인정 영역이 자본주의 사회를 구성하는 세 가지 사회영역과도 상응한다고 이해한다. 먼저 연애결혼이 등장하고, 아이의 성장과 사회화를 위해 정서적 보호와 사랑이 필요하다는 의식이 부모의 의무로 제도화되면서부터 사랑이라는 인정 형태가 한 영역을 형성하게 된다. 다음으로 권리부여와 가치평가의 두 인정 영역은 신분적 위계질서에 기초한 전근대 사회에서는 구별되지 않는 개념이었지만, 근대사회에 이르러서 분화되었다. 먼저 모든 사회구성원이 동등한 인격체로 존중받게 됨으로써, 시민적 법질서를 바탕으로 권리부여가 하나의 영역으로 구별되었다. 그리고 생산 업적에 대한 가치평가가 사회적 재화의 분배를 결정하고 정당화하는 새로운 규범으로 등장한다. 이로써 권리부여와 가치평가 역시 근대사회에 들어서 각각의 인정 영역을 형성하게 되었다는 것이다.

그런데 이때 법적 권리 보장 및 업적에 따른 재화 분배는 그 사회의 지배적 가치관의 영향을 받기에 항상 공정하게 이루어지지는 않는다. 그러므로 분배 투쟁은 곧 왜곡된 업적 평가를 바로잡으라거나, 업적 평가를 왜곡하도록 만드는 지배적 개념 규정 모형을 바꾸라는 요구이다. 다시 말해 호네트에게 분배 투쟁은 법적이거나 문화적인 인정 투쟁으로 환원된다. 호네트는 모든 경제적 불평등이 문화적 질서에 뿌리박고 있다고 생각하며, 분배 정의를 실현하는 것이 그러한 문화적 질서를 바꾸는 것으로 충분하다고 본다. 즉 모든 사회적 부정의는 개인 혹은 집단의 정당한 인정 요구에 대한 사회적 무시나 다름없는 것이다. 따라서 바람직한 사회는 개인에 대한 합당한 가치평가를 할 수 있는 사회적 여건을 제공하는 사회이다.

10. 윗글의 내용과 일치하는 것은?
① 인정 이론은 인정의 충족이 개인적 차원에서 이루어질 수 없다고 본다.
② 실체적 이원론은 한 사회에 분배와 인정의 부정의가 병존함을 인정하지 않는다.
③ 인정 이론에서 개인의 자아실현을 위한 기반이 되는 사회적 인정 영역은 시대에 구애받지 않는다.
④ 분배-인정 이원론은 사회경제적 부정의를 겪지 않는 사람이 문화적 부정의를 겪을 가능성을 인정하지 않는다.
⑤ 분배-인정 이원론에 따르면 한 사회가 동등한 참여를 보장하지 못한다고 할 때 그 사회는 분배와 인정 양자 모두의 불평등을 안고 있다.

11. 윗글을 바탕으로 ㉠과 ㉡을 이해한 것으로 적절하지 않은 것은?
① ㉠과 ㉡은 경제적 불평등을 오늘날의 자본주의 사회와 연관 지어 이해한다.
② ㉠은 ㉡과 달리 부정의를 그 유형에 따라 이원론적으로 파악한다.
③ ㉠은 ㉡과 달리 문화적 질서와 무관하게 분배의 불평등이 발생할 수 있다고 본다.
④ ㉡은 ㉠과 달리 근로자들이 저임금이라는 현상을 비인간적 대우로 여기는 상황을 설명할 수 있다.
⑤ ㉡은 ㉠과 달리 정당한 분배가 이루어질 수 있는 문화적 여건이 갖추어지면 분배 정의가 실현되었다고 본다.

12. ⓐ를 바탕으로 <보기>에 대하여 추론한 내용으로 적절하지 않은 것은?

< 보 기 >
가족에 의한 무급 노동으로 돌봄이 이루어진 이전과 달리, 가족구조의 변화는 부양의무감 감소와 세대 간 단절을 초래하였고 그 결과 노인 돌봄이 중요한 사회적 문제가 되었다. 돌봄이라는 것이 사회화되어가는 과도기에 있는 것이다. 이에 노인장기요양보험제도가 도입되면서 요양보호사가 국가전문자격증으로서 신설되고, 그 처우 및 지위 보장이 제도화되었다. 하지만 비정규직 요양보호사가 높은 비중을 차지하며 이들은 근로계약에 따른 권리 보장이 어려운 실정이다. 또한 요양보호사의 약 70.6%가 재취업이 어려운 50세 이상이기에 현실적으로 노조 결성 등의 권리를 주장하기가 어렵다. 그 결과 요양보호사들에게는 야간근로 및 연장근로수당 등이 대부분 주어지지 않으며, 돌봄 수혜자로부터의 언어·육체·정신적 학대, 성희롱 등 인권침해 또한 지속되고 있다.

① 요양보호사로서 성공적 자아실현을 이루지 못하는 상황은 돌봄 수혜자로부터의 부정의를 막아 줄 제도의 부재로부터 기인했을 것이다.
② 근로자의 나이에 따른 차별적 대우를 정당화하는 사회 풍조는 가치평가를 위한 문화적 질서의 왜곡을 초래했을 것이다.
③ 가족구조의 변화는 인정에 대한 기대를 갖고 인정 요구를 행사할 수 있는 요양보호사 집단의 출현을 낳았을 것이다.
④ 요양보호사에게 비정규직 계약 구조나 노동조합의 부재는 인정 투쟁 시도를 어렵게 만드는 환경일 것이다.
⑤ 요양보호사는 근로에 대한 정당한 수당을 받기 위해 돌봄에 대한 인식 개선을 요구할 수 있을 것이다.

[13~15] 다음 글을 읽고 물음에 답하시오.

　법적 처벌의 필요성 및 법과 도덕의 관계를 설명하는 관점은 크게 ㉠자유주의와 ㉡법도덕주의로 나눌 수 있다. 자유주의에 따르면 국가의 개입은 개인의 행위가 타인에게 해를 끼치는 경우에만 정당화된다. 이는 국가가 개인의 자율성을 보호하기 위해 대리인으로서 일정 권력을 위임받았으므로 자율성의 보호라는 위임된 목적에 한해 권력을 사용할 수 있다는 생각에 기반한다. 그러나 자유주의는 인종 차별, 혐오 발언 등 직접적인 침해 요소를 찾기 어려운 사례, 즉 무엇을 침해당했는지 판단하기 어려운 사례에 대해 형벌을 정당화하기 어렵다는 문제에 직면한다. 다만 자유주의 내에서도 그것이 당사자의 품위나 명예를 해치는 언어폭력이라는 점을 들어 침해 요소를 찾으려는 설명이 존재한다.

　그렇지만 다음과 같은 상황을 생각해 보자. 시한부 선고를 받은 A가 다른 사람 B에게 찾아가 자신이 죽으면 그 시체를 요리하여 먹어달라고 부탁하였고 B는 A가 죽었을 때 그렇게 하였다. 일반적으로 B의 식인 행위를 처벌하기 위해서는 그것이 다른 보호법익을 침해하였다는 점이 밝혀져야 한다. 그리고 자유주의에 따를 때 침해된 보호법익이란 주로 타인의 자유와 권리이다. 그런데 A는 이미 죽었으므로, B의 식인 행위로부터 위해를 받았다는 것은 성립하지 않는다. 나아가 B의 식인 행위는 A의 자발적 동의로부터 이루어졌으므로, 자유주의 입장에서 B의 식인 행위는 처벌할 이유를 찾기 어렵게 된다.

　이러한 문제점 때문에 법에 관한 다른 시각에서 문제를 재검토해 볼 필요가 있다. 법도덕주의는 자유주의와 달리, 법은 도덕과 별개의 것이 아니라 그것의 반영이며 도덕의 실현을 위해 법적 강제를 동원할 수 있다고 주장한다. 법도덕주의에서 다루는 보호법익, 즉 형벌의 대상이 되는 행위가 침해하는 주된 요소는 공동체의 공적 도덕이다. 즉 타인에게 위해를 가하지 않았더라도 공적 도덕을 위반함으로써 사회에 위협이 되는 행위에 대한 국가의 개입을 인정한다. 이는 사회가 단순한 물리적 결합이 아니며 심리적·정신적 유대가 있을 때 비로소 존속한다는 것에 주안점을 둔 것이다. 유대를 위해서는 도덕이란 무엇인가에 대한 합의가 필요하며, 합의된 믿음을 기반으로 할 때 공동체의 결속이 유지되는 동시에 개인은 공동체의 구성원으로서 자율적 삶을 누릴 수 있기 때문이다. 결국 법도덕주의에 따르면, 어떤 행위가 공적 도덕을 와해시킬 위험이 있다면 그것을 제재하거나 수정, 예방하기 위한 국가의 개입은 정당화될 수 있다. 사회의 존속과 관련된 공적이고도 중대한 도덕은 개인이 아니라 사회가 판단하고 보호해야 한다는 것이다.

　이처럼 법이 공적 도덕, 즉 중대한 가치에 대한 합의된 믿음들을 보호하기 위해서라도 처벌이 이루어질 수 있다는 것은 콰인의 총체주의 도식을 활용하면 더 쉽게 이해할 수 있다. 과학적 가설의 본성을 연구한 콰인은 지식을 경험과 직접 충돌하지 않는 '중심부 지식'과 경험과 직접 충돌할 수 있는 '주변부 지식'으로 구분하였다. 과학적 지식과 같은 주변부 지식과 달리, 논리적 지식, 수학적 지식과 같은 중심부 지식은 경험에 의하여 참과 거짓이 쉽게 바뀌지 않는다. 그리고 경험과 충돌하는 지식을 수정할 필요가 있을 때 주변부 지식을 수정해야 전체 지식의 변화가 크지 않으므로 대부분은 중심부 지식을 포기하지 않고 주변부 지식을 수정하는 쪽을 택한다. ⓐ콰인의 도식을 적용해 보자면, 국가의 개입은 경험이 가치에 대한 믿음과 충돌할 때, 형벌을 통해 그 경험을 사후적으로라도 수정함으로써 사회의 공통된 믿음 가운데 중심부 믿음을 보호하고 그것의 중요성을 강화하려는 시도로 이해할 수 있다.

　결국 법도덕주의에 따를 때 식인 행위를 처벌해야 하는 이유는 그것이 단순히 다른 사람에게 고통을 야기할 수 있다는 점이 아니라 사람의 생명은 소중하다는 공동체의 중요한 도덕을 와해한다는 점에서 찾을 수 있다. 식인 행위는 생명의 소중함을 퇴색한다고 판단되기에 국가는 형벌을 통해 그러한 행동을 제약할 필요가 있는 것이다. 이러한 접근은 자유주의가 간과했던 믿음 기반의 이익이 사실 기반의 이익에 못지않게 중요해서, 그것이 침해당하지 않도록 법적으로 보호될 필요성이 있음을 상기한다.

13. ⓐ에 부합하는 진술로 가장 적절한 것은?
① 유럽의 여성들은 여성은 정치에 참여해선 안 된다는 통념에 격렬하게 저항했고, 이는 정치 행위를 규율하는 중요한 인식을 바꾸는 계기가 되었다.
② 가치에 대한 믿음과 사실에 대한 과학은 각각 배타적이고 독립적인 두 영역을 구성하며, 어느 한쪽이 다른 하나에 영향을 미치거나 받아서는 안 된다.
③ 과학자들은 수성의 공전 궤도에 대한 관측결과가 이론적 예측에 위배되자, 기존의 이론 대신 상대성이론을 도입하여 관측결과를 이론적으로 설명하였다.
④ 사회에 살인 행위가 일부 존재한다고 해서 생명의 가치가 중요하다는 믿음이 붕괴한다고 생각되지는 않으며, 그것이 오히려 법률상 일탈 행위인 것으로 규정된다.
⑤ 부동산의 점유는 소유권에 근거해야 하지만 소유권이 없어도 오랜 기간 특정 부동산을 점유하였다는 사실은 소유권을 법적으로 인정하는 판단의 근거가 되기도 한다.

14. ㉠과 ㉡에 대한 설명으로 적절한 것만을 <보기>에서 있는 대로 고른 것은?

<보 기>
ㄱ. 식인 행위가 A의 품위를 해친다고 한다면 ㉠의 입장에서도 B의 식인 행위에 침해 요소가 있다고 판단할 수 있다.
ㄴ. ㉡은 개인이 자유롭게 행동할 권리보다 공적 도덕을 보호할 필요성이 우선한다고 본다.
ㄷ. ㉠과 달리, ㉡은 사회적 가치를 적극적으로 보호하기 위해 사적 수단도 동원될 수 있다고 본다.

① ㄴ　　② ㄷ　　③ ㄱ, ㄴ
④ ㄱ, ㄷ　　⑤ ㄱ, ㄴ, ㄷ

15. 윗글을 바탕으로 <보기>를 평가한 것으로 적절하지 <u>않은</u> 것은?

―――――<보 기>―――――
최근 헌법재판소는 성매매 알선 등 행위의 처벌에 관한 법률 제21조 제1항은 헌법에 위반되지 아니한다고 판결함으로써 성매매의 위법성을 재확인하였다. 합헌에 대하여 찬성 의견 측은 성판매자는 주로 경제적 약자이므로 성매매가 그들에 대한 착취로 이어질 수 있다는 점과 공동체가 추구하는 가치관을 훼손하면서까지 개인의 성적 욕망을 추구하는 행위를 헌법 제10조에서 보장하는 행복추구권으로 보호할 수 없다는 점을 근거로 들었다. 그러나 성매매는 성적 서비스를 판매하는 것으로 다른 서비스업에서 제공되는 노동과 본질적으로 다르지 않다는 것과, 성적 자기결정권과 사생활 비밀 및 자유에 기인하여 성매매를 성적 욕망을 실현할 수단으로 존중해야 한다는 일부 반대 의견도 존재하였다.

① 찬성 의견에서 성매매가 성판매자에 대한 착취로 이어질 수 있다는 근거는 자유주의 입장과 가깝군.
② 찬성 의견에서 성매매가 공동체가 추구하는 가치관을 훼손한다는 근거는 법도덕주의 입장에 가깝군.
③ 자유주의 입장에서는 성매매가 성판매자에게 피해를 줄 수 있다는 점에서 성매매를 성적 욕망 실현의 수단으로 존중해야 한다는 반대 의견을 비판할 수 있겠군.
④ 법도덕주의 입장에서는 성은 특별히 보호해야 할 사회적 가치라는 점에서 성매매가 다른 서비스업과 다르지 않다는 반대 의견을 비판할 수 있겠군.
⑤ 법도덕주의 입장에서는 성매매가 상호 합의의 결과가 아니라는 점에서 성적 결정권과 사생활 비밀 및 자유에 기인한 반대 의견을 비판할 수 있겠군.

[16~18] 다음 글을 읽고 물음에 답하시오.

기술발전이 곧 경제성장과 직결되는 현대사회에서 기술과 자본주의 경제의 상관관계에 관한 연구의 필요성이 제기되면서, 기술 혁신에 의한 경제 호황과 불황의 장기적인 주기를 뜻하는 '장기파동'이 주목받았다. 특히 장기파동이론을 정립한 ㉠콘드라티예프는 자본주의 체제의 소멸을 설명하기 위해 장기파동을 이용한 당시의 ㉡마르크스주의자들과 달리 자본주의 경제의 회복을 예측했다.

20세기 초 마르크스주의자들은 경제가 적정 수준 이상으로 활발해지다가 위축되는 현상의 반복을 인지하고 있었다. 이들은 자본주의 체제하에서 일어나는 경기순환 현상이 약 10년마다 나타났다고 보았는데, 이는 경기순환 현상의 주기가 자본재의 수명에 의해 결정된다는 생각 때문이었다. 다만 기존 마르크스주의자들은 10년 주기로 나타난 장기파동이 일련의 순환주기를 갖는 것이 아니라 역사적 사건들을 대응한 것에 불과하다고 믿었다. 장기파동은 전쟁이나 혁명 같은 것들이 우연히 경제에 영향을 미친 결과일 뿐이라는 것이다.

콘드라티예프는 기계의 수명에 따른 10년의 순환주기로 자본주의 체제가 소멸하는 것이 아니라 공장이나 철도 등 훨씬 수명이 긴 기간자본재의 마모에 의해 순환주기가 형성된다고 설명했다. 그에 따르면, 자본주의 체제는 항상 균형에 도달하려는 자본주의의 동역학적 움직임에 의해 처음 약 25년은 상승기로, 그다음 약 25년은 하강기로 이루어지는 식으로 영원히 반복된다. 콘드라티예프는 산발적으로 흩어져 있던 경제지표들을 통합하여 분석함으로써 국제적으로 인정되는 경험적인 데이터를 찾고자 했다.

그러나 콘드라티예프가 기존 마르크스주의자들과 가장 큰 차이를 보이는 지점은 장기파동의 흐름을 기술과 연결시킨 데 있다. 일반적으로 상승기에는 대외무역이 활발해지고 가격이 상승하고 물질적 생산량이 늘어나며, 하강기에는 모든 것이 수축한다. 이때 상승기에 영향을 미치는 것은 보통 경제 외부에서 주어지는 외생변수에 해당한다는 것이 당시 경제학자들의 공통된 설명이었다. 그런데 콘드라티예프는 이러한 외부적 요인이 장기파동의 상승기 내에서 나타나는 것으로 보았다. 전쟁과 혁명의 경우, 경제 확장에 대한 긴장이 높아지는 장기파동의 상승기 동안에 일어나며, 기술변화 역시 장기파동의 리듬 안에서 이루어진다는 것이다. 그는 장기파동을 자본주의 경제에 내재하는 것으로 인식하여 기술의 발견과 발명은 경제와 밀접하게 연관을 가지며, 하강기보다 경제적으로 뒷받침될 수 있는 상승기에 그 효과를 볼 수 있다고 생각했다.

콘드라티예프의 이론을 비판적으로 계승한 ㉢슘페터는 역동성을 가지고 있는 자본주의 체제는 오히려 균형점에 도달하기 어렵다고 생각했다. 슘페터는 경제의 외생변수들은 경기변동에 자극을 주지만 항상 일어나는 것이기 때문에 파동 자체를 만드는 요인은 아니라고 보았다. 슘페터의 경제학에서 경제 발전의 본질은 경제에 영향을 미치는 외부적 충격이 아니라 자본주의 체제 자체가 동역학적으로 움직인다는 점에 있었다. 그가 보기에 제철, 철도, 전기 등 규모가 큰 기술은 단지 발명에 그치지 않고 혁신으로까지 이어져 경제 전체의 성장에 영향을 미치는 내생변수였다. 슘페터에게 있어 혁신은 생산수단의 새로운 결합을 의미하였다. 새로운 재화의 생산이나 생산방법, 혹은 새로운 시장의 개척 등이 산업변화의 원동력으로 작용한다는 것이다. 이러한 혁신은 자본주의 체제 안에 있는 것으로, 자본주의 역사를 이끌어 온 힘이었다. 그는 또한 경제구조가 소수 기업가들의 혁신을 통해 동태적인 움직임을 유지한다고 강조했다. 기계화된 공장,

자동차, 철도 서비스 등의 등장은 이전과 다른 불연속적인 기술적 혁신들이었기에 장기파동의 모습을 맞이하게 된 것이다.

슘페터는 경기순환의 파동을 40개월 주기의 키친순환, 10년 주기의 주글라순환, 그리고 50년 주기의 콘드라티예프순환으로 구분하고, 대발명이나 전쟁 등에 의한 장기파동에 해당하는 장기적인 순환을 콘드라티예프순환이라고 보았다. 이 세 가지 순환은 개별적으로 현실 상황에 맞게 반복되고 발전해 간다. 그는 콘드라티예프순환에서 옛것을 파괴하고 새로운 것을 창조하는 혁신으로 인해 경제가 호황 국면에 접어들면 소수의 성공을 모방하는 다수가 출현하고, 대량 생산으로 소비재 가격이 점점 하락하여 기업의 이윤이 감소하고 발전이 더디게 되어 불황이 시작된다고 보았다. 그러나 이러한 불황은 또 다른 산업발전의 원동력이 되어 경기 회복을 향해 가는 과정에서 활력을 제공해 준다. 결국 슘페터는 불황이 기존 수단의 개선이 아니라 생산수단의 새로운 결합이 다시금 만들어지면서 극복된다는 점에서 불황을 긍정적으로 보았던 것이다. 그러나 한편으로 슘페터는 기업가와 자본가라는 상호 의존적인 두 역할이 모두 중요하다고 믿었음에도 이들의 관계에 대해 지적하지 않았다는 점에서 한계가 있다고 비판받기도 했다.

16. 윗글의 내용과 일치하지 않는 것은?

① 장기파동은 자본주의 체제 속에서 일어나는 경기순환을 설명하기 위한 개념이다.
② 장기파동이론은 경제에서 25년 주기로 경제의 상승 국면이 돌아오는 현상을 밝히는 이론이다.
③ 마르크스주의자들은 자본주의 체제에서 일어나는 기술변화를 경제의 부차적 요인으로 여겼다.
④ 콘드라티예프는 호황기의 정점에서 경기가 상승하려는 힘보다 하강하려는 힘이 더 강하게 작용할 것이라고 보았다.
⑤ 슘페터는 콘드라티예프순환에서 경제가 불황기에 접어들었더라도 작은 수준에서의 파동이 상승할 수 있다고 보았다.

17. ㉠~㉢을 비교한 내용으로 가장 적절한 것은?

① ㉠과 ㉡은 경기순환 주기를 자본재의 수명을 기준으로 이해한다는 점에서 의견을 같이할 것이다.
② ㉠과 ㉡은 장기파동을 경제의 외생요인들이 경제에 미친 영향의 산물이라고 여긴다는 점에서 의견을 같이할 것이다.
③ ㉠과 ㉢은 기술이 장기파동을 형성하여 경기변동에 자극을 주는지에 대하여 의견을 달리할 것이다.
④ ㉠과 달리 ㉢은 기술변화와 자본주의의 관계를 경험적 특징을 이용하여 분석하였다.
⑤ ㉠은 자본주의 체제에서 경기순환 현상의 원인을 외부적 충격에서 찾고, ㉢은 그 원인을 자본주의가 가진 동역학적 속성에서 찾을 것이다.

18. 윗글의 내용을 바탕으로 <보기>를 평가한 것으로 가장 적절한 것은?

<보 기>

○ 미국은 특정한 주기로 막대한 호황과 심각한 불황을 계속해서 겪는다. 단 호황과 불황이 반복될수록 평균적인 복지와 수입은 계속해서 조금씩 늘어나고 있다. 특히 그 불황이 강했던 시점은 1929년 대공황이다. 학자들은 이때 미국이 이 불황을 탈출할 수 있었던 힘은 미국 내부가 아닌 미국의 바깥에서 시작된 제2차 세계대전이라고 지적한다.
○ 르네상스, 산업혁명기는 기술의 집약적인 발전이 있었던 대표적인 시기이다. 특히 이탈리아 르네상스의 배경에는 재력 가문이었던 메디치 가문의 과학, 예술에 걸친 폭넓은 분야에 대한 후원이 있었다. 르네상스 이후 유럽의 근대적 상황을 배경으로 기술적, 경제적 발전이 누적되다가 특정 임계점에 달해 또 한 번 급진적인 비약을 이룬 것이 산업혁명이다.

① 미국이 특정한 주기로 호황과 불황을 반복한다는 사실은 마르크스주의자들의 주장과 배치되겠군.
② 미국의 불황과 세계대전을 연결 짓는다는 점에서 콘드라티예프는 전쟁을 경제 하강기를 끝내는 사건으로 보겠군.
③ 슘페터는 제2차 세계대전이 발발함으로써 장기적인 경기순환이 유발되었을 것으로 생각하겠군.
④ 슘페터는 메디치 가문이 경제 발전에 미친 영향을 기업가와 자본가의 상호 관계의 근거로 제시했겠군.
⑤ 슘페터는 르네상스 이후 유럽 전반에서 일어난 일상적인 기술발전이 누적되어 생산수단이 개선되고 경제가 호황 국면에 접어들었다고 보겠군.

[19~21] 다음 글을 읽고 물음에 답하시오.

조선 시대의 분재(分財)와 봉사(奉祀), 즉 재산상속과 제사승계는 서로 불가분의 관계를 갖는다. 재산의 균분상속 관행이 17세기 이후 점차 차등분급으로 바뀌는 것과 발맞추어 모든 자녀가 돌아가면서 제사를 지내던 방식인 윤회봉사가 해소되는 것은 양자의 연관 관계를 나타내 주는 단적인 예라 할 수 있다. 또한 봉사의 유형과 계승 방식은 재산상속에 영향을 미쳤다. 봉사는 반드시 제사에 소용되는 물적 기반을 필요로 하였고, 이는 재산상속을 통해 충당되었기 때문이다.

제사봉행을 위해 별도로 설정하는 재산인 봉사조는 『경국대전』에 이미 그 양이 규정되어 있을 정도로 조선 전기부터 공식화되어 있었다. 그러나 당시 봉사조가 정식으로 설정된 사례는 매우 드물다. 이는 조선 전기에는 재산상속의 권리와 제사봉행의 의무가 모든 자식에게 동등하게 주어져 있었기 때문이다. 즉 윤회봉사가 일반적으로 행해지던 시기에는 제사에 드는 물적 자원 역시 공평하게 분담했으므로 봉사조가 없거나, 있어도 미약한 수준에 지나지 않았다. 나누어 줄 재산을 기록한 문서인 분재기에는 상속자가 태어난 순서대로 기재되었는데, 봉사조는 상속자의 상속분 중 마지막에 기재되고 노비의 비중이 높았다.

봉사의 의미가 강조되면서 처음으로 나타나기 시작한 것이 봉사별급이다. 분재 시에 특정 제사를 봉행하는 자식에게 재산을 별급하는 방식으로 봉사자를 우대하는 조처가 15세기에 일부 나타나기 시작한 것이다. 16세기가 되면 비로소 가문마다 본격적으로 봉사조가 설정되고 있음을 확인할 수 있는데, 봉사조 설정 방식은 대체로 단일 설정, 봉사대상별 설정, 제사의 종류별 설정으로 구분된다.

단일 설정은 가장 일반적인 방식으로, 분재기에 봉사조라는 단일 항목으로 설정되어 있는 경우이다. 가문마다 제사의 종류에 상관없이 모든 제사 비용을 총칭하여 봉사조로 설정하는 것은 일반적인 재산의 분류 방식 중 하나였다. 봉사대상별 설정은 제사의 봉행을 위해 재산을 떼어 놓되, 하나의 항목으로 설정한 것이 아니라 봉사의 대상자별로 여러 종류의 봉사조가 설정되어 있는 경우이다. 제사의 종류별 설정은 봉사조를 봉사대상이 아니라 기일에 지내는 제사인 기제, 산소 앞에서 지내는 제사인 묘제 등 제사의 종류별로 세분한 경우이다. 가문에 따라서는 묘제 비용을 마련하기 위하여 경작하던 논밭인 묘위를 봉사조와 별도로 설정하여 분재기에 기록하거나, 봉사조 내에 묘위와 묘직 등을 기재하기도 하였다. 묘직은 산소를 지키며 보살피는 사람을 이른다.

조선 후기에 들어서면서 3대 봉사가 4대 봉사로 고착화되고 봉사조의 증대는 필연적인 현상이 되었다. 봉사의 대수가 증가하고 제사 설행 횟수가 늘자 단순한 윤회봉사의 차원을 넘어서 특정 제사를 특정인이 맡는 경우가 생겨나게 되었다. 특히 일찍 죽은 자식의 제사를 형제 중 1인에게 맡기거나, 계모나 양부모 등의 제사 등 가문의 사정에 따라 발생하는 제사의 경우 이를 특정인이 맡아서 하는 일이 많았다. 그러나 봉사조의 증대와 항목의 세분이 반드시 비례하지는 않는다. 제사를 장자가 단독으로 봉행하는 가문의 경우에는 봉사조를 세분할 필요가 없기 때문이다.

종법제(宗法制)는 제사 방식의 변화에 근거한 균분상속제의 해소를 뒷받침하는 원리로 거론된다. 딸은 출가와 동시에 다른 가문의 사람이 되므로, 종법에 따라 사위와 외손에게는 제사를 윤행하지 않는 것을 가법으로 삼았던 것이다. 혼속과 거주율의 변화도 균분상속을 해소하는 현실적 원리로 작용했다. 조선 전기까지는 고려의 관습에 따라 솔서혼*의 형태가 보편적이었고, 거주지 역시 사위들이 처가나 그 주변으로 옮기는 것이 일반적인 관행이었으나 조선 후기로 오면서 혼인 이후의 생활이 남편의 가계를 중심으로 변화하게 된 것이다. 이에 종가 주변의 재산은 아들끼리 공유하도록 조처하고, 아들만이 대를 이어 그 지역 재산을 승계하게 된 것이다. 차등상속의 보다 현실적인 명분은 경제적 궁핍이었다. 균분의 관행은 양반가의 재산 영세화를 가져오는 계기가 되었고, 결국 재산의 영세성으로 인해 차등상속을 논의하는 지경에 이르게 되었다.

*솔서혼: 여자가 자기의 친가를 떠나지 아니하고, 남자가 여가(女家)로 들어와서 여가의 가장의 권위에 복종하며 생활하는 혼인형태

19. 윗글의 내용과 일치하는 것은?
① 제사봉행의 대상은 4대조까지로 규정되어 있었다.
② 재산의 차등상속은 16세기부터 본격적으로 이루어졌다.
③ 조선 전기에 제사를 위한 재산의 규모가 법으로 정해져 있었다.
④ 재산상속의 권리를 적게 가진 자식이라도 제사를 봉행해야 했다.
⑤ 제사봉행에 소요되는 비용은 상속받은 재산으로만 충당해야 했다.

20. 조선 시대 '봉사조'에 대한 설명으로 적절하지 않은 것은?
① 특정 제사를 특정인이 맡아 봉행하는 가문의 경우에는 봉사조를 세분할 필요가 없었다.
② 종법의 실행으로 인한 윤회봉사 해소는 봉사조의 차등상속을 정당화하는 근거가 되었다.
③ 15세기부터 등장하기 시작한 봉사별급은 제사의 봉행을 담당할 자손을 한정할 의미를 가졌다.
④ 조선 후기에는 다량의 봉사조가 한 사람 또는 소수의 봉사자에게 집중되는 현상이 점차 나타나게 되었다.
⑤ 봉사조의 설정이 적극적으로 일어난 뒤에도 그 봉사조를 공동 관리하고 운용하여 이를 통해 제사를 윤행하는 방식은 곧바로 사라지지 않았다.

21. 윗글과 <보기>를 바탕으로 조선 후기의 분재와 봉사를 추론한 것으로 적절하지 **않은** 것은?

<보 기>

―. 딸은 다른 고장에 살아 선대 제사를 윤행하기가 어려우므로, 노비는 전과 같이 분급하나 전답은 수를 감해서 나눠주니 너희들은 각별히 내 뜻에 영원히 따르도록 하라.

―. 딸은 선대 제사는 비록 윤행하지 않더라도 부모의 기제사는 전례에 따라 윤행하며, 춘추의 묘제에는 따라가기만 하여 이를 행하도록 하라.

―. 딸들은 각기 가난해서 조상 제사를 윤행하기 어려우므로 몫으로 받은 재산을 스스로 감하기를 원하였으니, 이는 비록 정례에는 어긋나나 형세상 당연하다. 이에 딸들의 전민을 차등 분급하니 제사를 윤행하지 않게 하여 그 원하는 바에 따르도록 하라.

① 제사 불윤행으로 인해 차등상속되는 재산은 노비보다 토지가 될 가능성이 컸다.
② 딸에 대한 차등상속이라는 상속관행의 변화는 딸의 자의에서 비롯하는 경우도 있었다.
③ 조선 후기에 접어들수록 딸들이 제사 윤행에서 배제됨으로써 봉행 의무를 장자가 전담하게 되었다.
④ 부모 제사를 윤행하는 모든 자녀들이 선대 제사봉행의 의무까지 함께 나누어져야 하는 것은 아니었다.
⑤ 제사 윤행에서 딸들이 배제되는 데는 거주지가 종가에서 멀다거나 살림이 궁핍하다는 이유도 존재하였다.

[22~24] 다음 글을 읽고 물음에 답하시오.

A가 자신이 위치한 곳 근처 들판에서 양과 같은 것이 보이는 시각 경험을 했다고 가정할 때, "저 들판에 양이 있다."라는 믿음은 정당하다. A의 믿음은 자신의 시각 경험으로부터 지지를 받기 때문이다. 그러나 A가 본 것은 양과 구분할 수 없을 정도로 닮은 개였는데, 들판 주인이 양도 기르고 있어 A에게 보이지 않는 곳에 실제로 양이 있었다고 하자. 역시나 "저 들판에 양이 있다."라는 A의 믿음은 참이다. 그런데 A의 참인 믿음은 A의 인지 과정에 전혀 영향을 미치지 않는 상황에 의해 참이 되었다. 이처럼 정당한 참인 믿음이지만 인식적 운으로 인해 참이 된 사례를 '게티어 사례'라고 한다. 게티어 사례는 (1) 정당한 참인 믿음에 관한 사례를 만들고, (2) 그 믿음이 거짓이 되도록 사례를 변경하고, (3) 변경된 사례를 인식적 운에 의해 다시 참이 되도록 하는 과정을 통해 만들 수 있다. 그리고 게티어 사례를 통해 정당성, 믿음, 참을 지식의 충분조건으로 설명하는 전통 이론에 제기된 인식론적 문제를 '게티어 문제'라고 부른다.

게티어 문제를 해결하고자 제기된 파기 가능성 지식 이론은 지식 사례가 정당성, 믿음, 참과 함께 파기 불가능성 조건을 충족할 것을 요구한다. 특정한 사례에서 파기 불가능성 조건이 충족된다는 것은 그 사례에 '비지식화 파기자'가 존재하지 않는다는 의미이다. A가 앞의 사례에서 '자신이 바라보고 있는 것이 자신이 있는 곳 근처 들판에 있는 양과 전혀 구분할 수 없을 정도로 닮은 개'라는 참인 믿음, 즉 기존의 믿음이 거짓이 되도록 하는 참인 믿음을 추가로 가지게 된다고 가정해 보자. 그리하면 파기 가능성 지식 이론에 의할 때 A의 원래의 믿음은 정당성을 잃게 된다. 따라서 A의 추가된 믿음은 비지식화 파기자이다.

그런데 투리는 파기 가능성 지식 이론을 따르게 될 때 기실 게티어 사례가 지식 사례에 불과한 것이 될 뿐이라는 점을 지적한다. A가 추가된 믿음을 가진 상황에서 '자신에게 보이지 않는 곳에 실제로 양이 있다'는 참인 믿음을 다시 추가로 가지게 된다고 가정해 보자. 이 재추가된 믿음에 의해 A가 가지고 있던 원래의 믿음은 다시 정당성을 얻게 될 것이다. 따라서 A가 바라보고 있는 것이 A가 있는 곳 근처 들판에 있는 양과 구분할 수 없을 정도로 닮은 개라는 사실은 더 이상 비지식화 파기자가 아니게 된다. 즉 투리가 생각하기에 비지식화 파기자는 어떤 다른 믿음을 추가로 가정하더라도 기존의 믿음이 다시 정당성을 얻게 될 수 없는 경우의 것이어야 한다.

한편 이러한 인식적 운은 개입적인 인식적 운과 환경적인 인식적 운으로 구분된다. 양의 사례에서 작용하는 운은 개입적인 인식적 운이다. A는 자신의 인지 과정과 독립적인 요소의 개입으로 인해 참인 믿음을 가지게 되었기 때문이다. 반면, 다음의 '모조 헛간 사례'에서 작용하는 운은 단지 환경적 요소와만 관련된다. B가 시골길을 따라 자동차를 몰고 가다가 자신이 가리키고 있는 것이 헛간인 것처럼 보이는 시각 경험을 했다고 가정하자. B는 시각 경험을 통해 자신이 가리킨 것이 헛간이라고 믿는다. 그런데 시골길의 주변에는 B가 모조 헛간이라는 것을 알아차리지 못할 정도로 정교한 수많은 모조 헛간과 단 하나의 진짜 헛간이 늘어서 있어 B의 믿음은 쉽게 틀릴 수 있다. 그런데 B가 본 것이 때마침 진짜 헛간이었기 때문에, B의 믿음은 참이다. 이처럼 환경적인 인식적 운이 작용한 사례는 기존의 방식에 따라 만들어지는 것이 아니라, (1) 이후에 당사자의 믿음이 거짓이 되기 쉬운 환경 속에 있도록 사례를 변경하는 과정을 통해 만들 수 있다.

클라인은 비지식화 파기자를 다른 방식으로 이해하고자 했다. 그는 기존의 논의에 더하여 지금까지 가졌던 다른 믿음들에 의해서는 정당성을 잃지 않는 정당한 믿음이 있고, 기존의 믿음이 거짓이 되도록 하는 참인 믿음을 추가로 갖게 되었을 때, 그것이 기존의 믿음이 최종적으로 정당성을 잃게 하는 데 결정적인 기여를 한다면, 그 추가된 믿음은 비지식화 파기자라고 본다. 그가 볼 때 A의 추가된 믿음은 원래 최종적으로 정당한 기존의 믿음이 정당성을 잃게 하는 데 결정적이다. 클라인의 이론은 개입적인 인식적 운뿐만 아니라 환경적인 인식적 운이 작용한 게티어 사례들도 지식 사례가 아니라는 올바른 진단을 내릴 수 있다는 점에서 게티어 문제를 해결했다고 평가받기도 한다. 가령 당사자의 믿음이 거짓이 되기 쉽다는 그 환경에 대한 믿음이 비지식화 파기자가 될 수 있다.

22. 윗글의 내용과 일치하는 것은?
① 게티어 사례는 정당성 있는 참된 믿음이라면 그 믿음은 지식이라는 것을 반례를 통해 제시한다.
② 지식의 충분조건에 관한 전통 이론은 운 좋게 참이 된 믿음은 지식이 아니라는 것을 설명할 수 있다.
③ 클라인의 이론은 인식적 운이 나타나지 않은 정당한 참인 믿음 사례들도 지식 사례들이 아니라는 것을 설명할 수 있다.
④ 투리는 A의 원래의 믿음이 정당성을 얻게 되는 가정을 추가하여 들판의 양 사례가 파기 불가능성 조건을 충족하지 않음을 보인다.
⑤ 파기 가능성 지식 이론은 전통 이론에서 배제한 파기 불가능성 조건을 지식의 충분조건에 추가하면 게티어 문제를 해결할 수 있음을 보여 주려고 한다.

23. 클라인의 입장에서 '모조 헛간 사례'를 분석한 것으로 적절하지 않은 것은?
① B의 원래의 믿음은 자신이 가리킨 것이 헛간이라는 믿음이다.
② 모조 헛간 사례는 파기 불가능성 조건이 충족되지 않는다는 점에서 지식 사례가 아니다.
③ B가 시골길의 주변에 진짜 헛간이 단 하나만 있다는 믿음을 추가로 가지게 된다면, 이 믿음은 비지식화 파기자가 될 수 있다.
④ B의 시선이 향한 대상이 때마침 진짜 헛간이었다는 점에서, 정당한 참인 믿음이지만 인식적 운으로 인해 참인 믿음을 가지게 된 게티어 사례이다.
⑤ B의 원래의 믿음이 최종적으로 정당성을 잃게 되는 데에 결정적인 기여를 하는 믿음은 자신이 가리킨 것이 헛간인지에 대한 믿음이 거짓이 되기 쉬울 것이라는 믿음이다.

24. 윗글을 바탕으로 <보기>에서 ⓐ의 근거로 가장 적절한 것은?

<보 기>
운으로 인해 참인 믿음을 가지게 된 사례 중에는 개입적인 인식적 운이나 환경적인 인식적 운으로 구분할 수 없는 사례도 존재한다. 가령 모조 헛간 사례를 일부 수정하여 C가 자신이 가리킨 것이 붉은색 헛간인 것처럼 보이는 시각 경험을 했고, 모조 헛간은 모두 녹색으로, 진짜 헛간만이 붉은색으로 칠해져 있다고 상상해 보자. C는 자신이 가리킨 것이 붉은색 헛간이라고 믿는다. 그렇다면 C의 믿음은 쉽게 틀릴 수 없다. 다시 말해 비록 C가 운 좋게 붉은색 헛간에 대한 시각 경험을 한 것은 맞지만, '기존의 믿음이 거짓이 되기 쉽다는 환경에 대한 믿음'이 주어지더라도 추가된 믿음을 참이라고 볼 수 없다는 것이다. 따라서 이 사례는 환경적인 게티어 사례가 아니다. ⓐ 클라인의 이론은 이러한 사례들이 비지식화 파기자를 갖지 않도록 하면서, 인식적 운이 나타나지 않은 지식 사례라는 잘못된 진단을 내리도록 하고 있다.

① C의 자신이 가리킨 것이 붉은색 헛간이라는 믿음은 정당하면서도 참이기 때문이다.
② C의 자신이 가리킨 것이 붉은색 헛간인지에 대해 참인 믿음은 운 좋게 진짜 헛간으로 시선이 향해서 얻게 된 믿음이기 때문이다.
③ C의 시선이 초록색 헛간으로 향했다면 C는 자신이 가리킨 것이 붉은색 헛간이라는 거짓인 믿음을 가지게 되지 않았을 것이기 때문이다.
④ C의 자신이 가리킨 것이 붉은색 헛간이라는 정당한 믿음은 운 좋게 자신이 가리킨 것이 붉은색 헛간이라는 참인 믿음과 완전히 독립되어 있기 때문이다.
⑤ C의 자신이 가리킨 것이 붉은색 헛간이라는 참인 믿음은 C가 시골길의 주변에 진짜 헛간이 단 하나만 있다는 믿음을 가짐으로써 최종적으로 정당성을 잃기 때문이다.

[25~27] 다음 글을 읽고 물음에 답하시오.

컴퓨터가 문서에서 특정 단어를 검색할 때는 문자열 매칭 알고리즘을 통해 검색 작업을 수행한다. 문자열 매칭 알고리즘은 길이가 n인 텍스트 T[1...n]와 길이가 m인 패턴 P[1...m]를 입력으로 받는다. 예를 들어, P가 'abc'라면 m은 3, P[1]=a이다. P와 T에 쓰인 문자의 종류가 유한할 때, 문자열 매칭 알고리즘은 텍스트 T에서 패턴 P가 나타나는 모든 위치를 찾는 것을 목적으로 한다. 이때 T와 P의 길이는 0보다는 길고, m은 n보다 작거나 같아야 한다. P가 T의 s+1번째 자리에서부터 나타난다면 P[1...m]은 T[s+1...s+m]에서 찾을 수 있다. 이는 T에서 P가 위치 s+1을 기점으로 발생하는 상황으로, T에서 P의 s번 이동에 의해 발생한다고도 표현한다. 결국 문자열 매칭 문제는 패턴을 적절하게 이동시켜 주어진 T에 있는 P를 모두 찾는 문제이다.

원시적인 문자열 매칭 알고리즘은 T의 첫 칸에서부터 P의 원소를 차례대로 대응해 비교하면서 P의 문자와 T의 문자가 불일치할 때마다 P를 한 칸씩 이동시킨다. 예를 들어 T[1...m]과 P[1...m]의 원소를 한 칸씩 비교하다가 T[2]와 P[2]가 불일치함을 발견했다면 T[1...m]과 P[1...m]이 일치하지 않는 것이므로, P를 1칸 이동시켜 T[2...m+1]과 P[1...m]을 비교한다. 이 알고리즘은 최악의 경우 패턴이 발생하지 않음에도 불구하고 P가 처음 위치에서부터 n-m번 이동한 상황까지 매번 P의 첫 문자부터 마지막 문자까지를 비교하는 작업을 반복해야 한다. 그런데 T가 'aaaaac'이고 P가 'aad'일 때, P[1]과 T[1], P[2]와 T[2]가 일치함을 확인했다고 하자. 이 경우 P[1]과 P[2]가 동일하므로, P를 한 칸 이동시켜 T[2]와 P[1]을 비교하더라도 일치할 것임을 미리 알 수 있다. 따라서 패턴 P에 대해 유용한 정보를 미리 확보해둔다면 비교 작업을 수행하는 횟수를 줄여 알고리즘의 효율성을 높일 수 있다.

오토마타를 이용한 문자열 매칭 알고리즘은 패턴에 대한 정보를 미리 분석하여 상태 전이 함수를 만든 다음, 이 함수를 이용해 텍스트의 문자를 순서대로 입력으로 받는 방식으로 수행된다. 오토마타는 텍스트와 패턴의 매칭에 따른 상태의 집합인 Q, 텍스트를 구성하는 문자의 집합인 Σ, 전이 함수 δ로 구성된다. 오토마타는 Q에 속한 원소 중 하나의 상태를 가지고, 텍스트의 문자를 하나씩 입력으로 받는다. 오토마타의 현재 상태가 q이고 입력 문자 a를 읽으면 상태 q는 δ(q, a)로 전이된다. 이 알고리즘은 텍스트와 패턴을 비교하기 전에 전처리 과정으로 상태 전이 함수와 상태 집합 Q를 미리 만들어 놓음으로써 텍스트를 한 번 검토하는 것만으로 비교 작업을 완료할 수 있도록 한다.

상태 전이 함수는 현재 상태와 입력에 따라 전이되는 다음 상태를 표시하는 표로 나타낸다. 상태는 패턴이 시작되지 않은 상황과 패턴의 문자열이 차례대로 나타난 상황들로 이루어지므로, 길이 m의 패턴에 대해 상태는 총 m+1개가 된다. 예를 들어, Σ가 a와 b를 원소로 가지고 P가 'ba'인 경우를 생각해 보자. 패턴이 시작되지 않은 초기 상태는 상태 0, b가 입력된 상황은 상태 1, b 다음으로 a가 입력된 상황은 상태 2이다. 상태 1일 때 a가 입력되면 오토마타는 상태 2로 전이된다. 'ba'라는 하나의 패턴이 발견된 것이다. 상태 2에서 b가 입력되면 그로부터 b로 시작하는 새로운 패턴이 시작될 가능성이 있으므로 상태 1로 전이가 이루어진다. 반면 a가 입력된다면 b가 입력될 때까지 패턴 발생이 불가능하므로 오토마타의 상태는 0으로 전이된다. 이러한 상태 전이 함수는 아래와 같이 나타낼 수 있다.

상태 \ 입력	a	b
0	0	1
1	2	1
2	0	1

오토마타 이용 방식은 패턴과 일치하는 문자들이 입력되다 불일치가 발생한 경우 효율적이다. ㉠Σ가 a, b, c를 원소로 갖고 T는 'abababcaba', P는 'ababaca'인 상황을 생각해 보자. 오토마타에 T[5]까지 문자를 순차적으로 입력한 상태는 5이다. 이 상태에서 T[6]인 b가 입력되었을 때, 현재까지 입력된 T의 문자열에서 이어서 패턴 발생이 가능한 최장 구간은 T[3]~T[6]의 'abab'이다. 따라서 상태는 0이나 1이 아닌 4로 전이되고, 이어서 P[5]와 T[7]의 일치 여부를 확인하게 된다.

오토마타를 활용한 문자열 매칭 알고리즘 수행에는 비교 작업 수행 시간 외에도 상태 전이 함수를 만들기 위한 m에 비례하는 정도의 시간이 소요된다. 따라서 총 소요 시간은 n+m과 유사하다. 그런데 일반적으로 m은 n에 비해 그 크기가 매우 작으므로, 결국 오토마타를 활용한 문자열 매칭 알고리즘은 원시적인 알고리즘에 비해 훨씬 빠르게 작업을 완료할 수 있어 효율적이다.

25. 최악의 경우를 이해한 것으로 가장 적절한 것은?

① 패턴의 길이가 2 이상이며 패턴과 텍스트에 중복되는 문자가 하나도 없는 경우도 최악의 경우에 해당한다.
② 최악의 경우는 이미 비교를 완료한 텍스트의 특정 문자와 패턴의 특정 문자를 반복적으로 비교하기 때문에 발생한다.
③ 최악의 경우 비교 작업 횟수는 처음 위치를 포함하여 패턴을 이동시킬 때마다 항상 패턴이 발생할 때의 비교 작업의 횟수와 동일하다.
④ 최악의 경우 패턴을 n-m번 이동시키면서 한 번 이동할 때마다 m번의 비교 작업을 수행하므로 비교 작업은 총 (n-m)×m번 수행하게 된다.
⑤ T[1]과 P[1]부터 시작해 오른쪽으로 패턴을 이동시킬 때의 비교 작업 횟수와 T[n]과 P[m]에서 시작해 왼쪽으로 패턴을 이동시킬 때의 비교 작업 횟수는 동일하다.

26. 윗글을 읽고 추론한 내용으로 적절한 것만을 <보기>에서 있는 대로 고른 것은?

<보기>
ㄱ. 길이가 동일하다면 패턴 P가 여러 개의 문자로 이루어진 경우보다 하나의 문자로만 이루어져 있을 때 오토마타의 상태의 개수가 더 적을 것이다.
ㄴ. 오토마타가 텍스트에서 패턴을 발견한 후 텍스트의 다음 문자를 입력으로 받은 경우에도 상태 0이 아닌 다른 상태로 전이가 이루어질 수 있을 것이다.
ㄷ. 원시적 매칭 알고리즘을 활용할 때, 텍스트의 후반부에 패턴이 발생하는 것보다 초반부에 패턴이 발생하는 경우에 총 비교 횟수가 더 적을 것이다.
ㄹ. 오토마타를 활용해 동일한 텍스트에서 여러 패턴을 검색할 때, 어떤 패턴을 검색하는지와 무관하게 오토마타가 수행하는 비교 작업의 횟수는 항상 같을 것이다.

① ㄱ, ㄴ ② ㄱ, ㄷ ③ ㄴ, ㄹ
④ ㄱ, ㄷ, ㄹ ⑤ ㄴ, ㄷ, ㄹ

27. 윗글을 바탕으로 <보기>를 이해한 것으로 적절하지 않은 것은?

<보기>
㉠의 텍스트와 패턴에 대해 오토마타를 구성할 때, 상태 전이 함수는 아래 표와 같이 나타낼 수 있다.

입력 상태	a	b	c
0	1	0	0
1	ⓐ	2	0
2			
3			
4	ⓑ		
5			ⓒ
6	ⓓ		
7			0

① 현재 상태가 1일 때 문자 a가 입력되었을 때 오토마타의 상태는 ⓐ로 전이되고, ⓐ의 값은 1이다.
② ⓑ, ⓒ, ⓓ는 각각 상태 5, 6, 7로, 오토마타가 ⓓ 상태로 전이되면 텍스트에서 패턴이 발생한 것이다.
③ 표에서 문자 c를 입력할 때, 상태가 1 이상으로 전이되는 경우는 한 번이다.
④ 상태 4일 때 문자 b가 입력되면, 텍스트의 다음 문자를 검토하더라도 패턴이 발생할 가능성이 없으므로 오토마타는 상태 0으로 전이된다.
⑤ 텍스트의 T[1]부터 T[11]까지 검토하는 동안 오토마타는 상태 7로 단 한 번 전이되고, 패턴 발생 직후 다음 입력을 받으면 상태 0으로 전이된다.

[28~30] 다음 글을 읽고 물음에 답하시오.

기이한 이야기를 전한다고 하여 전기라 이르는 고전소설 양식은 우리나라에서는 신분의 한계로 국가 경영에 제 뜻과 능력을 펼 수 없었던 신라 육두품 지식인 계층에 의해 창작되기 시작하였다. 이는 조선 시대에 이르기까지 당대의 비판적 지식인층이 소설의 주된 창작 계층이었던 것과 맥락을 같이한다. 그중에서도 『금오신화』는 그 저자인 김시습 자신이 세조의 왕위 찬탈 과정을 반대한 생육신으로, 어긋난 현실로부터 기인한 김시습의 고립된 삶과 문학 정신을 담고 있는 작품이다.

『금오신화』에서도 그 비극성이 두드러지는 「이생규장전」은 주인공이 귀신과 인연을 맺는 인귀교환 모티프를 통해 전기소설 특유의 초현실적인 분위기와 암담한 현실 인식을 드러낸다. 그 비극성은 「이생규장전」이 유달리 밝고 낭만적인 분위기 속에서 시작된다는 점과 대비를 이루면서 더욱 심화된다. 특히 서사가 전개되면서 가부장적 사회와 문벌의 차이라는 현실적 억압에도 포기하지 않고 결혼을 성취하는 이생과 최랑 두 젊은 남녀의 낭만적 사랑은 고귀하고 마치 이상적인 것으로 그려진다. 그러나 이들의 사랑은 홍건적의 난으로 오랑캐에게 쫓기던 최랑이 그들에게 항거하다가 목숨을 잃음으로써 비극적인 반전을 맞는다.

이때 작중 인물에게 주어지는 시련은 난폭하고 위태로운 현실이 가하는 폭력임을 목도하게 된다. 최랑은 전쟁의 폭력성으로부터 정절을 지키기 위해 죽음을 택한 인물로, 현실은 폭력성이 지배하는 곳이자 개인의 나약한 운명을 환기하는 계기로 작용한다. 나아가 홍건적의 난을 배경으로 함으로써 개인의 차원을 넘어 외적의 침략으로 유린당한 민족의 모습을 다룬다. 한편 이생은 최랑의 부재와 더불어 뛰어난 재주를 품고 있음에도 이를 실현하지 못함으로 인해 깊은 고독과 울분에 침잠하는 인물이다. 즉 자신을 둘러싼 폭력적인 현실이 그의 고독의 출처라 할 수 있다. 최랑의 죽음 이후, 이야기는 이생 앞에 귀신으로 환생한 최랑이 나타나 수년간 다시 사랑을 나눈다는 대목으로 이어진다. 그러고는 모든 교류를 차단한 채 최랑과 시를 주고받으며 살아간다. 이는 전기소설 특유의 환상성이 개입한 것으로, 이생에게 환상은 자신을 둘러싼 폭력적인 현실로부터의 도피처가 된다. 김시습은 젊은 지식인의 이런 심사를 죽은 여인과의 기이한 사랑으로 서사화한 것이다.

환상이란 고독으로부터 탈피하기 위한 노력 의지 자체를 상실한 채 자기만의 세계로 도망하는 일이기도 하다. 그러므로 이생이 경험하는 환상은 사회화할 수 없는 내적 체험의 형태로 구축된다. 유일하게 관계를 맺는 대상은 이미 현실에 존재하지 않는 인물로, 이 관계 자체가 이생이 현실 세계에 대한 근원적인 절연 의식을 가졌음을 암시한다. 한편으로 귀신과의 사랑의 체험은 이생이 현실로부터 도피하는 인물이면서도 타자와의 합일을 원하는 욕망의 주체였음을 드러낸다. 현실에서는 불가능한 일이기 때문에 내면 의식이 투사된 환영물과의 화합을 추구하는 환상적 형식에 의존했던 것이다. 그러므로 귀신이 되어 나타난 최랑은 그의 바깥에 있는 완전한 타자가 아니며, 온전한 합일을 이룰 수 없는 불완전한 타자이다.

이러한 사실은 이생과 최랑의 대화를 통해 구체화된다. 최랑은 "낭군과 저와는 삼세의 깊은 인연이 맺어져" 있다는 등 전생이나 삼세(三世)의 인연을 언급하지만, 이생은 전혀 알지 못한다. 최랑에게는 내세의 인연이 설명이 필요 없는 자명한 논리이나, 이생은 그로부터 단절되어 있다. 따라서 이러한 정서적 친밀감의 표현은 도리어 낯섦의 정서를 초래하고, 최랑이 이 세상 인물이 아님을 다시금 자각하게 함으로써 근원적 단절을 확인토록 만든다. 이는 고독과 소외를 더욱 가중시키는데, 역설적으로 이러한 단절은 이생 자신이 현실의 이면으로 더 깊이 빠져들도록 하는 결과를 낳는다. 현실로부터 훼손당하지 않는 내적 세계를 승인받고자 하는 욕망이 환상적 세계를 창조하여 그 안에 자신을 투사하도록 만든 것이다. 즉 「이생규장전」의 비극성은 자신의 앞에 다시 나타난 최랑이 이 세상 인물이 아님을 처음부터 인지하고 있었음에도 의존을 끊어내지 못하는 일종의 자기기만으로부터 배태된다.

환상이 종료되고 현실에서 고독의 진정한 해소는 불가능함을 확인하는 순간, 그 황폐함에 대한 인지는 존재 소멸이라는 초월로 귀결된다. 그 초월은 흔히 그 끝을 알 수 없다는 '부지소종'이나, 죽음으로 나타난다. 이생의 이야기는 "이서생은 아내를 지극히 생각하는 나머지 병이 나서 두서너달 만에 그도 세상을 떠났다."라는 문장으로 끝을 맺는다. 이는 자기 존재의 소멸을 통한 ⓐ환상 세계로의 투항이라 할 수 있을 것이다.

28. 윗글의 내용에 대한 이해로 적절하지 않은 것은?
① 인귀교환 모티프는 역설적으로 현실성을 환기하는 요소로 작용한다.
② 전생의 인연에 관한 이생과 최랑의 인식은 서로에게 상반된 정서를 유발한다.
③ 「이생규장전」에서 전쟁의 폭력성이 유발하는 죽음은 민족의 고독감을 표상한다.
④ 귀신으로 환생한 최랑은 고독으로부터의 탈피를 바라는 이생의 정서를 형상화한 결과물이다.
⑤ 전기소설에서 환상성과의 대비를 통해 드러나는 현실성은 소설 내적 요소에만 한정되지 않는다.

29. 윗글의 '이생'에 대한 서술을 근거로 ⓐ를 이해한 것으로 적절하지 않은 것은?
① 작중 어떤 다른 인물과도 공유되지 않는다.
② 소설의 결말에 이르러 영구한 도피처로 자리한다.
③ 고독감이 심해지는 경우 그 폐쇄성이 더 짙어진다.
④ 현실과의 단절과 환상 속 타자와의 단절을 동시에 드러내는 장소이다.
⑤ 현실을 극복하려는 인식과 실제 현실 사이의 괴리로 인해 만들어진다.

30. <보기>를 윗글의 「이생규장전」과 비교하여 감상할 때, 가장 적절한 것은?

<보기>

"지난날 봉도(蓬島)에서 만나자던 약속은 지키지 못했지만 오늘 소상강가에서 옛 임을 만났으니 어찌 하늘이 내린 행운이 아니겠습니까? 낭군께서 만일 저를 저버리지 않으신다면 끝까지 건즐(巾櫛)*을 받들겠습니다. 그러나 만일 제 소원을 들어주시지 않는다면 우리는 영원히 하늘과 땅처럼 떨어지게 될 것입니다."

양생이 이 말을 듣고 한편으로는 감격하면서도 한편으로는 놀라서 대답하였다.

"어찌 감히 그대의 말을 따르지 않겠소."

그러나 여인의 태도가 범상치 않았으므로 양생은 유심히 그 행동을 살펴보았다.

이때 달이 서산 봉우리에 걸리고, 닭 울음소리가 외진 마을에 울려 퍼졌다. 절에서 울리는 첫 종소리와 함께 이내 먼동이 트기 시작하였다.

여인이 말하였다.

"애야. 자리를 거두어 돌아가거라."

시녀는 대답을 하자마자 사라졌는데 어디로 갔는지 알 수가 없었다.

(중략)

여인의 부모는 이제야 그동안의 일이 사실임을 깨닫고 다시는 의심하지 않았다. 양생 또한 그 여인이 귀신이었음을 알고는 슬픔이 더해져서 여인의 부모와 함께 머리를 맞대고 흐느꼈다.

(중략)

양생은 이후 다시 장가들지 않았다. 지리산에 들어가 약초를 캐며 살았는데 그가 어떻게 생을 마감했는지 아무도 알지 못한다.

— 김시습, 「만복사저포기」, 『금오신화』 —

*건즐(巾櫛): 수건과 빗, 건즐을 받든다는 것은 지아비를 정성껏 섬긴다는 뜻이다.

① 「만복사저포기」에서 인귀교환 모티프는 자기기만으로부터 추동되지 않는다는 점에서 「이생규장전」과 차이를 보이는군.
② '양생'은 이생과 마찬가지로 정서적 친밀감을 표현하는 '여인'과의 대화로부터 '여인'과의 근원적인 단절을 확인하고 있군.
③ '양생'과 '여인'은 「이생규장전」에서와 마찬가지로 '여인'이 죽기 전부터 연을 맺고 있었으나, '양생'은 이를 기억하지 못하고 있군.
④ '부지소종'으로 나타나는 '양생'의 존재 소멸은 자기만의 세계로 도피하기를 자처함으로써 고독에서 벗어난 것으로 이해할 수 있군.
⑤ 이생의 환상에 최랑만이 개입함으로써 내적 세계를 구축한다면, '양생'은 여러 환영물을 개입시킴으로써 현실 속 타자와 소통하고 있군.

2026학년도 법학적성시험 대비

제1회 파이널
LEGAL · EDUCATION · ELIGIBILITY · TEST

실전 모의고사

제1교시 | 언어이해
총 30문항 09:00~10:10(70분)

수험생 유의사항

1. 문제지를 받은 후 시험 시작 시간까지 문제 내용을 보아서는 안 됩니다.
2. 시험 시작 즉시 과목편철 순서, 문제누락 여부, 인쇄상태 이상 유무 등을 확인한 후 문제지에 성명을 기재하시기 바랍니다.
3. 시험 시작 후 문제를 주의 깊게 읽고 문항의 취지에 가장 적합한 하나의 정답만을 고르시기 바랍니다.

메가로스쿨

제1교시 언어이해

2026학년도 법학적성시험 대비 제1회 파이널 실전 모의고사

- 이 문제지는 **30문항**으로 구성되어 있습니다. 문항 수를 확인하십시오.
- 문제지의 해당란에 성명을 정확히 쓰십시오.
- 답안지에 응시 번호와 답을 표기할 때에는 답안지 오른편에 있는 '답안지 작성시 반드시 지켜야 하는 사항'에 따라 표기하십시오.
- 답안지의 필적확인란에 해당 문구를 정자로 기재하십시오.

[1~3] 다음 글을 읽고 물음에 답하시오.

오늘날 국가의 존재를 전제하는 동시에 성문화된 법의 존재를 부정하는 이는 극소수에 불과하다. 하지만 플라톤의 저작을 해석하는 이들에게 이에 관한 플라톤의 견해는 논의의 대상이다. 플라톤은 『국가』에서 지혜-용기-절제-정의의 덕이 구현되고 철인통치가 실현되는 곳으로서 이상국가론을 내세운다. 선의 이데아에 도달한 철인이 어떠한 법의 구속도 받지 않고 이성이라는 최고의 통치 원리에 입각하여 국가를 통치해야 한다는 것이다. 즉 『국가』에서 그는 철인통치의 우월성을 정당화하는 동시에 법이 아무런 역할도 할 수 없음을 주장했다고 여겨진다. 철인통치자에 의해 담보되는 이성은 결코 고정된 법전의 형태로 표현될 수 있는 것이 아니며, 철인통치자의 살아 있는 구체적 판단과 명령의 형태를 띠는 것이다.

반면 플라톤은 그의 마지막 저작으로 알려진 『법률』에서 법치국가론을 논하면서 신의 이성적 질서가 인간의 영역에 반영된 것이자 국가의 명령으로 표현된 것이 법이라고 보았다. 이에 따르면 법은 공동선을 위해 봉사하는데, 법치가 실현되면 공동선은 그로 인하여 확보된다고 보았다. 그리고 『국가』와 달리 『법률』에서는 '지혜-절제-정의-용기' 순으로 네 가지 덕이 서술된다. 절제의 중요성이 크게 부상하였음이 주목할 만한데, 법은 본질적으로 인간 행동에 대한 외적인 제약의 성격을 지니므로 법에 대한 자발적 복종은 반드시 절제를 요구한다. 즉 절제는 법치국가 성립의 전제조건에 다름 아니다. 절제는 준법정신을 함양토록 하며, 준법정신이 곧 법치국가의 기반이기 때문이다. 나아가 『국가』에서는 지혜가 이데아의 인식을 의미했지만, 『법률』에서는 입법자나 법 집행자의 실천적 지혜 또는 법의 기계적 집행으로 의미가 변화하는 양상을 보였다. 이는 현실 통치과정에서는 주로 법을 해석하고 적용하는 집행자의 경험적 지혜가 발현되기 때문이다. 이는 플라톤의 법사상이 현실주의적 측면으로 옮겨갔음을 확인할 수 있는 근거로 해석된다.

한편 또 다른 저작인 『정치가』에서 플라톤은 『국가』와 마찬가지로 이상적인 통치자는 무엇이 피치자에게 최선인지를 인지하고 있으므로, 법이나 피치자의 동의 없이 통치할 자격을 가진다고 주장한다. 즉 여전히 이데아에 대한 통찰력을 갖춘 자의 통치를 이상적이라고 본 것이다. 그러나 『정치가』에 따르면 통치자가 모든 개인들의 모든 행동을 언제나 관찰하고 지시할 수 있는 전지전능한 존재가 아닌 한 법률은 차선책으로서 이상적인 통치자의 역할을 대신해야 한다. 이렇게 최선과 차선의 방법을 구분한 후 플라톤은 이를 최악의 상황인 무법적 전제정과 대비시킨다. 그와 함께 최선의 상황이 아닌 한 법률의 완고한 준수가 최선임을 강조하면서 법률 등 성문화된 것들을 결코 어겨서는 안 된다고 선언한다. 통치자에게 법률을 개정하고 폐지할 수 있는 주권적 권위가 주어져 있지 않기 때문이다. 특히 조건이 매우 열악한 상황에서는 통치자가 아무런 앎도 없이, 사사로운 호의를 위해 성문화된 것들을 조금도 개의치 않고 어기려 든다는 점을 우려한다. 현명하고 덕스러운 통치자가 없는 경우 법률이 엄격하게 준수되지 못하면 그 사회는 최악의 폭정으로 전락할 가능성이 크다는 것이다.

플라톤의 법사상은 이를 바탕으로 『국가』에서 시작하여 『정치가』의 과도기를 거쳐 『법률』에서 법치국가론으로 전환 내지 수정된 것으로 해석하는 것이 일반적이다. 그런데 이러한 해석에 대한 비판자들은 이와는 다른 견해를 제시한다. 플라톤의 법사상에 대한 일반적 해석에 반대하는 이들은 『정치가』의 서술을 바탕으로 플라톤이 현명하고 덕스러운 통치자에 의한 법률의 유연한 운용과 법률의 엄격하고 완고한 운용 사이의 차이를 조명했다고 여긴다. 즉 『국가』에서 묘사하는 통치질서하에서는 철인의 지혜에 압도적인 비중과 역할이 주어지는 반면 법률에는 비교적 낮은 비중과 역할이 할당된다. 반면 『법률』에서 묘사되는 국가는 통치자의 지혜에 비해 법률의 비중과 역할이 상대적으로 우세해진 질서를 표상한다. 그러므로 플라톤의 법사상을 변화의 흐름이 아닌 일종의 스펙트럼으로 이해할 경우, 플라톤이 일관된 법사상을 견지했다고 설명할 수 있는 것이다.

1. 윗글의 내용과 일치하는 것은?

① 『정치가』에서 플라톤은 사회의 기본 통치 형태를 무법적 전제정으로 간주한다.
② 『법률』은 『국가』와 달리 지혜를 국가의 통치에 반드시 요구되는 것으로 서술하지 않는다.
③ 플라톤의 법치국가론에 따르면 절제의 덕을 갖추지 못한 국가는 공동선을 실현할 수 없다.
④ 플라톤 법사상의 현실주의적 측면은 이성이 최고의 통치 원리가 될 수 없다는 인식에 기초한다.
⑤ 플라톤의 법사상을 해석한 이들은 플라톤의 철인통치하에서 법이 어떤 역할인지에 대해 공통된 견해를 드러낸다.

2. 비판자들의 관점에서 <보기>의 해석을 비판할 때, 그 논거로 가장 적절한 것은?

―<보 기>―

플라톤은 법률의 필요성을 사실상 확신했다. 법률이 없으면 인간은 야수와 같이 살아야 한다. 하지만 여전히 법률 없이 통치할 수 있는 비범한 이들이 나타나면 권력을 주어야 한다는 의견에도 주목했다. 플라톤은 그런 이들이 발견될 가능성이 사실상 없다고 믿었으나, 기대를 포기할 수도, 전적으로 철학적 지혜가 없는 국가를 용납할 수도 없었다. 『법률』에서는 거의 명백하게 철인의 지배를 포기하고 법의 지배를 지향했지만, 그가 계속하여 묘사한 통치 기술은 신민들의 동의도 법도 필요로 하지 않는 현명한 전제군주에 의해 행사되는 것이었다.

① 법치와 철인통치를 이율배반적 관계로 파악하고 있다.
② 법을 철인의 지배를 위한 보조 수단으로만 파악하고 있다.
③ 현실적으로 성립 불가능한 이상적 상황을 논의 대상으로 삼고 있다.
④ 플라톤의 법사상이 법의 필요성을 부정했을 가능성을 전혀 고려하지 않았다.
⑤ 플라톤의 철인통치가 신민들의 동의에 의해 이루어졌을 가능성을 철저하게 배제하고 있다.

3. 『정치가』의 서술을 중심으로 <보기>의 그래프를 이해한 것으로 적절한 것만을 있는 대로 고른 것은?

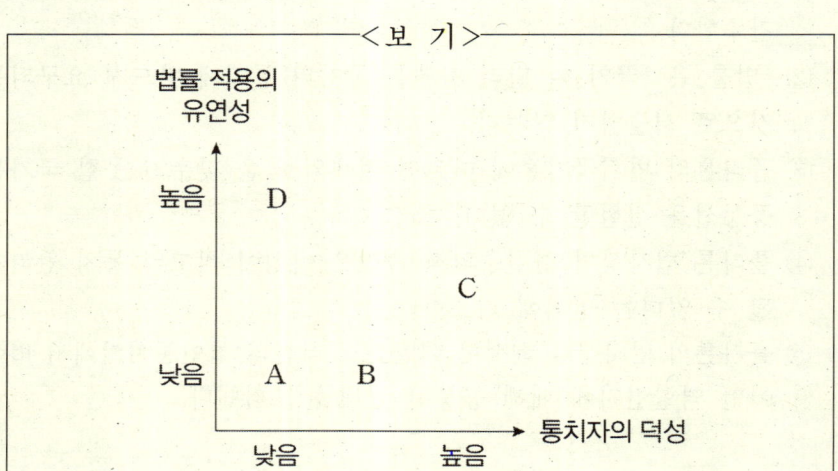

ㄱ. A에서 D로의 사회 변화는 무법적 전제정으로 통치 방식이 변화할 가능성을 함축하고 있을 것이다.
ㄴ. B에서는 통치자들 사이의 상호 합의에 따른 법 적용이 이루어질 수 있는 상황이어야만 법률의 유연한 적용이 정당화될 것이다.
ㄷ. C가 이상적인 통치자에 의해 통치가 이루어지는 사회라면, 법률의 적용이 그래프와 같이 이루어지지 않아도 될 것이다.

① ㄱ ② ㄴ ③ ㄱ, ㄷ
④ ㄴ, ㄷ ⑤ ㄱ, ㄴ, ㄷ

[4~6] 다음 글을 읽고 물음에 답하시오.

주위 환경과 물질 교환을 하면서 생장하는 세포는 원형질막을 갖는다. 원형질막은 세포 내외부를 분리하는 장벽 역할을 하면서, 공 모양의 소낭 구조를 이루어 물질 수송을 조절하는 관문으로도 작용하는 등 그 구성 성분에 따라 기능이 다양하다. 원형질막의 구성 성분은 크게 막지질, 막단백질, 막탄수화물로 나뉜다.

막지질은 수백만 개의 지질 분자들이 두 겹으로 배열되어 막의 기본 구조인 지질이중층을 형성한다. 이는 하나의 지질 분자가 친수성을 띠는 머리 부분과 소수성을 띠는 꼬리 부분으로 구성되어 있어, 체내 환경인 수용액 속에서 머리 부분은 물 쪽으로 노출되고 꼬리 부분이 서로 맞닿기 때문이다. 이러한 막지질은 인지질과 당지질, 그리고 스테롤로 나뉜다.

인지질은 막의 주된 구성 성분으로 글리세롤, 긴 탄소골격의 지방산 2개, 인산기로 이루어져 있다. 인지질 중 전기적으로 중성인 포스파티딜콜린은 원형질막 외층에 존재하고, 음전하를 띠는 포스파티딜세린과 포스파티딜이노시톨은 내층에 존재한다. 포스파티딜이노시톨의 가수분해 시 생성되는 IP3는 세포 내부의 신호 전달자 기능을 한다. 인지질의 지방산이 불포화 지방산일 경우 이중결합 부위가 꺾여 주변의 인지질 분자와 결합하기 어려워져 지질이중층의 유동성이 커진다. 서식 환경의 기온이 낮을수록 동물세포 막 인지질의 포화지방산 대비 불포화지방산의 비율이 낮은 것은 추운 환경에서는 막의 유동성이 낮을수록 기온 적응에 더 유리하기 때문이다. 당지질은 신경계의 원형질막 외층에만 존재하는데, 단당류가 결합한 세레브로시드와 올리고당이 결합한 강글리오시드가 대표적이다. 신경계 세포인 미엘린 수초에는 단당류인 갈락토스가 결합한 갈락토세레브로시드가 풍부한데 이것이 결핍되면 근육 떨림과 마비가 일어나고. 체내에서 강글리오시드를 합성하지 못하면 발작과 시력상실을 동반한 신경계 질환을 앓게 된다. 또한 적혈구 원형질막에 존재하는 강글리오시드는 혈액형 결정인자로서, 결합한 당의 종류에 따라 혈액형이 A형, B형, AB형, O형으로 구분된다. 스테롤은 4개의 고리로 구성된 탄소골격이 특징인 스테로이드로서 동물세포에서만 발견되는 콜레스테롤이 대표적이다. 동물은 원형질막의 콜레스테롤 함량을 조절함으로써 막의 유동성과 투과성을 조절하는데, 콜레스테롤 함량이 많을수록 원형질막은 경직성이 커지고 물질 투과성이 작아진다.

막단백질에는 지질이중층을 관통하는 내재 단백질과, 지질이중층을 침범하지 않은 상태에서 막 내부 또는 외부 표면에 결합한 주변부 단백질이 있다. GPD는 원형질막의 내부 표면에 결합하고 있는 단백질로 포도당의 이화작용에 관여한다. 내재 단백질에는 운반 단백질과 통로 단백질 등 막을 가로질러 용질을 수송하는 기능을 하는 단백질과 세포 외부의 호르몬 신호 등을 받는 수용체 단백질, 세포 간 결합에 필요한 단백질이 있다. 통로 단백질은 물 분자나 이온이 막을 통과할 수 있도록 상시적으로 열린 통로를 제공하지만 운반 단백질은 당과 아미노산같이 이송할 물질과 결합한 후 3차원적 구조 변형을 통해 이들이 막을 가로질러 물질을 이송한다. 원형질막의 단백질 중 카드헤린은 인접한 세포들이 지질이중층의 경계를 넘어 서로 부착되게 함으로써, 하나의 조직으로 작용할 수 있게 해준다.

막탄수화물은 원형질막의 세포 외부 표면에만 존재한다. 막탄수화물의 90% 이상은 막단백질과 공유결합을 이루어 당단백질을 형성하며, 나머지는 지질과 공유결합을 이루어 당지질을 형성한다. 탄수화물층은 지질이중층의 바깥에 물리적인 층을 형성함으로써 기계적, 화학적 손상으로부터 세포 표면을 보호한다. 다세포 생물에서 세포 표면의 탄수화물층은 다른 세포와의 상호인식에 필요한 중요한 표식으로 작용하기도 한다. 예를 들어 정자가 난자를 인식할 때 탄수화물층 내의 특이한 올리고당이 관여한다.

4. 윗글과 일치하는 것은?
① 강글리오시드는 당단백질의 일종이다.
② 통로 단백질은 자신이 수송시키는 물질과 결합한다.
③ 단당류가 결핍되면 시력상실 증상이 나타날 수 있다.
④ 원형질막의 세포 안쪽 표면에 결합해 있는 GPD는 주변부 단백질이다.
⑤ 당지질을 형성하는 막탄수화물은 원형질막의 지질이중층 내부에 존재한다.

5. 윗글을 이해한 것으로 가장 적절한 것은?
① 스테롤은 동물세포에서만 발견된다.
② 세포 내 소낭 공간은 소수성 물질로 이루어져 있다.
③ 포스파티딜콜린은 세포 내 신호 전달자가 된다.
④ 막탄수화물은 다른 세포를 인식하는 데 이용될 수 있다.
⑤ 수온이 높은 바다에 서식하는 어류일수록 세포막에 포화지방산 대비 불포화지방산의 비율이 더 낮다.

6. 윗글과 <보기>를 바탕으로 판단한 것으로 적절한 것만을 있는 대로 고른 것은?

< 보 기 >

막단백질의 위치는 방사성 표지 시험법으로 알 수 있다. LP는 방사성 요오드(^{125}I)를 단백질에 결합할 수 있는 효소다. LP는 인지질이중층 막을 통과할 수 없으므로, 정상 세포 소낭에서 LP는 외부 표면의 단백질만 방사성으로 표지한다. 정상 세포를 저장액에 담갔다가 등장액으로 옮기면 세포의 막이 잠시 파열되었다가 다시 형성되면서 LP가 내부로 들어간 세포를 얻을 수 있다. 이 세포 내부의 LP는 막 내부 표면에 노출된 단백질을 표지할 수 있다. [그림]은 3종류 막단백질(Ⅰ~Ⅲ)을 함유하고 있는 지질이중층 막으로 둘러싸여진 세포 소낭을 나타낸 것이고, [표]는 LP를 이용하는 방사성 표지 시험법을 수행한 결과이다. 단, ㉠~㉢은 각각 Ⅰ~Ⅲ 중 하나이다.

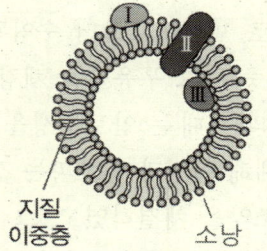

[그림]

단백질	정상 소낭+LP+^{125}I	내부에 LP를 가지는 소낭+^{125}I
㉠	○	○
㉡	○	×
㉢	×	○

(단, 'O'는 방사성 표지되었음을, '×'는 방사성 표지되지 않았음을 각각 의미한다.)

[표]

ㄱ. ㉠ 중 일부는 세포 사이의 결합 기능이 있다.
ㄴ. ㉡ 중 일부는 막탄수화물과 공유결합을 한다.
ㄷ. ㉢ 중 일부는 세포 외부의 신호를 수용하는 기능이 있다.

① ㄱ　　② ㄷ　　③ ㄱ, ㄴ
④ ㄴ, ㄷ　　⑤ ㄱ, ㄴ, ㄷ

[7~9] 다음 글을 읽고 물음에 답하시오.

미타 무네스케는 전후 일본 사회의 역사를 세 시기로 구분하고 있다. 그는 사회의 모습이 근저에서부터 변화하였다고 상정되는 경제적 고도성장기(1960~1974년)를 가운데에 놓은 뒤, 그 이전의 15년 및 그 이후의 15년과 비교하였다. 미타는 이 시기들이 일본 대중이 마음속에 간직한 꿈의 형태에 따라 가장 앞선 시기부터 '이상의 시대', '꿈의 시대', '허구의 시대'로 구분된다고 주장했다.

미타에 따르면, ㉠'이상의 시대'는 일본 사회가 대동아공영권 같은 허황된 꿈을 내세웠으나 패전이라는 현실로 귀결되면서 시작되었다. 이 시기의 꿈은 언젠가 현실로 만들어야 할 이상을 의미하는 것으로, 일본이라는 국가가 어떤 체제를 선택할 것인가와 국가 구성원의 물질적인 풍요가 문제로 대두되었다. 미타는 전자를 '대문자적 이상'이라 불렀다. 일본의 보수파와 진보파는 미국식 자본주의와 소련식 공산주의 두 체제 중 무엇을 선택해야 할지 경합을 벌였다. 후자는 '소문자적 이상'으로 불린 것으로, 미국으로부터 수입된 미국 영화와 재일 미국인들을 통해 일본 대중은 그 부유함을 체감하였고, 현실화의 욕구를 키웠다. 이러한 '이상의 시대'는 안보투쟁을 기점으로 종언을 구한다. 안보조약 개정안에 대해 야당과 진보파는 강력히 반발했으나 정부와 여당은 1960년 5월 조약을 체결하였고, 그 결과 미군의 지속 주둔과 일본의 친미블록 편입이 공식화되었다. 이에 대한 대규모 반발로 기시 노부스케 총리와 그 내각이 사퇴하였지만, 그해 11월에 열린 총선에서는 다시금 여당인 자유민주당이 승리하면서 보수파의 꿈이 현실에 자리를 잡게 되었다.

이후 ㉡'꿈의 시대'로 진입하면서 꿈은 풍요로운 도시적 삶을 의미하는 것으로 고정되었고, 그 내용은 현실화되기 시작했다. 국민소득배증계획이 실시되어 일본 경제 성장률은 연평균 10.9%를 기록하였고, 농업기본법과 전국통합개발계획이 발표되면서 대규모 이농 현상이 나타나 산업도시의 형성으로 이어졌다. 도시 형태의 변화에 따라 대중들의 심리 역시 달라졌다. 경제적 번영 분위기 속에서 대규모 가족의 해체와 핵가족이라는 새롭고 자유로운 집단의 확산은 대중의 행복과 경제적 번영이 순환하는 소비자본주의가 성립되는 밑바탕이 되었다. 미타는 이 시대를 "이상주의자(진보파)가 믿었던 현실은 오지 않았지만, 현실주의자(보수파)가 바랐던 이상은 현실이 되었다."라는 말로 정리한다.

이러한 '따뜻한 꿈'이 존재하는 한편, 1960년대 후반부터 시대와의 불화를 상징하는 '뜨거운 꿈'을 내세우는 이들 또한 나타났다. 이들은 대학생을 주축으로 한 청년들로, 미국식 전후민주주의, 스탈린주의, 일본 보수파에 의해 만들어진 부유한 사회 모두를 부정했다. 동맹휴학, 수업 거부 투쟁, 가두시위 등을 이어갔던 대학생 및 청년들의 싸움은 '기존 일본 사회를 구성하던 꿈'에 대한 반란이었다. 이들은 거대한 미래상에 맞춘 사회를 구성하기보다는, 히피적 삶의 실천과 같은 형태로 체제로부터 해방된 시공간이라는 '뜨거운 꿈'을 현실에서 구현하고자 하였다.

1974년부터 유가 급상승으로 인한 전 세계적 경제위기가 일본을 휩쓸면서 꿈의 시대가 종료되고, ㉢'허구의 시대'가 찾아왔다. 계획과 지도라는 이름으로 급속한 경제성장을 추진해왔던 일본 정부는 성장이라는 표현 대신 안정이라는 개념을 쓰기 시작했다. 그리고 위기를 딛고 다시금 안정적 성장을 지속한 1970년대 후반부터 일본 정부는 스스로를 선진국으로 인식하기 시작했다. 따라잡거나 현실화해야 할 목표가 어느덧 현실이 되어버린 것이다. 그리고 대중들은 꿈을 꾸는 것을 계속하기 위해 현실의 요소가 개입하지 않는 공간을 조성하기 시작했다. 디즈니 사(社)의 캐릭터와 세계관으로 가득한 가상 공간으로 기획된 도쿄 디즈니랜드가 대표적이다. 1980년대 신자유주의화와 세계화가 일본 사회를 휩쓸면서 사회 기반 시설과 자원의 생산, 확장 같은 고된 노동은 타국 출신 이민노동자들이 전담하고 있었다. 대중은 멋지고 깨끗한 것만을 용인하는 무균적 공간을 찾고, 그러한 공간에서 현실의 구성원들이 배제된다. 이를 통해 꿈이 존재하지 않는 현실 공간과 현실성이 사라지고 허구성이 강조된 꿈의 공간이 공존하게 되었다. 일본 사회에서 이제 꿈이란 현실의 요소가 제거된 초현실적인 공간을 구성하는 것을 의미했다.

1995년의 옴진리교 독가스 테러 사건은 이러한 실천의 극단적 사례로 해석할 수 있다. 목표가 사라지고 반복되는 일상만이 남은 일본 사회에서 옴진리교는 종말론을 내세우며 모든 '현실적인 것'의 종언을 추구하고 극단적인 초현실을 지향했다. 옴진리교에게 도쿄 도심에 살포된 독가스는 허구를 이상화하고 허구 자체를 현실로 만드는 수단이었다. 오사와 마사치는 이 사건을 '허구의 시대'의 종언을 알리는 이벤트라 보았으며, 이를 분기점으로 집단 내에서 동일한 꿈을 공유하고자 하는 노력도, 서사도 찾아볼 수 없는 '불가능성의 시대'가 도래했다고 보았다.

7. 윗글의 내용과 일치하는 것은?

① 안보투쟁은 소문자적 이상을 두고 벌인 보수파와 진보파의 대결에서 보수파가 승리했음을 보여주었다.
② 1960년대 초에 고도의 경제 성장과 함께 나타난 변화는 일본 대중의 불안감을 심화시켰다.
③ 1960년대의 농업기본법은 공동체 형태의 변화를 유발하여 도시적 삶이라는 꿈의 내용을 현실화시켰다.
④ 1970년대의 일본 대중은 일본 사회가 '꿈의 시대'에서 정의한 꿈을 실현시켰음을 자각하지 못했다.
⑤ 1995년 이후 일본 사회는 방향성을 확립하기 위해 새로운 이상을 만들어내는 모습을 보였다.

8. ㉠~㉢에 대한 이해로 적절하지 않은 것은?
① ㉠에서 '소문자적 이상'은 미국을 통해 일본 사회에 이식되었다.
② ㉡의 후반기에는 꿈을 현실화하기 위해 기존 사회와 대립하는 움직임이 나타났다.
③ ㉠에서는 ㉢과 달리 미래에 실현되어야 할 사회상이 존재한다고 인식되었다.
④ ㉡에서는 대중들 사이에 공유되는 꿈이 존재하지만, ㉢에서는 공유되는 꿈이 부재한다.
⑤ ㉢에서 변화한 일본 대중의 현실 감각은 ㉡에서 이루어진 경제 성장 이후 사회 변화의 결과라고 볼 수 있다.

9. 옴진리교 와 <보기>의 전공투 를 비교한 것으로 가장 적절한 것은?

―<보 기>―
전공투(全共鬪, 전학공투회의)는 정파와 연계되었던 기존의 단체와는 다른 탈정파적 조직으로, 일본의 각 대학에서 자발적으로 조성되어 1960년대 말 정치운동을 이끌었다. 특히, 1968년 7월에 결성된 도쿄대 전공투는 핵심적인 역할을 담당했다. 이들은 엘리트 교육을 받아들여온 스스로를 비판하는 자기부정의 논리를 제기하고, 그것을 기초로 비뚤어진 사회 시스템을 조성하는 대학의 해체를 내세웠다. 이후 '자기 부정'과 '대학 해체'는 전공투 운동의 핵심어가 됐다. 국가 정책에 맞서 벌어진 야스다 강당에서의 농성은 이 흐름을 상징적으로 보여준 사건이었으며, 1만 명의 경찰기동대가 이들을 강제 진압한 것을 계기로 이 운동은 급속히 쇠퇴했다.

① 옴진리교와 전공투 모두 '이상의 시대'에서 패배한 진보파와 미래의 이상을 공유하였다.
② 옴진리교는 '허구의 시대'에서 배제된 것에 대한 반감에서, 전공투는 '꿈의 시대'에서 배제된 것에 대한 반감에서 시작되었다.
③ 옴진리교가 종말론을 통해 초현실을 구현하고자 했다면, 전공투는 '자기 부정'과 '대학 해체'를 통해 기성의 통념에서 벗어난 삶을 현실화하고자 하였다.
④ 옴진리교는 독가스 테러를 통해 꿈과 현실의 괴리를 극대화하고자 하였다면, 전공투는 야스다 강당에서의 농성을 통해 꿈과 현실의 괴리를 해소하고자 하였다.
⑤ 옴진리교와 전공투 모두 현실에 자리를 잡은 꿈을 해체하고 새로운 가치의 도입을 주장했다는 점에서 꿈을 현실화하려고 했던 이전의 운동과는 다른 모습을 보인다.

[10~12] 다음 글을 읽고 물음에 답하시오.

노직은 합리적 개인들이 자신의 생명과 재산을 보호하고자 하며, 필요한 경우 국가 공동체를 결성하고 그 안에서 생활하려는 동기를 지닌다고 설명한다. 합리적 개인으로 구성된 국가 공동체에서 국민의 자유 일부를 침해하더라도 이에 대한 보편적 동의를 얻을 수 있으며 도덕적으로 정당화될 수 있는 국가 기능은 국민의 생명과 재산 보호에 한정되며, 그 이상의 역할 수행은 국민의 자유에 대한 부당한 침해에 해당한다. 노직은 이와 같이 국가 공동체가 도덕적으로 정당화 가능한 최소한의 역할만을 수행해야 한다는 국가관을 제시하였고, 이를 실현한 공동체를 ㉠최소 국가라고 명명한다. 그는 최소 국가의 성립 과정을 다음의 다섯 단계로 설명한다.

첫째로 아무런 보편적 권위도 없이 모든 개인들이 각자 따로 떨어져 살아가는 자연적, 무정부적 상태의 지역 사회를 생각해 보자. 이 상태에 속한 개인들은 각자 자신의 생명과 재산을 보호할 권리를 지니며, 이를 사용 및 처분하기 위해 다른 사람의 동의를 필요로 하지 않는다. 나아가 타인이 자신의 권리를 침해하는 경우 그에 대해 보상을 요구하거나, 그를 사적으로 제재할 수 있다. 그러나 이는 대단히 혼란한 상태일 텐데, 왜냐하면 각 사람은 타인과의 분쟁에서 항상 자신이 입은 손해는 과장하고 자신이 입힌 손실은 감추려는 이기적 동기를 지니기 때문이다. 또한 분쟁상황에 놓인 사람들 중 힘이 약한 사람은 부당한 손실을 입더라도 이에 대해 항변하거나 보상받을 수 없는 문제 또한 있을 것이다.

이처럼 자연적 상태에서는 힘의 부족으로 말미암아 자신의 권리를 지킬 수 없는 일부 구성원들이 두 번째 단계인 상호 보호협회를 결성한다. 협회에 소속된 회원들은 자연적 상태에 비해 훨씬 안정적이고 지속 가능한 삶을 영위할 수 있다. 그러나 상호 보호협회 단계에서는 이전에 없었던, 자신이 아닌 타인의 권리를 위해서도 자신의 시간과 노력을 지출해야만 하는 문제가 발생한다. 이처럼 자신의 권리와 직접적으로 연관되지 않은 지출을 줄이기 위해서 상호 보호협회의 회원들은 차츰 직접 보호를 제공하기보다는 비용을 갹출하여 이를 전담하는 사람에게 위임하는 방식을 택하게 되며, 이는 특정 개인이나 집단에 대한 보호 업무만을 전문적으로 수행하는 ㉡상업적 보호 대행사의 출현으로 이어진다.

세 번째 단계, 즉 상업적 보호 대행사들은 일정 구역을 기반으로 두고 활동하며 비슷한 과정을 거쳐 발생한 다른 대행사들과 경쟁 관계를 맺는다. 또한 각 대행사들의 규모가 성장함에 따라 다툼이 발생하는데, 이 과정에서 대행사 간 경쟁, 퇴출을 거쳐 해당 구역의 보호 서비스를 행사하는 유일한 조직인 지배적 보호 대행사가 출현한다. 지배적 보호 대행사가 독점적 서비스를 제공하는 범위는 지역 사회 내 일정 구역에 한정되므로, 지역 사회 전체를 고려하면 여러 개의 지배적 보호 대행사가 존재할 수 있다. 지배적 보호 대행사는 해당 구역에서 발생하는 대다수의 분쟁에 개입하지만, 그 활동은 대행사와 계약한 개인이나 집단의 권리를 대행하는 데 한정되며, 이 점에서 아직 공적인 성격을 지니지는 않는다.

그런데 만약 보호 대행사와 계약하지 않은 독립적 개인 중 독보적으로 큰 힘을 지닌 이가 존재하며, 이 사람이 자신의 생명, 재산을 보호하기 위한 권리를 행사할 때 크든 작든 자신과 계약한 고객들의 권리가 침해되지 않으리라고 확신할 수 없는 경우, 지배적 보호 대행사는 고객들의 권리를 보호하고자 그의 권리 행사에 제재를 가하려 할 것이다. 이후 사적 제재를 수행할 수 있을 정도로 강력한 보호 대행사는 해당 사회에서 사실상 국가에 상응하는 위치에 놓이게 된다. 그리고 경쟁과 퇴출이 반복되면서 사회 내에 하나의 대행사만이 남거나, 단일 조직이 설립되어 사회 내 모든 대행사 및 보호협회가 그 구성원이 되는 방식으로 권력의 독점 상태에 이른 보호 대행사가 나타나게 된다. 노직은 이러한 조직을 네 번째 단계로 보고, ⓒ극소 국가라고 명명한다. 다만 극소 국가는 아직 온전한 의미에서 국가라고 볼 수 없다. 어떤 단체를 국가라고 이름하기 위해선 권력의 독점뿐 아니라 모든 사람에 대한 보호 서비스 제공이라는 또 하나의 조건을 만족해야만 하기 때문이다.

극소 국가의 단계에 이른 보호 대행사는 사회 내 모든 개인과 계약을 맺고 이들을 보호하는 것은 아니지만, 사실상 해당 사회에 속한 모든 개인의 권리 행사를 제한할 수 있다. 따라서 이 단체에게는 자신과 계약한 사람들을 넘어서 모든 사람에게 보호 서비스를 제공하는 방식으로 이를 보상할 도덕적 의무가 부과된다. 보호 대행사가 이와 같은 보편적 보호를 선언하는 순간 비로소 공적 성격을 지니는 독점적 권력 공동체, 즉 최소 국가가 형성된다. 노직의 국가관에 따른 마지막 단계인 최소 국가의 역할은 국민의 권리 보호 및 질서 유지에 한정된다. 또한 이는 비용 분담 여부와 상관없이 모든 사람에게 보호 서비스를 제공하므로 일종의 재분배적 성격을 지닌다.

10. 윗글의 내용과 일치하는 것은?

① 상업적 보호 대행사는 상호 보호협회가 결성되지 않은 지역 사회에서도 등장할 수 있다.
② 자연적 상태의 합리적 개인들만으로 구성된 사회에서는 누구나 자발적으로 협회에 소속되고자 한다.
③ 상업적 보호 대행사는 대행사와 계약하지 않은 독립적 개인의 권리 행사를 제재할 때 특정 단체의 이익을 대변하지 않을 것을 요구받는다.
④ 공적 성격의 여부와 관계없이 보호 대행사의 활동은 도덕적 정당화 범위 내에서 해당 대행사와 계약한 고객들의 권리를 대행하는 것에 한정된다.
⑤ 지역 사회 내 특정 구역에서 지배적 보호 대행사가 출현한 경우, 다른 구역의 상업적 보호 대행사들 간에 발생한 분쟁 해결은 이 집단의 활동 범위에 속하지 않는다.

11. ㉠~㉢에 대한 노직의 견해로 가장 적절한 것은?

① ㉠은 ㉡과 달리 도덕적으로 정당화 가능한 역할 이상을 수행한다.
② ㉠에서는 ㉡과 마찬가지로 권력의 독점이 나타나지 않는다.
③ ㉡도, ㉢도 해당 지역 사회의 모든 사람에게 보호 서비스를 제공하는 역할을 하지 않는다.
④ ㉢은 ㉡과 달리 독립적 개인들의 권리 행사에 제약을 가할 수 없다.
⑤ ㉢이 제공하는 서비스는 ㉡의 서비스와 달리 재분배적 성격을 지닌다.

12. 윗글을 바탕으로 <보기>의 상황에 대해 추론한 것으로 가장 적절한 것은?

─< 보 기 >─

인류학자 갑은 X섬 지역에서 수렵, 채집으로 살아가는 주민들을 관찰하였는데, 이들 공동체가 노직의 최소 국가 모델을 따르는 것을 발견하였다. X섬의 여러 구역 중 하나인 Y구릉지대에 주민 A가 이주하였는데, Y구릉지대에 거주하는 대다수의 주민은 서로의 생명과 재산을 지키기 위해 B라는 자치회에 가입해 있었다. B는 A에게 자치회 가입 및 해당 구역의 질서 유지를 위해 일정 수확물의 납부를 요구하였으며, 이를 거부할 경우 B와 계약 관계를 맺고 B와 그 구성원을 보호하는 역할을 맡은 조직(C)을 통해 A의 생계 유지 활동을 방해하겠다고 통보하였다. A는 남다른 체력과 완력을 바탕으로 X섬의 다른 구역에서도 집단에 의존하지 않고 독자적으로 살아왔던 터라 이에 반발하였지만, B를 구성하는 주민의 수가 워낙 많아 개인의 힘만으로는 이들에게 대항하기 어렵다고 판단하였다.

① Y구릉지대의 주민들은 자신이 손실을 입는 경우 사적 제재로 되갚는 방식을 활용하겠군.
② A가 B의 통보를 듣고 내린 판단은 A가 B에 가입하고자 하는 동기를 갖는 데 장애물로 작용하겠군.
③ B에 가입한 주민들이 A의 권리를 제재할 때 느끼는 부담은 C와 계약하기 전보다 계약 후에 더 감소하겠군.
④ Y구릉지대의 주민들을 보호하는 조직이 C뿐이고, A가 B에 가입하지 않았을 때 B의 이익에 영향을 주지 않는지가 확실하지 않다면, C는 A의 권리 행사를 제재하는 데 소극적이겠군.
⑤ C가 X섬 지역에서 발생하는 모든 분쟁에 개입하여 당사자의 권리를 제한할 수 있게 되어 이에 대한 의무 또한 수행한다면, C와의 계약을 유지하기 위해 B가 부담하는 비용은 증가하겠군.

[13~15] 다음 글을 읽고 물음에 답하시오.

우리는 때로 어떤 행위가 옳지 않음을 알면서도 그리 행한다. 다시 말해, 무엇이 최선인지 또는 도덕적으로 옳은지 알지만 그러한 판단에 따라 행위할 수 있음에도 판단에 어긋나는 행위를 자유로운 상태에서 의도적으로 행하는 경우가 있다. 고대 그리스에서는 이처럼 어떤 행위가 그릇된 줄 알면서도 그렇게 행하는 경우를 가리켜 아크라시아(akrasia), 즉 '자제력 없음'이라고 이름하였다.

㉠소크라테스는 그릇된 행위의 원인이 행위의 가치에 대한 무지, 즉 그에 대해 올바르게 알지 못한 데 있다고 보았다. 이에 따르면 어떤 행위가 그릇된 줄 알면서도 그리 행하는 사람은 실은 그 행위가 그릇된 것임을 진정으로 깨닫지 못한 상태이다. 따라서 엄밀한 의미에서 아크라시아란 존재하지 않는 현상이며, 이와 같은 혼동이 일어나는 것은 사람들이 '겉보기에 그에 대해 알고 있는 사람'과 '진정으로 알고 있는 사람'을 엄격하게 구분하지 않기 때문이다.

반면 아리스토텔레스는 소크라테스가 설정하는 '겉보기에 아는 사람'과 '진정으로 아는 사람' 사이의 구별이 지나치게 작위적이라고 비판하였다. 자제력 없이 행위하는 사람들 역시도 그러한 행위로 접어들기 전까지는 행위의 가치에 대한 올바른 앎을 지닌 듯 보인다. 예컨대 거짓말의 비도덕적 성격을 잘 아는 사람도 상황에 따라, 양심의 가책을 무릅쓰고서 거짓말을 할 수 있다. 소크라테스에 따르면 이 사람은 "거짓말은 비도덕적이다."라는 사실을 한때 잘 알고 있었는데 그 상황에서 불현듯 그러한 앎을 잃어버렸다고 해야 할 것이다. 그러나 아리스토텔레스는 앎이 그처럼 때에 따라 사라졌다가 다시 회복되곤 하는 것이 아니라고 지적한다. 대신 그는 앎의 소유와 활용을 구분함으로써 아크라시아 문제에 접근한다. 예컨대 그림을 그리는 데 완전히 몰입한 사람은 그에 대한 앎을 활용하고 있으나 이를 제외한 나머지 앎들은 단지 소유만 한 상태이다. 자제력 없는 행위를 하는 사람들 역시 이와 마찬가지로 앎을 소유하되 활용하지 않는 경우에 해당한다. 따라서 이들을 완전히 무지한 사람으로 볼 수는 없다.

현대의 윤리학자 헤어는 소크라테스에 따라 아크라시아란 기실 존재하지 않는 현상이라고 주장하였다. 그는 어떤 행위의 가치에 대해 인정하거나 또는 그에 대한 판단에 동의한다는 것은 곧 비슷한 상황에서 자기 자신 역시 그러한 행위를 하겠다고 서약함과 같은 의미를 지닌다고 보았다. 따라서 어떤 행위의 도덕적 가치를 진정으로 알고 있는 사람이 그 판단에 상응하는 행위를 하지 않거나 그 판단에 어긋나는 행위를 하는 현상은 논리적으로 성립할 수 없다고 주장한다. 따라서 행위가 결여된 경우 그에 대한 앎 역시도 결여된 것으로 보아야만 한다는 것이 그의 주장이다.

이와 반대로 데이비슨은 행위에 대한 가치판단을 완전한 판단과 불완전한 판단으로 구분함으로써 아크라시아의 가능성을 옹호하였다. 둘 사이의 차이는 가치판단에 있어 가능한 모든 관점을 모두 고려하는지 또는 특정한 관점을 전제하고 그에 따르는지에 달려있다. 즉 불완전한 판단을 할 때는 어떤 관점을 취하는지에 따라 조건부적으로 바람직한 행위가 달라지는 것이다. ㉡자제력 없는 행위들은 이처럼 완전한 판단에 따랐어야 하는 경우에 그 대신 불완전한 판단을 동원함으로써 생겨난다. 이에 따라 우리는 완전한 판단에 따를 때 도덕적으로 행위해야 함을 알면서도 그와 동시에 또 다른, 나의 사적인 이익 등을 고려한 불완전한 판단을 내리고 그에 따름으로써 아크라시아의 상태에 빠져든다는 것이 데이비슨의 설명이다.

13. 윗글의 내용과 일치하는 것은?
① 소크라테스는 '겉보기에 그에 대해 알고 있는 사람'이 행위의 가치에 대해 무지한 상태는 아니라고 보았다.
② 아리스토텔레스는 진정으로 아는 것이 무엇인지를 새롭게 정의하면서 소크라테스의 주장을 반박한다.
③ 헤어는 앎의 소유 및 활용에 대한 아리스토텔레스의 구분을 받아들이지 않는다.
④ 데이비슨은 아크라시아가 아닌 상태는 완전한 판단에 대한 앎을 의미한다고 주장하였다.
⑤ 데이비슨은 자제력 없이 행위하는 사람도 행위의 가치에 대한 앎을 활용한다고 보았다.

14. ㉠의 입장에서 ㉡에 대해 문제를 제기한 것으로 가장 적절한 것은?
① '완전한 판단'과 '불완전한 판단'을 엄밀하게 구분할 수 있는가?
② '완전한 판단'에 따르면서도 자제력 없는 행위들이 존재하지 않는가?
③ 자제력 없는 행위들의 원인이 모두 '불완전한 판단'에 있다고 단정할 수 있는가?
④ '불완전한 판단'에 따라 얻어진 인식 역시도 행위의 가치를 구성하는 요소로 간주될 수 있지 않은가?
⑤ '불완전한 판단'에 따라 행위하는 사람들이 진정한 의미에서 행위의 가치에 대한 앎을 지녔다고 볼 수 있는가?

15. 윗글을 바탕으로 <보기>에 대해 추론한 것으로 가장 적절한 것은?

<보 기>
X국 국민 A는 Y국에서 어떤 위법적 행위(H)를 저지른 혐의로 입건되었다. 수사 과정에서 A는 X국의 법적, 도덕적 기준에서는 H가 정당한 행위로 받아들여지며, 자신의 행위가 H와 관련한 X국과 Y국 사이의 관습적 차이에 대한 무지에서 비롯한 것이라고 주장하였다.

① A는 자신의 행위가 아크라시아의 기준에 부합한다고 보겠군.
② A는 자신이 소크라테스가 말했던 겉보기에 아는 사람에 해당한다고 보겠군.
③ A의 사례는 아리스토텔레스의 아크라시아 옹호 논변을 지지하는 데 사용될 수 있겠군.
④ 헤어는 A의 사례를 고려하더라도 자신의 주장이 약화되지 않는다고 보겠군.
⑤ A는 H와 관련해 자신이 데이비슨이 말했던 완전한 판단을 행했다고 주장하겠군.

[16~18] 다음 글을 읽고 물음에 답하시오.

근대 자본주의 이전부터 통용되던 국정화폐는 국가가 금, 은, 동 등의 원료를 주조해서 발행한 화폐로, 화폐 발행에 있어서 원료 확보라는 물리적 제약이 있었다. 그런데 근대 자본주의가 시작된 후 이런 물리적 제약을 극복한 획기적인 화폐가 나타났는데 이를 은행권(銀行券)이라 한다.

17세기 후반 영국에서 처음 나타난 은행권은 사(私)은행업자들이 예금을 맡긴 사람에게 발급하는 신용증서로, 예금액과 은행업자 등이 기재된 일종의 예금영수증이었다. 은행권은 언제든지 국정화폐로 교환될 수 있었기 때문에 상인들 사이에서 국정화폐와 동일하게 취급되었다. 이처럼 은행권은 신용증서로 출발하여 화폐처럼 사용되었기 때문에 잉햄은 기존의 어음이 발전하여 은행권이 되었다고 주장한다. 어음을 소지한 사람이 이것을 발행하고 유통한 몇몇 사람들에게만 자신의 권리를 요구할 수 있는 단계에서, 은행권을 소지한 사람이 불특정 다수의 사람들에게 자신의 권리를 요구할 수 있는 단계로 역사가 진행되었다는 점을 그 근거로 삼는다.

잉햄에 따르면 어음과 은행권은 둘 다 질적으로 동일한 신용증서이다. 다른 점이 있다면 은행권의 경우, 어음이라는 신용증서가 예금이라는 보관업과 융합되었을 뿐이다. 잉햄은 다만 이 융합을 위해 어음이라는 신용증서가 익명화되었을 것이라고 말한다. 익명화란 돈을 받는 사람의 이름이 명시되지 않은 것이다. 어음이 발전하여 익명화되면서 이를 소지한 사람은 누구나 신용증서에 기재되어 있는 발행인에게 돈을 청구해서 받을 수 있게 되었다는 것이다. 이러한 익명화는 17세기 후기 런던의 금세공은행업자들이 발행한 은행권과 국정화폐의 공통점이었다.

하지만 잉햄의 주장에는 두 가지 오류가 존재한다. 첫째로 ㉠잉햄의 주장은 역사적 사실과 다르다. 17세기 후반 영국은 유럽대륙에 비해 상업이 덜 발달했고 어음도 상대적으로 덜 발달했다. 만약 잉햄의 주장이 옳다면 은행권은 유럽대륙에서 발전했어야 한다. 그리고 어음이 발달하면서 어음을 다른 사람에게 양도할 때는 주는 사람과 받는 사람을 어음 뒷면에 명기하는 배서 제도가 나타났다. 특히 네덜란드 같은 경우에는 익명화된 어음이 먼저 발행되다가 점차 비익명화된 어음이 발행되었다.

둘째로 어음과 은행권은 몇 가지 측면에서 본질적으로 다르다. 어음은 법원에서 대부라는 범주로 분류되었기에 어음으로 대금을 지급한 사람과 받은 사람의 관계는 채권자-채무자 관계로 규정되었다. 이렇게 되면, 어음소지자가 어음발행자에게 환전을 청구했을 때 어음발행자가 지불을 못하는 상황이 발생하는 경우, 어음소지자에게 어음으로 대금을 지급한 사람이 법적으로 채무를 지게 된다. 어음으로 대금을 지급한 사람을 일종의 채무보증인으로 취급하는 것이다. 그러나 은행권은 법원에서 판매라는 범주로 분류되었기에 은행권발행자가 지불을 못한다고 해서 은행권으로 대금을 지불한 사람이 채무변제의무를 지지 않는다.

사실 금세공은행업자들이 발행한 은행권은 그들이 지불을 약속한 신용증서였다. 따라서 원칙적으로는 은행권도 어음처럼 대부로 분류되어서 은행권으로 대금을 지급한 사람에게도 채무변제의무가 남아야 한다. 그럼에도 불구하고 은행권이 채무변제의무로부터 자유로워진 것은 17세기 영국 법원이 어음의 신뢰성을 높이기 위해 배서 제도를 적극적으로 도입한 것과 관련이 있다. 당시 영국 법원은 배서 제도를 장려하기 위해 배서된 어음은 기존처럼 대부로 분류하고 배서되지 않은 어음은 판매로 분류하였다. 즉 배서된 어음에 한해서만 어음소지자의 변제받을 권리를 보호하려고 했던 것이다. 이런 법원의 입장에 따라 은행권으로 대금을 지불한 사람은 채무변제의무로부터 완전히 자유로워졌다. 은행권은 익명화된 증서였기에 배서가 필요 없었기 때문이다.

그리고 은행권은 언제든지 환전이 가능하다는 점에서, 만기일 이후에야 환전을 청구할 수 있는 어음과 대조된다. 신용거래의 본질은 이용가능성을 미래로 미루는 데 있다는 점에서 은행권을 이용한 거래는 신용거래로 볼 수 없다. 또한 어음이 발행될 때와 달리 은행권이 발행될 때에는 화폐가 창조된다. 은행이 하나의 현금에 대해 추가적으로 또 하나의 화폐인 은행권을 발행할 수 있기 때문이다. 예를 들어 은행업자가 현금을 예금으로 받고 예금자에게 은행권을 발행했을 경우, 은행업자는 예금액의 일부만 지급준비금으로 책정하고, 그 외의 예금액에 대해 추가적으로 은행권을 발행하여 유통시킬 수 있다. 결과적으로 처음 예금한 돈보다 많은 돈이 만들어진 것이다.

16. 은행권이 나타난 시기의 상황에 대한 설명으로 적절하지 않은 것은?

① 국가가 발행한 화폐는 은행권에 비해 발행이 자유롭지 않았다.
② 영국 법원이 어음에 주고받는 사람의 이름을 적게 한 것은 어음의 신뢰성을 높이기 위해서였다.
③ 은행권은 환전의 편의성에 있어서 어음에 비해 유리한 이점을 가지고 있었다.
④ 은행권이 처음 나타났을 때는 배서하지 않고 사용하였지만, 점차 배서하고 사용하는 것이 일반화되었다.
⑤ 은행업자가 보관하고 있는 현금의 금액과 시장에 유통되고 있는 은행권의 금액이 항상 일치하는 것은 아니었다.

17. ㉠을 이해한 내용으로 적절한 것만을 <보기>에서 있는 대로 고른 것은?

―――― <보 기> ――――
ㄱ. 익명화는 은행권의 특징이 아니다.
ㄴ. 어음이 발달해서 은행권이 되는 것은 아니다.
ㄷ. 어음이 항상 익명화되는 방향으로 변화되는 것은 아니다.
ㄹ. 은행권을 소지한다고 해서 불특정 다수의 사람들에게 자신의 권리를 요구할 수 있는 것은 아니다.

① ㄱ, ㄴ
② ㄴ, ㄷ
③ ㄴ, ㄹ
④ ㄱ, ㄷ, ㄹ
⑤ ㄴ, ㄷ, ㄹ

18. 윗글을 바탕으로 <보기>를 평가한 내용으로 적절하지 <u>않은</u> 것은?

―――― <보 기> ――――
미술 수집가인 A는 17세기 런던에서 B로부터 1억짜리 그림을 구매하였다. 그리고 A는 C가 발행한 ⓐ<u>신용증서</u>를 그림 구매대금으로 B에게 지급하였다.

① ⓐ가 어음이라면 배서가 있어야 B의 권리 보호에 유리하겠군.
② ⓐ가 은행권이라면 A와 B 사이에는 채무 관계가 존재하지 않겠군.
③ ⓐ가 은행권이라면 C는 B의 환전 요청을 언제든지 처리할 의무가 있겠군.
④ ⓐ가 은행권이라면 이것에는 A, B, C의 정보가 아무것도 기재되어 있지 않겠군.
⑤ ⓐ가 어음이라면 A가 B에게 다시 1억을 지급해야 할 상황이 발생할 수도 있겠군.

[19~21] 다음 글을 읽고 물음에 답하시오.

2001년 조산사가 임산부에게 자연분만을 시도하다 모체 내에서 태아가 사망하는 사건이 발생하였다. 검사 측은 임산부를 3시간가량 대기실에 방치하여 태아를 사망에 이르게 하고, 사망한 태아를 반출하기 위해 응급 제왕절개수술을 받는 상해를 입게 한 조산사를 업무상과실로 인하여 사람을 사상(死傷)에 이르게 한 죄, 즉 업무상과실치사상죄로 기소하였다. 제1심과 제2심은 공소사실을 인정하여 피고인에게 유죄를 선고하였다. 하지만 ㉠대법원은 피고인의 과실유무와 관계없이 모체의 안전을 위하여 제왕절개수술은 불가피하였으므로 둘 사이에 인과관계가 없다고 보아 피해자에 대한 업무상과실치상죄를 인정하지 아니하였고, 검진 당시 비록 자궁경부가 약 3cm 정도 열려 있었더라도 분만의 개시라고 볼 수 있는 규칙적인 진통이 시작되지는 않았으므로 태아에 대한 업무상과실치사죄도 성립하지 않는다고 판결하였다.

이 사건의 쟁점은 1) 태아의 사망을 이유로 피해자에 대한 업무상과실치상죄를 인정할 수 있는지의 여부, 2) 제왕절개수술을 이유로 피해자에 대한 업무상과실치상죄를 인정할 수 있는지의 여부, 그리고 3) 태아의 사망을 이유로 태아에 대한 업무상과실치사죄를 인정할 수 있는지의 여부이다. 우리나라의 경우 태아를 모체의 일부로 보지 않으므로, 1)과 관련하여 업무상과실치상죄를 묻기 어렵다는 점에는 이견이 없다. 하지만 2)와 3)에 대해서는 다양한 주장들이 제기되고 있다.

먼저 2)와 관련해서는 피고인의 과실과 사망한 태아의 반출을 위한 제왕절개수술 사이의 인과관계를 인정할 수 있는가가 문제된다. 일부 견해에서는 일반적으로 제왕절개가 출산을 위한 시술이라는 의미로 사용되고 있으며, 태아반출을 위한 복부 및 자궁의 절개는 인위적 출산에 해당하는 상해행위라고 평가하면서 피고인의 과실과 제왕절개수술 사이의 인과관계를 인정하여야 한다고 주장한다. 그러나 이를 위해서는 피고인의 과실이 없었더라면 수술이 필요하지 않았다는 점이 입증되어야만 한다. 반면 양자 간 인과관계를 인정하지 않는 입장에서는 피해자의 상황이 처음부터 자연분만이 불가능한 상태였으므로 피고인의 과실과 제왕절개수술 사이의 인과관계를 인정하기 곤란하다고 주장한다. 또한 둘 사이의 인과관계를 인정하기 위해서는 태아의 출산을 위한 수술과 사망한 태아의 반출을 위한 수술에 차이가 있다는 점이 인정되어야 하는데, 의학적으로는 태아의 생사상태만 다를 뿐 수술의 방법이나 절차에 특별한 차이가 없으며, 수술로 인해 피해자에게 후유증이라든지 별개의 결과가 발생하지도 않았다는 것이다.

다음으로 3)과 관련해서는 사망한 태아를 사람으로 볼 수 있는가, 즉 사람의 시기(始期)가 문제된다. 이는 업무상과실치사상죄가 사람에 대해서만 성립하기 때문이다. 현행 형법은 사람과 태아를 구분하고, 태아에 대해서는 낙태죄를 규정하여 그 생명만을 보호하고 있다. 더욱이 낙태죄는 고의범이기 때문에 과실로 태아의 생명을 침해하는 행위에는 적용할 수 없다. 다만 분만 중의 영아는 태아가 아닌 사람으로 분류하여, 의료인이 분만과정에서 고의 또는 과실로 영아의 생명을 침해할 경우 영아살해죄 또는 업무상과실치사죄로 처벌하고 있다.

대법원은 규칙적인 진통을 동반하면서 태아가 태반으로부터 분리되기 시작한 분만 개시 시점부터의 태아를 사람이라고 본다. 분만의 개시에 대해서는 자궁수축으로 인해 자궁경부가 개대되며 발생하는 개방진통이 있을 때로 보는 견해와 완전개대 후 태아를 모체 밖으로 배출하는 과정에서 산모에게 가해지는 압박

[A] 진통이 있을 때로 보는 견해가 대립하고 있는데, 대법원은 전자의 입장을 취하고 있다. 인공분만의 경우 해당 사건의 검사 측은 '의학적으로 제왕절개수술이 가능하였고 규범적으로 수술이 필요하였던 시기'를 주장하였으나, 대법원은 이를 받아들이기 어렵다고 하였다. 인공분만 시 사람의 시기와 관련하여서는 자궁절개 전 복부절개 단계를 마취와 같은 수술준비로 볼 수는 없으므로 복부절개 시점을 시기로 보아야 한다는 견해와, 자궁이나 복부의 절개 시점을 기준으로 하는 것은 의사의 인위적인 조치에 따른 것이므로 태아의 신체일부가 노출된 시점을 시기로 보아야 한다는 견해 등이 제기되고 있지만, 자궁이 인공적으로 열리기 시작한 때를 분만 개시로 보아야 한다는 이유에서 자궁절개 시점을 사람의 시기로 보는 것이 일반적인 견해이다. 이외에도 사람의 시기에 관하여는 제왕절개수술이 필요한 적기를 기준으로 태아와 사람을 구분해야 한다든지, 적어도 생존능력이 있는 임신 20주 이후의 태아는 사람과 동일시하여야 한다는 등 여전히 다양한 주장들이 제기되고 있다.

19. 윗글을 통해 추론할 수 있는 ㉠의 입장에 대한 서술로 적절하지 않은 것은?

① 해당 사건에서 태아가 사망한 시점은 분만과정 중이라 볼 수 없다.
② 모체 내 태아의 사망을 근거로 그 임산부가 상해를 입었다고 볼 수는 없다.
③ 출산을 위한 수술과 사망한 태아의 반출을 위한 수술 사이에는 특별한 차이가 없다.
④ 응급 제왕절개수술이 필요하였고 가능하였던 시기부터의 태아를 사람으로 볼 수 있다.
⑤ 조산사의 과실과 제왕절개수술로 인해 피해자가 입은 상해 사이에는 인과관계가 성립하지 않는다.

20. 윗글에 나타난 대법원의 판결에 대해 제기할 수 있는 비판으로 적절한 것만을 <보기>에서 있는 대로 고른 것은?

<보 기>
ㄱ. 대법원의 판결 기준에 따르면 분만의 개시 시점이 미뤄지게 되어 결국 법을 통한 태아의 생명과 신체의 보호 기능은 약화될 수밖에 없다.
ㄴ. 자연분만에서 분만의 개시가 반드시 진통과 일치하여 이루어지는 것은 아니며, 현실적으로 규칙적인 진통의 판단 자체가 어려운 경우도 적지 않다.
ㄷ. 검진 후 3시간여가 지난 태아의 사망 시점에는 충분히 분만이 개시되었을 가능성이 있음에도, 대법원은 이를 간과하고 검진 시점만을 기준으로 분만 개시 여부를 판단하였다.

① ㄱ
② ㄴ
③ ㄱ, ㄷ
④ ㄴ, ㄷ
⑤ ㄱ, ㄴ, ㄷ

21. 윗글의 [A]와 다음 <보기>를 바탕으로 판단한 내용 중 적절하지 않은 것은?

<보 기>
임상적으로 자연분만의 과정은 3단계로 나누어지고, 진통은 연속적으로 일어나지만 진행 정도에 따라 다르게 나타난다. 분만 제1기는 자궁수축의 진통에 의해 자궁경부가 소실되고 개대가 시작될 때부터 완전개대(약 10cm)될 때까지를 말한다. 또한 제2기는 완전개대 이후 태아가 만출될 때까지를, 제3기는 태아만출 직후부터 태반과 태아막이 만출될 때까지를 이른다. 제1기는 잠복기와 활성기로 나뉘며, 잠복기는 자궁수축으로 인해 규칙적인 진통이 시작되는 시기로서 자궁경부가 3~5cm 개대될 때까지를, 활성기는 잠복기 종료 후 자궁경부가 완전개대될 때까지를 말한다.
한편 제왕절개수술에 의한 인공분만의 경우에는 '수술 전 검사, 수술 준비, 마취, 복부절개, 자궁절개, 태아만출, 탯줄 자르기, 태반반출, 자궁절개선봉합, 자궁장막 및 복막봉합, 복벽봉합'이라는 일련의 순서대로 진행된다. 수술 시간은 40분~1시간 정도 소요되는데, 자궁벽 절개 후 태아를 꺼내는 시간은 일반적으로 10분 이내이다.

① 자연분만 시 개방진통이 시작된 시점을 사람의 시기로 볼 경우에는 의료인의 과실로 잠복기의 태아가 사망하더라도 해당 의료인을 업무상과실치사죄로 처벌할 수 없다.
② 자연분만 시 압박진통이 시작된 시점을 사람의 시기로 볼 경우에는 의료인의 과실로 활성기의 태아가 사망하더라도 해당 의료인에게 업무상과실치사죄를 물을 수 없다.
③ 인공분만 시 자궁절개시점을 사람의 시기로 볼 경우에는 의료인의 과실로 복부절개 과정에서 태아가 사망하더라도 해당 의료인을 업무상과실치사죄로 처벌할 수 없다.
④ 인공분만 시 태아의 신체일부가 노출된 시점을 사람의 시기로 볼 경우에는 자궁을 절개하다가 태아의 얼굴에 상해를 입힌 의료인에게 업무상과실치상죄를 물을 수 없다.
⑤ 인공분만 시 수술이 필요한 적기를 사람의 시기로 볼 경우에는 응급 제왕절개수술을 진행하다가 과실로 태아를 사망하게 한 의료인에게 업무상과실치사죄를 물을 수 있다.

[22~24] 다음 글을 읽고 물음에 답하시오.

데카르트가 고대 회의주의를 논박하였다고 선언하자, 가상디는 회의주의자의 입장에서 데카르트를 정면으로 반박하였다. 회의주의자들은 우리가 외부 대상의 실제 모습에 대해 정확한 앎을 획득할 수 없으므로, 외부 대상에 대해 일체의 판단을 유보해야 한다고 주장하였다. 이들은 참된 앎의 획득이 가능하다고 주장하면서 진리를 발견했다고 단언하는 것을 독단주의라고 비판했는데, 가상디에게 있어 데카르트는 이러한 독단주의에 빠진 것으로 간주되었다.

회의주의와 관련하여 데카르트와 가상디가 정면으로 충돌하는 두 지점 중 첫 번째 지점은 진리 기준의 문제이다. 데카르트는 "나는 생각한다, 그러므로 나는 존재한다."를 기반에 두고 ㉠일반적인 진리 기준을 확립하였다. 그에 의하면, ㉡집중하고 있는 정신에 현존하며 드러날 수 있는 지각은 명석(明晳)한 것이다. 그리고 그중 다른 모든 것과 확연히 구별되어 단지 명석한 것만을 담고 있는 지각이 판명(判明)한 것이다. 그러므로 어떤 지각이 명석·판명하다는 것은 우리의 정신이 주의를 기울일 경우 더 이상 의심할 수 없을 만큼 명확히 존재하고, 다른 것과 구별되어 분명하게 지각된다는 것을 뜻한다. 따라서 데카르트에게 ㉢명석·판명하게 지각되는 것은 전능한 신의 힘으로도 무효화할 수 없는 진리를 갖는 것이다.

이에 대해 가상디는 명석·판명한 지각이 주의를 기울이는 정신에 현존하며 드러날 수 있는 것이라면, 많은 명민한 철학자들이 명석·판명한 지각에 관해 의견의 일치를 보지 못할 이유가 없다고 반박한다. 모든 사람은 자신이 변호하는 진리를 명석하고 판명하게 지각한다고 생각하며, 또한 같은 사람이 동일한 사물에 대해 명석·판명하게 지각하는 것도 조건에 따라 달라질 수 있다는 것이다. 따라서 가상디는 데카르트에게 진리 기준을 정당화할 수 있는 조건, 다시 말해 어떤 것을 명석·판명하게 지각하였다고 할 경우에 언제 우리가 오류를 범하는지 혹은 범하지 않는지를 안내하고 보여줄 수 있는 방법까지 내놓을 것을 요구한다. 하지만 데카르트는 가상디가 자명하게 지각되는 직관과, 추론이나 논증이 요구되는 연역의 영역을 혼동하고 있음을 지적한다. 데카르트에게 명석·판명한 지각은 논증에 의해 비로소 확보되는 것이 아니라 자명하게 직관되는 것이다.

데카르트와 가상디가 충돌하는 두 번째 지점은 순환 논증의 문제이다. 데카르트는 명석·판명한 지각이 확실하게 참이 되는 근거를 ㉣성실한 신의 존재에서 찾았다. 그는 우리가 명석·판명하게 인식할 수 있는 것을 인식한 그대로 신이 만들어낼 수 있음을 알고 있기 때문에, 각자의 명석·판명한 지각은 주관적인 확실성을 넘어서 ㉤객관적인 확실성을 획득할 수 있다고 보았다. 즉 전능한 신을 매개로 할 때 우리의 주관적인 지각이 실재하는 외부 대상 세계와 일치하게 되는 것이다. 또한 데카르트는 신의 관념이 지극히 명석·판명하게 지각된다는 점을 그러한 신이 존재한다는 근거로 제시한다. 그에 따르면, 완전하고 무한한 신의 관념이 유한한 나로부터 생겨났을 리가 없기 때문에 이런 관념을 야기한 무한 실체는 있어야 하며, 현존하지 않는 신은 완전함이라는 신의 관념과 모순되기 때문에 신은 존재해야 한다.

가상디는 이러한 데카르트의 주장이 순환 논증임을 지적한다. 데카르트가 주장하는 두 가지 명제, 즉 "명석·판명하게 지각되는 것은 모두 참이다."(P1)와 "신은 존재한다."(P2)는 서로가 서로의 증거로 제시된다. 그러한 순환 속에서 P1과 P2는 증명되어야 할 것임에도 불구하고 어느새 증명된 것으로 둔갑하는 것이다. 데카르트는 회의주의에 대한 자신의 해결책이 순환 논증에 빠졌다는 가상디의 비판에 대해, 우리가 주의를 집중하는 한에서 직관에 의해 명석·판명하게 파악되는 것은 그 진리성에 대해 어떤 의심의 여지도 없기 때문에 신의 존재에 의존할 필요가 없다는 답변을 한다. 즉 순환하는 두 항 가운데 하나의 항이 우선권을 획득하게 되면 악순환은 발생하지 않는다는 것이다. 그러나 이는 지각의 확실성을 보증하기 위한 신의 존재의 필요성을 스스로 부정함으로써 결국에는 독단적인 전제 설정이라는 문제점에 다시 봉착하게 하는 만족스럽지 못한 답변이었다.

22. ㉠~㉤에 관한 데카르트의 설명으로 가장 적절한 것은?
① ㉠만으로는 참된 앎과 진리의 획득이 불가능하다.
② ㉡이라는 것은 곧 판명하게 지각되는 것을 말한다.
③ ㉢은 논리적 추론을 통해 다른 것과 분명하게 구별되어 지각된다.
④ ㉣을 획득하지 못하면 명석·판명한 지각은 진리성을 가질 수 없다.
⑤ ㉤을 획득한 명석·판명한 지각은 외부 대상의 실제 모습과 일치하게 된다.

23. 반박의 내용으로 적절하지 않은 것은?
① 진리에 대한 '기준'이라는 것은 언제나 누구에게든 보편적이어야 함을 간과하였다.
② 위대한 철학자들이 서로 다른 의견 대립을 보이는 현상에 대해서는 설명하지 못한다.
③ 무엇이 참된 앎인가에만 치중하여 어떻게 진리가 획득되는가는 제시하지 못하고 있다.
④ 거짓된 것도 참된 것으로 잘못 받아들일 수 있는 가능성을 내포한 기준을 내세우고 있다.
⑤ 자명하게 직관된다는 것만으로 신의 존재를 증명하였다고 볼 수는 없기 때문에, 신의 존재를 근거로 하는 주장 또한 타당성을 획득할 수 없다.

24. 윗글에 제시된 데카르트와 가상디의 논쟁에 대한 이해로 가장 적절한 것은?
① 데카르트는 가상디의 비판을 받아들여 스스로 자신의 진리 기준을 부정하고 있다.
② 가상디는 데카르트의 주장에 논리적 오류가 있음을 지적하고 새로운 진리 기준을 내세우고 있다.
③ 데카르트는 가상디의 지적에도 불구하고 자신의 진리 기준에 문제가 없다는 입장을 고수하고 있다.
④ 데카르트와 가상디 모두 완전함이라는 신의 관념과 신의 부재가 모순된다는 점을 신 존재의 근거로 받아들이고 있다.
⑤ 가상디는 자신의 비판에 대한 데카르트의 답변이 충분하지 못함을 지적하고 그에 대해 추가적으로 질문함으로써 논쟁을 이어가고 있다.

[25~27] 다음 글을 읽고 물음에 답하시오.

컴퓨터의 중앙처리장치(CPU)는 저장 공간인 메모리에 데이터를 저장하고 주소를 부여하며 이후 데이터에 접근하여 작업을 수행한다. 하드디스크의 물리적 메모리는 용량이 크고 접근하는 데 시간이 걸리기 때문에 효율적인 정보처리를 위해서는 메모리를 계층화하여 데이터를 저장할 필요가 있다. 이에는 크게 ㉠페이징 방식과 세그멘테이션 방식이 있는데 기본적인 방식은 페이징(paging)이다. 이에 따라 CPU가 원하는 데이터에 접근하기 위해 생성하는 주소는 하드디스크에 저장된 물리적 메모리의 주소가 아닌, 논리적인 주소, 즉 가상 주소이다.

페이지는 컴퓨터가 데이터를 저장하는 데 사용하는 기본 공간으로 크기가 일정하다. 하나의 프로그램에 필요한 만큼의 페이지를 메모리 공간으로 할당한다. 각 페이지는 데이터의 저장 단위인 블록들로 구성된다. 페이징 방식에서는 CPU와 물리적 메모리 사이에 페이지 테이블을 둔다. CPU가 생성한 가상 주소는 페이지 테이블을 거쳐 물리적 주소로 변환될 수 있다. 가상 주소는 가상의 페이지 번호와 상대 주소로 구성되어 있는데 가상의 페이지 번호는 페이지 테이블의 주소와 같은 역할을 한다. 가상의 페이지 번호가 가리키는 페이지 테이블의 저장 공간에는 물리적 메모리의 페이지 번호가 저장되어 있다. 물리적 메모리의 페이지 번호 뒤에 가상 주소의 뒷부분에 해당하는 상대 주소를 합치면 접근해야 할 물리적 메모리 블록의 주소가 생성된다. 이 주소에 따라 컴퓨터는 물리적 메모리의 페이지로 이동하고, 해당 페이지 내에서 상대 주소에 해당하는 블록에 저장된 데이터를 출력한다. 이러한 과정은 가상 주소가 주어지면 메모리 간의 상호 작용을 통해 CPU가 요구한 데이터가 출력됨을 보여 준다.

페이지 테이블에 접근하는 시간을 절약하기 위해서 ㉡TLB(Translation Lookaside Buffer) 추가 방식이 사용될 수 있다. TLB는 데이터를 잠시 보관하는 저장 공간으로 용량은 크지 않지만, 이를 사용하면 원하는 데이터를 얻는 데 걸리는 시간이 짧다. 따라서 자주 참조되는 페이지 번호를 TLB에 저장하면 페이지 테이블을 거치지 않고 바로 원하는 물리적 주소를 얻을 수 있다. 원하는 페이지 번호가 TLB에 저장되어 있다면 TLB 히트가 발생한다. 하지만 용량 문제로 페이지 테이블의 내용을 모두 저장할 수는 없으므로 TLB에 저장되어 있지 않은 페이지 번호가 호출되는 경우 TLB 미스가 발생하고, 페이지 테이블에서 페이지 번호를 확인해야 한다. TLB 미스가 발생하면 TLB를 사용하지 않을 때보다 시간적 효율성이 떨어지므로 자주 참조되는 페이지 번호는 TLB에 업데이트해야 한다.

TLB 추가 방식보다 효율성을 더 높이는 방법으로, TLB에 접근하기 전에 ㉢캐시(Cache)를 추가하는 방식이 있다. 캐시는 데이터를 복사해 임시로 저장할 수 있는 메모리로 용량이 작고 처리 속도가 매우 빠르다. 캐시에서 한 단위의 저장 공간은 블록으로 구분되고, 물리적 메모리에 저장된 블록들이 그대로 캐시의 블록에 복사된다. CPU가 가상 주소를 생성하면 캐시의 저장 공간을 가장 먼저 확인한다. TLB의 경우와 같이, 캐시에 가상 주소가 가리키는 데이터가 저장되어 있으면 캐시 히트가 발생하고, 캐시에서 바로 데이터를 출력할 수 있다. 따라서 물리적 주소를 통한 접근을 할 필요가 없고, 데이터 입출력 시간이 크게 단축된다.

캐시 미스가 발생하면 물리적 메모리의 데이터 블록을 캐시로 복사한 후 다시 캐시에서 해당 데이터를 출력해야 하는데, 이는 이어 진행될 TLB 탐색 결과와 상관없이 진행된다. 해당 과정이 반복되면 캐시를 사용하지 않는 것보다 효율성이 떨어지기 때문에 자주 참조되는 데이터들을 캐시에 효율적으로 업데이트하는 것이 중요하다. 캐시 공간은 한정되어 있으므로 새로운 블록을 저장할 공간이 없을 수 있다. 이 경우 기존의 데이터를 새로운 데이터로 교체해야 하는데, 과거의 작업 내용을 기반으로 교체할 데이터를 선택하는 교체정책이 주로 사용된다. 이 중 최소 최근 방식은 가장 오래전에 요청된 데이터를 새로운 데이터로 교체하는 방식이다. 오랜 기간 요청되지 않았다는 정보를 바탕으로 장래에도 그럴 것으로 예측하는 것이다. 반면, 선입선출 방식은 가장 오랜 기간 캐시에 저장되어 있던 데이터를 교체 대상으로 선택한다. 이 두 방식은 과거의 작업에 대한 정보를 저장해야 하는 단점이 있지만 효율성을 높일 수 있다.

25. ㉠, ㉡, ㉢에 대해 이해한 내용으로 적절하지 <u>않은</u> 것은?

① ㉡에 따르면 TLB 히트의 경우에도 물리적 메모리에 접근해야 필요 데이터를 출력할 수 있다.
② ㉢에 따르면 가상 주소만 사용해도 물리적 메모리에 저장된 데이터와 동일한 데이터를 출력할 수 있다.
③ ㉠과 달리 ㉢은 데이터 출력을 위한 추가 저장 공간이 필요하다.
④ ㉡과 달리 ㉠은 페이지 테이블을 통해서만 물리적 메모리에 접근할 수 있다.
⑤ ㉡과 ㉢에서 TLB 미스가 발생하면 페이지 테이블을 거쳐야 물리적 메모리의 데이터를 출력할 수 있다.

26. 윗글과 <보기>를 바탕으로 한 설명으로 가장 적절한 것은?

<보 기>

세그멘테이션(segmentation) 방식은 메모리를 가변적으로 할당하는 것으로, 프로그램이 데이터 저장 공간을 필요로 할 때마다 필요한 저장 공간만큼 세그멘테이션으로 할당한다. 이후 해당 공간이 필요하지 않으면 세그멘테이션이 반환되고, 동일한 프로그램 또는 다른 프로그램의 세그멘테이션으로 다시 할당될 수 있다. 이에 따라 전체 메모리 빈 공간의 합은 충분할 수 있지만 세그멘테이션 사이에 새로운 세그멘테이션을 할당하기에 부족한 공간이 있을 수 있다.

세그멘테이션 방식에서 가상 주소는 가상의 세그멘테이션 번호와 상대 주소로 구성되고, 세그멘테이션 테이블을 통해 물리적 주소로 변환된다. 가상의 세그멘테이션 번호는 세그멘테이션 테이블의 주소로 기능하고, 테이블에는 물리적 세그멘테이션 주소와 세그멘테이션 길이가 저장되어 있다. 물리적 세그멘테이션 주소의 뒤에 상대 주소를 연결하면 물리적 메모리에서 원하는 데이터가 저장된 블록의 주소를 얻을 수 있다. 이때 만들어진 주소가 세그멘테이션 길이를 초과하는 부분을 가리킨다면 메모리 접근에 오류가 발생한다.

① 하나의 프로그램이 여러 개의 세그멘테이션을 할당받을 수 있다.
② 페이징 방식에서는 하나의 프로그램은 하나의 페이지를 할당받는다.
③ 페이징 방식에 비하여 세그멘테이션 방식의 데이터 접근 효율성이 더 높다.
④ 하나의 세그멘테이션으로 할당된 공간이 여러 프로그램의 세그멘테이션으로 사용될 수 없다.
⑤ 세그멘테이션 방식과 페이징 방식 모두 프로그램에 할당된 공간의 크기가 각각의 테이블에 기록된다.

27. 교체정책에 대해 추론한 내용으로 적절한 것만을 <보기>에서 있는 대로 고른 것은?

<보 기>

ㄱ. 캐시 블록 개수가 4개이고 각 블록에 A, B, C, D를 순서대로 저장하였을 때, A, B, C, D, E를 한 주기로 하여 데이터 요청을 반복하면 선입 선출 방식을 따를 경우 처음 4번의 요청을 제외하고 매번 캐시 미스가 발생한다.

ㄴ. 캐시 블록의 개수가 3개이고 각 블록에 A, B, C를 순서대로 저장하였을 때, A, B, C, D, D, C, B, A를 한 주기로 하여 데이터 요청을 반복하면 최소 최근 방식에 따를 경우 A나 D가 요청될 때에만 캐시 미스가 발생한다.

ㄷ. 캐시 블록의 개수가 3개이고 B, C, A, C, B, A의 순서로 데이터를 요청한 이후, B, C, D를 한 주기로 하여 데이터 요청을 반복하면 최소 최근 방식보다 선입 선출 방식에서 캐시 미스가 더 적게 발생한다.

※ 단, A~E는 모두 하드디스크에 저장된 데이터이고 각각의 크기는 캐시 블록 크기이며, 빈 캐시에 데이터가 요청되면 요청 순서대로 저장된다.

① ㄱ
② ㄴ
③ ㄱ, ㄴ
④ ㄱ, ㄷ
⑤ ㄱ, ㄴ, ㄷ

[28~30] 다음 글을 읽고 물음에 답하시오.

　19세기 유럽에서는 프랑스 대혁명과 산업 혁명으로 대표되는 정치, 사회적 진보에 대한 믿음이 강했던 만큼 진보 일변도로 치닫는 사회의 종말에 대한 위기의식이 퍼져 있었다. 19세기 유럽의 문예사조 중 하나인 데카당스는 본래 한 시대나 사회의 종말을 칭하는 용어로, 위기의식이 팽배했던 당시 유럽의 분위기를 설명하기 위해 활용되었다. 그런데 당시 예술가들에 의해 데카당스는 조화와 균형을 중시하는 고전주의적 미의식을 거부하고, 로마 제국 말기와 같은 쇠락기의 퇴폐적 문화에서 새로운 미의 기준을 찾는 일종의 문예사조로 자리잡았다. 이러한 사조는 위기의식이 실제로 존재하는지에는 관심을 두지 않고, '위기의식이 고조된 개인'을 주제로 삼아 불안감과 무기력을 표출하는 특성을 갖는데, 그 영향을 받은 문학 작품에서는 주로 관능주의적 성향, 현실 사회의 규범에 대한 반감, 예술을 위한 예술의 강조, 자연미의 거부와 인공적 스타일의 추구가 나타났다.
　데카당스 사조의 영향력에 대한 반응은 다양했다. 니사르는 고전주의자의 입장에서 데카당스를 비판하였는데, 그는 어떤 욕구들이 인간의 정신을 데카당스의 상태로 빠뜨리는지, 즉 비정상적인 고갈 상태에 이르게 하는지를 밝히고자 하였다. 그는 상상력이 모든 것을 대신하여 인식하는 것이 그러한 결과를 낳았다고 주장한다. 상상력이 이성의 통제를 벗어나면서 사물의 위계와 현실을 객관적으로 파악하지 못한다는 것이다. 이와 달리 부르제는 데카당스를 암담한 현실에 대응하는 하나의 미학 이론으로 보았다. 그의 주장에 따르면, 사회는 구성요소가 위계질서에 복속하는 '유기적 사회'와 사회 내 구성 요소들의 위계질서가 점차 느슨해지는 '데카당스적 사회'로 나뉜다. 그의 이론에 따르면 데카당스는 개인주의를 향한 사회적 진화를 의미하며, 개인이 상상력을 자유롭게 발휘하여 현실에 맞서는 힘이 된다. 니체는 개체의 자유, 만인에 대한 동등한 권리가 부정되어서는 안 되지만, 그에 따른 고통과 혼란이 존재한다고도 밝힌다. 그의 사유는 형식을 파괴하고 개인의 의지를 강조한다는 점에서 데카당스를 수용하면서도, 데카당스의 발산이 대중의 신경을 마비시켜 성찰 가능성을 낮출 수 있음을 동시에 지적한다.
　데카당스 사조는 유럽뿐만 아니라 아시아의 문학에도 영향을 끼쳤다. 1920년대에 일본으로 유학 갔던 문인들을 중심으로 데카당스 사조가 한국 근대문학계에 소개되었다. 서양의 문학 양식을 수용한 흔적은 1910년대 계몽주의 문학에서도 발견되나, 이 시기의 문학은 서구 문명에 대한 경이와 충격을 담았고, 전파된 지식과 규범을 수용하여 국가 또는 민족 단위의 변화를 목적으로 삼았다. 여기서 묘사되는 ⓐ개인은 내면에 지식과 도덕 규범을 축적하여 교양을 쌓은 사람이자, 민족 전체를 계몽으로 이끄는 이를 의미하였다. 또한 문학 등 서구 예술작품을 감상하여 축적된 미적 체험은 작품 속 개인에게 자신과 주변인의 관계, 나아가 사회와 민족 공동체 내에서 자신이 해야 할 역할을 상기시켰다. 이러한 점에서 당시의 문학은 국가 혹은 민족 단위의 변화를 위한, 즉 저급하고 오락적인 문화에 몰두하는 대중을 교화하기 위한 일종의 교육적 장치로 인식되었다.
　1920년대에는 프랑스 상징주의 시와 그로부터 발견되는 데카당스 시론을 소개한 김억의 평론을 시작으로, 『창조』, 『백조』, 『폐허』 등 동인지를 통해 이러한 사조의 영향을 받은 시들이 발표되었다. 이 시기의 문인들은 일본어로 번역된 프랑스 시들을 접하면서 이광수나 최남선으로 대표되는 1910년대의 문학이 담고 있는 개인이 계몽주의적이고 고답적 성격을 가지며, 그 내면이 현실에서 방황하는 개인을 반영하지 못하고 계몽이라는 목표를 수행하기 위한 도구의 성격을 벗어나지 못했음을 인지하였다. 이들은 이러한 문제의식에 따라 ⓑ개인 내면의 정서를 지식이나 도덕이 아닌 본능의 측면에서 일깨우고자 했고, 개인주의, 본능, 예술, 연애와 같은 '미적 생활'에 탐닉하는 이들을 화자로 내세움으로써 '예술'과 '꿈'을 강조하였다.
　1920년대의 한국 문인들에게 데카당스는 계몽주의로 대표되는 낡은 사회 구조를 파괴하고 문단의 수준을 높이기 위한 일종의 전략으로 받아들여졌다. 민족적 각성을 강조하는 문학에서 탈피하여 서구 문학 사조에 바탕을 둔 문학적 성장을 모색한 것이다. 이들이 예술과 꿈을 강조한 것은 만세운동의 실패에 따른 지식인들의 실의와 좌절이라기보다는 창조적이며 발전적인 미래를 꿈꾼 결과가 된다. 아도르노는 데카당스 문화가 보다 나은 잠재력을 위한 '피신처'의 역할을 한다고 밝혔는데, 1920년대 문인들과 그들의 작품에서도 이러한 가능성이 발견된다. 데카당스는 진보에 대한 회의와 그것을 토대로 한 자본주의 문명의 노쇠함과 피로를 내장하고 있지만, 이를 단순한 퇴행으로 볼 수만은 없으며 전시대의 문화 붕괴를 촉진하고 새로운 세계의 가능성을 낳는다는 것이다.

28. 윗글의 내용과 일치하는 것은?
① 니사르는 데카당스 사조가 보이는 불안한 감성, 무기력이 새로운 세계의 탄생을 추동할 수 있다고 보았다.
② 부르제에 따르면 데카당스 예술은 개인이 현실에 맞서기 위한 상상력을 발휘할 수 있는 동력에 해당하였다.
③ 니체는 대중이 성찰 능력을 유지해야 하며, 이를 위해서는 사유 과정에서 자의식 표출을 억제해야 한다고 주장하였다.
④ 1910년대 한국 문단에서 데카당스 사조를 수용하려는 시도가 무산된 원인은 문학의 역할에 대한 강박이었다.
⑤ 아도르노는 데카당스의 파괴적인 속성이 완화된다면 데카당스 예술이 보다 나은 잠재력을 발휘할 수 있다고 보았다.

29. ⓐ과 ⓑ에 대한 설명으로 적절하지 않은 것은?
① ⓐ과 ⓑ 모두 퇴폐적이고 향락적인 현실에 대한 위기의식이 반영되어 있다.
② ⓐ은 서구 문명의 영향을 받아 자신이 공동체에서 해야 할 역할을 설정하였다.
③ ⓑ은 데카당스의 수용을 과거의 실패가 불러온 결과로 여기지 않는 문인의 내면과 관련된다.
④ ⓑ은 기존의 윤리적 가치에 비해 내면의 본능을 더 중시하는 문인의 인식을 드러내는 역할을 한다.
⑤ ⓐ에서는 미래의 발전을 위해 민족의 각성이, ⓑ에서는 미래의 발전을 위해 개인의 창조성 발산이 필요함이 강조된다.

30. 윗글을 바탕으로 <보기>를 이해한 내용으로 적절하지 않은 것은?

<보기>

'마돈나' 날이 새련다 빨리 오려무나. / 사원(寺院)의 쇠북이 우리를 비웃기 전에 네 손이 내 목을 안아라. / 우리도 이 밤과 같이 오랜 나라로 가고 말자. / 너는 내 말을 믿는 '마리아'—내 침실이 부활의 동굴임을 네야 알련만……

— 이상화, 「나의 침실로」 —

 1920년대 데카당스 사조를 대표하는 시인인 이상화의 경우, 미가 진리이고 그것이 영원하다는 미에 대한 내적 파토스가 그의 작품에 강하게 표출되어 있다. 그의 대표작 「나의 침실로」에서는 도덕적이고 윤리적인 가치를 넘어선 새로운 가치에 대한 희구를 느낄 수 있다. 시의 화자인 '나'가 부르는 대상인 마돈나가 성모 '마리아'와 동일 인물이라는 사실은 화자의 관능적 욕망이 신에 대한 불경과 금기에 대한 해체를 의미한다는 것을 보여 준다. 시는 "가장 아름답고 오랜 것은 오직 꿈속에만 있어라."는 표현으로 시작하는데, 이는 화자가 드러내는 관능적 욕망이 자아의 백일몽 속에 머물러 있을 것임을 드러낸다. 이에 따르면 시에서 '나'에 의해 표출되는 관능성은 한 시대의 몰락, 다시 말해 현실 사회의 파멸로까지는 이어지지 않으나, 현실이 아닌 꿈속에서 새로운 세계를 형성한다. 즉, 마돈나가 오지 않는 상황과 그로 인한 '나'의 불안감은 꿈속의 현상으로, '침실'로 상징되는 꿈, 다시 말해 예술 속에서만 해소될 수 있다.

① '마돈나'가 오기를 재촉하는 '나'의 모습에서, 꿈속에서의 위기의식에 따른 개인의 불안감을 찾아볼 수 있군.
② '침실'이 부활의 동굴이라고 밝히는 '나'의 모습에서, 예술을 새로운 세계를 향한 가능성으로 보는 개인의 내면을 엿볼 수 있군.
③ '마돈나'로 대표되는 미에 탐닉하는 화자의 모습에서, 현실 사회에서 요구되는 도덕에 예속되지 않으려는 개인을 떠올릴 수 있군.
④ '나'가 표출하는 관능성이 현실 세계의 파멸로 이어지지 못한다는 점에서, '나'는 현실에서 이루어야 할 과업을 완수하지 못해 절망하는 인물임을 확인할 수 있군.
⑤ 시인은 금기에 도전하려는 '나'의 내면을 강조함으로써, 사회가 요구하는 목표를 성취하는 데서 개인의 존재 의의를 찾는 태도를 거부하려 했다고 해석할 수 있군.

2026학년도 법학적성시험 대비

제2회 파이널

LEGAL · EDUCATION · ELIGIBILITY · TEST

실전 모의고사

제1교시 | **언어이해**

총 30문항 09:00~10:10(70분)

수험생 유의사항

1. 문제지를 받은 후 시험 시작 시간까지 문제 내용을 보아서는 안 됩니다.
2. 시험 시작 즉시 과목편철 순서, 문제누락 여부, 인쇄상태 이상 유무 등을 확인한 후 문제지에 성명을 기재하시기 바랍니다.
3. 시험 시작 후 문제를 주의 깊게 읽고 문항의 취지에 가장 적합한 하나의 정답만을 고르시기 바랍니다.

메가로스쿨

언어이해

제1교시

2026학년도 법학적성시험 대비 제2회 파이널 실전 모의고사

- 이 문제지는 **30문항**으로 구성되어 있습니다. 문항 수를 확인하십시오.
- 문제지의 해당란에 성명을 정확히 쓰십시오.
- 답안지에 응시 번호와 답을 표기할 때에는 답안지 오른편에 있는 '답안지 작성시 반드시 지켜야 하는 사항'에 따라 표기하십시오.
- 답안지의 필적확인란에 해당 문구를 정자로 기재하십시오.

[1~3] 다음 글을 읽고 물음에 답하시오.

실증주의는 개별 학술적 맥락에 따라 세부적인 의미는 다르지만, 큰 틀에서는 경험적 증거를 통한 입증을 강조한다는 의미를 공유한다. 이에 법실증주의는 법명제의 진리조건이 도덕적 명제에 대한 참조 없이도 완결적으로 제시될 수 있다는 견해로 정의된다. 법명제란 참·거짓을 판단할 수 있는 법에 관한 명제이며, 진리조건이란 명제가 어느 경우에 참이 되는지를 결정하는 조건이다. 그러므로 법에 관한 명제가 어느 경우에 참이 되는지 안다는 것은 법체계를 이해하는 핵심 요소이다. 이것이 도덕적 명제에 대한 참조 없이도 완결적으로 제시될 수 있음은, 법명제의 판단에 도덕적 고려가 개입되어야 할 필연적인 이유가 없다는 뜻이다. 법실증주의는 법과 도덕이 배타적, 필연적으로 구별되는 분리된 범주라는 경성 법실증주의와 법과 도덕이 개념적으로는 구별되나 필연적으로 분리되는 것은 아니며 법이 규범적, 도덕적 내용을 포함할 수 있다는 연성 법실증주의로 구분된다.

법실증주의에 관한 통상적 이해에 따르면 공동체의 법은 어떤 행위를 공권력에 의해서 제재할 것인지를 결정하고자 공동체가 사용하는 특별한 규칙들의 집합이다. 이러한 규칙들의 집합은 규칙의 내용이 아니라, 그러한 규칙이 채택되는 방식, 법의 유래 및 계보 등에 관한 기준에 의해 다른 규칙들과 구별되어 확인될 수 있다. 이 기준을 적용함으로써 유효한 '법적 규칙'을 법적 규칙이 아닌 '사회적 규칙'과 구별 가능하다. 그런데 '규칙'이 무엇을 의미하는지, 법적 규칙을 확인하는 '기준'이 무엇인지에 관하여는 법실증주의 내에서도 상당한 견해 차이가 있다.

오스틴의 '법명령설'은 논의 대상을 실정법으로 한정하면서, 주권자에 대한 습관적 복종이라는 사실에 의해 법을 확인할 수 있다고 본다. 보다 구체적으로 오스틴은 법적 규칙을 '일반 명령'으로, 명령을 힘과 의지에 의한 강요로써 특정한 방식으로 타자를 행동하게 만드는 표현으로 정의한다. 오스틴에 따르면 정치공동체에서는 나머지 사람들은 그에게 습관적으로 복종하지만, 그 자신은 나머지 사람들에게 복종하지 않는 개인이나 집단인 주권자를 찾을 수 있다. 따라서 법적 규칙이란 공동체의 주권자가 습관적 복종 상태에 있는 타자에게 내리는 일반 명령이다. 그 결과 명령의 수신자들은 불복종에 따를 수 있는 제재에 대한 위험을 피하고자 그러한 규칙에 따르며, 이로써 법적 의무가 발생한다. 한편 법이 주권자의 명령이라는 개념에 따를 때, 주권자는 법의 제한을 받지 않는다. 주권자의 명령으로 명령을 내리는 주권자에게 어떠한 제한을 가한다는 것은 그 자체로 모순적이다. 그런 까닭에 오스틴은 주권에 제한을 가하는 헌법 조항에 대해서는 실정법이 아닌 '실정도덕'에 해당한다고 본다. 달리 말하면, 실정도덕은 주권자의 주권에 제한을 가할 수도 있는 것이다.

하트 등의 비판자들은 이 이론이 법의 복잡성을 설명하기에는 지나치게 단순하다고 본다. 이들의 비판에 따르면, 현대 민주주의 사회에는 타자를 통제할 힘을 가진 주권자가 존재하는지 의심스럽다. 이를테면 국민이 주권을 갖는다고 할 때 이는 오스틴이 논한 주권자의 조건을 만족한다고 보기 어려우므로, 현대 민주사회에는 주권자가 존재하지 않게 된다는 것이다. 이에 대하여, 오스틴을 옹호하는 주석가들은 이는 주권자 개념을 오해한 것으로 오스틴은 주권자라는 표현을 통하여 추상적 존재를 지칭했다고 본다. 예컨대 의회주권을 채택하는 영국 헌법을 두고 의회에 속한 사람이 자신의 권력을 제한받는다거나 주권자인 자신에게 복종한다거나 하면 모순되지만, 의회를 추상적 제도로 본다면 그렇지 않다는 것이다.

나아가 법적 의무에 대한 오스틴의 분석은 우리가 법에 대해 다른 종류의 명령과는 다른 태도를 취한다는 사실을 잘 설명하지 못한다. 법실증주의자인 하트의 비판에 따르면 우리는 무법자의 명령과 법적 구속 및 제재의 차이를 구별한다. 그러나 오스틴은 의무를 무력의 위협에 종속되는 것으로 정의하며, 법의 권위를 전적으로 불복종자들을 위협할 수 있는 주권자의 능력에 의존시킨다. 즉, 오스틴의 이론에는 '강제되는 것'과 '의무를 갖는 것' 사이의 구별이 있을 수 없다. 규칙은 규범적이라는 점에서, 위협을 넘어 구속력 있는 행동 표준을 설정한다는 점에서 명령과 구별된다. 물리적 힘을 가진 사람이 원한다고 해서 규칙이 구속력을 가질 수는 없다. 정당한 법과 무법자의 명령을 구별하는 것은 이러한 구속력의 차이라는 것이다. 마찬가지로 비판자들은 오스틴의 주장이 법적 규칙에는 강제력을 부여하는 규칙 외에도 권한이나 권리를 부여하는 성격의 규칙이 존재한다는 점을 설명하지 못한다고 지적한다.

1. 윗글의 내용과 일치하는 것은?
   ① 법명령설에서 법은 주권자의 명령에 의한 것이므로 규칙과는 무관하다.
   ② 법명령설에서는 현대 민주사회에 참여하는 사람들에게는 법적 의무를 부여하지 않는다.
   ③ 법실증주의에 따르면, 법체계를 이해하기 위해 법명제의 진리조건을 반드시 알 필요는 없다.
   ④ 법실증주의는 일반적인 실증주의의 의미를 공유하지 않는다는 점에서 다른 학문과 구별된다.
   ⑤ 법실증주의에 따르면, 법적 규칙은 의미나 내용에 의존하지 않고서도 다른 규칙과 구분될 수 있다.

2. 윗글을 바탕으로 <보기>를 평가한 것으로 가장 적절한 것은?

<보 기>
헌법은 최상위 법 규범으로 국민주권을 보장하며, 통치제도의 구조와 시민들의 기본권을 규정한다. 통치제도에 관한 헌법 조항들은 각 국가 기관에 다양한 권한을 부여한다. 그리고 기본권 규정들은 국가의 시민들에 관한 다양한 보장 사항들을 포함한다. 한편 대한민국 헌법 제37조 제2항에는 "국민의 모든 자유와 권리는 국가안전보장·질서유지 또는 공공복리를 위하여 필요한 경우에 한하여 법률로써 제한할 수 있으며" 등의 규정이 존재한다. 이러한 규정들은 공동체 구성원들이 공유하는 근본적인 규범적 직관과 실질적인 규범적 내용에 관한 고려를 규정한 규칙이라고 볼 수 있다.

① 오스틴을 옹호하는 주석가들은 한 사회에서 통치제도에 관한 헌법 조항들이 국가 기관의 권한을 제한한다면 그 사회에는 주권자가 없게 된다고 볼 것이다.
② 오스틴의 비판자들은 시민들에 관한 다양한 보장 사항을 포함하는 헌법의 기본권 규정이 법명령설의 타당성을 비판하는 논거가 될 수 있다고 볼 것이다.
③ 오스틴에 따르면, '대한민국 헌법 제37조 제2항'은 국민이라는 주권자에 의해 제정된 일반 명령으로 볼 수 있을 것이다.
④ 법실증주의자라면 헌법이 규범적 내용에 관한 고려를 규정한 규칙이라는 점에 대해 비판적인 견해를 취할 것이다.
⑤ 법실증주의자들은 헌법을 사회적 규칙과 구별 가능한 유효한 법적 규칙으로 인정하지 않을 것이다.

3. 윗글을 바탕으로 <보기>에 대한 '하트'의 견해를 추론한 것으로 가장 적절한 것은?

<보 기>
A국 은행에 권총 강도가 들이닥쳤다. 강도는 권총으로 은행원을 위협하면서 가방에 현금을 가득 담으라고 말한다. 은행 경비는 강도를 제압한 뒤, 경찰에 강도의 신병을 인도하였다. 현대 민주주의 국가인 A국 형법의 강도 처벌 규정은 보통 선거로 선출되어 구성된 의회에서 제정된 것이며, 행정부 수반은 거부권을 행사하지 않아 해당 규정은 유효하게 되었다. 강도는 재판에 넘겨져 규정에 따라 실형 선고를 받았으며, 실형은 형 집행과 관리를 수행하는 기관에 의해 집행되었다.

① A국에는 오스틴이 논한 조건을 만족하는 주권자가 존재하지 않는다고 볼 것이다.
② 권총 강도의 요구와 형법은 모두 명령이라는 점에서는 본질적으로 구별되지 않는다고 볼 것이다.
③ 권총 강도가 은행원에게 한 요구에 대하여 은행원은 요구를 들어줄 의무에 놓였다고 볼 것이다.
④ A국의 형법이 불복종자에게 제재를 가한다는 점에서 법적 규칙으로 인정될 수 없다고 볼 것이다.
⑤ 권총 강도의 요구가 의무의 성격을 갖지 않게 된 것은 권총 강도가 은행 경비에 의해 제압당한 시점부터라고 볼 것이다.

[4~6] 다음 글을 읽고 물음에 답하시오.

인공지능은 인간의 지능으로 할 수 있는 사고나 학습 등을 컴퓨터 프로그램으로 실현한 기술을 말한다. 머신러닝은 인공지능의 한 분야로, 컴퓨터가 명시적인 프로그래밍이나 지시 없이도 학습하는 능력을 부여하는 기술이다. 머신러닝은 학습 시스템에 정보 및 데이터를 입력하는 형태에 따라 나뉘는데, 지도학습, 비지도학습, 강화학습이 있다.

지도학습은 입력한 트레이닝 데이터를 통해 주어진 입력 데이터에 맞는 출력 데이터를 예측하는 학습법이다. 트레이닝 데이터란 보통 입력 데이터인 특징과 출력 데이터인 라벨을 제공하는 학습 패턴 쌍의 형태를 가진 정보로, 트레이닝 데이터를 많이 입력할수록 예측하는 성능이 좋아진다. 지도학습을 하는 컴퓨터는 분류가 완료된 데이터로 각 트레이닝 데이터 세트의 특징들을 인지한 다음 분류되지 않은 데이터를 보고 라벨을 높은 정확도로 예측할 수 있을 때까지 훈련한다. 이때 라벨이 연속적인 값을 출력하는 경우는 회귀, 동일한 성질로 범주화할 수 있는 경우는 분류이다. 라벨은 회귀에서는 일반적으로 실수를 가지고, 분류에서는 유한한 개수의 값을 가진다. 이 중 회귀는 시간에 따라 변화하는 데이터와 같은 통계적 예측에 적합한 방법이지만, 많은 경우 예측의 검증이 정확하게 밝혀지지 않은 채로 이용되어 그 결과가 오용되는 경우도 있다.

비지도학습은 라벨 없이 특징만 있는 학습 패턴 쌍을 트레이닝 데이터로 제공하여 컴퓨터가 데이터의 특성을 스스로 학습하는 학습법이다. 비지도학습은 데이터에 내재하는 유용한 정보나 지식을 추출하는 데 활용되는데, 이는 입력된 데이터보다 데이터 특징을 더 정확하게 표현하는 새로운 입력 데이터를 만드는 것을 의미한다. 이렇게 추출된 특징은 지도학습의 성능을 향상시키는 데 이용된다. 지도학습과 달리 답을 알려주지 않는 학습 방식을 통해 컴퓨터를 학습시키기 때문에, 비지도학습의 목적은 데이터가 어떻게 구성되어 있는지를 파악하고, 데이터의 특징을 발견하는 데 있다.

강화학습은 행동 대신 주어진 상태에 맞춘 컴퓨터의 의사결정에 대한 보상 또는 벌칙을 주는 방식으로 훈련하는 학습법이다. 강화학습에서는 지도학습과 마찬가지로 입력 데이터와 출력 데이터를 이용하며, 입력 데이터는 상태, 출력 데이터는 행동이라고 표현한다. 컴퓨터는 다양한 시도를 통해서 최적의 결과를 낼 수 있는 조합을 찾아내며, 강화학습은 이러한 과정을 통해 주어진 상태에서 자신이 취할 행동을 표현하는 정책을 수립하여 컴퓨터가 최대의 보상을 받을 수 있는 정책을 수립하도록 학습시키는 것을 목표로 한다.

머신러닝의 기법에는 대표적으로 트리 구조 형태를 예측 모델로 사용하는 의사결정트리와 관측된 데이터를 군집으로 분배하는 군집화가 있다. 의사결정트리 방식은 명시적으로 의사 결정 과정과 결정된 의사를 보여줄 수 있다. 의사결정트리에서 각 박스는 노드라고 부르며, 각 박스의 클래스는 서로 다른 라벨로 구분되는 집합을 의미한다. 추가적인 노드로 분화되는 노드는 결정 노드, 더 분화되지 않는 노드를 잎 노드라고 한다. 출발점이 되는 노드는 뿌리 노드이고, 뿌리 노드의 깊이는 0이며 노드가 분화될 때 깊이가 1씩 증가한다. 의사결정트리를 통해 컴퓨터는 서로 다른 라벨로 구분되는 특정 집합의 데이터의 실제 값과 분류된 집합과의 일치도를 최대화하는 방향으로 학습을 지속한다. 군집화는 동일한 군집에 속하는 데이터 간 유사도를 그렇지 않은 데이터 간 유사도보다 평균적으로 높도록 군집을 구성한다. 이때 유사도는 데이터값을 여러 개의 군집으로 나누고 그 군집 간의 거리를 이용하여 데이터의 유사값을 측정하는 것이다. 군집화는 유사 데이터의 분할을 통하여 데이터에서 유용한 지식을 추출하는 데 활용된다.

머신러닝은 데이터로부터 유용한 규칙, 지식 표현 혹은 판단 기준 등을 추출하여 데이터가 생성한 잠재적인 메커니즘의 특징을 파악하고 복잡한 관계를 정량화한 후 식별된 패턴을 사용하여 새로운 데이터에 대한 예측을 실시하기 때문에 명시적인 알고리즘을 설계하지 못하는 문제를 해결하는 데 도움이 된다.

4. 윗글의 내용과 일치하는 것은?
① 명시적인 프로그래밍 없이 컴퓨터는 새로운 데이터를 예측할 수 없다.
② 회귀는 입력된 지도학습에서 트레이닝 데이터로 예측된 데이터가 수치형으로 표현된 경우이다.
③ 비지도학습은 예측해야 하는 입력 데이터를 분류 완료된 데이터를 통해 도출하는 것이다.
④ 라벨을 구하는 과정과 달리, 특징을 구하는 과정에서는 트레이닝 데이터가 제공되지 않는다.
⑤ 입력된 트레이닝 데이터를 통해 도출된 예측 데이터값을 서로 다른 특성으로 묶인 집합과 비교하여 새로운 특징을 추출하는 기법은 의사결정트리이다.

5. '머신러닝'에 대해 추론한 것으로 적절한 것만을 <보기>에서 있는 대로 고른 것은?

< 보 기 >
ㄱ. 머신러닝은 데이터로부터 유용한 지식을 추출하여 새로운 데이터에 대해 예측하는 기술이다.
ㄴ. 의사결정트리는 입력 데이터와 출력 데이터를 같이 제공한다는 점에서 강화학습에 가장 적합하다.
ㄷ. 군집화는 관측된 데이터의 유사도를 중심으로 예측 데이터를 추출한다는 점에서 비지도학습에 가장 적합하다.

① ㄱ ② ㄴ ③ ㄱ, ㄷ
④ ㄴ, ㄷ ⑤ ㄱ, ㄴ, ㄷ

6. 윗글을 바탕으로 <보기>를 이해한 것으로 적절하지 <u>않은</u> 것은?

< 보 기 >
신용카드 발급 심사에 의사결정트리를 적용하면 다음과 같다.

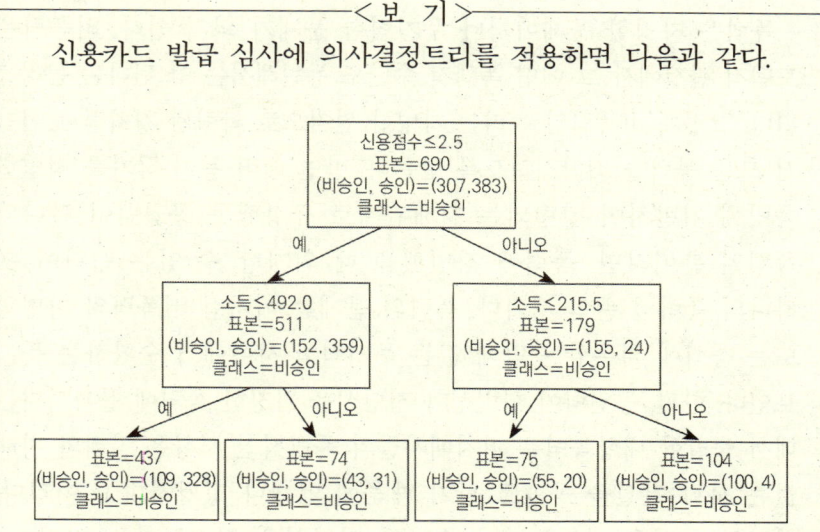

뿌리 노드는 총 690명의 표본 중 실제로 발급 승인을 받은 사람은 383명, 승인을 받지 못한 사람은 307명임을 나타낸다. 깊이 1의 좌측 노드는 신용점수가 2.5 이하인 표본이 총 511명, 해당 기준으로 클래스를 구분했을 때 실제로 발급 승인을 받은 사람은 359명, 승인을 받지 못한 사람은 152명임을 나타낸다.

① 결정 노드는 총 3개이다.
② 소득이 492.0을 넘는 표본은 74개이다.
③ 이용된 트레이닝 데이터 중 특징의 개수는 총 2개이다.
④ 컴퓨터가 '승인'이라는 라벨로 구분한 표본은 253개이다.
⑤ 실제로 승인을 받았지만 최종적으로 비승인으로 분류된 표본은 328개이다.

[7~9] 다음 글을 읽고 물음에 답하시오.

폭력은 자명한 문제이거나 무기력한 문제가 되기 쉽다. 비폭력은 도덕적 관점에서 그 어떤 폭력적 수단도 동원해서는 안 된다는 논리를 편다. 그렇게 비폭력의 논리는 자명한 원칙으로 확립된 것처럼 보이면서 모든 폭력을 죄악시하도록 만든다. 반면 베버 등이 국가를 적법한 폭력에 기반하여 성립되는 지배관계로 규정했듯 공권력이 하나의 폭력일 뿐이라면, 폭력에 직면했을 때 의지할 수 있는 수단이 또 하나의 폭력일 뿐인 셈이다. 폭력의 문제는 이처럼 비폭력의 자명함 또는 폭력에 의존할 수밖에 없는 무기력함 사이에서 순환하는 듯이 보인다. 한편, 공권력이 합법성과 정당성을 가장한 폭력에 불과하다는 데서 출발한 대항폭력은 피지배자들의 폭력적인 저항은 착취와 지배 없는 사회 건설을 목표로 삼기 때문에 언제나 정당하다고 여긴다. 정당한 목적을 가졌는지가 수단의 정당성을 결정한다는 것이다.

발리바르에 따르면 폭력은 역사의 동력이며 고유한 창조성을 지닐 수 있다. 그러므로 비폭력의 논리는 지배질서에 맞설 수 있는 실천적 동력을 가질 수 없으며, 폭력에 대한 증오 및 폭력을 파괴하려는 충동에서 자유로울 수 없다고 본다. 반면 대항폭력은 부당함에 맞서는 폭력과 다시 그 폭력을 진압하는 더 큰 폭력이라는 이원적 순환에 갇히도록 예정되어 있을 뿐이다. 이에 발리바르는 대항폭력이 지배자들이 행사하는 폭력의 논리를 재현하거나 답습할 공산이 크다고 지적한다.

대신 그는 정치를 불가능하게 하는 조건으로서 '극단적 폭력'을 문제 삼는다. 정치가 가능하려면 그 주체가 존재해야 하는데, 발리바르는 오늘날 우리가 목도하는 극단적 폭력이 정치적 주체의 가능성을 잠식하고 파괴함을 지적한다. 첫 번째 형태는 초객체적 폭력으로, 이는 인간을 마음대로 제거되고 도구화될 수 있는 사물의 지위로 환원하는 폭력이다. 발리바르는 빈곤, 기근 등의 문제나 전염병, 가뭄, 홍수, 지진 등의 재난에 대한 사회적 보호망의 부재를 그 사례로 든다. 즉 이를 방지하거나 대처하는 사회적 안전망의 혜택을 받지 못한 인간은 사물로 취급되는 것과 다를 바 없다는 것이다. 그러므로 발리바르는 보호에서 배제된 이들에게 가해지는 폭력을 '자연적'이지만 자연적이지 '않은' 재앙을 통해 표출되는 폭력이라고 보았다. 심지어 이러한 것들은 가령 인구를 조절할 필요성과 제도적으로 조응하면서, 사회경제적 구조들로부터 결정된 대규모 살인과도 같다고 본다. 두 번째는 초주체적 폭력으로, 민족이나 인종, 종교 등 초주체의 의지에 개인을 포섭함으로써 인간을 무의식적 충동의 차원에서 초주체의 의지를 집행하는 단순한 대행자로 환원한다. 즉 초주체적 폭력은 평범한 보통 사람들이 이웃을 살해하거나 성폭력을 저지르는 잔혹성을 실행하도록 만드는 극단적인 폭력의 힘이다.

두 가지 형태의 폭력은 인간의 인격을 매몰시킨다는 공통점을 갖는다. 사물화된 인간은 개별적 인격성을 상실한 인간이며, 민족이나 국가의 호명에만 응답하는 인간은 집단의 일원일 수는 있으나 타자와 구별되는 나로서 존재하기 어렵기 때문이다. 그러므로 극단적 폭력이 지배하는 공간에서 저항은 불가능하다. 그리고 그 기저에는 극단적 폭력이 합리성을 초과한다는 사실이 존재한다. 이를테면 내전이나 테러 등은 아무런 사회적 효용성이 없고 또 무익한 낭비임에도 자기 손해와 파괴를 무릅쓰고 대대적인 비용을 들여 감행된다. 발리바르는 그 희생자를 무기력으로 환원하는 것이 극단적 폭력의 목표라고 주장한다. 나아가 그 비합리성의 속성으로서 극단적 폭력은 인과관계를 분석하기 어려운 동시에 전환 불가능성을 가진다. 관찰 가능하지만 궁극적 원인은 부재하는 구조를 띠면서, 폭력을 역사 진보의 밑거름으로 간주하는 생각을 신뢰할 수 없게 만드는 것이다.

발리바르는 극단적 폭력에 맞서는 정치를 '반폭력의 정치'라고 칭한다. 그 목표는 극단적 폭력을 감소시킴으로써 정치적 활동 가능성의 조건을 생산하는 것이다. 즉 반폭력의 정치는 정치의 가능성을 파괴하는 폭력에 맞서 정치의 가능성을 부활시키려는 저항의 실천이다. 발리바르는 제도 없는 정치 또는 제도 바깥의 정치를 꿈꾸지 않는다. 그가 보기에 제도를 곧 폭력으로 간주하는 이들이 주장하는 제도 없는 정치, 제도 바깥의 정치는 제도를 폭력의 집적으로 만들 뿐이며 주체성의 가능성이 더욱 잠식되도록 조장할 수 있다. 발리바르는 정치를 불가능하게 하는 폭력을 문제 삼았기에 폭력을 사유한다는 것은 곧 정치를 성찰하고 사유한다는 것과 등가적이다. 그러므로 반폭력은 전지구적이고 극단적인 폭력 앞에 위축되거나 위협당하고 있는 정치를 재발명하고 재구축하기 위한 출발점인 셈이다.

7. 윗글의 내용과 일치하지 <u>않는</u> 것은?

① 대항폭력의 논리에 따르면 공권력은 국가가 행사하는 폭력이다.
② 반폭력의 정치는 정치적 주체로서 인간의 정치 행위 참여를 추구한다.
③ 베버의 국가 개념은 폭력을 무기력한 문제로 간주하는 근거가 될 수 있다.
④ 비폭력의 논리에 따르면 목적의 정당성과는 관계없이 폭력이라는 수단은 정당화될 수 없다.
⑤ 폭력을 자명한 문제로 여기는 논리는 목적이 정당한 폭력만이 옳다는 인식에 바탕을 둔다.

8. 폭력에 대한 발리바르의 관점을 추론한 것으로 적절하지 않은 것은?

① 폭력의 전환 가능성은 합리성을 바탕에 두어야 한다.
② 대항폭력이 목적의 정당성을 잃고 변질될 가능성을 우려한다.
③ 비폭력과 극단적 폭력은 모두 폭력이 실천적 동력이 되지 못하게 한다.
④ 폭력을 수단시하지 않는다는 점에서 폭력에 대한 기존의 관점과 차별된다.
⑤ 제도를 곧 폭력으로 간주하는 태도가 오히려 제도의 폭력성을 심화할 수 있다.

9. '극단적 폭력'에 관한 내용으로 가장 적절한 것은?

① 극단적 폭력의 희생자가 또 다른 희생자를 만들어내는 자일 수 있다.
② 초주체적 폭력은 초객체적 폭력과 달리 제도화된 폭력으로부터 분리된다.
③ 저항을 불가능하게 만든다는 점에서 대항폭력의 가능성을 상실하게 만든다.
④ 초주체적 폭력의 비합리성은 사회적 효용성이 초주체적 의지보다 커질 때 드러난다.
⑤ 내전은 개인이 더 거대한 의지에 자발적으로 따름으로써 발생하는 극단적인 상황이라고 볼 수 있다.

[10~12] 다음 글을 읽고 물음에 답하시오.

아테네의 왕자 테세우스는 크레타의 괴물 미노타우로스를 처치하여 조국의 영웅이 되었다. 그와 아테네의 젊은이들이 탄 배는 아테네인들에 의해 수백 년이 지나서까지도 유지 보수되었다. 그들은 부식된 헌 널빤지를 뜯어내고 그 자리에 튼튼한 새 목재를 덧대어 붙이기를 거듭했다. 그렇다면 ⓐ모든 부분이 교체되어 새로운 판자로 구성된 테세우스의 배는 원래의 테세우스가 타고 왔던 배와 동일한 것인가? 나아가 판자를 교체하기 전과 교체한 후의 테세우스의 배는 동일한 것인가? 이것이 바로 "시간에 걸쳐 대상이 지속하는가?"와 관련된 '테세우스의 배' 논제이다.

'테세우스의 배' 논제는 다음과 같은 세 논제의 결합이라고 볼 수 있다.

- 일관성 논제 : 어떠한 대상도 모순되는 속성을 가질 수 없다.
- 변화 논제 : 대상의 변화는 모순되는 속성을 포함한다.
- 지속 논제 : 대상은 시간에 걸쳐 지속한다.

따라서 이 문제는 일관성 논제와 변화 논제가 대상을 둘러싸고 대립하는 가운데, 지속 논제가 어떻게 가능한지에 대한 문제이다. 즉 대상이 시간 속에서 모순되는 속성을 포함하는 변화를 거침에도 불구하고, 모순되는 속성을 가지지 않는 일관성을 어떻게 가질 수 있는가에 대한 문제인 것이다. '테세우스의 배' 논제는 결국, '테세우스의 배'라는 대상이 시간 속에서 변화함에도 불구하고, 어떻게 일관성을 가질 수 있는지에 대한 문제로 귀결된다. 이에 따라 이 논제는 "어떤 시간 속에서 판자를 교체한 테세우스의 배가, 변화에도 불구하고, 일관성을 가질 수 있다면, 이러한 경우에만, 테세우스의 배는 시간에 걸쳐 지속한다."와 같이 형식화될 수 있다. 홉스는 이 문제에서 더 나아가 '테세우스의 배에서 판자를 하나씩 갈아 끼우는 방식으로 만들어진 배(A)와, 원래 테세우스의 배에서 버려진 본래의 낡은 판자들만을 모아서 만든 배(B) 중에서 어느 쪽이 진정한 테세우스의 배인가?'라는 문제를 제기하기도 했다.

'테세우스의 배' 논제는 다양한 영역에서 변용되었다. 법학에서는 『로마법 대전』에 관련 사례가 등장한다. 동일 사안에 관해서 심판인 중 일부가 사건을 심리한 뒤에 교체된 경우 소송 당사자 간의 사실관계인 소송관계의 동일성은 유지되는지, 아니면 다른 소송인 것인지의 문제이다. 법학자 알페누스는 이 문제에 대해 1인 또는 2인의 심판인이 바뀐 경우뿐만 아니라 모든 심판인이 바뀐 경우에도 소송관계는 동일하고 소송도 동일하게 존속한다고 보았다. 더욱이 그는 부분들이 바뀌어도 동일물로 간주되는 것들은 비단 이 경우에만 일어나는 것이 아니라고 주장했다. 알페누스에 의하면, 군인이 전몰해서 그 자리에 다른 사람들이 충원된 군단도 동일한 것으로 간주되며, 국민들 중 어느 누구도 살아있지 않음에도 불구하고 국민이라는 것은 200년 전이나 오늘날이나 동일한 것으로 여겨지며, 마찬가지로 배도 자주 수선되어서 어떤 판재도 옛것과 동일한 채로 남아 있지 않은 경우에도 동일한 배로 간주된다. 혹시나 부분들이 바뀌면 다른 것이 된다고 생각하는 사람이 있다면, 이는 곧 우리 몸을 구성하는 극미립자들이 우리 몸에서 떨어져 나가고 새로운 극미립자들이 대체되기 때문에 우리 자신이 1년 전의 우리와 동일하지 않다는 것과 같다는 것인데 이는 현실과 맞지 않다고 보았다. 따라서 알페누스는 어떤 사물의 형상이 동일한 것으로 존속하는 한, 사물 자체도 동일한 채로 있는 것으로 간주된다고 주장하였다.

요컨대 '테세우스의 배'에 함축된 여러 철학적 쟁점 중 핵심은 "물리적 사물의 정체성이 오직 그 물리적 부분의 집합으로 결정되는가?"이다. 사물의 ㉠물리적 부분만이 사물의 본질적 요소라는 견해에 의하면 부분이 바뀔 경우 다른 것이 된다고 볼 수 있다. 반대로 ㉡물리적 부분을 초월하여 불변하는 본질적인 요소가 있다는 견해에 기초하면 전체는 그 부분의 합과 다르며, 물리적으로 대체할 수 없는 독립적 영역 혹은 속성이 존재한다. 그러나 후자의 경우 사물의 정체성을 형성하는 본질이 정확히 무엇이고, 어떻게 증명하거나 개념화할 수 있는지를 규정하기 어렵다는 한계가 있다.

10. 알페누스 의 견해에 대해 추론한 것으로 가장 적절한 것은?
① 모든 심판인과 소송관계가 바뀐 후에도 소송은 동일하게 존속한다.
② '테세우스의 배'에서 낡은 판자 조각을 교체하면 할수록 원래의 테세우스의 배에 가까워진다.
③ 전몰한 군단의 죽은 군인들은 원래의 판자 조각이 하나도 남아 있지 않은 배와 유사하다.
④ 우리 몸에서 새로 생성되는 극미립자들은 '테세우스의 배'에서 갈아끼운 판자 조각과 비슷한 역할을 한다.
⑤ 『로마법 대전』의 사례에서 모순되는 속성을 포함하는 변화를 함에도 일관성을 가질 수 있다면 이때의 변화는 소송관계의 변화를 의미한다.

11. ⓐ와 같은 사례로 적절하지 <u>않은</u> 것은?
① 폭격으로 완파된 건물을 똑같은 자재와 설계를 바탕으로 다시 건축한 경우, 폭격 이전의 건물과 재건된 건물은 같은 것인가?
② 사람의 몸은 세포로 구성되어 있으며, 약 7년이면 신체 전체가 새로운 세포로 대체된다. 7년 후의 '나'와 7년 전의 '나'는 동일한가?
③ X기업의 모든 사원과 임원이 퇴사한 후 그 빈자리를 신규 사원과 임원이 채운 경우, X기업은 그 이전의 회사와 같은 회사인가?
④ 다보탑은 여러 개의 돌조각으로 이루어져 있다. 그런데 1960년대에 그것을 다 해체했다가 다시 조립을 한 경우, 60년대 이전의 다보탑과 그 이후의 다보탑은 같은 탑인가?
⑤ 토너먼트 조 편성 시 우선권을 가진 프로 스포츠 Y팀의 구성원이 전부 이탈하여 신생팀 Z를 차렸고, Y팀은 새로운 선수를 충원했다. 이 경우, Y팀의 우선권이 유효하다고 볼 수 있는가?

12. 홉스가 제기한 문제에 대한 <보기>의 견해를 ㉠과 ㉡의 입장에서 평가했을 때, 적절한 것만을 있는 대로 고른 것은?

―――――――― < 보 기 > ――――――――

<갑의 견해>
　A가 '테세우스의 배'이다. 테세우스가 스스로 배의 부품을 교체한 경우 아무리 많이 바꾸더라도 그가 소유자인 한 그 배는 '테세우스의 배'이다. 누군가가 버려진 부품만으로 같은 모양의 배를 만들었다 하더라도 그것은 '테세우스의 배'가 아니다. 테세우스가 소유권을 아테네 시에 넘겼다고 보면, 아테네 시가 테세우스의 소유였던 배의 부품을 교체하는 것이므로 여전히 '테세우스의 배'이다.

ㄱ. 배의 부품이 교체되었더라도 배의 소유권은 유지되었다는 점에서 ㉠은 갑의 견해에 동의할 것이다.
ㄴ. 원래의 배에서 버려진 부품만으로 같은 모양의 배를 만들었다면, 이는 본래의 배와는 다르다는 점에서 ㉠은 갑의 견해에 동의할 것이다.
ㄷ. 배의 소유권이 시간에 따라 소멸되거나 불분명해질 수 있는 것이라면, 배의 소유권은 사물의 본질적 요소라고 볼 수 없다는 점에서 ㉡은 갑의 견해에 동의하지 않을 것이다.

① ㄱ　　② ㄷ　　③ ㄱ, ㄴ
④ ㄴ, ㄷ　　⑤ ㄱ, ㄴ, ㄷ

[13~15] 다음 글을 읽고 물음에 답하시오.

경제 성장 과정에서 일반적으로 관측되는 정형화된 사실을 설명하기 위해 탄생한 ㉠신고전파 성장이론은 1960년대까지 경제 성장의 원리를 설득력 있게 설명하였으나 이후의 지속적인 경제 성장을 설명하는 데 한계가 있었다. ㉡내생적 성장이론은 신고전파 경제 성장이론의 가정이 잘못되었음을 지적하며 기술 변화를 내생변수로 둠으로써 신고전파 성장이론의 한계를 극복하려 하였다.

신고전파 성장이론과 내생적 성장이론의 기본적인 차이는 자본의 한계생산성 감소를 가정했는지 여부에 있다. 한계생산성이란 어느 한 단위의 요소를 추가로 투입했을 때 늘어나는 생산량 증가분을 말한다. 따라서 자본의 한계생산성이 감소한다는 것은 자본을 추가로 투입했을 때 총생산량은 증가하지만 그 증가폭이 이전에 비해 감소한다는 것이다. 신고전파 성장이론은 완전경쟁시장에서 자본의 한계생산성은 점차 감소하므로 한 경제에 투입된 자본의 양이 많을수록 자본이 축적되는 속도가 줄어든다고 설명한다. 여기서 각 개인의 생활을 위해 필요한 1인당 자본량은 변함이 없으나 인구는 지속적으로 증가한다고 가정하면, 1인당 자본량을 유지하기 위해 필요한 자본의 총량은 시간이 지날수록 점점 더 증가할 것이다. 따라서 시간이 지남에 따라 실제로 축적되는 자본의 양과 필요한 자본의 양은 일치하게 되며, 양자가 일치하는 지점에서 산출된 1인당 소득은 일정하게 유지된다. 이러한 상태를 균제상태라고 한다.

신고전파 성장이론은 개발도상국이 빠르게 성장해 나가는 현상을 설득력 있게 설명할 수 있었다. 개발도상국은 초기에 투입된 자본의 양이 적기 때문에 빠른 속도로 성장할 수 있었다는 것이다. 다만 이러한 방식으로는 선진국의 지속적인 경제 성장을 설명하기 어렵다. 이미 충분한 양의 자본이 축적된 선진국의 경우 균제상태에 가깝게 놓여 있을 것이므로 신고전파 성장이론의 설명에 의하면 경제 성장이 정체되어야 한다. 그러나 현실적으로 선진국에서도 1인당 소득이 지속적으로 증가하고 있었던 것이다.

이러한 현상을 설명하기 위해 신고전파 경제이론은 기존의 가정에서 기술진보라는 개념을 추가하였다. 즉, 균제상태에 이르게 되면 성장이 정체되지만 기술진보가 이루어져 노동자의 생산성이 증가하게 된다면 경제가 장기적으로 성장할 수 있다는 것이다. 그러나 신고전파 성장이론에서 기술진보는 외생변수로 취급된다. 외생변수란 이론적 모델의 외부에서 결정되는 변수를 의미하므로 신고전파 성장이론은 기술진보가 어떤 방식을 통해 이루어지는지를 설명하지 못하는 한계를 가진다.

내생적 성장이론도 국가의 경제 성장이 지속되는 이유를 기술진보의 결과라고 설명한다. 다만 신고전파 경제이론과 구별되는 점은 기술진보라는 요인을 경제 체제의 내생적 결과물이라고 설명한다는 것이다. 내생적 성장이론에서는 자본을 물적 자본과 지식 자본으로 구분하였으며 물적 자본과는 달리 지식 자본의 한계생산성은 점차 증가한다고 보았다. 왜냐하면 지식 자본은 다른 요소의 생산성에 영향을 주는 스필오버 효과를 가지고 있어, 지식 자본의 증가는 다른 생산 요소를 보다 효율적으로 사용할 수 있도록 하기 때문이다. 예를 들어 미국의 실리콘밸리는 창의적인 지식을 축적시키는데, 이렇게 개발된 지식 자본은 다른 자본의 생산성을 높이는 효과를 발생시키며 이러한 효과는 산업 전반에 걸쳐 파급되어 미국의 경제 전체를 성장시킨다. 즉 내생적 성장이론에 따르면 지식 자본의 축적은 경제를 지속적으로 성장시킬 수 있다고 본다.

이러한 지식 자본의 축적은 실리콘밸리와 같은 클러스터의 연구 개발 활동뿐만 아니라 일상의 생산 과정에서도 발생할 수 있다. 노동자가 물건을 생산하는 과정에서 직접 생산 기술을 체화하는 '학습효과'가 발생하게 되는데, 이 역시 일종의 지식 자본에 해당하여 경제 성장을 이끌게 된다는 것이다.

13. 윗글의 내용과 일치하지 않는 것은?

① 인구 증가에 따라 균제상태에 도달한 국가의 총 자본은 증가하거나 감소하지 않는다.
② 학습효과는 지식 자본이 노동이라는 생산 요소의 생산성을 향상시키는 현상을 말한다.
③ 자본의 한계생산성이 이전보다 감소했다고 해도 총생산량은 이전보다 증가할 수 있다.
④ 개발도상국뿐만 아니라 선진국에서도 지속적으로 경제가 성장하는 현상이 나타날 수 있다.
⑤ 기술진보가 생산성을 증가시킨다면 자본의 한계생산성 감소로 인한 경제 성장의 정체가 나타나지 않을 수 있다.

14. ㉠과 ㉡을 비교한 내용으로 적절하지 않은 것은?

① ㉠에서는 ㉡과 달리 외생변수의 영향이 없다면 경제 성장이 정체될 수 있다고 볼 것이다.
② ㉡에서는 ㉠과 달리 물적 자본의 한계생산성이 지속적으로 감소하지 않는다고 볼 것이다.
③ ㉠과 ㉡에서는 한 나라의 기술이 발전하면 경제 성장에 도움이 된다는 점에서 의견을 같이할 것이다.
④ ㉡에서는 ㉠과 달리 기술의 발전이 경제 내부의 상호 작용을 통해 이루어질 수 있음을 설명한다.
⑤ ㉠과 ㉡ 모두 한 나라의 인구가 지속적으로 증가한다는 가정을 유지한다 해도 지속적인 경제 성장 원리를 설명할 수 있다.

15. 내생적 성장이론을 바탕으로 <보기>를 설명한 내용으로 가장 적절한 것은?

<보 기>

A국은 수출 주도 성장을 통해 고도의 경제 성장을 이루었으나 2000년대에 들어 경제가 침체되고 성장이 둔화되는 양상이 나타났다. 이를 극복하기 위해 A국은 저소득층 중심의 성장이론을 채택하였다. 이 이론은 고소득층의 소득이 증대되면 경제 전체가 성장할 수 있다는 낙수효과가 사실상 허구라고 비판하며, 고소득층보다 저소득층의 소득과 생활환경 개선에 중점을 두고 장기적인 경제 성장을 기대해야 한다고 본다. A국은 이러한 정책을 기반으로 최저 임금을 인상하고 비정규직을 정규직으로 전환하여 고용 안정성을 확대하는 정책을 실행하였다.

① A국의 성장이 둔화된 것은 자본이 충분히 축적되어 균제상태에 이르렀기 때문이겠군.
② 저소득층의 소득이 증가하면 그에 따른 스필오버 효과가 나타나 경제 성장이 이루어질 수 있겠군.
③ 정규직 전환으로 인해 노동자가 안정적으로 생산 활동에 집중할 수 있으면 생산 기술의 학습효과 증가로 인한 경제 성장을 기대할 수 있겠군.
④ 지식 자본의 한계생산성은 증가할 수 없으므로 새로운 경제 정책을 시행하더라도 A국의 성장은 지속될 수 없겠군.
⑤ 고소득층은 저소득층보다 물적 자본을 많이 소유하고 있기 때문에 저소득층의 고용 안정성을 확대하는 것은 경제 성장에 도움이 되지 않겠군.

[16~18] 다음 글을 읽고 물음에 답하시오.

(가)
　1963년에 발표된 차범석의 희곡『산불』은 한국 근대극의 역사에서 사실주의 희곡의 정점에 서 있는 작품으로, 소백산맥 줄기에 있는 외딴 촌락에서 1951년 겨울부터 이듬해 봄까지에 일어난 비극적 사건을 다룬다. 작품은 청장년 남자들이 전쟁으로 죽거나 군대에 징집되어 여자들과 노인들만 남아 있는 촌락을 배경으로 한다. 작품의 중심인물인 점례와 사월은 전쟁통에 남편을 잃은 젊은 과부이다. 그러던 어느 날 빨치산 부대에서 탈출한 규복이 점례 집에 찾아들어 숨겨 달라고 부탁한다. 점례는 협박을 이기지 못해 남편의 가족이 조상으로부터 대대로 물려받아 보호해 온 대밭에 규복을 숨겨 주고, 밥을 날라다 주면서 두 사람 사이에 애정이 싹튼다. 그런데 이 사실을 눈치챈 사월이 점례에게 자신도 규복을 돕겠다고 제의한다. 사월이 규복의 아이를 임신해 촌락민들이 수군거리자, 점례는 두 사람에게 멀리 떠나라고 권유한다. 그런데 국군이 토벌 작전을 전개하면서 대밭을 불태우는 바람에 규복이 죽음을 맞는다.
　차범석의 작품은 전후 한국 사회의 모습을 객관적으로 묘사하는 사실주의와 함께 이데올로기에 대한 비판적 태도를 보여 준다.『산불』은 냉전적 사고에 길들여졌던 1960년대의 한국 사회에서 인간의 존재와 인간관계를 파괴하는 이데올로기의 반인간성을 폭로한다. 극중 나타난 국군과 빨치산의 대립에는 회색 지대를 용인하지 않고 어느 한쪽에 설 것만을 강요하는 냉전적 사고가 반영되어 있다. 그러나 국군과 빨치산은 어느 쪽이든 촌락민에게 공포의 대상일 뿐이다. 산속에 근거지를 둔 빨치산은 마을 사람들의 곡식을 빼앗아가고, 국군은 빨치산을 토벌한다는 명목으로 촌락민을 괴롭힌다. 빨치산에게 아들을 잃은 양씨와 국군에게 사위가 죽임을 당한 최씨는 갈등 관계에 있지만, 점례와 사월은 이데올로기의 피해자라는 생각을 공유한다. 양씨와 최씨, 점례와 사월은 물론이고 빨치산이었던 규복도 이데올로기의 피해자로 그려진다.
　『산불』은 이데올로기보다 인간 본연의 애정과 욕망을 중시하는 휴머니즘을 보여준다. 최씨의 딸인 사월이 본능적 욕구에 충실한 인간형이라면 양씨의 며느리인 점례는 상대적으로 관습에 순종하는 인간형이다. 그러나 점례도 이데올로기와 정절을 강요하는 관습에 구속되기보다 애정과 욕망을 따르는 삶을 선택한다. 노망난 김 노인과 공습에 놀란 후 충격을 받아 등신이 된 귀덕도 각자의 욕망을 지닌 존재로 존중받는다. 이러한 휴머니즘은 현실을 있는 그대로 그리는 데 그치지 않고 역사적 현실 가운데 놓인 인간의 본질을 추구한다. 대밭이 불타고 규복과 사월이 죽음을 맞이하는 비극적 결말은 인간 본연의 애욕 추구의 좌절을 통해 민족 분단과 전쟁의 비극을 고발하고 냉전적 사고의 폐해를 폭로한다.

(나)
점　례 : (빌면서) 그 대밭만은 태우지 말아요. 그걸 잃어버리면 우린 다 죽어요. 우리 식구를 살리려거든 대밭을 살려 주세요. (점례의 진실한 태도에 모두들 절박감을 느낀다.)
사병 1 : 군대는 명령에 따라 움직이는 겁니다. 개인적인 사정으로 군 전체의 뜻을 움직이게 할 순 없으니까요. 저리 비키시오!
점　례 : 제발 소원이에요. (하며 매달리자 양씨는 사병 2에게 매달린다.)
양　씨 : 여보시오. 당신네 집에선 제사도 조상도 모르오? 제발 우리 사정 좀 봐 줘요. 내 아들이 팔아서 장사하겠다고 조를 때도 내가 싫다고 우긴 대밭이에요. 제발….

사병 2 : (휙 뿌리치며) 어서 가! (하며 급히 뛰어가자 사병 1도 급히 뒤를 따른다.)

　잠시 후 총소리가 연달아 일어나자 ㉠<u>대나무에 불붙는 소리</u>와 함께 연기가 퍼져 나온다. 점례와 양씨는 넋 나간 사람처럼 말없이 뒷걸음쳐 나간다. (중략) 사병 1과 2가 총에 맞아 의식을 잃은 규복을 질질 끌고 나온다. 규복을 무대 한복판에 눕힌 다음 사병은 군중을 휘둘러본다.

사병 1 : 이 사람이 누구요? (아무도 대답이 없다.)
이웃아낙 : 혹시 ㉡<u>산에서 내려온 사람</u> 아닐까?
사병 2 : 대밭에다 파고 오랫동안 살아온 흔적이 있던데 아무도 모른단 말이오? (서로가 고개를 좌우로 젓는다. 점례는 멍하니 내려다보고만 있다.)
양 씨 : 우리 대밭에 사내가? (점례에게) 너도 못 봤지?
점 례 : (고개를 완강하게 젓다가 돌아선다. 남몰래 붉어지는 눈시울….)
쌀레네 : 이상한 일이지…. (하다 말고 양씨에게 눈짓을 하자 그것이 무슨 전염병처럼 퍼져 최씨에게 집중된다. 아까부터 반신반의 상태에 있던 최씨가 자기에게 시선이 집중되고 있음을 의식하자 화를 낸다.)
최 씨 : 왜 나만 보고 있어? 내 딸이 이 사내하고 정을 통했단 말이지? 좋아! 그럼 내가 데리고 나와서 담판을 지을 테니…. (하며 사월을 부르며 자기 집으로 간다.) (중략)
최 씨 : 사람 살려요! 우리 딸이… 우리 딸이….
쌀레네 : 사월이가? (군중은 우 하니 그쪽으로 몰려간다. 최씨의 통곡 소리가 높아 가고 ㉢<u>애기 우는 소리</u>도 간간이 들린다.)
이웃아낙 갑 : ㉣<u>양잿물</u>을 먹었지? 저런. (점례는 말없이 규복의 시체 옆에 다가와서 손발을 반듯이 제자리에 놓는다.)
사병 2 : 손을 대지 말아요.
점 례 : (거의 ㉤<u>무표정하게</u>) 내가 손을 댄다고 시체가 되살아나서 말을 하진 않을 거예요. 모든 것은 재로 돌아가 버렸으니까…. (하며 서서히 일어선다.)

　하늘이 피보다 더 붉게 타오르자 규복의 얼굴에도 반영되어 한결 처참하게 보인다. 멀리서 까치 우는 소리가 들린다.
- 차범석, 「산불」-

16. ㉠~㉤에 대한 이해로 가장 적절한 것은?

① ㉠은 이데올로기로 인한 촌락민 내부의 갈등 관계가 극단화되는 것을 의미한다.
② ㉡은 마을의 몇몇 사람들에게는 생계를 위협하는 대상으로 여겨지기도 한다.
③ ㉢은 냉전으로 인한 인물 간 이념 대립이 후대에도 이어질 것임을 암시한다.
④ ㉣은 정절을 강요하는 관습이 이데올로기보다 더 강력하다는 것을 보여 준다.
⑤ ㉤은 특정 이념의 관점에 얽매이지 않고 이데올로기의 폭력성을 객관적으로 바라보려는 인물의 의지를 드러낸다.

17. (나)의 등장인물에 대한 추론으로 적절하지 <u>않은</u> 것은?

① 규복은 대밭을 자신의 생명을 위협하는 집단들로부터 자신을 보호하기 위한 공간으로 받아들였을 것이다.
② 사병들은 대밭을 빨치산의 은신처로 여겼기 때문에 빨치산을 토벌한다는 명분으로 대밭에 불을 질렀을 것이다.
③ 양씨는 조상으로부터 물려받은 대밭을 지키는 것이 자손 된 도리라고 생각했기 때문에 대밭에 강한 애착을 느꼈을 것이다.
④ 점례는 재가 되어버린 대밭과 규복의 시체를 보며 전쟁의 비정함 앞에서 인간성을 상실하지 않는 모습을 보이려 했을 것이다.
⑤ 최씨는 자신의 딸이 정을 통하는 대상이 대밭에 숨어 있다는 사실을 알고 그를 보호해 주고자 했으나, 그럴 수 없게 되어 충격을 받았을 것이다.

18. (가)를 바탕으로 (나)를 감상할 때 적절하지 <u>않은</u> 것은?

① 점례, 사월, 규복의 관계를 통해 이데올로기보다 인간 본연의 애정과 욕망을 더 중시하는 삶의 모습을 표현하였군.
② 산골의 과부 마을을 배경으로 설정함으로써 남자들이 전쟁으로 죽거나 전쟁터로 끌려간 상황을 효과적으로 나타내었군.
③ 규복과 사월이 죽는 장면으로 막을 내림으로써 인간의 존재를 파괴하는 이데올로기의 반인간성을 더욱 극적으로 고발하였군.
④ 마을 사람들과 사병들 사이의 갈등이 해소되는 과정에 초점을 맞춤으로써 역사적 현실 가운데 놓인 인간의 본질을 형상화하였군.
⑤ 국군의 작전 수행으로 인해 사망한 규복의 모습을 그림으로써 어느 한쪽에 설 것만을 강요하는 냉전적 대립이 불러온 비극을 묘사하였군.

[19~21] 다음 글을 읽고 물음에 답하시오.

정조 2년 7월 사직 ㉠윤면동이 상소하기를,
"우리나라에서 사람을 기용하는 방법에 대해 많은 이들이 탄식합니다. 고대 중국에는 왕승달, 사약 같이 명성만 믿고 오만한 자, 허백, 사고와 같이 권신을 등에 업은 자, 가세, 번씨 같이 친분으로 뭉쳐 부정을 일삼은 자들이 있었습니다. 우리나라에서도 당파가 갈라지고 이들이 서로를 공격하면서, 아첨하는 자들을 발탁하여 앞줄에 있게 하기도 하고, 조급하게 권세를 다투는 자들을 차례로 뛰어넘어 요직에 오르게 하였습니다. 간혹 이름난 공경과 훌륭한 대부들이 줄줄이 잇달아 나와서 기용된 경우도 있으나, 이는 일로 인하여 공을 세우거나 좋은 시절을 만나 높은 지위에 오른 것으로서, 우연히 그렇게 된 것뿐이고, 애당초 그의 행실과 재능을 고려하거나 그의 훈로를 점검해 보고 두루 시험하여 기용한 데 연유한 것은 아니었습니다. 이 때문에 본래 한미한 문벌로 평범하게 진출한 자, 홀로 붕당(朋黨)이 없는 자, 청렴하여 교묘하게 꾸며 말하지 못하는 자, 정직하여 아첨하지 않는 자는 가령 세상을 다스릴 만한 학문이 있고 옛일에 달통한 식견을 지녔다고 하더라도 시골구석에 묻혀서 가난하게 살다가 죽게 되는 것입니다. 이런 인재들을 천거하는, 다시 말해 불러서 임용하는 규례가 없으므로, 요행히 과거에 급제하더라도 옛날처럼 쓰이지 못한 채 발휘할 기회를 얻지 못하고 마니 어떻게 그의 재능을 알 수 있겠으며, 험준한 경우를 당하여 보지 않았으니 누가 어질고 어질지 못한지를 알 수 있겠습니까? 이조와 병조에서 문무관을 선발하는 전관(銓官)조차 관리 임명과 해임 과정에서 인물의 됨됨이를 보고 판단하기보다는 당시 떠도는 풍문에 의존하거나, 권세가의 부탁에 따르거나, 안면 있는 이들을 더 유리하게 대우하는 실정입니다.
전하께서는 지난날의 폐단을 징계하여 과거를 보는 장소의 금령을 엄중히 세워 면대하여 살폈던 자가 여러 사람이었고, 면대자의 답변이 자신이 작성한 답안에서 논한 내용과 일치하지 않은 경우 및 응시 자격을 갖추지 못한 경우 등이 밝혀져 한 번의 과방(科榜)*을 완전히 삭제하기도 했습니다. 이로 인해 사람을 모집하여 대신 글을 짓게 하고, 풍문만 듣고 자격 없이 응시하던 무리들이 간담이 떨어지고 발이 얼어붙어 감히 간교하게 속이던 습관을 다시 부리지 못하기에 이르렀습니다. 이후 용렬한 무리가 분수에 넘치게 진출한 잘못을 반성하여 과거의 시행(試行)을 간결하게 하고 선발하는 머릿수를 줄였습니다. 그러나 신이 그래도 사사롭게 근심하고 지나치게 헤아리는 것은 과거의 시행을 이미 간결하게 하고 선발하는 액수도 적은데, 시권(試券)을 제출해야 하는 기한이 촉박하다는 이야기를 들었기 때문입니다. 생각건대, 시험의 형식은 진실로 더욱 엄중하게 해야 마땅하겠지만, 시각은 그 한계를 조금 늦추어 줌으로써 과거 보는 사람들로 하여금 끝까지 자신의 재능을 다 발휘할 수 있게 해야 한다고 생각합니다. 그리고 선발하였으면 반드시 면대하여 시험해서 요행을 바라고 속이는 폐단을 예방하소서.
또한 3년마다 정기적으로 행해지는 식년과(式年科)를 완전히 개혁하기 어렵다 하더라도 그 명칭은 보존시킨 채 ⓐ지금의 제도를 고쳐야 합니다. 별시(別試)의 형식을 본받아 유학을 강의하는 강유(講儒)와 글을 짓는 제유(製儒)들에게 공통으로 응시하도록 허락하되, 초시(初試)는 경서를 외는 강경(講經)을 시험 과목으로 도입해야 할 것입니다. 제유는 삼경(三經) 가운데서 자원하게 하고, 사서(四書)는 추첨하여 뽑게 할 것이며, 강유는 칠서(七書)를 모두 곰곰이 밝히고 해석하게 하여 조(粗) 등급 이상을 뽑게 하소서. 회시(會試)는 시나 글을 짓는 제술로 시험하되, 논(論)·책(策)·표(表)** 중에서 강유는 논(論)·책(策)으로 하고 제유는 표(表)·책(策)으로 할 것이며, 각기 강은 강대로 제술은 제술대로 시험하여 서로 맞수가 되게 하고, 고하(高下)를 헤아려 반씩 나누어 뽑게 하소서. 이렇게 하면 제유들은 강경을 준비하지 않던 전보다 익숙하게 글을 읽게 될 것이고, 강유들은 전보다 글쓰기에 능하게 될 것입니다. 선비가 된 사람은 공부하기가 어렵겠지만, 국가에서는 양쪽 능한 인물을 얻고, 새로이 뽑힌 관료들의 재능이 편중되어 있다는 탄식 또한 없어질 것입니다.
그리고 먼 시골의 인재에 대해서는 또 달리 수습하는 방도가 없어서는 안 될 것입니다. 먼저 산림에서 글을 읽어 도(道)를 지닌 선비를 우선 불러다가 어린 왕족들을 보도(輔導)하는 직임을 맡기어 힘써 모시도록 하고, 전야(田野)에 물러나 있던 사람도 불러서 현요직(顯要職)에 두는 것이 필요합니다. 다음으로 제도의 경우 송나라 때에는 특별히 다섯 가지 길을 만들어 벼슬길로 나아가는 문을 열어 놓음으로써 인심으로 하여금 매어 있는 데가 있게 했으니, 이것이 지금의 급선무입니다. 비정기로 실시되는 기존 별시와는 별도로 병년(丙年)마다 행해지던 별시가 있는데, 이는 혁파하고 그 대신 송의 법식에 의거하여 10년마다 팔로(八路)에 도과(道科)를 시행하게 하고, 서울로 올라와서 큰 시험을 보게 하고 급제를 내려 주도록 하소서. 그런 후에 차례대로 데려다 기용하되, 그 방법이 크게 차이나게 해서는 안 될 것이니, 반드시 두루 검증한 후에 기용해야 합니다. 뽑은 선비들은 6품을 주어 관원을 역임하게 한 뒤에 모두 먼저 작은 고을의 수령에 제수하고 드러난 치적(治績)을 보아 크게 드러나면 큰 고을로 보내고, 작게 드러나면 작은 고을에 보내소서." 하였다.

-「조선왕조실록」-

*과방: 과거 시험에 급제한 사람의 이름을 써서 거리에 붙이던 글
**논(論)·책(策)·표(表): 과거 시험의 과목으로, 논(論)은 주어진 주제에 대하여 논평하는 것, 책(策)은 정치에 관한 계책을 답하는 것, 표(表)는 황제에게 올리는 글의 형식으로 외교문서나 국왕문서의 작성 능력을 평가하기 위한 것이다.

19. 윗글의 내용과 일치하지 않는 것은?
① 신진 관리들이 강경, 제술 능력을 고르게 갖추지 못하고 있다는 불만이 제기되었다.
② 답안 작성을 청탁한 사실이 적발되어 과거 급제자 명단에서 제외되는 경우가 있었다.
③ 각 지방의 인재 선발을 위해 일부 지역에서 비정기 시험이 실시되었지만, 선발 인원에 비해 응시자의 수가 저조하였다.
④ 과거 시험의 선발 인원을 축소하는 방향으로 시행 절차가 변경되었으나, 응시자가 답안을 작성할 때 시간 압박을 겪는다는 의견이 있었다.
⑤ 고대 중국에서 능력 있는 인재를 검증하여 선발하는 절차가 제대로 기능하지 않는다는 폐단이 있었는데, 유사한 현상이 조선에서도 나타났다.

20. ㉠의 입장에서 ⓐ를 비판할 때, 논거로 사용하기에 가장 적절한 것은?
① 강유와 제유가 응시하는 시험 과목을 동일하게 하지 않으면 특정 능력에만 편중된 인물을 선발할 위험이 있다.
② 제유들로 하여금 강경을, 강유들로 하여금 제술을 소홀히 여기게 만들어 고른 역량을 갖추지 못하게 한다.
③ 강유와 제유에 적용되는 사서삼경 암기 규정이 다를 경우 학문에 달통한 인물을 뽑지 못할 수 있다.
④ 과거 시험을 3년마다 실행하게 되면 시급하게 인재의 등용이 필요한 때를 맞추지 못할 수 있다.
⑤ 과거 시험을 통해 선발하는 인원의 수가 많아 그만큼 시행 절차도 복잡해질 수밖에 없다.

21. ㉠의 입장과 부합하는 진술을 <보기>에서 있는 대로 고른 것은?

─────< 보 기 >─────
ㄱ. 재주를 가려서 능력 여부를 헤아려 바꿔 제수하게 하여, 되도록 그 직책에 맞게 하고, 어리고 약한 자, 파리하고 유연하여 능력이 없는 자, 직무에 게으른 자는 권귀의 자제를 불문하고 모조리 파하여 버리고, 삼부·대간·정조에 널리 물어서 재능이 있는 자를 제수하면, 여러 관직이 적합한 사람을 얻게 될 것입니다.
ㄴ. 대전(大典)이 반포된 뒤로는 식년과 회시에 반드시 강경하여 지금까지 준용하나, 별시에는 경서를 강(講)하지 않기도 하여 정식 규정이 있는 것이 아니며, 이번에는 성례(盛禮)를 크게 거행하고 널리 인재를 뽑는 것이니, 반드시 식년의 규례에 얽매일 것이 없습니다. 뛰어난 인재가 이 때문에 입격하지 못하면 한탄이 있을 것입니다.
ㄷ. 근래에 수령으로 나간 뒤에 조정으로 불러들인 사람이 하나도 없어서 그대로 버려지고 마니, 이는 온당치 않습니다. 대각의 사람은 나무를 기르는 것과 같아서 젊었을 때부터 북돋아서 기른 후에야 대각에 출입할 수 있는데, 그 뒤에 거두지 않고 버려두기 때문에 쓸 만한 인재가 한정되게 되니 항상 좋은 사람이 부족한 것을 걱정합니다.

① ㄱ   ② ㄴ   ③ ㄱ, ㄷ
④ ㄴ, ㄷ   ⑤ ㄱ, ㄴ, ㄷ

[22~24] 다음 글을 읽고 물음에 답하시오.

반투막을 경계로 용질의 농도가 서로 다른 두 종류의 수용액이 있을 때, 수용액의 용질 농도가 같아지도록 저농도수용액에서 고농도 수용액으로 물이 투과되는 현상을 삼투현상이라 한다. 인체에서는 원형질막이 반투막의 역할을 하여 세포 외부 농도가 세포 내부 농도보다 높으면 물이 세포 외부로 투과되고 반대의 경우 물이 세포 내부로 투과된다. 세포 내로 물이 유입할수록 세포 부피가 커지는데 정상 상태에서는 세포 내외부의 농도가 평형을 이룬다. 이러한 삼투현상을 이용하여 신장은 혈압을 조절할 수 있다.

혈압의 변화는 혈액량의 영향을 받는데, 혈관 내 혈액량이 증가할수록 혈압은 상승한다. 혈액에서 혈구를 제외한 수용액을 혈장이라 하는데, 혈장 농도는 용질과 수분의 상대적인 양에 따라 결정된다. 수분이 일정한 상태에서 용질의 양이 증가하면 농도가 증가하고, 용질의 양이 일정한 상태에서 수분의 양이 증가하면 농도는 감소한다.

인간의 신장은 하복부의 등쪽 복막 내부에 좌우 한 쌍이 존재하며, 신장 피질의 바깥쪽과 수질의 안쪽에는 네프론이 존재한다. 네프론은 모세혈관 다발인 사구체, 사구체를 감싸고 있는 보먼주머니, 보먼주머니와 연결된 세뇨관으로 구성된다. 세뇨관은 근위세관, 헨레고리, 원위세관 및 집합관의 순으로 구성된다. 혈액이 사구체를 통과할 때 단백질을 제외한, 물, 포도당, 이온과 같은 혈액 성분이 보먼주머니로 여과되어 원뇨가 된다. 여과는 상대적인 압력 차이에 의해 촉진되는데, 사구체에서의 혈압이 상승할수록 보먼주머니로의 여과량은 증가한다. 원뇨가 세뇨관을 거쳐 방광 쪽으로 이동하는 과정에서 포도당 등 유용한 성분은 혈관으로 재흡수되고 사구체에서 여과되지 못한 혈관의 노폐물은 세뇨관으로 다시 분비되어 최종적으로 소변이 형성된다.

신장에서의 혈압조절은 ADH(항이뇨 호르몬)의 매개로 일어난다. ADH는 체내 항상성을 관장하는 시상하부에서 만들어지고 뇌하수체 후엽에서 혈액으로 분비되어 세뇨관에서의 수분 재흡수를 촉진하거나 혈관을 수축시켜 혈압을 높이는 기능을 하는 호르몬이다. 혈장 농도가 정상 수준보다 높거나 혈압이 정상 수준보다 낮을 때 ADH의 분비가 촉진된다. 혈중 ADH 농도의 증가는 세뇨관에서 혈관으로 더 많은 양의 물이 삼투현상에 의해 재흡수되도록 하여, 그 결과 소변의 양은 줄고 소변의 농도는 증가하여 혈압이 상승한다. 반대로 혈중 ADH 농도 감소는 삼투현상에 의한 물의 재흡수를 감소시켜, 그 결과 소변의 양은 늘고 소변의 농도는 감소하여 혈압이 하강한다.

이뇨는 요량이 증가하는 것으로 수분 이뇨와 삼투성 이뇨가 있다. 수분 이뇨는 ADH 분비가 감소하여 요량이 증가하는 현상이다. 수분 이뇨의 경우, 요량은 증가하지만 분비되는 용질의 배설량은 증가하지 않는다. 삼투성 이뇨에서 요량의 증가는 세뇨관의 용질 농도 증가가 원인이다. 요붕증은 ADH 체계에 이상이 있을 때 나타나는 질병이다. ADH 생성에 문제가 생기면 정상적인 경우보다 많은 양의 체액이 소변으로 빠져나가게 되는데, 이러한 상태를 중추성 요붕증이라고 한다. 또한 요붕증은 ADH의 생성이나 분비가 정상이라도 ADH에 대한 세뇨관의 민감도가 감소함으로써 일어날 수도 있는데, 이러한 상태는 신장성 요붕증이라 한다. 두 유형의 요붕증은 ㉠합성 ADH 투여 검사법을 이용하여 구분할 수 있다. 이때 사용되는 합성 ADH로는 데스모프레신을 사용한다. 데스모프레신을 투여하기 전에 우선 수분 섭취를 24시간 동안 제한한 뒤 소변의 농도를 측정한다. 그런 다음 데스모프레신 투여 치료를 받고 소변의 농도를 다시 한번 측정한다. 요붕증이 아닌 사람은 수분 섭취를 24시간 제한하면, 이를 보상하기 위해 ADH의 분비 및 신장에서의 작용이 증가한다. 중추성 요붕증 환자는 데스모프레신을 투여하면 치료 효과가 나타나지만, 신장성 요붕증 환자는 ADH와 유사한 형태인 데스모프레신에도 반응을 보이지 않는다.

22. 윗글과 일치하는 것은?
① ADH는 뇌하수체 후엽에서 생성된다.
② 포도당은 세뇨관에서 혈관으로 이동할 수 없다.
③ 세뇨관이 ADH에 민감할수록 수분 이뇨가 많아진다.
④ 세뇨관의 용질 농도가 높아지면 삼투성 이뇨가 일어난다.
⑤ 정상 상태보다 혈액량이 감소하면 혈중 ADH 농도가 낮아진다.

23. 윗글에서 추론한 것으로 적절하지 <u>않은</u> 것은?
① 혈장의 농도가 높아지면 세포의 부피는 작아질 것이다.
② 수분 이뇨 현상이 심화할수록 혈장 농도가 높아질 것이다.
③ 중추성 요붕증 환자가 데스모프레신을 투여받으면 혈압이 오를 수 있다.
④ 요붕증을 앓는 경우, 그렇지 않은 경우에 비해 탈수 상태에서 세뇨관의 물 투과도는 낮을 것이다.
⑤ 사구체 안의 용질 농도가 높을수록 보먼주머니로 여과되는 원뇨량이 증가할 것이다.

24. 윗글을 바탕으로 <보기>를 분석한 것으로 적절한 것만을 있는 대로 고른 것은?

<보 기>

A, B, C는 순서와 무관하게 각각 신장성 요붕증만 있는 환자, 중추성 요붕증만 있는 환자와 요붕증이 없는 사람이다. 아래 표는 A, B, C를 대상으로 ㉠을 수행한 결과이다. I 단계는 데스모프레신 투여 전, II 단계는 24시간 동안 수분 섭취를 제한한 후, III 단계는 데스모프레신 투여 후에 소변의 농도를 측정한 결과이다. 단, 정상적인 소변의 농도는 285mOsm/L이다.

피검사자	소변의 농도(mOsm/L)		
	I 단계	II 단계	III 단계
A	180	180	430
B	285	750	750
C	180	180	180

ㄱ. I 단계에서 A와 C의 혈중 ADH 농도는 같을 것이다.
ㄴ. II 단계에서 B의 혈중 ADH 농도는 I 단계보다 감소할 것이다.
ㄷ. A는 중추성 요붕증 환자이고, C는 신장성 요붕증 환자이다.

① ㄱ ② ㄴ ③ ㄷ
④ ㄱ, ㄷ ⑤ ㄴ, ㄷ

[25~27] 다음 글을 읽고 물음에 답하시오.

㉠ 내 집에 한 친구가 숨었고, 살인강도가 나타나 나에게 친구의 행방을 묻는다. 친구가 우리 집에 숨어있다고 알고 있는 나는 침묵할 수 없는 상황이라고 하자. 우리는 아마 거짓말을 할 것이다. 친구를 살리기 위해 거짓말을 하는 것은 일반 상식에 비추어볼 때 용인할 만한 하나의 불가피한 거짓말이라고 여겨지기 때문이다. 그렇다면 나는 살인강도에게 거짓말을 할 수 있는 권리를 가지는가?

이에 대한 칸트의 견해는 도덕법칙의 필요충분조건으로서 보편화 가능성에 초점이 맞추어져 있다. 도덕법칙은 의도나 예상되는 결과를 기준으로 만들어진 것이 아니라 이성에 하나의 사실로서 주어진 자유의 법칙으로, 모든 이성적 존재자에게 의무로 주어진다. 이성적 존재자에게 자유란 인간 존엄성의 근거가 되는데, 목적을 설정하고 그 목적의 실현을 위해 스스로가 법칙을 수립하여 자신의 행위를 이끌어 갈 수 있게 한다. 칸트에 따르면, 거짓말을 하든 하지 않든 그로 인해 발생하는 결과는 우연적이다. 가령 거짓말을 하더라도 친구가 살인강도에게 희생당할 수 있고, 사실대로 말하더라도 그렇지 않을 수 있다. 요컨대 거짓말을 하겠다는 것은 거짓말을 하면 친구가 살 것이라고 그 결과를 예상하는 것인데, 그러하면 거짓말할 권리는 우연적인 것에 불과한 결과를 미리 예상함으로써 성립하는 것이 된다. 그러므로 칸트는 거짓말할 권리는 보편화될 수 없으며 허용되어서는 안 된다고 주장한다.

나아가 칸트는 거짓말이 인류 전체와 맺은 계약을 지키지 않은, 인류 일반에게 행해진 잘못이라는 데 주목한다. 구성원 상호 간 계약에 근거를 두고 있는 시민 사회에서 계약이 성립하려면 진실성의 무조건적 의무가 전제되어야 함은 당연한 일이라 할 수 있다. 모든 계약은 그것에 동의하는 자들의 진실성에 의존하기에 호의적이거나 불가피한 거짓말조차도 법의 원천을 훼손할 것이기 때문이다. 거짓말의 허용은 의무가 특정 권리에 의해 제한되고 그 권리에 종속되는 결과를 낳을 수 있는 것이다. 즉 거짓말은 어떤 특정 대상에게 손해를 끼치지 않더라도 그 자체가 보편적 행위의 법칙을 위배하여 시민 사회의 성립을 불가능하게 만들며 기존 사회의 존속 또한 위험하게 만든다.

한편 거짓말은 '타인에 대한 완전한 의무 위반'이자 '자신에 대한 완전한 의무 위반'이다. 칸트는 의무의 대상이 자신이냐 타인이냐에 따라 '자신에 대한 의무'와 '타인에 대한 의무'로, 예외 허용 여부에 따라 '완전한 의무'와 '불완전한 의무'로 구분한다. 완전한 의무는 경향성의 이익을 위한 어떤 예외도 허용하지 않고 목적 자체로 추구되며, 이를 수행하지 않는 것은 악한 것이 되는 필연적 의무이다. 다시 말해 완전한 의무는 그 의무를 지키지 않기를 원하거나, 지키지 않는 것이 더 바람직하다고 여겨진다거나 하는 그 어떠한 주관적 경향성에 의해서라도 훼손될 수 없다. 한편 불완전한 의무는 자선 등 칭찬받을 만한 공로로 인정되지만 행하지 않는 것이 도덕법칙의 위반은 아닌 그런 의무이다. 이에 따르면 가령 자살은 자신에 대한 완전한 의무를 위반하는 것이며 도덕적 완전성을 지향하지 않거나 자기 도야를 게을리하는 사람은 자신에 대한 불완전한 의무를 위반하는 것이다. 아울러 타인의 존엄성을 침해하지 않는 것은 타인에 대한 완전한 의무이며, 타인에 대한 불완전한 의무는 타인의 복지 및 행복을 촉진하는 것이라 할 수 있다. 이때 거짓말은 존엄성을 가지며 목적으로 존중되어야 하는 타인을 잘못된 정보에 의하여 행동하게 만들기 때문에 이성적 존재자로서 타인의 인격과 인권, 나아가 타인의 자유를 침해한다.

한편 거짓말은 알고 있는 것을 정직하게 전하는 '진실성'과는 정반대인 행동이라는 점에서 자신에 대한 완전한 의무에도 위반된다. 진실성과는 달리, 칸트에게 '진실'은 자신이 진술한 명제와 사실 간의 일치를 의미하며 이는 논리적 판단을 통해 확립된다. 명제와 사실은 즉각적으로 연결되는 것이 아니라 판단을 통해서만 매개되므로, 그 과정에서 인간의 본유적 불완전성으로 인한 실수의 가능성이 배제될 수 없다. 따라서 칸트는 객관적 진실이 주관적 의지로서의 진실성보다 더 고귀한 것일지라도, 진실성 있게 진술하여 일어나는 우연적 결과가 아니라 거짓을 말한 결과에 대해서만 그 모든 것에 책임이 있다고 본다. 결국, 칸트에게 문제가 되는 것은 도덕적 양심과의 일치이며, 결과와 상관없이 진실성에 대한 의무를 위반하는 것은 자신의 양심에 충실하지 않은 것이다.

25. 칸트의 관점을 이해한 것으로 적절하지 않은 것은?

① 호의적인 거짓말은 그로 인해 발생한 결과와 무관하게 허용될 수 없다.
② 명제가 자신의 도덕적 양심과 불일치하는지는 즉각적으로 파악되지 않는다.
③ 도덕법칙이 의무로서 주어짐은 거짓말할 권리가 부여되어서는 안 되는 하나의 근거이다.
④ 타인이 그의 인간성을 계발할 수 있도록 최선을 다해 관심을 가지고 또 행복해지도록 돕는 것은 인간의 의무다.
⑤ 결과적으로는 참이었다고 하더라도 그 참인 내용이 자신의 기억에 반한 진술이라면 위증죄가 성립한다는 법원의 해석에 동의할 것이다.

26. 윗글을 바탕으로 ㉠에 대해 반응한 것으로 가장 적절한 것은?

① 알고 있는 한도 내에서 살인강도에게 거짓 없이 말했다면 친구의 죽음은 나의 책임이 아니다.
② 살인강도에게 거짓말하는 것은 자신에 대한 완전한 의무와 타인에 대한 불완전한 의무를 동시에 위반하는 것이다.
③ 친구를 범죄로부터 구하기 위해 거짓말하는 것과 가난한 이웃을 돕기 위해 부자에게 거짓말하는 것은 의무 위반의 성격이 다르다.
④ 살인강도에게 의도적으로 친구가 우리 집 안에 있지 않다고 진술하는 것은 실제로 집에 없음이 밝혀지기 전까지는 진실에 위배된다.
⑤ 살인강도에게 친구가 뒷산으로 도망갔다고 말했고, 실제로 우연히 뒷산으로 도망간 친구가 결국 살해당했다면 이는 살인강도에 대한 완전한 의무 위반은 아니다.

27. 윗글을 바탕으로 <보기>를 평가한 것으로 적절하지 않은 것은?

<보기>
살인강도에게 거짓말을 하지 않고 사실을 말한다면, 친구는 내가 말한 위치에서 발각되어 살해될 수밖에 없다. 정직함이 제일의, 무조건적 원칙으로 받아들여진다면 이는 모든 사회를 불가능하게 만들 것이다. 의무는 권리와 불가분의 개념으로, 의무는 타인의 권리에 상응하여 존재한다. 진실을 말하는 것은 단지 진실에 대한 권리를 가진 사람에 대해서만 의무이다. 타인을 해치는 자는 사회 구성원으로서 주어진 의무를 위반한 것이기에 진실에 대한 권리를 가진 것은 아니다.

① 칸트에 의하면 사실대로 말하는 것과 진실성 있게 말하는 것을 구분하지 못하고 있군.
② 무엇이 사회의 성립을 불가능하게 하며 그 근간에 위협이 되는지에 대해 칸트와 다른 의견이군.
③ 칸트와 달리 친구의 생명을 빼앗기 위해 추격하는 살인강도는 나에게 진실을 요구할 수 없다고 보겠군.
④ 칸트의 입장에서는 결과의 우연성을 간과하는 동시에 경향성에 따라 도덕 판단을 내리고 있다고 지적하겠군.
⑤ 누군가가 자기가 알고 있는 범위 내에서 진정으로 말하더라도 그의 모든 말이 진실이라고 간주해서는 안 된다고 판단하겠군.

[28~30] 다음 글을 읽고 물음에 답하시오.

헌법이 기본권 제한을 직접 규정하지 않고 그 제한을 법률에 위임하고 있는 경우에 그것을 법률유보라고 한다. 법률유보는 기본권을 제한하기 위해서는 입법권자가 제정하는 법률에 근거하여야 하고 그 법률은 헌법의 위임에 따라야 한다는 의미로 행정권이나 사법권으로부터 기본권을 보호해주고 기본권을 강화해주는 기능을 한다. 법률유보에는 기본권 전반이 법률에 의하여 제한될 수 있다고 규정하는 일반적 법률유보와 개개의 기본권에 대해 별개의 조항을 두어 법률로써 제한할 수 있다고 규정하는 개별적 법률유보가 있다. 우리나라의 경우 헌법 제37조 제2항*은 국민의 '모든 자유와 권리'를 법률로써 제한할 수 있다고 하고 있으므로 일반적 법률유보에 해당하고, 헌법 제12조 제1항**은 '신체의 자유'라는 기본권을 법률로써 제한할 수 있다고 하고 있으므로 개별적 법률유보에 해당한다. 개별적 법률유보는 그 법률의 목적과 제한 조건을 부가함으로써 일반적 법률유보보다 기본권을 더 강하게 보호할 수 있다는 데에 의의가 있다. 예를 들어 우리나라 헌법 제12조 제1항의 규정에 따르면 법률로써 신체의 자유를 제한할 경우에는 적법절차에 따라야 하므로, 입법자가 기본권 제한 법률을 제정하는 경우에는 제37조 제2항에 의한 한계를 지켜야 할 뿐만 아니라 개별 기본권 조항에 명시한 가중적인 조건에도 부합하여야 한다.

독일의 헌법에 해당하는 독일 기본법에는 일반적 법률유보 조항이 규정되어 있지 않다. 그래서 개별적 법률유보 조항에 따라 기본권을 제한하는데, 개별적 유보조항도 없으면 기본권을 제한할 수 없다는 문제와 관련하여 논의가 진행되었다. 특히 예술의 자유와 관련하여 독일 기본법 제5조 제3항에는 법률유보 없이 "예술과 학문, 연구와 교수는 자유이다."로 규정되어 있다. 하지만 같은 법 제5조 제1항에서는 "누구든지 말, 글 그리고 그림으로써 자유로이 의사를 표현하고 전파하며 일반적으로 접근할 수 있는 정보원으로부터 방해를 받지 않고 정보를 얻을 권리를 가진다."라고 규정하고 있고 제2항에서는 "이 권리들은 일반 법률의 조항과 소년보호를 위한 법률규정에 의하여 제한된다."라고 규정함으로써 제1항에서 규정하고 있는 '일반적인 표현의 자유'의 제한을 위한 법률유보를 명시적으로 밝히고 있다. 이에 관해 제3항에서 규정하고 있는 예술의 자유도 '표현'을 전제하고 있다는 점에서 '일반적인 표현의 자유'의 보호영역으로 보고 예술의 자유의 경우 제2항의 법률유보의 적용대상이 된다고 보는 견해가 있다. 그러나 이 견해는 개별적 법률유보가 없는 다른 기본권의 경우에 일률적으로 적용할 수 없는 한계가 있다.

이에 독일에서는 법률유보가 없는 기본권 제한을 '내재적 한계이론'으로 설명하는 것이 일반적이다. 이에 따르면 법률유보 없는 기본권이라 하더라도 그 기본권 행사에 있어서 타인의 기본권 또는 헌법이 보호하고 있는 다른 가치와 충돌이 생기는 경우에는 헌법의 통일성과 헌법이 내재하고 있는 가치질서에 근거하여 그 기본권에 대한 제한이 불가피하다고 본다. 독일연방헌법재판소도 ㉠Mephisto 판결에서 예술의 자유는 법률유보 없이 보장된다는 입장에서 만일 예술의 자유가 제2항의 적용을 받게 되면 사실상 제1항에서 보장하고 있는 일반적인 표현의 자유와 차이가 없게 되고 이는 굳이 예술의 자유를 독자적인 기본권으로 규정하고 있는 취지와도 맞지 않다고 하였다. 그리고 예술의 자유가 헌법적으로 보호되는 다른 법익과 충돌이 발생할 경우 헌법 스스로 내재하고 있는 가치질서에 근거하여 그 한계를 결정할 수 있는데, 바로 그러한 대표적인 한계가 인격권이라고 판시하였다.

이에 반해 우리나라의 경우 일반적 법률유보가 있기 때문에 내재적 한계이론을 인정할 필요가 없다고 하면서 헌법 제37조 제2항의 일반적 법률유보를 내재적 한계이론과 동일시하는 견해가 있다. 이러한 ⓒ동일론은 헌법 제37조 제2항에서 기본권을 제한할 수 있는 사유인 국가안전보장, 질서유지와 공공복리가 헌법에서 보장하고 있는 모든 가치를 포섭할 수 있다고 전제한다. 하지만 예술의 자유와 인격권과의 기본권 충돌 문제만 살펴보더라도 인격권 역시 헌법상의 가치이기 때문에 그 내재적 한계이론에 의하면 예술의 자유의 제한에 대한 근거로서 설명이 가능한 반면에 헌법 제37조 제2항에서 규정한 국가안전보장, 질서유지와 공공복리로 예술의 자유를 제한하기 위한 수단으로서 인격권을 설명하기 어렵다. 또한 내재적 한계이론에 의하면 기본권 제한의 요건에 관한 이론적 근거가 헌법으로부터 얻어지므로 기본권 제한 기준을 더 엄격하게 설정할 수 있다. 이 점에서 내재적 한계이론은 필요에 의해 법률을 근거로 기본권을 제한하는 일반적 법률유보와는 구분된다고 보아야 할 것이다.

*헌법 제37조 제2항: "국민의 모든 자유와 권리는 국가안전보장·질서유지 또는 공공복리를 위하여 필요한 경우에 한하여 법률로써 제한할 수 있으며…(후략)"
**헌법 제12조 제1항: "모든 국민은 신체의 자유를 가진다. (중략) 법률과 적법한 절차에 의하지 아니하고는 처벌·보안처분 또는 강제노역을 받지 아니한다."

28. 윗글을 이해한 것으로 적절하지 <u>않은</u> 것은?
① 우리나라의 경우 신체의 자유에 적용되는 일반적 법률유보와 개별적 법률유보 조항이 모두 존재한다.
② 독일에서의 내재적 한계이론은 개별적 법률유보가 없는 기본권을 제한하기 위해 도입된 이론이다.
③ 독일 기본법에는 일반적인 표현의 자유를 제한할 수 있는 개별적 법률유보 조항이 존재하지 않는다.
④ 우리나라의 경우 개별적 법률유보 조항이 없는 기본권이라도 헌법의 규정에 근거하여 제한될 수 있다.
⑤ 법률유보에 따르면 입법권자라 하더라도 헌법의 위임이 없이 기본권을 제한하는 법률을 제정할 수 없다.

29. ㉠에 대한 진술로 가장 적절한 것은?
① 독일 기본법 제5조 제2항의 한계를 제5조 제3항의 기본권 영역에 적용하는 것을 부정하지 않는다.
② 인격권은 다른 기본권의 한계가 될 수 있지만 다른 기본권에 의해 제한을 받지 않는다고 본다.
③ 일반적인 표현의 자유와 달리 예술의 자유는 일반적 법률유보에 의해 제한될 수 있다고 본다.
④ 일반적인 표현의 자유와 예술의 자유 모두 개별적 법률유보에 의해 제한될 수 있다고 본다.
⑤ 예술의 자유는 헌법적으로 보호되는 다른 기본권에 의하여 제한될 수 있다고 본다.

30. ㉡의 입장에 포함되는 것만을 <보기>에서 있는 대로 고른 것은?

<보 기>
ㄱ. 예술의 자유가 개별적 법률유보가 없는 기본권으로 인정되는 경우 그 제한의 한계를 설정할 수 없다.
ㄴ. 헌법의 가치에 근거하여 기본권의 제한을 설정하는 것은 일부 특정 기본권에 대해 법률을 근거로 내용과 한계를 제한하는 것에 대응시킬 수 있다.
ㄷ. 내재적 한계이론에서 제시하는 헌법의 통일성과 헌법이 내재하고 있는 가치질서는 헌법 제37조 제2항의 국가안전보장, 질서유지와 공공복리에 포섭될 수 있다.

① ㄱ   ② ㄴ   ③ ㄷ
④ ㄱ, ㄷ   ⑤ ㄴ, ㄷ

2026학년도 법학적성시험 대비

제3회 파이널 실전 모의고사

LEGAL · EDUCATION · ELIGIBILITY · TEST

제1교시 | 언어이해
총 30문항 09:00~10:10(70분)

수험생 유의사항

1. 문제지를 받은 후 시험 시작 시간까지 문제 내용을 보아서는 안 됩니다.
2. 시험 시작 즉시 과목편철 순서, 문제누락 여부, 인쇄상태 이상 유무 등을 확인한 후 문제지에 성명을 기재하시기 바랍니다.
3. 시험 시작 후 문제를 주의 깊게 읽고 문항의 취지에 가장 적합한 하나의 정답만을 고르시기 바랍니다.

메가로스쿨

언어이해

제1교시

2026학년도 법학적성시험 대비 제3회 파이널 실전 모의고사

- 이 문제지는 **30문항**으로 구성되어 있습니다. 문항 수를 확인하십시오.
- 문제지의 해당란에 성명을 정확히 쓰십시오.
- 답안지에 응시 번호와 답을 표기할 때에는 답안지 오른편에 있는 '답안지 작성시 반드시 지켜야 하는 사항'에 따라 표기하십시오.
- 답안지의 필적확인란에 해당 문구를 정자로 기재하십시오.

[1~3] 다음 글을 읽고 물음에 답하시오.

법치주의는 일반적으로 인간이 아니라 법이 국가통치의 원리로 작용해야 한다는 원칙, 즉 '법의 지배'를 의미한다고 설명된다. 이를 이해하기 위한 하나의 방식으로 법치주의를 통치의 형식적 합법성을 강조하는 형식적 법치주의와, 법의 형식은 물론이고 그 목적과 내용도 정당하기를 요구하는 실질적 법치주의로 구분하기도 한다.

합법성, 즉 법의 법다움이라는 관점에서 법의 지배에 접근하는 ㉠주장은 법에게 요구되는 도덕성이 인간에게 요구되는 그것과 구분된다고 본다. 도덕성은 법의 법다움을 판단함으로써 결정되는 것이며, 이러한 판단에 활용되는 대표적 표지로 법이 누구에게나 예외 없이 적용되어야 한다는 일반성, 해야 할 행위와 그렇지 않은 행위를 예측할 수 있는 명확성, 절차에 따라 형성되어 공동체 구성원의 행위를 객관적으로 규율함으로써 질서를 만들어내는 안정성이 있다. 이러한 표지는 어떤 실질적 가치를 뜻하는 것이 아니라 법이 가져야 할 형식적 요건을 의미할 뿐이다. 이에 따르면 법다움은 특정한 가치를 지향하지 않고 중립적 입장에 있으며, 법의 지배는 그 자체로 선한 것이다. 해당 관점에서 보면 법은 사회가 어떤 가치를 추구하든 그것에 봉사하는 수단으로 기능한다. 형식적 법치주의는 법이 명확하고 미리 알려져 있다면, 시민들은 이에 맞추어 자신의 삶을 설계할 수 있고, 이를 바탕으로 자유롭고 공정한 사회가 성립될 것이라는 자유주의 관점에 바탕을 두고 있다.

반면, 실질적 법치주의를 주장하는 이들에 따르면 형식적 법치주의에는 법률적 근거만 있다면 법의 지배가 정당화되는 것으로 이해할 가능성이 내포되어 있기 때문에 법이 자의적 통치를 정당화할 가능성이 있다. 이는 법의 지배가 아니라 법에 의한 지배라고 불러야 할 것이다. 실질적 법치주의에 해당하는 대표적 입장은 법의 지배란 법이 개인의 자유와 권리 보장이라는 가치를 지향하는 것을 의미한다는 ㉡주장이다. 법의 지배는 역사적으로 통치자의 자의를 제한하기 위한 원리로 출발했고, 그것을 바탕으로 사회의 각 구성원이 누리는 자유와 권리를 법이 보호한다는 원리로 발전했다는 것이다. 이런 관점에서 보면, 법에 의한 지배를 법의 지배라는 범주에 포함시킬 수 있다는 입장은 법에는 그 사회의 정치적 도덕성을 반영하는 원리가 포함된다는 점을 간과하고, 법의 지배라는 표현이 허용할 수 있는 논리적인 가능성에만 주목하고 있는 것이다.

개인의 자유와 권리 보장을 강조하는 법의 지배 개념을 수용하면서, 법의 지배란 법이 보편적 정의를 지향하는 것을 의미한다는 ㉢주장 또한 존재한다. 단순히 개인의 권리가 법으로 보호받는 차원을 넘어, 누구에게나 보편적으로 적용되는 인간의 존엄권과 정의가 법이 담아야 할 실질적 가치라는 것이다. 법에 따라 적용 대상자 모두를 동등하게 대하는 법 앞의 평등 원칙이 존재한다면 정의의 핵심 가치인 평등을 실현하는 데 기여할 수 있다는 것이다. 이에 더하여 법의 지배가 법이 추구하는 가치, 목적, 내용을 '명시'하는 데서 나아가 이를 '실현'하는 것을 포함한다는 ㉣주장도 제기되었다. 이러한 입장에 따르면 모든 개인의 권리가 보장되어야 함에도, 소수자는 법률에 명시된 권리조차 누리지 못한다. 이러한 입장은 법이 담아야 할 가치로 실질적 평등과 사회 보장을 강조하고, 소수자의 복지를 신장함으로써 그들이 실제로 권리를 누릴 수 있도록 조치를 실현하는 것을 법의 지배라고 본다. 이에 따르면 법의 지배는 분배적 정의 실현뿐만 아니라 사람들이 더 나은 삶을 살고 그 존재를 고양시킬 수 있도록 돕는 의무를 정부에 부과한다.

한편 실질적 법치주의에 기반을 둔 복지 정책이 법의 지배를 후퇴시킨다는 ㉤주장도 제기된다. 이러한 입장에 따르면 법은 노모스(nomos)와 테시스(thesis)로 구분되며, 노모스는 시민뿐만 아니라 통치자도 구속하는 자연법이고, 테시스는 통치자가 제정한 법으로 반드시 통치자를 구속하지는 않는다. 법의 지배에서 말하는 법은 노모스를 의미하며, 노모스는 형식적인 일반 규칙을 준수한 결과로 자연스럽게 나타난다. 그런데 이러한 관점에 따르면, 특정 복지 서비스 가입과 혜택 수령을 규정한 법은 형식적인 일반 규칙을 존중하지 않고, 특정한 가치를 실현하기 위해 인위적으로 제정된 것이기 때문에 법의 지배를 후퇴시킨다. 이러한 법으로 복지 정책의 수혜자가 늘어나 자유가 확대되는 것처럼 보이지만, 정부가 개인의 행동을 제약하여 삶의 영역에 간섭할 수 있는 기회 또한 확대된다. 결과적으로 이러한 법 제정은 자생적 진화에 따르지 않은 법의 적용으로 개인이 선택할 자유를 침해한다.

1. 윗글에 대한 이해로 가장 적절한 것은?
① 형식적 법치주의에 따르면 법에 의한 지배는 선한 것으로 간주되지 않는다.
② 복지 국가의 법은 노모스에도, 테시스에도 속하지 않기 때문에 법의 지배를 후퇴시킨다.
③ 오늘날의 민주 국가에서는 실질적 법치주의를 중시하는 경우 법의 안정성 준수 여부는 고려하지 않는다.
④ 자유주의 관점에 따라 법치주의를 이해하는 이들이 법의 도덕성을 판단할 때 활용되는 표지는 법에 요구되는 형식적 요건을 의미한다.
⑤ 정당한 목적을 가진 법이 국가의 통치원리로 작용해야 한다고 보는 입장에서는 법률적 근거를 법의 지배가 성립하기 위한 충분조건으로 간주한다.

2. ㉠에 대한 ㉡의 비판으로 가장 적절한 것은?

① 법의 도덕성을 인간의 도덕성과 구분하는 것은, 사회의 누구에게든 동일하게 법이 적용되지는 않을 수 있다는 점을 도외시한다.
② 합법성을 유일한 기준 삼아 법의 지배를 판단하는 것은, 통치자의 임의적 통치권 행사를 제한한다는 목표에 기반하여 법의 지배가 발전해 왔다는 것을 간과한다.
③ 법다움이 특정한 가치에 대해 중립적이라는 것은, 합의를 통해 현존하는 어떠한 사회에서도 통용될 수 있는 정치적 도덕성의 원리를 도출해야 한다는 것을 경시한다.
④ 법의 형식적 요건이 지켜진다면 자유롭고 공정한 사회가 성립될 가능성이 높다는 믿음은, 사회에서 법률에 명시된 권리를 누리는 이들의 수를 최대화하는 것에 관심을 두지 않는다.
⑤ 법은 사회가 어떤 가치를 추구하든 그것에 봉사하는 수단이어야 한다는 것은, 법 제정에 필요한 규칙을 무시하고 인위적으로 법을 제정해 법의 지배를 후퇴시킬 수 있다는 것을 외면한다.

3. 윗글을 바탕으로 <보기>를 평가한 것으로 적절하지 <u>않은</u> 것은?

<보 기>
○ A법은 X국 법률이 헌법에 규정된 절차 외에 정부에 의해서도 제정될 수 있으며, 이에 따라 제정된 법률은 의회, 의원, 대통령의 권한에 영향을 미치는 것이 아닌 한 헌법을 위반하더라도 그 효력이 유지될 수 있음을 명시하였다. 이 법은 헌법에 규정된 적법한 절차에 따라 의회에 제출, 통과되었다.
○ B법은 V민족 또는 V민족의 연관 혈통을 가진 Y국민으로서 민족과 국가에 충성할 의지와 능력을 그 품행으로 증명하는 자를 '국가 시민'으로 정의한다. 오직 국가 시민만이 법률이 정하는 바에 따른 온전한 인격적, 정치적 권리를 가졌다. 당시 Y국 내에는 V민족과 W민족이 함께 거주하고 있었는데, Y국 국민 모두가 V민족의 혈통을 계승한 것은 아니었다.
○ C법은 Z국의 모든 노동자에게 연금보험에 가입해야 할 의무를 부과하였다. 이 법은 세금 납부 전 소득의 18.7%에 해당하는 보험료를 노동자와 사용자가 절반씩 부담하고, 만 65세부터 임금의 약 70%에 해당하는 연금을 지급해 노후를 보장하도록 정해 놓았다.

① ㉠은 A법이 입법부에 의해 통과된 것이라는 점에서 적법하다고 볼 것이다.
② ㉡은 A법이 의회에 미친 영향이 법의 지배에 해당하지 않는다고 볼 것이다.
③ ㉢은 B법이 Y국에 거주하는 모든 구성원을 대상으로 한다는 점에서 법의 지배에 해당한다고 볼 것이다.
④ ㉣은 B법과 달리 C법이 법치주의 요건을 충족할 수 있다고 판단할 것이다.
⑤ ㉤은 C법이 정부가 노동자의 삶의 영역에 간섭할 수 있는 기회를 확대하여 개인의 자유를 침해한다고 볼 것이다.

[4~6] 다음 글을 읽고 물음에 답하시오.

진화생태학자들은 만약 생물이 에너지를 얻는 데 제한이 있다면, 자연선택은 효율적으로 에너지를 얻는 개체들을 선호하게 될 것이라 예측한다. 그리고 이러한 예측은 최적섭식이론(Optimal Foraging Theory)이라고 하는 생태학적 탐구 영역으로 발전되었다. 이는 생물의 섭식 행동을 수학적 모델을 기반으로 예측하는 이론이다.

최적섭식이론은 만약 에너지 공급이 제한된다면, 생물들은 모든 생존 기능을 동시에 만족시킬 수 없을 것이라고 가정한다. 예를 들어 성장과 같은 기능에 에너지가 더 할당된다면, 방어와 같은 다른 기능에 사용 가능한 에너지양은 감소한다는 것이다. 이에 따르면 생물 내 에너지 할당은 경쟁적인 수요 사이에서 갈등과 절충을 겪게 된다. 이러한 가정을 바탕으로 최적섭식이론은 특정한 상황에서 생물이 어떻게 최대한 효율적으로 먹이를 섭식하는지를 모델화하였다. 환경은 보다 높은 비율로 에너지나 양분을 자신의 것으로 동화하는 개체를 선호할 수밖에 없다. 가령 사막과 같은 서식지에서는 수분 손실이 최소로 일어나는 선인장이나 전갈 등이 잘 살아갈 수 있다. 이처럼 제한된 환경에서 살아남은 개체들은 모두 최적섭식이론 연구의 대상이 되었다.

최적섭식이론의 검증을 위하여 생태학자들은 먼저 포식자의 에너지 획득률에 영향을 줄 수 있는 먹이의 속성을 밝히고자 노력했다. 포식자의 에너지 획득률은 E/T로 표현되는데, 이때 E는 획득한 에너지를, T는 시간을 의미한다. E/T에 영향을 주는 가장 중요한 속성 중 하나는 잠재적으로 가능한 먹이의 풍부도이다. 이는 일반적으로 포식자가 단위 시간당 우연히 만나는 먹이의 개체수(N_e)로 표현되며, 다른 모든 조건이 같을 때 풍부한 양의 먹이가 희소한 양의 먹이보다 더 많은 에너지를 창출한다. 이외에 E/T에 영향을 줄 수 있는 먹이의 속성으로는 포식자가 먹이를 찾는 데 드는 에너지양 또는 비용(C_s), 먹이를 먹기 위해 싸우거나 껍데기를 부수는 등 먹이의 처리 활동에 걸리는 시간(H), 그리고 먹힌 먹이로부터 얻는 순에너지양(G)이 있다. 베르너(E. Werner)와 미텔바흐(G. Mittelbach)는 포식자의 에너지 획득률을 다음과 같은 방정식으로 모델화하였다.

$$\text{에너지 획득률}(E/T) = \frac{N_e G - C_s}{1 + N_e H}$$

이후 베르너와 미텔바흐는 파랑볼우럭을 대상으로 최적섭식이론을 검증하고자 하였다. 파랑볼우럭은 북아메리카 남동부에 사는 민물고기로, 수초, 플랑크톤, 수서곤충, 갑각류, 작은 물고기 등을 닥치는 대로 먹는 잡식성이다. 즉 파랑볼우럭의 먹이들은 크기, 서식처, 잡고 다루기의 용이함 등이 모두 다른 것이다. 또한 연구 결과 파랑볼우럭은 크기에 따라 먹이를 선택하는 경향이 있어, 가능한 먹이의 구성과 이론적으로 최적인 먹이의 구성을 설명하기에 매우 적합하였다.

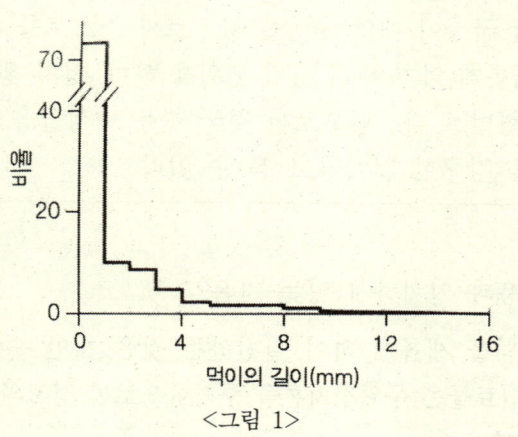

<그림 1>

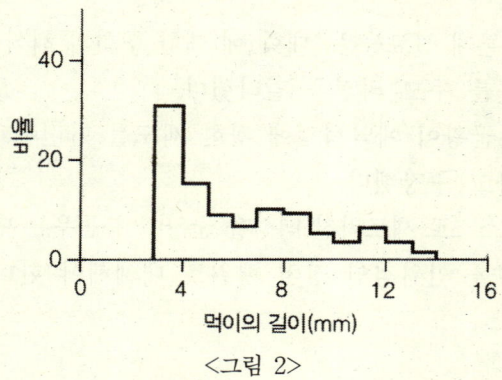

<그림 2>

<그림 1>의 그래프는 로렌스 호의 식생대에 분포하는, 파랑볼우럭의 먹이가 될 수 있는 모든 개체의 길이별 비율을 나타낸 것으로, 가장 높은 비율을 차지하는 대부분의 먹이는 길이가 약 1mm이었다. 베르너와 미텔바흐는 가상실험을 통해 N_e, C_s, H 등을 측정하였고, 먹이의 길이를 무게로 환산하여 G를 구한 결과, 에너지 획득률이 최대인 먹이의 길이를 약 3~4mm로 예측했다. 이렇게 최적섭식이론에 의해서 예측되는 최적의 먹이 구성을 그래프로 나타내면 <그림 2>와 같다.

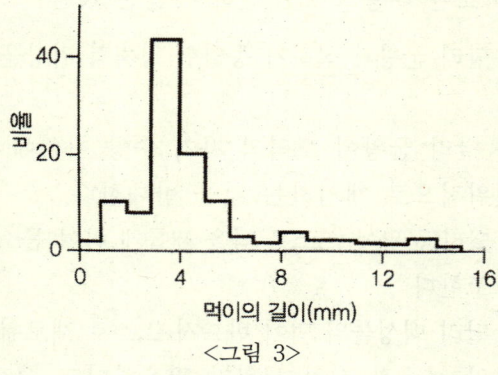

<그림 3>

<그림 3>은 로렌스 호의 파랑볼우럭이 실제로 먹은 먹이의 구성을 나타낸 그래프이다. 이와 같이 파랑볼우럭이 먹은 대부분의 먹이는 길이가 약 3~4mm로, 최적섭식이론을 통해 예측했던 최적의 먹이 구성과 실제로 먹는 먹이의 구성이 일치함을 알 수 있었다. 이 검증을 통해 베르너와 미텔바흐는 최적섭식이론이 자연 개체군에서의 합리적인 먹이 선택을 예측할 수 있음을 밝혔다.

이처럼 포식자가 무엇을 먹을지, 어떤 상황에서 먹을지 등을 예측할 수 있게 한 최적섭식이론을 이용한 접근은 동물은 물론 식물의 섭식에 있어서도 유사한 예측 틀을 발전시켰다. 또한 종들 간의 먹이 구성에 대한 기술과 섭식 습관에 대한 지식체계에도 상당한 공헌을 했다.

4. 윗글에 대한 이해로 적절하지 <u>않은</u> 것은?
① 최적섭식이론은 에너지 공급이 제한된 상황을 전제로 한다.
② 다른 조건이 모두 동일할 때, N_e와 E/T는 양의 상관관계에 있다.
③ 최적의 먹이 구성을 예측할 때, N_e가 높은 먹이가 반드시 G도 크다고 볼 수는 없다.
④ 베르너와 미텔바흐의 검증에서 파랑볼우럭은 먹이의 풍부도가 가장 높은 먹이를 선호하였다.
⑤ 특정 상황에서 살아남은 개체들은 그러지 못한 개체들보다 동일 환경에서 더 높은 비율로 에너지를 얻을 수 있다.

5. <보기>는 포식자 A가 먹을 수 있는 모든 먹이들의 속성을 측정한 표이다. 최적섭식이론에 따라 에너지 획득률이 가장 높은 먹이와 가장 낮은 먹이를 순서대로 추론한 것은?

―< 보 기 >―

	N_e	C_s	H	G
ㄱ	10	10	5	5
ㄴ	10	5	5	10
ㄷ	5	10	10	5
ㄹ	5	5	10	10

① ㄱ, ㄴ　　② ㄱ, ㄷ　　③ ㄴ, ㄷ
④ ㄴ, ㄹ　　⑤ ㄷ, ㄹ

6. <보기>에 대한 아래의 판단 중 윗글에 비추어 적절한 것만을 있는 대로 고른 것은?

―< 보 기 >―

식물의 섭식은 에너지를 획득하기 위한 생장을 통해 이루어진다. 가령 태양으로부터 빛을 얻고 흙으로부터 양분과 물을 얻는 지상 식물의 경우, 잎 등의 지상부는 빛을 포획하도록 자라고, 뿌리는 양분을 포획하도록 자란다. 즉 환경의 구조와 공급원의 분포가 다르므로 한 번에 두 가지 방향으로 자라며 포식하는 것이다. 그러나 동물의 경우와 마찬가지로 식물도 에너지 공급의 한계에 직면하면 부위별로 요구하는 에너지 사이에서 타협을 해야 한다. 그 결과 식물은 양분이 부족한 환경에서는 땅 아래에 더 많은 에너지를 투자하는 반면, 빛이 약한 환경에서는 지상에 더 많은 에너지를 투자한다.

ㄱ. 빛이 충분하고 비옥한 환경에서 자라는 식물은 부위별로 요구하는 에너지 사이에서 타협할 필요가 없을 것이다.
ㄴ. 빛이 약하고 비옥한 환경에서 자라는 식물이 뿌리로의 에너지 할당량을 감소시키는 것은 C_s를 높이기 위해서일 것이다.
ㄷ. 에너지 공급이 제한될 때, 동물은 에너지 획득률을 최대화하는 먹이를 섭식하고, 식물은 부족한 에너지를 획득하는 방법으로 섭식한다.

① ㄱ　　② ㄴ　　③ ㄱ, ㄷ
④ ㄴ, ㄷ　　⑤ ㄱ, ㄴ, ㄷ

[7~9] 다음 글을 읽고 물음에 답하시오.

조선 후기 군왕의 정치적 위상을 둘러싼 논쟁은 군왕의 개인 수양과 백성을 교도하고 통치하는 정치 행위를 다룬 『대학』의 해석에서 비롯되었다. 『대학』에는 일신(日新), 작신민(作新民), 기명유신(其命維新)이라는 세 종류의 새로움에 관한 내용이 나온다. 주희에 따르면 이 가운데 첫째가 군왕의 개인 수양을 말한 것이고, 둘째는 이미 스스로 새로워진 백성을 군왕이 북돋우는 것을 말하고, 셋째는 나라가 천명(天命)을 새롭게 받은 것을 가리킨다고 말했다. 그런데 이렇게 주희의 해석에 따를 경우, 세 가지 새로움 모두 스스로 새로워지는 것을 말한 것이지 군왕이 백성을 새롭게 만들기 위해 독자적으로 제도적 개입을 하는 등의 적극적인 정치 행위를 주장한 부분이 없게 된다. 정조는 이를 문제 삼아 백성은 군왕과 달리 스스로 새로워지는 것이 아니라 그 과정에는 백성을 교도하는 군왕의 정치 행위가 필요하다면서 군왕으로서 독립된 정치 행위의 필요성을 역설했다.

당시 학풍을 주도했던 노론계 신료들은 군왕 자신의 덕이 새로워지면 백성의 덕은 메아리나 그림자처럼 저절로 새로워진다는 점을 들어 군왕의 도덕적 자기 수양 이외에 독립된 정치 행위를 언급하는 것을 반대했다. 다시 말해, 군왕은 몸소 실천함으로써 백성을 감화시키는 것이지 따로 예악형정에 관한 제도를 마련해 백성을 새롭게 하는 것은 군왕의 일이 아니라고 설명한 것이다. 이로써 노론계 신료들은 정치를 도덕의 연장으로 보면서 군왕 개인의 자기 수양 공부 외에 또 다른 인위적인 정치 행위를 할 필요가 없다는 ㉠무위정치론을 주장하였다. 군왕도 신료들과 마찬가지로 개인 수양의 과제를 안고 있다는 점에서 군왕이 독자적인 정치적 위상을 갖지 않음을 정조에게 끊임없이 상기시켜 정조의 권력을 제한하려고 한 것이다.

당시 규장각 문신 가운데 한 명이었던 정약용 역시 정치를 도덕의 연장으로 보고 군왕의 윤리적 통치 행위를 제일의 통치 조건으로 판단했다. 기본적으로는 정약용도 개인 수양이 정치 행위의 하나라는 점에는 동의했던 것이다. 그렇지만 정약용은 군왕의 개인 수양만으로 정치 행위가 모두 끝난다고 보지는 않았다. 특히 정약용은 『대학』의 마지막 '평천하(平天下)' 장에 주목하였다. 주희는 이 장에서도 정치 행위를 본인 집안의 노인을 섬기고 공경하는 군왕의 개인 수양 행위라고만 풀이했다. 그런데 정약용은 '평천하' 단계의 정치 행위가 개인 수양과는 다른 차원의 정치 행위를 의미한다고 지적하였다. 이때의 정치 행위는 백성들로 하여금 자연스럽게 본받도록 만드는 행위가 아니라 군왕이 구체적인 예식을 반복적으로 거행함으로써 백성들이 새로워지도록 만드는 행위라고 해석한 것이다.

또한 정약용은 가족과 국가가 다르고 부모형제의 관계와 군민(君民)의 관계가 다름을 전제로 하여 군왕 자신의 덕이 새로워진다고 해서 반드시 백성의 덕이 저절로 새로워지는 것은 아니라고 하였다. 개인 수양은 자기 내면을 들여다보며 관조하는 내성적 성향을 띨 수밖에 없기에 백성들을 교화시키기 위해서는 내향적 정치 행위인 개인 수양뿐만 아니라 적극적인 정치 행위가 필요하다고 본 것이다. 따라서 정약용은 군왕은 자신의 개인 수양 공부 외에 또 다른 제도적 개입을 할 필요가 있다는 ㉡유위정치론을 주장하였다.

정약용은 더 나아가, 군왕의 정치 행위에 자발적으로 수긍, 복종하지 않는 자들이 있다면 엄격하게 법제와 형률에 따라 단죄할 것을 주장했다. 그러면서 형률을 적용할 죄의 항목으로 부모에게 효도하지 않는 자, 친인척과 화목하게 지내지 않는 자, 사회의 연장자인 어른들을 공경스럽게 대하지 않는 자 등 도덕에 위배되는 사례들을 언급했다. 이것은 결국 군왕이 개인 수양을 함으로써 스스로를 새롭게 하고, 백성들을 새롭게 하기 위해 정치 행위를 하며, 정치 행위에 따르지 않는 자를 형벌로 다스림으로써 결국 모든 백성들을 새롭게 하기 위한 방법을 강구한 것이라고 볼 수 있다.

7. 윗글의 내용과 일치하지 않는 것은?
① 스스로 덕을 새롭게 하여 실천하는 것은 개인 수양에 해당한다.
② 노론계 신료들은 무위정치론을 주장함으로써 정조의 권력을 제한하려고 하였다.
③ 정조와 노론계 신료들은 『대학』에 대한 주희의 해석을 그대로 따를지의 여부를 두고 의견을 달리했다.
④ 정약용은 군왕이 예악형정에 관한 제도를 마련해 백성을 새롭게 해야 한다고 주장했다.
⑤ 정약용은 스스로 새로워진 백성을 군왕이 북돋우는 단계에서 군왕의 개인 수양을 인위적인 정치 행위로 대체해야 한다고 생각했다.

8. ㉠과 ㉡을 비교한 내용으로 적절하지 않은 것은?
① ㉠은 ㉡과 달리 군왕과 신하가 동일한 정치적 위상을 가지고 있다고 본다.
② ㉠은 ㉡과 달리 군왕이 도덕적 자기 수양 이외에 형벌제와 같은 제도에 인위적으로 개입하는 것을 반대한다.
③ ㉡은 ㉠과 달리 군왕이 스스로 덕을 새롭게 하여 몸소 실천할 필요가 있음을 강조한다.
④ ㉡은 ㉠과 달리 백성들의 덕이 반드시 스스로 새로워지는 것은 아니기에 군왕의 적극적 정치 행위가 필요하다고 주장한다.
⑤ ㉠과 ㉡ 모두 정치를 도덕의 연장이라 여기고 군왕의 개인 수양이 전제가 되어야 백성이 교화된다고 본다.

9. 윗글을 바탕으로 <보기>를 평가한 내용으로 가장 적절한 것은?

<보 기>

요즘 사람은 '순 임금께서는 그냥 옷소매를 드리우고 팔짱을 낀 채 눈을 감고 진흙으로 빚은 사람처럼 점잖이 앉아 있었는데도 천하가 자연히 태평해졌다'고 말한다. 내가 보건대 백성을 교화시키는 데 분발하여 천하 사람을 바쁘게 노역시키면서, 일찍이 한 번 숨 돌릴 틈에도 편안함을 도모하지 못하도록 한 이가 순 임금이요, 정밀하고 엄혹하여 천하 사람을 공손하게 움츠리고 송구하여 일찍이 털끝만큼도 감히 거짓을 꾸미지 못하도록 한 이도 순 임금이었다. 천하에 순 임금보다 부지런한 사람이 없었건만 하는 일이 없었다고 속이고, 천하에 순 임금보다 정밀한 사람이 없었건만 엉성하고 오활하다고 속인다. 그리하여 임금이 매번 일을 하려고 하면 반드시 순 임금을 생각하게 해서 스스로 단념하도록 하니, 이런 이유로 천하가 나날이 부패해서 새로워지지 못하는 것이다.

① 노론계 신료들은 순 임금이 자신의 개인 수양의 결과를 백성들에게 효과적으로 전달하기 위해 부지런히 움직였을 뿐이라고 비판하겠군.
② 노론계 신료들은 천하가 나날이 부패하는 이유는 백성들이 자기 수양에 소홀히 했기 때문이라고 반박하겠군.
③ 정조는 순 임금이 백성을 교화시키는 데 분발하였다는 점을 볼 때, 군왕에게는 개인 수양이 필요 없다고 주장하겠군.
④ 정약용은 순 임금이 부지런했던 이유는 적극적인 정치 행위를 통해 백성을 교화시키기 위해서라고 판단하겠군.
⑤ 정약용은 순 임금처럼 백성이 군왕을 보고서 공손하고 움츠리게끔 만들도록 도덕보다 법을 우선시하여야 한다고 주장하겠군.

[10~12] 다음 글을 읽고 물음에 답하시오.

정치적 양극화로 진단되는 정당 간 이념 대립의 심화는 비단 미국정치뿐만 아니라 전 세계적 현상이다. 유권자들이 투표를 정당 선호에 따라 결정하는 경향 역시 증대되었다. 그런데 여러 경험적 분석자료들은 미국인의 이념적 견해가 이전보다 더 극단화되지는 않았음을 밝히고 있다.

그렇다면 정당 간 이념 대립은 왜 더 심해지는가? 그 원인을 밝히는 일은 정치권력을 잡기 위한 움직임의 골자에 무엇이 위치하는지에 대한 논쟁과 직결된다. 미국정치의 가장 지배적인 해석으로 작용했던 다운즈의 중위투표자론은 유권자 분포에 따른 선거 경쟁을 정치의 본질로 규정한다. 이에 따르면 유권자는 무조건 한 정당만을 지지하는 것이 아니라 탄력적으로 지지 정당을 선택하나, 이념적 분포는 중심이 높은 정규분포로 주어져 있으므로 정당은 더 많은 유권자와 가까운 입장을 취하고자 한다. 그러므로 양당은 극단적인 선거 공약 대신 절충적이고 중도적인 공약을 내걸고 선거에 나서게 된다. 중위투표자론을 바탕으로, 피오리나는 정치꾼들이 현실에서 유리된 이념 대결을 벌이고 있다고 비판한다. 비타협적인 견해를 지닌 정치 활동가들이 정당에 영향력을 행사하였고, 대중매체가 이를 과장하면서 정당의 이념이 극단화되었다는 것이다. 피오리나는 이러한 사태가 유권자의 정당 일체감에 영향을 미쳤음은 인정한다. 가령 1980년대 이후 진보적인 성향의 공화당 지지층과 민주당 내 보수적인 성향의 유권자가 이탈하는 결과가 발생했기 때문이다. 하지만 이는 이념적 지향과 지지하는 당이 맞아떨어지지 않았던 지지층 간 교환일 뿐이므로, 유권자 전반에 걸쳐 이념적 대립이 심해졌음을 말해주지는 않는다고 본다.

다운즈를 강력하게 비판한 해커와 피어슨은 중위투표자론이 정책의 중요성을 경시하였다고 보았다. 해커와 피어슨은 정책을 정치 행위자와 집단을 만들어내는 한편 정치 전략을 설정하도록 하며 나아가서 정치 투쟁의 궁극적 목표이기까지 한 것으로 여겼다. 이때 정책에 대한 강력한 요구를 지닌 '조직화된 이익(organized interests)'이 의견을 개진하고 국가 권력 장악을 위해 영향력을 행사하는 과정이 정치의 핵심이 된다고 보았다. 정책적 목표를 훼손당하지 않기 위한 조직화된 이익의 움직임이 곧 선거 구도와 정당 간 경쟁에 영향을 주기 때문이다. 이로부터 양당 간 이념 차이의 원인을 기업이 조직화된 이익으로서 특히 공화당에 영향력을 행사하였기 때문이라고 주장한다. 기업들의 영향력은 민주당의 진보적 성향이 강해지는 것은 막고, 공화당의 지속적인 보수화를 이끌었기 때문이다. 따라서 이들은 정당 이념의 극단화를 공화당의 강한 보수화를 함의하는 비대칭적 극단화라고 본다.

정책 중심적 접근은 중위투표자론처럼 정당을 주어진 유권자 분포에 수동적으로 반응하는 존재로 치부되지는 않았으나, 마치 조직화된 이익에 포획된 존재로 여겼다. 샤츠슈나이더는 정당을 다시 수면 위로 끌어올리면서 '갈등의 정치'를 내세운다. 갈등의 정치에 따르면 한 사회에는 잠재적으로 여러 갈등이 존재하는데, 이들 중 몇몇 갈등만이 지배적 갈등으로 부상한다. 이러한 메커니즘에서 정당은 그들이 원하는 특정 갈등을 '규정'함으로써 자신들에게 유리한 이슈를 쟁점화한다. 그 결과 정당은 규정된 갈등이 만들어내는 균열을 중심으로 지지 세력을 결집한다. 그러므로 갈등을 새롭게 규정하고 균열의 범위를 통제함으로써 정치권력을 장악하는 것이 정당정치의 핵심이 된다. 이때 정당 간 이념 대립은 양당이 선거 승리를 위해 구사해 온 선거 전략의 결과로 설명할 수 있다. 요컨대 정당이 갈등을 이용하여 정치 교체를 일으키고자 편을 가르고 지지 세력을 결집하는 과정에서 양당 간 견해차가 선명해진 것이다.

모두의 주장을 고려할 때 남은 문제는 유권자 간 양극화의 심화가 정말 허구일 뿐이냐는 것인데, 이는 유권자의 경향성이 '정서적 양극화'에 가깝다는 것으로 설명할 수 있다. 이념과 정책선호의 차이가 양극화를 추동하는 것이 아니라, 당파적 정체성이 지지 정당에 대한 애착과 상대 정당에 대한 반감으로 표출되는 것이다. 이는 하나의 심리적 애착으로서 반성적 평가 기제를 약화하고 상대 정당에 대한 무조건적 반감을 형성한다는 점에서 위험성이 높다고 할 수 있다. 그런데 중도적 합의에 따라 이루어져 왔던 다운즈식 양당 정치가 비백인과 소수 집단을 배제하는 결과를 낳았음을 고려할 때, 양극화가 부정적인 결과만을 가져오는 것은 아니다. 양극화가 억압된 요구를 갈등으로 끌어올린 결과라면 그로 인한 정치적 비용은 감내해야 하는 영역일 수 있다.

10. 윗글에 대한 이해로 적절하지 <u>않은</u> 것은?

① 중위투표자론에 기반한 정치 전략은 다수의 지지를 얻고자 소수 집단을 배제한다고 평가받는다.
② 조직화된 이익으로서 기업은 민주당의 이념 극단화보다 공화당의 이념 극단화에 더 큰 영향을 미쳤다.
③ 투표 경향의 변화로 드러나는 유권자의 정치적 양극화는 이념 변화에 대한 경험적 분석자료와 모순된다.
④ 갈등의 정치는 정당의 선거 전략이 유권자 분포에 영향을 미친다고 여기는 점에서 중위투표자론과 대조적이다.
⑤ 1980년대 이후 유권자 이탈이 양당 지지층의 교환에 그친다는 사실은 이념의 극단화가 정당에 한정된다는 주장을 뒷받침한다.

11. 윗글을 바탕으로 추론한 것으로 가장 적절한 것은?

① 피오리나에 따르면 유권자는 정당이 중도적인 성향을 띨수록 더 선호할 것이다.
② 다운즈는 유권자 간의 정서적 양극화가 중위투표자론에 배치되는 것은 아니라고 여길 것이다.
③ 샤츠슈나이더는 피오리나와 달리, 선거는 정당 간 이념 대립에 영향을 주지 않는다고 볼 것이다.
④ 해커와 피어슨은 다운즈와 달리, 유권자 간 이념 대립을 조직화된 이익에 의해 발생할 수 있는 현상이라고 볼 것이다.
⑤ 샤츠슈나이더는 해커와 피어슨과 달리, 정당 간 이념 대립을 정치권력을 잡기 위한 본질적인 행위의 결과로 파악할 것이다.

12. 윗글을 바탕으로 <보기>를 이해한 것으로 적절하지 <u>않은</u> 것은?

< 보 기 >

유력한 기존 정치세력으로부터 소외된 사회 구성원들의 누적된 불만은 국가 권력 변동의 동력으로 작용한다. 20세기 초반 미국에서는 지역주의를 기반으로 동북부에서는 공화당, 남부에서는 민주당 일당 체제가 유지되고 있었으며 지역적 일당 체제하에서 양당의 정책은 거의 차이가 없었다. 단지 동북부가 인구 밀집 지역이므로 공화당이 다수당의 위치를 점하고 있을 뿐이었다. 그러던 중 미국이 완연한 산업사회로 접어들자 도시 노동자와 빈민, 이민자가 급격히 증가하였다. 이에 노동, 기업 규제, 사회복지 정책 등을 진보적으로 크게 변화시킨 민주당은 지역주의에서 소외되었던 도시 비백인 거주자의 지지에 힘입어 지역주의 구도를 뉴딜 체제로 완전히 변화시켰다. 이 지배적 흐름에 변화의 싹이 튼 것은 1960년대를 거치면서 정부 역할이 점점 커지는 것에 대한 비판이 확산되고, 세금과 규제 등에 대한 반대 운동이 전국적으로 조직화되면서부터이다.

① 정서적 양극화를 옹호하는 입장에 따르면, 미국을 뉴딜 체제로 변화시키려는 민주당의 정책적 시도는 실패했어야 할 것이다.
② 정책 중심적 접근에 따르면, 세금과 정부 규제 등에 대한 전국적인 반대 운동은 향후 공화당의 선거 전략에 영향을 미쳤을 것이다.
③ 정책 중심적 접근에서는 민주당의 진보적인 정책 수립을 국가 권력 변동의 목적으로, 갈등의 정치에서는 국가 권력 변동의 수단으로 여길 것이다.
④ 정서적 양극화를 옹호하는 입장에 따르면, 지역주의 체제에서 뉴딜 체제로의 변화는 중위투표자론에 따른 선거 전략이 갖는 한계를 극복한 결과이다.
⑤ 갈등의 정치에 따르면, 뉴딜 체제는 민주당이 도시 비백인 거주자의 누적된 불만을 지역주의보다 중요한 이슈로 부상시킨 의도적 쟁점화의 결과이다.

[13~15] 다음 글을 읽고 물음에 답하시오.

연구윤리란 윤리학에서 다루는 근본적인 윤리 원칙들을 과학적 연구와 관련된 다양한 쟁점들에 적용하는 것으로, 인간과 동물을 대상으로 하는 실험의 설계나 이행, 연구 부정행위, 내부고발 등을 다룬다. 2007년 OECD에서 국제연구진실성위원회를 설립한 이후 국제적 차원에서 연구윤리문제의 대책이 필요하다는 인식이 대두되었지만, 국가별로 연구윤리의 개념과 그에 따른 법제도의 형태는 상이한 양상을 보인다. 이에 대해서는 국가적 차원에서 마련한 법규정의 유무, 관련 중앙조직의 유무, 정부차원의 연구 부정행위 조사기구 설치 여부 등을 기준으로 유형화해 볼 수 있다.

첫 번째 유형은 국가 주도형 모델로, 미국, 노르웨이, 덴마크 등이 이에 해당한다. 이 모델은 연구윤리 및 진실성 확보를 위한 국가적 차원의 법령을 제정하였다는 특징을 지닌다. 연구 부정행위가 발생하면 보통 개별 연구수행기관에서 1단계 조사를 진행하지만, 개별 연구수행기관의 요청이 있거나 국가가 중요한 사안으로 판단한 경우에는 연구 부정행위 조사권을 부여받은 중앙의 연구진실성 조직에서 2단계 조사를 진행한다. 이때 법제화된 연구 부정행위는 일반적으로 변조, 조작 및 표절로 제한된다. 그런데 기본적으로 법의 제정과 개정에는 절차에 따른 시간이 소요된다. 이 때문에 국가 주도형 모델은 변화하는 환경에 즉각적으로 대응하기 어렵다는 한계를 지닌다.

두 번째 유형은 ㉠연구비 지원조직 주도형 모델로, 여기에는 한국, 영국, 독일 등이 해당한다. 이 모델의 경우 연구윤리 및 연구진실성에 관한 국가적 차원의 법령은 없지만, 연구비지원위원회나 연구재단과 같이 연구비를 지원하는 국가 중앙조직이 연구 부정행위를 감독하고 조사한다. 가령 우리나라의 경우, 교육부 및 미래창조과학부와 한국연구재단이 이런 역할을 수행하고 있다. 중앙의 지원조직에서 연구윤리에 관한 지침과 가이드라인을 개발하면 국가연구사업에 참여한 연구수행기관에서는 이를 기초로 의무적으로 자체 연구윤리규정을 만드는데, 이렇게 만들어진 규정은 대개 그 사업에 참여하지 않는 일반 연구수행기관에서도 준용되어 준국가표준의 역할을 한다. 하지만 이 모델의 경우, 단일 공적 조직이 연구수행기관을 지원하여 연구활동을 촉진하는 기능과 연구 부정행위를 감독하여 연구활동을 위축시킬 수 있는 기능을 동시에 수행하는 것이 과연 합리적인가 하는 문제를 안게 된다.

마지막으로 일본과 호주에서 도입한 ㉡개별 연구수행기관 자율형 모델이 있다. 이 모델의 국가들에는 연구윤리 및 진실성 확보에 관한 국가적 차원의 법령이 없을 뿐 아니라 예산에 관여하고 연구 부정행위를 감시하는 어떤 국가 중앙조직 및 정부 차원의 조사기구도 없다. 대신 호주의 경우 '책임 있는 연구수행을 위한 지침'을, 일본의 경우 '과학자의 행동지침'을 두어 각각의 개별 연구수행기관이 자율적으로 연구윤리규정을 수립하여 감독하는 데 가이드라인으로 활용할 수 있도록 조치하고 있다. 하지만 법적 구속력이 없는 가이드라인의 제시만으로는 구체적인 사안에 대한 국가적 차원의 통일적 규율이 어렵다는 점과, 개별 연구수행기관의 산발적인 연구윤리규정 내용 역시 연구윤리를 둘러싼 사회적 혼란과 갈등을 야기할 단초로 기능할 우려가 있다는 점이 문제점으로 지적되고 있다.

각각의 차이점에도 불구하고 세 가지 유형은 두 가지 면에서 공통점을 보인다. 하나는 맥커빈스와 슈바르츠가 설명한 개념으로, 연구윤리법제도가 '화재경보기'의 역할을 하도록 설계되었다는 점이다. 즉 연구윤리법제도는 연구 부정행위가 자주 발생할 것이라는 전제하에 적극적으로 연구기관 및 연구자를 감시하는 순찰활동을 하는 것이 아니라, 문제가 발생할 시 다른 연구자들에게 경종을 울리는 역할을 한다는 것이다. 그리고 또 다른 공통점은 세 가지 유형 모두 조사 담당 기구의 연구 부정행위에 관한 조사활동은 보통 공식적인 문제제기나 제보가 있을 때 시작하도록 되어 있는 반면, 연구자가 연구자로서 지켜야할 과학적·사회적 책임 등에 대한 연구윤리교육에 있어서는 국가가 보다 적극적으로 나선다는 점이다.

각 국가별 연구윤리의 개념이 그 나라의 역사, 문화, 전통, 기존 법체계 등에 의해 달라질 수밖에 없음에도 이러한 공통점을 보인다는 것은 효과적인 연구윤리법제도가 지켜야 할 기본적인 원칙이 있다는 것을 뜻한다. 그러므로 연구윤리의 개념을 명료하게 정립하고, 관련 당사자들이 상호 동의할 수 있는 절차를 수립하여 공정하고 일관성 있게 적용한다는 기본 원칙을 갖춘 전국가적 차원의 지침을 구축할 필요가 있다.

13. 윗글의 내용과 일치하는 것은?
① 국가 주도형 모델에서는 연구의 진실성을 확보하기 위해 국가 간의 합의된 규정을 따른다.
② 연구비 지원조직 주도형 모델에서는 한 조직에 부여된 기능들 간의 부조화가 우려된다.
③ 개별 연구수행기관 자율형 모델에서는 연구 부정행위에 대한 감독이 이루어지지 않는다.
④ 연구윤리법제도는 연구 부정행위의 발생이 빈번할 것이라 전제하고 연구활동을 감시한다.
⑤ 전국가적 차원의 연구윤리지침을 구축하기 위해 국제연구진실성위원회가 설립되었다.

14. ㉠과 ㉡에 대한 설명으로 적절하지 않은 것은?
① ㉠과 달리 ㉡에는 연구 부정행위를 감독하는 국가 중앙조직이 존재하지 않는다.
② ㉠에 비해 ㉡에서는 연구수행기관이 연구윤리규정을 수립하는 데 있어 더 자율적이다.
③ ㉠과 ㉡은 연구윤리 및 연구진실성에 관한 국가적 차원의 법령이 없다는 점에서 공통적이다.
④ ㉠과 ㉡의 연구윤리법제도는 연구 부정행위에 대한 연구자들의 경각심을 높이는 역할을 한다.
⑤ ㉡과 달리 ㉠에서는 연구비 지원조직이 만든 연구윤리규정을 여러 연구수행기관에서 표준으로 삼는다.

15. 윗글에 비추어 <보기>에 대해 판단한 내용으로 적절한 것만을 있는 대로 고른 것은?

<보기>

A국에 설립된 B연구수행기관은 배아복제기술에 관한 각종 연구를 수행하고 있다. 그동안 B연구수행기관은 우수한 연구인력들을 고용하여 배아복제에 있어 탁월한 연구성과를 보여 왔으나, 최근 국가중점사업으로 국민의 관심이 집중되었던 중요한 연구에서 담당 연구자가 데이터를 임의로 조작하여 B가 가진 특허권에 유리한 결과샘플을 만들었다는 의혹을 받고 있다. A국의 또 다른 연구수행기관인 C 역시 같은 종류의 연구 부정행위로 의혹을 받고 조사 중에 있다.

ㄱ. A국에 국가적 차원에서 마련한 연구윤리법규정이 있을 경우, B연구수행기관의 요청이 있어야 중앙조직이 조사를 진행할 수 있을 것이다.
ㄴ. A국에 국가적 차원에서 마련한 연구윤리법규정이 없을 경우, 연구비 지원조직이 B연구수행기관의 연구활동을 감독하게 될 것이다.
ㄷ. A국에 정부 차원의 연구 부정행위 조사기구가 설치되어 있지 않을 경우, 의혹이 사실로 밝혀져도 국가가 B연구수행기관과 C연구수행기관 모두에게 동일한 제재를 가하기 어려울 수 있을 것이다.

① ㄱ ② ㄷ ③ ㄱ, ㄴ
④ ㄴ, ㄷ ⑤ ㄱ, ㄴ, ㄷ

[16~18] 다음 글을 읽고 물음에 답하시오.

빵 기계를 할부로 구매한 후 빵집 운영을 시작한 A가 있다. 몇 달 후 정산을 하던 A는 할부금을 손익에서 제외한 경우 매달 흑자이지만, 이를 손익에 포함시킬 경우 매달 적자라는 사실을 파악했다. 이에 근거해 A는 '매달 적자를 보니 빵집은 운영하지 않는 것이 낫다'고 판단하여 빵집 운영을 그만두었다. 경제학에서는 빵 만드는 기계를 사는 데 들어간 비용은 회수할 수 없으므로, 빵집을 계속하는 것이 이익인지 아닌지를 결정하는 데 이 비용을 고려하는 것은 비합리적이라고 본다. 이처럼 과거에 지출한 회수할 수 없는 비용이 의사 결정에 영향을 미치는 것을 '매몰비용 오류'라고 한다. 비슷한 사례로 베트남 전쟁의 경우도 있다. 베트남 전쟁 시 미국 정치인들은 이미 전쟁에 소모된 막대한 자금과 희생된 생명을 헛되게 하지 않겠다는 이유로 계속해서 많은 물자와 군인을 베트남으로 보냈다. 만약 미국이 이미 지불한 비용이 없었더라면 그들은 미국이 이 전쟁을 계속하는 데 찬성하지 않았을 것이다.

㉠스틸(Steele)은 빵집 사례에서는 할부금을 손익 계산에 포함했을 뿐 비용을 만회하려는 노력은 없었고, 베트남 전쟁 사례에서는 지금까지 치른 비용을 만회하고자 하는 생각으로 전쟁을 지속하기로 결정했다는 점에서 형식적으로 매몰비용 오류의 두 유형으로 구분하면서도 두 유형 모두 매몰비용을 현재와 미래에 영향을 미칠 결정을 하는 데 포함시키고 있다는 점에서는 같다고 보았다. 다만, 스틸은 과거 비용을 고려하는 것 자체로는 오류가 될 수 없다고 생각했다. 오류는 그럴 듯하지만 잘못된 추론이기에, 매몰비용 오류는 추론의 형태를 갖추어야 하기 때문이다. 이러한 점에서 빵집 사례의 "빵집 운영이 계속 적자이기에 운영을 그만두어야 한다."는 추론은 오류가 없는 합리적인 추론이다. 문제는 "빵집 운영이 계속 적자이다."라는 전제에 있다. 수입은 맛의 향상이나 홍보 활동 등의 노력 여하에 따라 더 커질 수도 있었고, 지출 역시 밀가루를 더 싸게 구입하는 등의 노력 여하에 따라 줄어들 수 있었다. 하지만 기계의 할부금은 노력으로 줄일 수 있는 비용이 아니다. 빵집 운영의 적자 여부를 판단할 때에는 노력 여하에 따라서 변할 수 있는 수입과 지출만을 계산하는 것이 경제적으로 합리적일 것이다.

베트남 전쟁 사례에서의 오류는 빵집 사례와는 다르다. 스틸은 "특정 행동에 비용이 지출되었다."는 점과 "특정 행동을 중단하면 이미 지불한 비용을 헛되이 사용한 셈이 되지만, 그 행위를 계속하면 그 비용은 헛되이 사용되지 않을 수 있다."는 점을 인정하지만, 이로부터 "그 행위를 계속하는 것이 낫다."고 판단하는 것은 합리적이지 않다고 보았다. 또한 스틸은 베트남 전쟁에 투입된 비용은 빵 기계의 할부금과 같이 '노력 여하에 따라 달라질 수 없는 비용'에 해당하기에, 전쟁의 지속 여부를 결정하는 데에 이를 고려하는 것은 잘못이라고도 주장했다.

그런데 ㉡켈리(Kelly)는 현재와 미래의 비용뿐만 아니라 매몰비용을 고려하는 것이 합리적일 수 있다는 점에서 스틸의 주장에 반박했다. 그는 과거에 비용을 지불했다는 이유로 어떤 일을 계속하겠다는 선택이 행위자에게 이익을 줄 수 있다는 점에 주목했다. 예를 들어, 한 국가가 특정 테러 집단을 상대로 이미 많은 비용을 치르며 싸운 상태에서 테러 집단이 이 국가를 상대로 대규모 공격을 취할지를 놓고 고민하고 있다고 하자. 만약 이 국가가 과거에 지불한 비용에 집착하는 방식으로 의사 결정을 하고 이런 사실이 테러 집단에 잘 알려져 있다면, 계획한 공격을 실행에 옮기지 않는 것이 현명한 일이 될 것이고, 그 결과 이 국가는 테러 공격을 피한다는 이익을 누리게 된다. 이렇듯 켈리는 매몰 비용을 고려하는 성향이 이익을 낳을 수 있다고 보았다. 이에 대해 스틸은 어떤 선택이 요행히 바람직한 결과를 가지고 왔다고 해서 그것이 합리적인 선택이 되는 것은 아니라고 반박했다. 켈리는 이 점을 인정하면서도, 행위자가 과거 비용에 관해서 모르고 행동한다면, 행위자는 이로부터 불이익을 겪는 경우가 있을 때 불이익을 피하려는 것이 합리적이므로 과거 비용에 관한 지식을 갖고 행동하는 것이 합리적인 경우가 있다고 주장했다.

그럼에도 과거 사건의 구제를 이유로 매몰비용에 대한 고려를 정당화하는 시도에는 여전히 해결되지 않는 문제들이 존재한다. 매몰비용에 관한 지식이 있는 경우와 없는 경우를 비교하여 후자가 전자에 비해 불이익을 받는 이유가 반드시 매몰비용에 대한 지식이 없기 때문이라고 결론 내릴 수 있는가? 이에 대해서는 미래의 이익 여부는 우연의 영역에 속하기에 그 근거라 단정 지을 수 없다는 견해도 존재한다. 따라서 매몰비용에 대한 무지가 불이익이 되는 경우와 그렇지 않은 경우를 구별하는 기준을 밝히는 것이 필요할 것이다.

16. ㉠, ㉡에 대한 설명으로 적절하지 <u>않은</u> 것은?

① ㉠은 지출이 수입을 초과하면 빵집 운영을 중단한다는 판단은 합리적이라고 본다.
② ㉠은 노력에 따라 변할 수 있는 비용과 변할 수 없는 비용의 합이 노력에 따라 변할 수 있는 수입을 초과하면 그 행위를 중단한다는 판단은 합리적이라고 본다.
③ ㉡은 상호작용하는 다른 주체의 존재를 전제로 매몰비용에 대한 고려가 합리적인 선택으로 이어질 수 있다고 본다.
④ ㉠과 ㉡ 모두 합리적 행동을 결정할 때 현재와 미래의 비용과 수익을 고려해야 한다고 본다.
⑤ ㉠과 ㉡ 모두 매몰비용에 관한 지식을 갖고 행동하는 것이 이익을 가져오는 경우가 있다고 본다.

17. 스틸의 관점과 부합하는 주장만을 <보기>에서 있는 대로 고른 것은?

─── <보 기> ───
ㄱ. 매몰비용 오류의 유형은 전제에 오류가 있는 경우와 전제로부터 결론을 도출하는 과정에 오류가 있는 경우로 나누어진다.
ㄴ. 빵집 사례에서 A는 노력을 통해서 변할 수 있는 비용을 노력한다고 해서 변할 수 없는 비용으로 간주한 오류를 저질렀다.
ㄷ. 베트남 전쟁 사례에서 전쟁을 하면서 지불한 비용을 건지기 위한 목적은 전쟁을 계속해야 하는 정당한 이유가 될 수 없다.

① ㄱ ② ㄴ ③ ㄱ, ㄷ
④ ㄴ, ㄷ ⑤ ㄱ, ㄴ, ㄷ

18. 윗글을 바탕으로 <보기>의 사례들을 평가한 것으로 적절하지 <u>않은</u> 것은?

─── <보 기> ───
○ 유럽에서 세계 최초의 초음속 여객기 A를 만드는 프로젝트가 진행되었는데, A의 낮은 연비와 잦은 고장으로 문제가 많이 생겼다. 프로젝트를 진행한 이들은 이미 너무 많은 투자를 했다는 이유로 A 비행기 제작을 위한 재정 지원을 계속했다.
○ B는 오랜 기간 한 시험을 준비했는데, 앞으로 이 시험을 통과하기 위한 공부를 계속하는 것이 그에게 나은 선택인지에 대해 고민 중이다.

① 켈리는 "A 프로젝트에 상당한 비용과 시간이 투입되어 진척되었기에 중단할 수 없다."는 논리는 합리성이 결여되었다고 판단할 것이다.
② 켈리는 B가 시험에 투자한 시간과 노력을 고려하지 않고 결정하는 경우 조금 더 노력하면 합격할 가능성을 두고 시험 준비를 포기하는 비합리적인 결정을 할 수 있다고 판단할 것이다.
③ 스틸은 A 프로젝트를 운영한 이들이 저지른 오류는 그 전제가 거짓이라서가 아니라 전제로부터 결론이 합리적으로 도출되지 않기 때문이라고 판단할 것이다.
④ 스틸은 A 프로젝트에서의 비용 또한 '노력 여하에 따라서 변할 수 없는 비용'에 해당하기 때문에 A를 계속할지 중단할지를 결정하는 데 이를 고려하는 것은 잘못이라고 판단할 것이다.
⑤ 스틸은 B가 수험생활을 하면서 투입한 비용과 노력을 회수하기 위한 목적이 수험생활을 지속해야 하는 정당한 이유가 될 수 없다고 판단할 것이다.

[19~21] 다음 글을 읽고 물음에 답하시오.

형법의 '불법' 개념은 위법성과 다른 의미로 사용된다. 법에 따라 부정적으로 평가된 반(反)-가치 자체가 불법이라면, 위법성은 법질서에 모순, 상치된다는 평가를 뜻한다. 즉 불법은 위법 평가의 대상이 되는 실체를, 위법성은 법질서에 대한 위반 여부를 가리킨다. 따라서 불법은 양과 질을 갖지만, 위법성은 그렇지 않다. 요컨대 "살인은 위법하다."라고 표현하면 옳지만, "상해보다 살인이 더 위법하다."라는 표현은 옳지 않다.

형법에서 법 기능의 본질을 판단하는 기준은 크게 두 가지가 있다. 먼저, 평가규범으로서의 형법은 특정 상황이나 결과가 옳은지 또는 옳지 못한지를 판단한다. 그러므로 상황 또는 결과가 곧 평가 대상으로 여겨진다. 그리고 의사결정규범으로서의 형법은 특정 행위를 금지 또는 강제하는 명령의 형태를 띠면서 그 내용에 부합하는 의사결정을 하도록 영향력을 행사한다는 목표를 갖는다. 그러므로 행위자의 행위가 곧 평가 대상이 된다. 한편, 형법과 윤리의 관계에서는 서로 대립하는 두 관점이 존재한다. 법·윤리 이원주의는 법은 정의를, 윤리는 윤리적 선을 목적으로 하며 형법은 윤리와는 독자적인 객관적 사회규범이라는 입장을 견지한다. 법은 객관적이고 윤리는 주관적이라는 것이다. 반면 법·윤리 일원주의는 법규범을 윤리로 동화시키는 것을 지지하면서, 형법의 규범적 목적은 형법의 상위 규범인 사회 윤리적 행위 가치의 실현이라고 여긴다.

이와 같은 관점에 근거하여 불법의 본질을 규정하는 여러 견해들이 존재한다. 먼저 불법의 실체가 법에 의해 보호되는 이익인 법익의 침해 또는 위험에 있다고 보는 결과반가치론은 범죄를 객관적·주관적 측면으로 엄격히 분리하는 고전적 범죄 개념을 바탕으로 한다. 여기서 결과반가치는 평가규범의 관점에서 부정적 가치판단이 내려진 결과를 의미한다. 그러므로 객관적으로 관찰되는 결과가 객관적인 형법적 관점에 입각하여 판단되어야 한다고 주장한다. 개인의 사고, 즉 주관적인 의도 자체가 법질서를 침해하지는 않는다는 것이다. 어떠한 의사에 의한 것인지를 불문하고 피해자의 구체적인 이익을 침해하는 경우에 불법이 인정된다는 것이 결과반가치론의 입장이다. 그러나 결과의 발생만으로 불법을 인정한다면 불법 개념을 무제한으로 확대하는 결과를 초래하며, 동일한 결과가 발생한 경우에 대하여 왜 처벌을 달리하는지 설명할 수 없다. 이와 같은 입장에 따르면 사회에서 요구하는 주의 의무를 위반한 경우인 과실과, 일정한 결과가 발생할 것을 인식하고 그 행위를 한 경우인 고의에 대한 처벌이 동일해야 한다는 문제가 생긴다. 한편, 뇌물죄나 사기죄와 같이 법익 침해의 주체나 법익 침해 방법이 한정되는 특수한 경우 역시 결과반가치만으로는 불법을 구성할 수 없음을 예증한다.

이와 달리 벨첼이 제시한 인적 불법론은 불법의 핵심은 행위반가치에 있다고 주장한다. 행위반가치란 행위자의 내부적 태도 및 외부적인 행위태양*이 규범에 반하는 것을 뜻한다. 벨첼에 따르면 행위는 '행위자의 작품'으로서 위법하게 된다. 법익 침해가 경우에 따라 불법 결정에 관여할 수 있지만, 그보다 행위자의 목적, 주어진 의무와 같은 요소가 불법을 결정하는 데 더 중요하게 작용한다는 것이다. 한편 카우프만이 제시한 일원적 불법론은 불법의 핵심에 대한 벨첼의 입장을 계승하면서 결과는 단지 형벌권의 발생 여부만을 결정할 수 있고 어떻게 처벌할 것인가에 영향을 미칠 수 없는 객관적 처벌조건에 그치며, 결과반가치는 불법과 관계없는 우연에 지나지 않는다고 본다. 규범의 본질은 인간에 대한 구속이기에, 법익 침해가 규제의 대상이 되는 것이 아니라 법익 침해를 지향하는 인간의 행위가 규제 대상이 되어야 한다는 것이다.

그러나 불법은 행위와 규범명령의 관계에서만 존재하는 것이 아니며, 규범명령에 의하여 방지하고자 하는 결과와 관련되지 않을 수 없다. 이러한 점에서 행위의 주관성만을 강조하며 결과반가치를 우연으로 삼는 일원적 불법론은 불법에 대한 예측가능성을 침해하고, 법관의 자의적인 형벌권 행사를 억제할 구실을 사라지게 만든다. 이러한 입장에 따르면 의도가 같다면 범죄의 실행을 완료한 기수와 범죄를 실행하려다가 그 목적을 이루지 못한 미수를 동일하게 처벌해야 한다. 즉 결과반가치의 배제는 형법의 윤리화 를 낳으며, 이로 인해 법의 목적 중 사회 윤리적 행위 가치를 보호하는 측면이 지나치게 강조되어 법익 보호라는 형법의 기본 원칙을 파괴할 우려가 있다. 따라서 앞서 제시된 세 이론은 모두 불법의 본질을 온전히 설명하지 못하며, 결과반가치와 행위반가치는 동일한 지위를 가지고 병존하는 불가결한 요소로 보는 것이 타당하다.

* 행위태양: 행위의 여러 가지 형태나 범주

19. 윗글에 대한 이해로 적절하지 <u>않은</u> 것은?
① "과실범죄는 고의범죄보다 덜 위법하다."라는 진술은 성립하지 않는다.
② 벨첼의 이론에서 불법으로 판단된 행위는 결과반가치론에서 불법으로 판단될 수 없다.
③ 행위반가치가 불법의 본질이라는 입장에 따르면 범죄 의도에 따라 불법 여부를 판단할 수 있다.
④ 불법 여부를 평가할 때 결과와 행위를 모두 고려해야 한다고 보는 견해는 법 기능의 본질이 일원적일 수 없다고 본다.
⑤ 일원적 불법론은 법이 인간의 행위를 규제한다고 본다는 점에서 법 기능의 본질을 의사결정규범으로 판단하는 견해와 공통점을 갖는다.

20. 형법의 윤리화 에 대한 글쓴이의 견해로 가장 적절한 것은?
① 주관적인 요소에 대한 판단만으로 불법 여부를 결정해서는 안 된다.
② 행위반가치가 같을 때 결과에 따른 처벌의 가중 및 감경을 가능하게 하는 근거가 된다.
③ 사회 윤리적 행위 가치가 법에 우선할지라도 행위의 결과를 불법 판단에서 배제할 수는 없다.
④ 윤리 또한 법이 보호하는 가치를 보호할 수 있다는 주장과 동일하므로 법익 보호 원칙의 실현에 기여하지 못한다.
⑤ 어떤 의도가 결과로 나타났음에도 처벌하지 않는 것은 초래하지 말아야 하는 상황이 무엇인지를 고려하지 않은 주장에 불과하다.

21. 윗글을 바탕으로 추론할 때, <보기>에서 적절한 것만을 있는 대로 고른 것은?

<보 기>

ㄱ. 인적 불법론에 따르면, 식당 종업원이 뜨거운 찌개를 옮기다가 실수로 쏟아 피해자가 화상을 입은 경우, 의도적으로 찌개를 쏟아 화상을 입힌 경우와 동일한 처벌이 부과된다.

ㄴ. 결과반가치론에 따르면, 간호사가 환자에게 주사액을 실수로 과다 주사하여 환자가 쇼크사한 경우, 환자를 살해할 목적을 가지고 주사하여 환자가 사망한 경우와 동일한 처벌이 부과된다.

ㄷ. 일원적 불법론에 따르면, 강간 목적으로 피해자의 집에 침입한 자가 피해자의 신체를 만지던 중 피해자가 소리를 지르자 도망친 경우, 침입자의 신체 접촉은 불법에 해당하는 행위로 볼 수 있다.

ㄹ. 결과반가치론에 따르면, 경비원이 자동차 안에 든 물건을 훔칠 생각으로 자동차 내부를 손전등으로 비추어 보았으나 그 안의 물건을 가져가지는 못한 경우, 경비원의 행위는 절도에 해당한다고 볼 수 없다.

① ㄱ, ㄴ
② ㄱ, ㄷ
③ ㄴ, ㄹ
④ ㄱ, ㄷ, ㄹ
⑤ ㄴ, ㄷ, ㄹ

[22~24] 다음 글을 읽고 물음에 답하시오.

쇼펜하우어의 예술철학은 철학사에서 매우 독특한 위치를 차지하고 있다. 그의 주장은 의지의 형이상학에 기초하고 있는데, 기본적인 전제는 세계가 현상 너머에 있으며 인식 불가능한 본질인 의지와 주관에 의해 인식의 대상이 된 표상으로 구성되어 있다는 것이다. 이때 의지는 최종 목적 없이 자신의 보존을 위해 끊임없이 운동하는 맹목적이고 무의식적인 속성을, 표상은 현상 세계라고도 불리며 시간과 공간, 그리고 인과 법칙의 지배를 받는다는, 즉 개체화의 원리를 따른다는 속성을 갖는다. 쇼펜하우어는 우리가 현상 세계에 대해 갖는 지식은 사실 의지의 그림자에 불과하다고 본다. 그리고 인간은 의지에 따라 스스로의 생존에 몰두하고, 이러한 의지는 인간이 자신의 욕망을 실현하는 에너지의 원천이 된다. 의지의 지배를 받는 각각의 인간들은 현상 세계를 지배하는 원리에 따라 자신의 욕망을 구현하려고 한다. 이 과정에서 각각의 인간들은 타자와의 갈등과 경쟁을 피할 수 없고, 모든 욕망을 충족시킬 수 없기 때문에 고통에 빠지게 된다. 고통에서 완전히 벗어나는 길은 욕망하지 않는 것, 즉 죽음을 의미한다. 그렇다면 존재하면서 의지에서 해방될 수 있는 길은 없는가? 쇼펜하우어는 그 가능성으로 예술에 주목하였다.

쇼펜하우어는 인간이 각자 자신의 방식으로 의지를 객관화하려고 하는데, 의지가 가장 적합한 방식으로 객관화된 것을 '이념'이라고 보았다. 그에 따르면, 이념은 의지와 현상 세계를 연결하는 것으로 생성, 변화, 소멸하는 개체와 달리 시간, 공간 및 인과율의 지배를 받지 않는 불변의 형식을 가진다. 그의 주장에 따르면, 예술가가 이념을 직관하는 행위, 즉 ⓐ 미적 직관을 발휘하면 직관된 이념은 예술 작품 속에 보존된다. 그리고 작품 속에 보존된 이념은 감상자들에게 전달됨으로써 예술가가 직관한 이념이 동일하게 향유될 수 있다. 그는 예술이 공통적으로 가진 참되고 유일한 근원은 이념이며, 인간이 예술을 접하여 저장된 이념을 전달받아 미적 직관을 수행하고, 자신의 의지를 진정시킬 수 있다고 보았다.

각 예술 형식에 반영된 미적 직관의 수준은 의지의 객관화 단계에 상응한다. 이는 자연의 위계와 밀접한 관계가 있다. 건축은 광물, 물질과 같은 재료에 의존한다는 점에서 가장 저급한 단계의 객관화에 해당하며, 이로부터 풍경화, 역사화로 갈수록 더 높은 객관화 단계를 보여 준다. 시문학은 인간의 사고와 감정의 흐름을 입체적으로 묘사하여 인간의 보편적 이념을 재현한다는 점에서 앞서 제시된 예술 형식보다 더 높은 단계의 객관화가 이루어진다. 시문학 중에서도 특히 비극은 인간의 삶의 본질, 정확히 말해 의지가 인간 삶을 어떻게 지배하는지 생생히 재현함으로써 인간이 삶을 되돌아볼 기회를 주는 동시에 의지를 어떻게 진정시킬 것인가에 대한 지혜를 준다. 그리고 그에 따른 결단이 '체념'임을 알려준다.

주목해야 할 것은 음악에 대한 쇼펜하우어의 평가이다. 칸트와 헤겔이 잘 보여 주듯이 전통적으로 음악은 감정에 의존하는 비이성적이고 주관적이며 가장 낮은 수준의 예술 형식으로 간주되어 왔다. 그런데 쇼펜하우어는 이러한 전통적 입장을 완전히 전도시킨다. 그에 따르면, 음악은 의지의 객관화 단계를 거치지 않는 점, 즉 의지 자체를 이념의 매개 없이 직접 모사한다는 점에서 여타의 예술과 구별된다. 비음악적 예술들은 미적 직관을 통해 이념을 표상 형태로 재현하고 의지를 진정시키는 것을 목표로 하지만 음악은 이념의 재현이 아니라 의지와 직접적으로 관계하며, 선율을 통해 충동과 욕망, 격정 등을 의지의 일시적 변형으로서 직접적으로 경험하게 한다. 다시 말해, 음악은 표상이 아니라 의지와 관계한다는 점에서 다른 예술 형식에 비해 형이상학의 본질에 더 가깝다는 특성을 갖는다. 쇼펜하우어는 음악이 가진 힘이 선율에서 비롯됨을 강조하면서 음악의 본질에 더 부합하는 것은 선율을 근간으로 하는 '절대음악'이라고 보았다. 그는 음악을 텍스트에 맞추어 작곡하는 것이 아니라, 텍스트가 음악에 맞추어 쓰여야 한다고 봄으로써 극적 성격을 가진 표제음악보다 절대음악을 지향하는 기악곡을 더 높이 평가했다. 다만 음악 역시 고통의 일시적 진정제로서 작용할 뿐 여타 예술이 가진 한계를 완전히 벗어날 수는 없다고 보았다.

인간은 고통으로부터 영원히 벗어날 수 없기 때문에 결국 모든 예술 형식은 삶의 체념을 권유하는 수단일 뿐이라는 쇼펜하우어의 인식은 니체와 같은 후대의 철학자들에 의해 고통에 대해 소극적 자세를 취한다는 비판을 받았다. 그러나 ㉠그가 인간에게 종교를 대신하는 구원의 가능성으로 예술을 제시하여 예술 철학사의 중요한 쟁점 중 하나를 제시했다는 점은 부정할 수 없다.

22. 윗글의 내용과 일치하는 것은?
① 이념은 개체화의 원리의 지배로부터 벗어나 있다.
② 조형예술의 감상을 통해 이념을 직관할 수는 있으나 의지를 진정시킬 수는 없다.
③ 비극은 음악과 달리 감상자에게 체념이 의지를 진정시킬 수 있는 방법임을 깨닫게 한다.
④ 쇼펜하우어는 헤겔과 달리 언어적 요소가 결합된 음악으로는 세계의 본질을 표현할 수 없다고 본다.
⑤ 오페라의 성악곡과 달리 기악 합주곡을 감상할 때는 현상 너머의 본질이 선율을 통해 변형되는 과정을 거친다.

23. ㉠에 대한 이해로 가장 적절한 것은?
① 무의식과 관계된 의지를 극복함으로써 얻어진다.
② 비음악적 예술에서 의지를 일시적으로 진정시키는 데 기여한다.
③ 인간의 욕망이 현상 세계에서 벗어날 수 있도록 의지를 객관화시킨다.
④ 의지를 직접 모사함으로써 음악이 의지의 본질을 형상화하는 데 기여한다.
⑤ 이념이 작품 속에 보존되는지 여부는 의지의 객관화 단계에 따라 달라질 수 있다.

24. 쇼펜하우어가 <보기>에 대해 보일 반응으로 적절한 것만을 있는 대로 고른 것은?

<보 기>

예술이 삶의 고통을 치유하는 힘을 가짐을 인정하더라도, 추상적 관념과 연관지어 예술을 정의하는 것에 동의할 수는 없다. 그와 같은 정의는 아이들의 놀이를 보면서 우리가 사는 세계 저편의 무엇인가가 반영되어 있는지를 발견하고자 하는 무의미한 시도와 같다. 해변에 쌓아 놓은 모래성에 파도가 밀려와 무너지면 성인들은 파도를 원망하고 고통스러워하지만, 어린아이들은 그 상황을 있는 그대로 받아들이고 해맑게 웃으며 아무런 일도 없었다는 듯이 다시 모래성을 쌓는다. 예술은 삶을 설명하는 수단이 아니라 그 자체로 삶이 되는 것이다. 예술이 삶의 고통을 치유한다고 말할 수 있는 것은 그것이 삶을 배제하는 방식으로는 존재할 수 없기 때문이다.

ㄱ. 각각의 예술 형식을 일정한 단계에 따라 객관화된 의지로 해석함으로써 그 의의를 파악하고 있다.
ㄴ. 예술 작품과 형이상학적 개념들의 관계를 부정한다면 인간이 개별자로서 갖는 욕구와 고통을 잠재우는 예술의 효과를 설명할 수 없다.
ㄷ. 예술 작품을 창작하는 예술가들의 미적 직관은 삶을 설명하는 수단으로 감상자에게 전달되는 것일 뿐, 창작자와 동일한 수준으로 향유될 수 없다.

① ㄱ ② ㄴ ③ ㄷ
④ ㄱ, ㄴ ⑤ ㄴ, ㄷ

[25~27] 다음 글을 읽고 물음에 답하시오.

RAID란 복수의 자기 디스크 장치에 데이터를 분할하여 저장하고 병렬로 데이터를 읽는 장치 또는 읽는 방식을 말한다. RAID 방법은 크게 일곱 개로 분류된다.

RAID 0은 '스트라이핑'이라고 불리는 기법이며 극단적인 성능 추구를 위한 디스크 구성을 말한다. RAID 0은 2개 이상의 디스크만 있으면 개수에 상관없이 구성할 수 있으며, 최대 용량은 디스크의 수와 각 디스크의 용량을 곱한 값이다. 저장하고자 하는 데이터를 여러 드라이브에 단순히 분산 저장함으로써 가장 빠른 입출력 속도를 보이지만, RAID 0은 어떠한 안전장치도 두지 않기 때문에 하나의 디스크만 고장이 나더라도 데이터의 손실이 발생하여 안전성이 보장되지 않다는 단점이 있다. 저장해야 할 데이터의 블록 1~4를 네 개의 디스크에 RAID 0으로 저장하는 경우, 각각의 블록을 각각의 디스크에 나누어 저장하여 각 디스크를 네 번 병렬적으로 접근하는 것으로 4개의 데이터 블록을 모두 읽을 수 있다. 즉, 하나의 디스크의 입출력 속도에 디스크의 개수를 곱한 만큼의 최대 입출력 속도를 달성할 수 있지만, 하나의 디스크가 손상되는 경우 전체 데이터 또한 손상된다는 단점이 있다.

RAID 1은 같은 데이터를 2개의 디스크에 반복 저장하기 때문에 '미러링'이라고도 불리며, 2개 이상의 짝수 개의 디스크가 필요하다. 데이터의 블록 1~2를 네 개의 디스크에 RAID 1로 저장하는 경우, 블록 1을 한 쌍의 디스크에 두 번, 블록 2를 나머지 한 쌍의 디스크에 두 번 저장하는 방식으로 모든 데이터를 중복하여 저장한다. RAID 1의 최대 용량은 디스크의 수와 각 디스크의 용량을 곱한 값의 절반에 해당한다. 따라서 RAID 0보다 속도가 느리고 최대 용량이 적지만, 특정 디스크에 문제가 발생하더라도 그 디스크와 짝지어진 디스크에는 완전히 같은 자료가 남아있기 때문에 안전성은 더 높다.

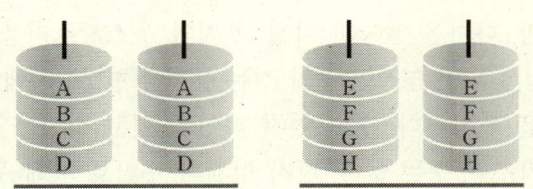

<그림 1> RAID 1의 디스크 구성

RAID 2는 RAID 0의 방식을 계승하되 기록용 드라이브와 데이터 복구용 드라이브를 별도로 두어 에러 발생을 감지할 수 있는 해밍 코드를 별도로 관리하는 방식이다. RAID 2는 많은 수의 부가 데이터를 함께 기록해야 한다는 점 때문에 RAID 4가 발명된 이후 거의 사용되지 않는 추세이다. 한편, RAID 3은 최소 3개 이상의 디스크로 구성되며, 기본적으로 RAID 0의 디스크 구성을 따르고 있지만, 에러 발생을 감지하기 위해 하나의 패리티(parity) 디스크를 별도로 저장한다. RAID 3과 같이 패리티를 두는 RAID의 최대 용량은 디스크의 총 개수에서 패리티 디스크의 개수를 뺀 값에 각 디스크의 용량을 곱한 값이다. 패리티란 데이터의 손실 여부를 점검할 수 있는 데이터이다. 단순하게 예를 들면 디스크 1에 3, 디스크 2에 6이라는 값을 저장하면 패리티 디스크에는 디스크 1, 2의 값을 합한 결과인 9를 저장하는 방식이다. 따라서 하나의 데이터 디스크가 손상되어도 패리티를 토대로 그 디스크에 저장되어 있던 정보를 역추적해낼 수 있고, 패리티 디스크가 손상되더라도 원래 데이터를 바탕으로 패리티를 복구할 수 있어 안전성이 확보된다. 하지만 두 개 이상의 디스크가 동시에 고장이 나는 경우 복구가 불가능하다. RAID 4는 패리티를 바이트 단위가 아닌 블록 단위로 저장한다는 점에서 RAID 3과 다를 뿐, 다른 모든 점에서 RAID 3과 같다. RAID 3과 RAID 4는 패리티를 추가해야 하기에 쓰기 성능은 나쁘지만, 읽기 성능은 우수하여 동시 데이터 접근량이 많은 시스템에 적합하다.

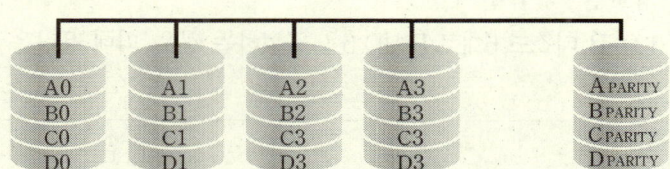

<그림 2> RAID 3의 디스크 구성

RAID 5는 RAID 3의 단점을 보완한 것으로 패리티를 하나의 디스크에 보관하지 않고 패리티를 각각의 디스크에 나누어 저장한다. RAID 5는 최소 3개의 디스크로 이루어지며, 최대 용량은 RAID 3에서와 같다. RAID 5는 패리티를 각각의 디스크에 나누어 보관함으로써 패리티가 손상될 가능성을 최소화하여 안전성을 극대화한다. 하지만 디스크 재구성이 매우 느리고 패리티 정보를 계속 갱신해야 하기에 패리티 디스크를 별도로 두는 것보다 속도 측면에서 우수하다고 할 수는 없다.

RAID는 값싸고 용량이 작은 디스크 여러 개를 묶어서 성능이 우수한 대용량 저장장치를 만들기 위해 시작된 단순한 기술이지만, 최근 두 개의 패리티 디스크를 독립적으로 분산시킨 RAID 6이 개발되는 등 안전성과 읽기 및 쓰기 성능의 발전이 거듭되어 현재에는 분산 네트워크와 빅데이터 시스템에도 널리 이용되고 있다.

25. 윗글에 대한 설명으로 적절하지 않은 것은?

① 최근에는 RAID 2보다 RAID 4가 더 많이 사용된다.
② 많은 데이터를 신속히 기록해야 하는 시스템에는 RAID 3이 RAID 0보다 더 적합하다.
③ RAID 1에 필요한 최소 디스크의 수는 RAID 3에 필요한 최소 디스크의 수보다 적다.
④ 6개의 디스크로 이루어진 RAID 3의 최대 용량은 같은 개수의 디스크로 이루어진 RAID 1의 최대 용량보다 크다.
⑤ 6개의 디스크로 이루어진 RAID 0의 최대 용량은 같은 개수의 디스크로 이루어진 RAID 1의 최대 용량의 2배이다.

26. RAID에 대해 추론한 내용으로 적절한 것만을 <보기>에서 있는 대로 고른 것은?

<보 기>
ㄱ. RAID 5의 입력 속도는 RAID 4의 입력 속도보다 빠르다.
ㄴ. RAID 3에서 손상된 디스크의 총 개수가 하나인 경우, 원래 정보를 복구할 수 있다.
ㄷ. 120GB 디스크 6개로 RAID 6을 구성하는 경우, 최대 용량은 480GB이다.

① ㄱ   ② ㄴ   ③ ㄷ
④ ㄱ, ㄷ   ⑤ ㄴ, ㄷ

27. 윗글을 바탕으로 <보기>를 이해할 때 가장 적절한 것은?

<보 기>
크기가 120GB이고 입출력 속도가 초당 10MB인 디스크 3개로 다음과 같은 ⓐ 병렬 입출력 장치를 구성하였다.

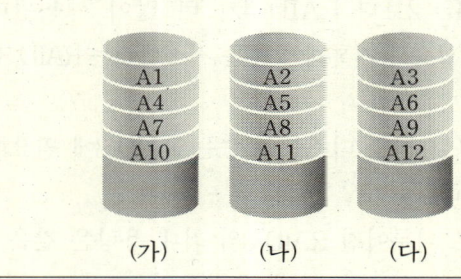

(가)   (나)   (다)

① ⓐ가 RAID 0이라면, (가)의 입출력 속도는 초당 30MB이다.
② (가)와 (나)에 동일한 데이터가 저장된다면, ⓐ는 RAID 1이라 할 수 있다.
③ ⓐ가 RAID 3이라면, 최대 용량은 360GB이다.
④ ⓐ가 RAID 4라면, 패리티 디스크의 용량은 120GB이다.
⑤ ⓐ가 RAID 5라면, (가)에 저장된 데이터 전체가 손상되었을 경우에는 본래의 데이터를 복구하는 것이 사실상 불가능하다.

[28~30] 다음 글을 읽고 물음에 답하시오.

 마사 누스바움은 감정이 수동적이며, 비인지적이고 맹목적인 작용으로 이성적 추론과 무관하다는 견해에 반론을 제기한다. 요컨대 감정은 가치판단을 전제하므로 비인지적일 수 없다는 것이다. 감정은 대상에 대한 능동적 해석과 가치판단 등을 포함하는 인지적인 사고 과정이기 때문이다. 이러한 관점에서 누스바움은 연민의 정서가 갖는 인지적 요소로 대상이 느끼는 고통이 가볍지 않고 심각하다는 믿음에서 기인하는 '심각성', 그런 고통을 받을 만하지 않다는 믿음인 '부당함', 연민의 주체 역시 유사한 고통을 겪을 가능성에 노출되어 있다는 '인간적 연약함에 대한 인식'을 제시한다. 이로써 연민은 '다른 사람의 부당한 불행이나 고난의 지각에 의해 생겨나는 고통스러운 감정'으로 정의된다.
 한편, ㉠누스바움의 연민론은 김유정 소설 속 인물의 삶을 분석하는 방법론으로 활용될 수 있다. 일반적으로 김유정은 해학과 향토적 서정, 개성적 언어가 어우러진 문학 세계를 구축한 것으로 평가받는다. 하지만 개별 작품의 이면에는 본질적인 비극성이 내재한다. 등장인물들은 욕망하고 기대하지만, 현실은 좌절의 연속이다. 기대와 현실의 아이러니 속에서 이들은 결핍되어 있고, 어리석으며, 때로는 기본적 윤리의식조차 결여된 모습을 보인다. 하지만 김유정은 이들을 조소의 대상으로 내버려두지 않고 지난한 현실을 살아내는 실존적 존재로 형상화한다.
 「금 따는 콩밭」은 금광 모티프를 통해 연민의 서사를 이끈다. 영식은 금광을 떠도는 수재의 꼬임에 넘어가 금을 캐겠다며 소작하던 콩밭을 다 헤집어 놓았지만, 밭에서 금이 날 리가 없었으므로 멀쩡한 밭만 모두 망쳐놓고 만다. 수재는 자신에게 화가 미칠까 염려되어 금줄을 찾았다고 영식에게 거짓말을 하고는 도망칠 결심을 한다. 영식 부부는 이에 속아 고래 등 같은 집을 상상하지만, 이들의 가난 극복에 대한 욕망은 좌절되었을 것임이 자명하다. 이때 허황된 욕망이 자아내는 기대와 희망, 다가올 절망과 좌절, 무지와 우스꽝스러움이 교차하는 일련의 과정은 과연 영식 부부가 겪는 불행이 합당한지에 대한 의문을 제기할 것을 요청한다. 수재 역시 타인을 헛된 희망에 가두어 놓은 인물로만 치부할 수는 없다. 당시 일제의 수탈로 인해 농사만으로는 기본적 생계를 유지할 수 없었으며, 이를 타개할 수 없다는 인식은 일확천금에 대한 헛된 욕망을 품도록 만들었다. 즉 수재 역시 자신들에게 주어진 삶의 터전에서 기본적인 생활조차 영위할 수 없는 식민지 현실을 표상하는 인물로 보아야 할 것이다.
 한편, 김유정의 여러 단편에는 술을 가지고 다니면서 파는 일을 업으로 삼은 '들병이' 여인이 소재로 등장한다. 「솥」에서는 기혼남 근식이 들병이 계숙에게 빠져 결국 아내가 보물로 여기던 솥까지도 넘겨주는 내용이 그려진다. 그런데 남편이 자신을 때리고 노름질만 해대서 갈라섰다던 계숙의 말은 거짓이었으며, 젖먹이 아이를 키우려고 들병이 생활을 했음이 드러난다. 다른 여인에게 재산을 갖다 바친 근식도, 남의 집 재산을 빌어 생계를 이어나가는 계숙도 비난받아 마땅할지 모른다. 하지만 계숙의 모습으로부터 우리는 자식을 부양하기 위해 떠도는 유이민의 끈질긴 생존방식을 확인하게 된다. 나아가 들병이는 정상적인 노력으로 극복할 수 없는 식민지적 궁핍의 상징으로서 삶의 터전을 떠나 가장 기본적인 윤리의식조차 내려놓은 채 생존에 천착해야 했던 비극적 현실을 드러낸다.
 즉 김유정 소설 속 인물들이 연민의 대상이 될 수 있는 이유는, 이들이 겪은 가난의 질곡이 그저 허구가 아니라 그 시대를 살아가는 이들이 버텨내야 했을 부당한 불행이자 고난이기 때문이다. 나아가서 과연 이들과 같은 처지에 놓인다면, 가령 영식만큼이나 가난하고 무지하다면 수재의 꾐에 넘어가지 않을 수 있는지 쉽게 답할 수 없을 것이다. 이로써 극한의 상황에 인간이 얼마나 연약한 존재인지 깨닫게 한다.

본래 누스바움이 감정의 인지적 작용을 강조한 것은 삶의 총체인 문학이 유발하는 감정을 행정이나 입법 등 공적인 논의의 장, 심지어는 재판 등에도 구현할 수 있어야 한다고 보았기 때문이다. 이에 대해서는 문학이 공정성과 보편성이 담보되어야 하는 공적 판단의 영역에 개입하는 것이 적절치 못하다는 비판이 있다. 이것이 비록 합당한 비판일지라도, 누스바움의 감정과 문학에 대한 고찰은 인간에 의해 쓰인 문학이야말로 현실과 그 현실을 살아가는 인간상이 배제될 수 없는 것임을 시사한다.

28. 마사 누스바움의 관점에 대해 추론한 것으로 적절하지 <u>않은</u> 것은?
① 문학 작품 속 상황이 시대적 현실을 반영할 수 있다고 여길 것이다.
② 감정이 이성과는 무관한 인지적 작용이라는 견해에 동의하지 않을 것이다.
③ 감정의 주체는 자신에게 감정을 느끼게 한 대상을 능동적으로 해석할 것이다.
④ 공적 판단의 영역에 비인지적인 요소가 개입할 수 없다는 견해에 반대할 것이다.
⑤ 허구 속 인물의 삶이 정책적 의사결정 과정에 영향을 미칠 수 있다고 생각할 것이다.

29. ㉠을 바탕으로 '김유정 소설'을 이해한 것으로 적절하지 <u>않은</u> 것은?
① 소설 속 등장인물이 행하는 일의 책임을 등장인물 자신에게만 돌릴 수 없다.
② 영식이 허황된 욕망을 갖는 원인은 곧 독자에게 연민을 유발하는 원인이 된다.
③ '영식의 아내'와 '근식의 아내'는 공통적으로 소설 속 다른 인물에 의해 부당한 고통을 겪는다.
④ 농사만으로 기본적인 삶을 영위할 수 없는 인물은 김유정의 소설 속 당대 현실의 비극성을 드러내는 역할을 한다.
⑤ 근식과 계숙에 대한 연민은 식민지적 궁핍이 아니었다면 비윤리적 행동을 저지르지 않았으리라는 인식으로부터 기인한다.

30. 윗글을 바탕으로 <보기>에 대해 반응한 것으로 가장 적절한 것은?

<보 기>
시적 정의(poetical justice)라는 용어가 문학사에서 최초로 사용되었을 때, 문학사적 시적 정의란 관객으로 하여금 선이 궁극에는 악을 누르고 승리해야 한다는 사실을 깨닫도록 이끌어야 한다는 것이었다. 마사 누스바움은 시적 정의를 독자가 문학적 상상력을 통해 '분별 있는 관찰자'적 태도를 정립함으로써 추구해야 할 것으로 제시한다. 타인의 고통이 갖는 의미와 그 고통이 미치는 영향을 상상하는 힘은 분별 있는 관찰자가 갖는 능력이다. 그러므로 시적 정의를 추구하는 문학 독서는 인간의 열망이 사회 환경과 어떤 관계를 맺는지 고찰하고, 모든 인간이 누려야 할 것을 희구하도록 한다. 누스바움은 이를 바탕으로 공적 영역에서 공리주의적 계산에 입각한 경제학적 사유에 매몰되는 것은 인간의 존재 의미와 개별적 가치를 알지 못하도록 만든다고 비판한다.

① 김유정 소설 속 허황된 욕망을 당대 현실과 연결 짓는 것은 모든 인간이 누려야 할 것을 희구하게 만든다는 점에서 분별 있는 관찰자의 태도에 부합하는 것이겠군.
② 문학적 상상력으로부터 시적 정의를 추구하는 것은 타인의 고통을 상상하는 힘을 필요로 한다는 점에서 감정이 이성과는 무관하다는 견해에 부합하는 것이겠군.
③ 김유정 소설의 독자가 갖는 감정은 악인이 합당한 벌을 받아야 한다는 인식으로 귀결된다는 점에서 마사 누스바움의 시적 정의에 부합하는 것이겠군.
④ 누스바움의 견해를 비판하는 입장은 인간의 개별적 가치보다 공적 판단의 보편성을 중요하게 여긴다는 점에서 경제학적 사유에 부합하는 것이겠군.
⑤ 김유정이 소설 속 인물을 형상화하는 방식은 인물을 비난의 대상으로 치부하지 않도록 한다는 점에서 문학사적 시적 정의에 부합하는 것이겠군.